　　本书是2014年度国家社科基金重大项目"海内外客家方言的语料库建设和综合比较研究"（14ZBD103）、2013年度国家社科基金重点项目"粤、闽、客诸方言地理信息系统建设与研究"（13AYY001）及其子课题"雷州半岛方言地理信息系统的建设与研究"（14TFZ01）、广东省哲学社会科学"十二五"规划2012年度学科共建项目"雷州半岛客家方言语音数据库的建立及相关理论探讨"（GD12XZW16）、2011年湛江师范学院人文社科研究项目"湛江辖区地名读音的考察与规范研究"（W1104）的阶段性成果。本书得到岭南师范学院人文学院及人文学院广东省重点特色学科汉语言文字学、广东省汉语言文字学省级教学团队的出版资助。

岭南师范学院中国语言文学学科新视野学术文丛

雷州半岛客家方言字音

赵越 著

中国社会科学出版社

图书在版编目（CIP）数据

雷州半岛客家方言字音/赵越著.—北京：中国社会科学出版社，
2015.12

ISBN 978 – 7 – 5161 – 7289 – 6

Ⅰ.①雷…　Ⅱ.①赵…　Ⅲ.①雷州半岛—客家话—字音—方言
研究　Ⅳ.①H176

中国版本图书馆 CIP 数据核字（2015）第 300978 号

出 版 人	赵剑英
责任编辑	周晓慧
责任校对	无　介
责任印制	戴　宽

出　　　版	中国社会科学出版社
社　　　址	北京鼓楼西大街甲 158 号
邮　　　编	100720
网　　　址	http://www.csspw.cn
发 行 部	010 – 84083685
门 市 部	010 – 84029450
经　　　销	新华书店及其他书店

印　　　刷	北京明恒达印务有限公司
装　　　订	廊坊市广阳区广增装订厂
版　　　次	2015 年 12 月第 1 版
印　　　次	2015 年 12 月第 1 次印刷

开　　　本	710 × 1000　1/16
印　　　张	17
插　　　页	2
字　　　数	303 千字
定　　　价	66.00 元

凡购买中国社会科学出版社图书，如有质量问题请与本社营销中心联系调换
电话：010 – 84083683

岭南师范学院中国语言文学学科
新视野学术文丛

总　序

　　"岭南师范学院中国语言文学学科新视野学术文丛"即将付梓——这是近三年来人文学院出版的第二套学术文丛，看着老师们多年的研究心血凝成硕果，真是发自内心地感到高兴。

　　学科建设是高等学校永恒的主题，联结着学术研究、专业建设、师资建设、人才培养等众多领域，是高校一项基础性和根本性工程，是构建高校核心竞争力的必由之路，其重要性不言而喻。人文学院是岭南师范学院历史久远的二级学院，其前身可追溯到1935年成立的广东省立雷州师范学校语文科，经过多年建设和积淀，形成了自身特有的传统，积累了诸多办学经验，其中之一就是非常重视学科建设，尤其是新时期以来，与国家发展大环境相适应，人文学院的学科建设走上了规范化和重质量的快速发展轨道。

　　我院学术前辈劳承万教授是全国公认的著名美学专家。1986年，劳先生在上海文艺出版社出版《审美中介论》，该著在学术界产生了巨大反响，让学界同行认识了岭南师范学院中国语言文学学科的力量。1993年，由劳先生主编的"文艺学美学丛书"共十本由新疆大学出版社陆续出版。学科建设经费紧张、搞学科建设有心无力，是当时学界的普遍状况，但劳先生却一口气推出了十本著作，这无疑需要相当的学术魄力和学术眼光。这批丛书的有些作者如刘海涛教授、李珥平教授、刘士林教授等后来都成为各自领域的著名专家。近年来，劳先生致力于构建其"美学三论"学术体系。2010年，经过多年积累，劳先生推出了《中国古代美学（乐学）形态论》（中国社会科学出版社2010年版）和《中国诗学道器论》（安徽教育出版社2010年版）两部著作。其中《中国诗学道器论》一书，获得中国"三个一百"原创性图书奖，为人文学院学科建设再立新功。刘海涛教授、刘周堂教授、朱城教授、熊家良教授也是人文学院学科建设的身体力行者和积极推动者：刘海涛教授长期以来致力于微型小说理论、写作学和海外华文文学的研究，学术成果丰硕，在全国乃至东南亚都有着较大影响。早在2001年，刘教授在中国社会科学出版社出版"微型小说学研究丛书"一套三本，即《规律与技法：转型期的微型小说研究》《群体与个性：世界华文微型小说家研究》《历史与理论：20 世纪的微型小说创作》，在学术界产生了很大影响。近年来更是成果不断。刘周堂教授长期从事儒家和道家文化研究，20 世纪 80 年代中期，刘教授撰写的关于孔子、荀子思想研究的系列论文在学界产生了较大反响，被学界公认为儒学研究的重要新进展和标志性成果，其学术观点曾被 1987 年第 11 期的《新华文摘》转摘。1998年，刘教授出版专著《前期儒家文化研究》，接着又推出《周易象数》《中国道德文化》（合著）、《汉代文化研究》等著作，显示出雄厚的研究实力和很高的学术建树。朱城教授是广东省省级特色重点学科——汉语言文字学学科带头人。早在1997 年，朱教授即在四川人民出版社出版专著《古书词义求证法》，该著产生了良好的学术反响。2011 年，朱教授带领语的言文字学学科成员荣获广东省优秀教学团队称号，朱老师长期从事古代汉语教学与研究，在研究汉语词汇史和语法史等方面造诣颇深。熊家良教授长期从事中国现当代文学研究，其著作《现代中国的小城文化与小城文学》由中国社会科学出版社出版，曾被中国社会科学院《中国文学年鉴》"现代文学研究综述"、"当代文学研究综述"重点推介，其中的诸多学术观点被《鲁迅研究月刊》、《文艺争鸣》等刊所发的文章多次引用，产生了较大的学术反响。2008 年，熊教授带领团队积极奋战，使我院汉语言文学专业获批为教育部第三批国家级特色专业建设点，这是我校学科建设方面的新突破。此外，我院还有一批教授在各自的领域勤奋耕耘，作出了特色鲜明和令人瞩目的成果：如张应斌教授的文学发生学研究，方平权教授的古汉语词义理论研究，陈云龙教授的粤西方言研究，王阳教授的模态叙事学研究，李珥平教授的美学和文化学研究，张德明教授的新诗研究，阎开振教授的京派文学研究，李新灿教授、唐雪莹教授的明清小说和戏曲研究，王钦峰教授的法国文学研究，杨泉良教授、周立群教授、李斌辉教授等的中学语文教育研究，等等，在校内外都产生了一定的影响，部分成果得到了国内同行的高度认可。

除了出版专著外，老师们在地处南海一隅的湛江伏下身来，守住寂寞，还公开发表了许多高水平的学术论文。据统计，近 5 年来，在《中国语文》《文艺研究》《方言》《文艺理论研究》《文艺理论与批评》《外国文学研究》《国外文学》《民族文学研究》《语言研究》《古汉语研究》《中国现代文学研究丛刊》《语文研究》《课程·教材·教法》等权威期刊共发表论文 90 余篇，核心期刊发表论文近400 余篇。另外，获取科研教研项目 60 余项，其中国家社科基金项目 7 项，部级项目 15 项，省级项目 24 项，市厅级项目 19 项，总经费 450 余万元。老师们视野开阔，对学术交流也非常重视，既走出去，也请进来，还积极克服资金不足的困难，举办了一系列学术反响良好的高层次高水平学术研讨会。这些研讨会既提高了学校知名度，又活跃了学术气氛，使人文学院形成了一股你追我赶的学术氛围。

回顾人文学院多年来学科建设的历史，其中一些实践或经验值得总结：

第一，重视学科规划和制度激励，酿造气氛，大力鼓励学术研究。学科建设主要包括学科定位、学科队伍、学术研究、人才培养等诸多要素，是高校工作的重心。我们作为省属地方普通高校的二级学院，学术平台不高，学科规划难以面面俱到，因此只能根据自身实际情况作重点布局，在对接省厅和学校学科规划的前提下，在队伍规划、人才培养规划、项目规划、基地规划方面努力，力争早规划，早培育，早出成果。如2008年下半年汉语言文学专业获批为教育部国家级特色专业建设点后，我院马上制定了《人文学院汉语言文学特色专业和学科建设分项实施办法》，提前谋划，以专业建设带动学科建设，从而促进了学科建设的良性发展。如队伍规划，语言文字学科力量雄厚，该学科一连拿下了广东省优秀教学团队、广东省特色重点学科等诸多荣誉，但前两年也一度面临骨干调走、队伍年龄整体偏大的局面，为此，我院积极支持两位青年老师外出攻读博士学位，去年又从外省调入一位科研实力雄厚的青年老师，现在正与外省一位科研实力雄厚的青年老师积极联系调动事宜。这样通过提前规划，提前布局，从而保证了该学科的队伍优势。如人才培养规划，除了积极制定人才培养方案外，还根据中文系大学生的自身特点，狠抓读说写核心竞争力，从2012年下半年以来，我院专门制定了中文本科大学生读说写三年培养规划，并对原来的网络写作学校进行了五次改版升级，发展为具有强大互动功能的"椰风新韵读说写网络学校"，作为学生训练读说写能力的基地。从目前就业反馈的信息来看，得益于读说写能力训练的学生不在少数。人文学院还非常重视科研激励，每年都会拿出一定的资金对老师们的科研成果进行奖励，鼓励学术研究，为此，老师们学术热情高昂，这正是学科建设具有可持续性的保证。

第二，重视队伍建设、团队发展和学术交流。一是抓住省里和学校多层次拔尖人才遴选制度实施的良机，鼓舞符合条件的老师积极申报。二是在申报项目、发表论文、出版著作等方面为老师们积极创造条件、搭建平台，使老师们在职称评审时能以较好条件顺利通过。三是在引进人才时，在年龄和研究特长方面注重与既有团队的搭配、融合，以组建优质、合理的学术团队。四是多次召开专门研讨会，积极营造各学术团队的特色，打造研究优势，增强团队的凝聚力和战斗力。近5年来，人文学院有2人入选广东省千百十工程省级培养对象，有10人获评教授职称，各学术团队基本形成了自己的研究优势和特色，出了不少研究成果。人文学院还非常重视学术交流，每年都会给老师们一定的经费支持，鼓励老师们外出参加各种学术会议，同时，每年还邀请许多著名专家来校为师生举办讲座，仅以2013年为例，我们就邀请了刘中树、饶芃子、张福贵、张新科、尚永亮、王杰、袁鼎生等二十几位著名学者来校交流。另外，我们还积极鼓励各学科召开高层次的学术研讨会，近5年来，我们基本上每年都要举办二、三场高层次学术研讨会，去年交流尤其活跃，共举办了五场高层次学术研讨会。通过学术研讨，大家以文会友，以友辅仁，砥砺思想，交流感情，扩大了学术影响，激励了教师尤其是青年教师的学术热情。

第三，尊重学科建设的特殊规律，顺势而为，努力挖掘新的学科增长点。学科建设是一项薪火相传的事业，在这场接力赛中，既要发扬传统，保持优势学科的发展态势，又要努力挖掘和培育新的学科增长点，这样才能使学科建设常盛不衰。近几年来，陈云龙教授领衔的方言学研究团队成果不断，并表现出鲜明的研究特色。为支持和促进该团队更好地发展，我们支持该团队两位成员到暨南大学攻读方言学博士学位，同时又接纳学校后勤一位考上方言学博士的青年教师进入该团队。目前，该团队年龄结构合理、研究实力雄厚，正成为人文学院学术团队中的佼佼者。

本丛书是人文学院多年来重视学科建设的又一硕果，涉及多个学科老师们的多年心血，有着鲜明的特色，现简介如下：

陈云龙《粤西闽语字音》：本著作调查描写粤西闽语字音，共分三个部分。第一部分对粤西闽语的来源、分布、分区及历史变迁等进行了全面调查研究，认为粤西闽语可以分为东区（电白区）、西区（雷州区）和北区（云浮区），粤西闽语也是最早大规模进入粤西的汉语方言，历史上的分布范围比现在大。第二部分归纳了三个区八个代表点的音系。第三部分为全书的主体，共收集八个代表点，近3000个字的读音。这是第一部全面反映粤西闽语字音的著作，在一定程度上改变了粤西闽语研究薄弱的现状。

赵志军《语言世界观视野中的理论与文学》：本著作对洪堡特等欧美持语言世界观的理论家的相关观点进行了梳理，然后用这一理论与方法对中国文论和文学史中让我们感到疑惑的理论和文学问题进行分析研究。这些问题包括：为什么《牡丹亭》中的杜丽娘在未见到真正的柳梦梅之前已坠入情网？为什么《马桥词典》这样一本原汁原味地描绘中国某地乡村但有世界视野的书被有些人视为抄袭剽窃之作？为什么曾经引领新时期文学借鉴外国现代派文学经验，探索当代中国文学新形式的王蒙最后居然赞同起中国传统文化来？谢榛"辞后意"的内涵到底是什么？为什么"文"能生"情"？本书试图用世界观理论解答这些令人疑惑的问题。

陈迪泳《多维视野中的〈文心雕龙〉　兼与〈文赋〉〉〈〈诗品〉比较》：本著作借用古今中外的文学、文艺心理学、美学、哲学、艺术学等相关的理论和方法，对《文心雕龙》及其与《文赋》《诗品》展开新的探索性比较研究和追根溯源。《文心雕龙》研究的新视野着眼于文艺心理学视阈下的心物关系新探、生命体验、艺术品格三个方面。《文心雕龙》与《文赋》的比较研究立足于哲学视阈下的物象美、艺术思维、文体风格等理论形态，从道家哲学、海德格尔哲学、生命哲学、存在主义哲学等方面进行溯源。《文心雕龙》与《诗品》的比较研究立足于文学视阈下的文学形式、心物关系、情感符号等理论形态，从民族与时代文化、作家心理、生命意识、审美人格等方面展开溯源。《文心雕龙》与《文赋》《诗品》的比较研究立足于艺术学视阈下鉴赏批评的理论形态，从立体主义观念角度进行溯源。在多维视野中研究的《文心雕龙》兼与《文赋》《诗品》相互比较，旨在使这三部中国古代文论著作的研究更加富于理论性阐释和诗意性解读。

赵越《雷州半岛客家方言字音》：本著作在对雷州半岛从北到南均有分布的客家话进行拉网式普查的基础上，选取了八个较有代表性的点进行了近三年的深入调查（每点选取了 3420 个单字），既展示了本地客家话所具有的一般客家方言的特点，也展示了在与闽、粤方言接触的背景下所发生的一系列变化；既让我们看到其与闽西、粤东客家话的渊源关系，也让我们看到了在闽语（雷州话）及粤语（本地白话）的影响下已经或正在发生的变化，展示了雷州半岛客家方言的多姿多彩，为解决本地客家方言的归属问题提供了依据，为广东客家方言的综合研究提供了较可靠的一手材料。此外，对雷州半岛客家人群分布情况的详细调查，也刷新了以往人们对此地客家方言人口的认识，弥补了以往调查的缺憾。

胡明亮、郑继娥《汉英语序对比研究》：本著作认为汉语和英语的语序都受制于各自的句法规则，同时也表示特定的语义关系，以及各种语用功能。汉英语序在句法、语义和语用上，有同有异。从句法结构看，汉语的语序更为灵活，英语则比较固定。从语义关系看，两者都受某些语义规则的限制，但是具体表现有所不同。从语用功能看，汉英语序都用来表示语境中句子的话题结构、新旧信息，具有语篇衔接功能。其相同和相异之处体现在汉英的主语、宾语、定语、状语和补语等句子成分的位置上，也体现在倒装句、存现句、强调句和疑问句等不同的句式中。汉英语序对比研究，对于汉语教学、英语教学和汉英翻译都有一定的参考价值。

李健《吴化粤语研究》：本著作认为吴化粤语是粤方言最小的一个次方言，这个次方言地处偏远的粤西地区，在南北朝时期就基本定型。1000 多年来，中心城市方言已经发生了多次巨变，吴化粤语却保留了上古汉语的很多语音词汇材料。加之，此地又是古百越民族原居之地和中古以来汉民移居之所，吴化粤语中夹杂了多种民族语言和多种汉语方言的成分，因此吴化粤语很有历史研究和多语言共存研究的价值。本书主要目的是向读者提供吴化次方言第一手的语音和词汇材料；并作古今汉语和粤壮、粤闽、粤客方言的语料比较分析，以探求该次方言的语源和构成。

殷鉴《新诗创作十五讲》：本著作将新诗创作的原理和方法放在一起来讨论，因为创作诗歌不仅涉及材料、灵感、词语、情感、思想和想象，也涉及许多具体的方法与技巧。但可惜的是，许多谈论新诗创作的著作更多谈的是创作常识和原理，而很少涉及具体的创作方法和技巧，虽不能说完全没有意义，但实用价值的确较低。本书就是为了纠正此种情况而撰写的，虽然也谈原理，但更偏重创作方法与技巧。著者希望通过这种讨论，为想进行新诗创作的人提供更多方法和技巧上的参考。

今年对岭南师范学院来说，是一个有着重要意义的年份，它是学校从事师范教育 110 周年校庆年，同时，湛江师范学院改名为岭南师范学院，将开始新的征程。我们默默祝愿：祝愿人文学院在学校的引领下，事业破浪前进，蒸蒸日上！

刘惠卿

二〇一四年六月十日

序

甘于恩

　　湛江师范学院是粤西乃至广东省知名的、以培养师资为重点的高等学府，其历史悠久。据说近期更名为"岭南师范学院"。更名有利也有弊。就像北京广播学院更名为中国传媒大学，也有很多人为之惋惜了一阵子一样。依我看来，湛江师范学院更名的副作用就是其深厚的底蕴一时无法在"岭南师范学院"得以体现，不少人暂时无法把"岭南师范学院"与那所为广东省培养了诸多杰出人才、在科研上多有贡献的著名粤西高校相联系。不过，凡事皆有两面性。更名的正面意义在于，"岭南师范学院"的内涵得到了扩大，学校师生的使命感增强了："岭南师范学院"是一所着眼于大岭南地区的高等学校，而不是以前局限于湛江地区的地方院校，学校将来的布局和发展，也要有"大岭南"眼光，学校的招生、教学和科研都要有这种意识。否则，更名就只是玩玩文字游戏，而无法承载历史赋予的重要意义。

　　以上这些话似乎与《雷州半岛客家方言字音》的题旨没有什么关系。其实，我想说的是，湛江地区方言是个语言的"富矿"，值得身处此地的岭南师范学院好好重视，组织力量予以调查、研究和保护，为湛江独特的语言资源的传承尽心尽力。不过，雷州半岛通行的三大方言（粤、闽、客）又并非自生的方言，皆来自他处，湛江白话与广府方言密切相关，雷州话与潮汕话、海南话有不少相关性，与福建闽语同属大区方言。至于这一带的客家话，乃是后期从闽西或粤中、粤东迁来的，这几地的客家话，沟通基本无问题，语言的相似性很强。尽管如此，三大方言到了粤西之后，与当地的土话、土语发生了接触，也有不少变异。因此，我们了解湛江地区的方言，不能只静态地、孤立地描写其语音、词汇、语法系统，而不去研究它与相关方言的异同。这就要求研究者必须有"大岭南"的眼光，知晓相关大区方言的重要特点，对原居地方言和迁入地方言进行对比研究，弄清其间的差异，追索差异形成的动因，使方言研究真正成为一个活的学问，为社会学、民俗学、历史学和理论语言学提供宝贵的语料。当然，这是比较高的要求，也是我们方言工作者努力的方向。

赵越老师曾是暨南大学方言学的博士生。入学以后，她学习勤奋，尽力弥补母语背景的不足，多次提交论文参加学术研讨会，专业素质有很大的提升。她又积极申请科研项目，承担省、国家级课题，利用假期到雷州半岛各地调查客家话，获得了大量珍贵的第一手资料，同时她的田野调查能力及听音审音能力也大为改善，已具备独立开展田野工作的能力。《雷州半岛客家方言字音》就是其这三四年来奔走田野、深入民间的调查成果。她很早就把她的调查成果打印出来送给我，但我忙于国家项目的调查和教学科研工作，直到今天，才有时间翻阅她送来的书稿。通读之后，觉得书稿至少有三点可取之处：

1. 《雷州半岛客家方言字音》提供了雷州半岛客家方言的分布及使用人口的数据。语言分布及使用人口等数据，是国情调查最重要的内容，可以为语言政策的制订提供最直接的支撑，也可以为地方语文教学提供现实依据。可惜的是，我们开展的人口调查往往没有这些数据，实在是很不应该的。《粤西客家方言调查报告》（暨南大学出版社 1999 年版）虽然也有这方面的情况，但数据多靠估算，笼统且不够细致，时间也比较久远，已经无法充分反映客家话的现实情况。《雷州半岛客家方言字音》列出廉江、遂溪、雷州、徐闻等地的客家话人口及分布区域，得出本地客家话人口已超 70 万的结论，为下一步开展本地区方言地理信息系统的建设和研究，奠定了坚实的基础。

2. 《雷州半岛客家方言字音》整理了廉江、遂溪、雷州、徐闻共 8 个客家方言点的基本音系。搞方言研究，必须依凭语音研究作为基础，这是语言学常识。可是，这个常识常常被一些学者所忽视，不少从事方言词汇、语法研究的学者，经常在没弄清基础音系的情况下，便开展其研究，或曰词汇、语法研究可以不管语音，独立开展。结果是其研究成果要么注音缺乏系统性，前后矛盾；要么关键的语法点没有标音，研究失去了可感性。鉴于此，暨南大学汉语方言研究中心对于后备研究力量的培养，一直注重基本功的训练，强调音系研究的重要性。现在赵君做了雷州半岛客家话的音系整理，为我们初识该地区客家话的语音面貌提供了很好的切入点，等于为下一步词汇、语法研究打下了坚实的语言学基础，值得赞赏。

3. 《雷州半岛客家方言字音》还提供了八个客家方言点每点 3400 多个音节的读音，这是《雷州半岛客家方言字音》书名的最大缘由。现在一些方言学者热衷于建构宏大的理论"大厦"，说实在话，这是一种不好的倾向。方言研究是一门实践性很强的学科，强调用事实说话，在严谨的语言事实的基础上建构理论。如果对方言语音面貌的基本情况都不甚了了，便一味地进行理论创新，那的确是很危险的。李荣先生说得很好："迷信一种流行的语言学理论是要上当的。研究语言的人千万别忘了，实践是检验真理的标准，语言比语言学丰富，语言学的理论必须建立在语言事实的基础上。"① 尽管新中国成立以来，方言工作者做了大量的方言调查，尤其是改革开放后的三十多年间，我们对广东方言的了解增加了许多，取得了诸多有分量的成果。但是，相比起语言现实来说，这些成果不过是"冰山一角"（而且由于条件的限制，以往的成果尚有不足和局限，有必要从新的角度加以调查和认识）。我们一定要防止自满情绪，要克服"调查到顶"论的影响，继续开展大规模的方言田野调查，并将整理出来的结果公之于世，让学界共享。我觉得，雷州半岛 8 个客家话点数万个字音的整理，便是建造方言学术大厦的一项基础性工作，对后续的研究可谓"功德无量"。

前面说过，方言研究要有大局观，既要有比较意识，又要有理论意识。从这点来说，《雷州半岛客家方言字音》只是做了一项很初步的工作，未来的研究任务还很繁重，可做的研究课题还很多。我曾在《广东汉语方言研究的格局与思路》② 中说过："我们对于全省方言的全貌了解还是很不够的，尤其是对于乡镇、农村的方言，更是缺乏全面的调查。乡镇方言保留不少早期方言的信息，非常珍贵，必须抓紧进行抢救性调查。"赵越作为方言学的新兵，有热情，有干劲，有一定的方言理论素养，掌握技术快，她欠缺的就是田野调查的历练。好在在我主持的 2013 年度国家社会科学基金重点研究项目"粤、闽、客诸方言地理信息系统的建设与研究"中，赵越主持了其中的子项目"雷州半岛方言地理信息系统的建设与研究"，这一项目已正式开展。相信赵越在主持这一子项目的过程中，一定可以接触更多的汉语方言，从中归纳出有价值、有认识意义的理论，为广东汉语方言的研究，为中国地理语言学的发展，贡献其力量。

由于某种因素的局限，《雷州半岛客家方言字音》还没有就客家方言进行区内和区外的比较研究，体例上也存在一些不够完善的地方。这些问题需要引起赵越的注意。我希望赵越以此为起点，迈向新的学术高地。"山高人为峰"，广东的方言人，特别是后起之秀，应该要有这样的学术气魄。

是为序。

2014 年端午节夜草成于华师教师村

---

① 《方言》1983 年 2 期，第 91 页。
② 《南方语言学》2013 年第 5 辑，第 5 页。

目　录

第一章　雷州半岛概况 ······························· （1）

第一节　雷州半岛的地理、人口及历史沿革 ············· （1）

第二节　雷州半岛方言及移民概况 ····················· （2）

第二章　雷州半岛客家方言人口及地理分布 ··········· （5）

附录1　发音人基本情况 ····························· （13）

附录2　雷州半岛客家方言地理分布图 ················· （14）

第三章　雷州半岛客家方言音系 ····················· （15）

第四章　雷州半岛客家方言字音对照表 ··············· （36）

参考文献 ··· （251）

后记 ··· （255）

第一章

雷州半岛概况

第一节　雷州半岛的地理、人口及历史沿革

雷州半岛①位于我国大陆最南端、广东省西南部。它三面环海：东濒南海，南隔琼州海峡与海南省相望，西临北部湾。地处粤、桂、琼三省（区）交汇处，是我国西南地区出海通道。

湛江是雷州半岛上的最大城市，也是粤西和北部湾地区的最大城市，是粤西和西南地区重要的物流中心。市区位于雷州半岛东北部，东经 109°40′~110°58′，北纬 20°13′~21°57′，全市陆地总面积 13225 平方千米（2009 年），户籍总人口 777.77 万人（2010 年），大部分人口为汉族，少数民族人口 11 万多人。

据出土文物考证，今湛江辖地远在五六千年前的新石器时代中晚期（约夏、商之间），已有人类居住。春秋战国时期，本地为百越南境。秦时归属象郡，汉代南部的徐闻、海康（今雷州市）、遂溪三县属合浦郡徐闻县，北部吴川、廉江县分属合浦郡高凉县和合浦县。汉以后，南部三县先后属交州、越州、合州、南合州、东合州。至唐贞观八年（634 年），改东合州为雷州，统管雷州半岛三县，直至清末；北部两县先后属广州、罗州、化州，至明、清属高州。清光绪二十五年（1899 年），法国胁迫清廷签订《广州湾租借条约》，把麻斜海（今湛江港）与周边原属吴川、遂溪的部分陆地划为租借地范围，称"广州湾"。民国元年（1912年）起，五县先后属广东省高雷道、南路行政委员公署、南区善后委员会、南区绥靖公署。民国 25 年（1936 年）起，南部三县先后分别属于广东省第八区、第

---

① 本书所称雷州半岛，比一般地理区域概念要宽泛一些，即把半岛向北的延伸部分廉江市也包括在内。"湛江市"为行政区概念（涵盖区域与本书所称"雷州半岛"同），本书中简写为"全市"，包括今赤坎、霞山、麻章、坡头四区和湛江经济技术开发区、东海岛经济开发试验区及廉江市、吴川市、遂溪县、雷州市、徐闻县。"湛江市区"指除县市以外的地区。

十四区行政督察专员公署；吴川先后属于第七区、第十三区行政督察专员公署；廉江先后属于第七区、第十四区行政督察专员公署。新中国成立后，五县先后属于广东省南路区行政督察专员公署、高雷区专员公署、粤西区行政公署、湛江专区专员公署、湛江地区行政公署。1983 年 9 月，撤销地区建制，实行地市合并、市领县体制。至 2000 年，湛江市辖乡镇 105 个，街道办事处 21 个，村民委员会 1541 个，居民委员会 254 个，县级市三个，县两个，四个区及经济技术开发区和东海岛试验区各一个，市区面积 1460 平方千米。①

第二节　雷州半岛方言及移民概况

雷州半岛主要有三种汉语方言分布：粤语、闽语、客家话。粤语在本地被称为"白话"，闽语在本地被称为"黎话"或"雷州话"，客家话在本地多被称为"哎（𠊎）话"。此外，还有白话海僚话、白话地僚音（香山白话）、麻话等。从人口数量看，操闽语的最多，其次是操粤语者，第三是操客家话者。操其他方言者数量较少。从地域分布上看，操闽语者主要分布在今徐闻、雷州、遂溪大部及廉江、吴川部分地区、湛江市郊区大部。操粤语者主要分布在雷州半岛北部的城镇商埠（即今廉江的廉城镇、安铺镇等地）、吴川吴阳等地及湛江市赤坎等地。不过，由于粤语的影响越来越大，整个雷州半岛原来操闽语或客家话的人群，特别是年轻人，绝大多数都会用粤语进行交际，并以此为时尚。操客家话者遍及廉江市北部及西部山区，如塘蓬、石角、和寮、石颈、长山等镇及河唇、石岭、青平、高桥、雅塘、营仔、吉水、安铺等镇的部分地区。雷州、徐闻、遂溪部分镇或村庄及三地的国营农场也有客家话分布。湛江市区及吴川境内没有客家话分布。

据《湛江市志》记载②：雷州半岛古为百越之地，秦以前，土著居民主要是"南越"族（属百越族的一支），人口稀疏。秦统一岭南后，始有中原汉人涌入雷州半岛，这是历史上第一次人口大迁入。第二次人口大迁入，是汉武帝时期部分汉军留成落籍和百姓避乱南迁。第三次人口大迁入是宋代，"徙闽民于合州"在宋元时期达到高潮，特别是南宋末年，元兵追击南宋残军至今湛江市郊区硇洲岛及附近海域，南宋军约 20 万人及从莆田、福州、潮州等地逃来的百姓 10 多万人，

---

① 以上内容详见湛江市地方志编纂委员会编《湛江市志》，中华书局 2004 年版，第 1 页；广东人民出版社 2013 年版，第 1—3 页。

② 湛江市地方志编纂委员会编：《湛江市志》，广东人民出版社 2013 年版，第 300—303 页。

南逃至此后散居在雷州半岛及其北部部分地区。历史上虽有这规模较大的三次人口大迁入，但由于战争频繁、瘟疫多发等等原因，本地人口增长十分缓慢，从唐开元元年至清光绪三十三年的 1194 年间，雷州府从原来的 2 万多人仅曾至 13.3 万人。汉语于秦汉时期始传入雷州半岛，但具体传入的是哪种汉语方言，仍有争议。不过从史书记载可知："徙闽民于合州"（唐以前雷州称合州）唐代已开始，宋元时期达到高潮，操闽语者应是有记载的较大规模地先期来到雷州半岛的汉语方言人群。粤语也已在唐代时成为雷州半岛的主要方言之一，但粤中地区移民大量涌入并对本地粤语产生重要影响是明清时期。操客家方言的移民主要是宋朝以后来自福建旧汀州府和广东旧嘉应州的客家话地区，但具体迁出地点暂未见有史料记载，族谱中亦多语焉不详，仅见于后人的口耳相传。因为移入时间最晚，河谷平原地区已无地可耕，他们只好耕种于雷州半岛北部的山地高坡。这与东江流域的客家人后来居上，将土著挤到边缘，从山区进而占领平原沃野，反客为主的情形不同①，雷州半岛客家人一直偏安山地，与土著和平共处，未发生过土客械斗一类的事件。

李如龙先生曾根据有关史料及口碑推断：粤西三市②的客家方言是明末清初以来从闽西、粤东、粤北等地直接或间接西迁而形成的③。我们根据县志及有关族谱记载，可以印证李先生的推断。如：

廉江雅塘镇陀村客家人族谱记载：其祖先是 1468 年即明朝中期从梅州大埔县湖寮镇瓦上坪村迁来的，至今已有 500 多年；

廉江长山镇客家人族谱记载：其祖先从福建迁到揭阳后再迁至廉江，至少已有 15 代，可推断其迁至雷州半岛的时间约为清初；

廉江石角客家人族谱记载：其祖先从福建莆田黄巷村，回迁至江西泰和县，先祖于宋理宗绍定二年己丑科中状元后，任广东高州太守，成为两粤黄氏始祖。从此算起，二世迁化州等村，七世迁廉江，至今已有 17 代。

雷州客路镇塘塞村客家人族谱记载：其祖先是三百多年前从廉江雅塘陀村迁来的，他们与廉江雅塘陀村人是同一祖先；

雷州客路镇大家村委客家人族谱记载：其祖先是从江西到梅州（具体时间已不详），再到廉江石颈，后至雷州，定居雷州已近三百年。可推断其迁到廉江的时

---

① 详见刘叔新《东江中上游土语群研究——粤语惠河系探考》，中国社会出版社 2007 年版，第 8 页。

② 指湛江、茂名、阳江三市。

③ 李如龙等：《粤西客家方言调查报告》，暨南大学出版社 1999 年版，第 2 页。

间至少为明末清初。

遂溪河头镇桐仔园村的客家人族谱显示：其祖先椿轩公（林公二郎）于 1644 年迁到石城（今廉江）石岭镇垌尾村，后又迁入遂溪河头镇，至今已有 11 代。

总之，雷州半岛客家人主要是明清之际迁来的，其中廉江是雷州半岛最大、最主要的客家人聚居区，也是客家人在雷州半岛最早的落脚点，有许多纯客乡镇村庄连成片。遂溪、雷州、徐闻的客家话几乎都是零散分布，几乎都被闽语包围，也有的与粤语村镇毗邻，遂、雷、徐三地的客家人除了上述少数较早期从廉江迁入的外，还有一部分是 20 世纪不同时期从廉江、高州、信宜、化州、广西等地逃难而来的难民或鹤地水库移民，还有部分从东南亚回来的华侨。

第二章

雷州半岛客家方言人口及地理分布

詹伯慧先生曾说广东的客家话研究还有很多空白点，建议要摸清广东省内客家方言分布的状况并进行普查，进而作出综合比较工作，以编写《广东各地客家方言字音对照表》和《广东各地客家方言常用词对照表》，绘制详细的《广东省客家方言分布图》；还特别强调要选择若干代表点作深入的调查研究（特别是"粤西北丘陵地带点状分布的客家话"，就包括雷州半岛的客家话），为了解广东客家话、研究广东客家话提供可靠的语言素材，从而对广东省内的客家话进行合理的、科学的分类。①

一直以来，雷州半岛客家话人口数到底有多少，具体分布在哪些乡镇村落，我们仅有面上的了解和一些大概的估算，缺少确切的数据。张振兴先生曾谈及雷州半岛方言的分布，指出除廉江外，海康县（今雷州市）和遂溪县一些乡村有客家话分布，这些客家人都是 20 世纪五六十年代从廉江迁去的。② 甘于恩先生论及廉江西部和北部乡村地区有超过 60 万人讲客家话，并第一次具体谈及雷州、遂溪、徐闻等地有客家话分布。③ 而《湛江市志》（2004）、《廉江县志》（1995）、《遂溪县志》（2003）、《海康县志》（2005）、《徐闻县志》（2000）对各地客家话分布情况的介绍多有不实之处，对客家人口的统计要么是未谈及，要么是出入较大。《中国语言地图集》④ 对雷州半岛客家方言分布情况的标注也有不确之处，且未对本地客家方言进行归片，将之独立于粤台片、粤中片、粤北片、惠州片之外。而《汉语方言地图集·语音卷》⑤ 仅有大区、大片的展示，可能因为缺少具体而微的材料，像雷州半岛客家方言这样的次方言未能进入其

① 詹伯慧：《广东客家方言研究之我见》，《学术研究》1997 年第 1 期。
② 张振兴：《广东省雷州半岛的方言分布》，《方言》1986 年第 3 期。
③ 甘于恩、简倩敏：《广东方言的分布》，《学术研究》2010 年第 9 期。
④ 李荣等主编：《中国语言地图集》，香港朗文出版（远东）有限公司 1987 年版。
⑤ 曹志耘：《汉语方言地图集·语音卷》，商务印书馆 2008 年版。

视野。

　　基于此，我们对雷州半岛有客家人口分布的 27 个镇（包括 225 个居委和村委、2296 个自然村）、10 个农场（约 276 个场队）的情况进行了较为详细的普查，普查细化到每个镇所属的每个村委及村委下属的每个自然村，每个农场及其下属的每个场队。同时对每个村镇的大姓进行了统计；对农场客家人口特别是归侨中的客家人进行了来源上的调查。

　　从普查情况来看，雷州半岛的客家方言分布呈现出北部密集、中南部稀疏（零散分布，主要是方言岛）的概貌。雷州半岛客家方言的分布地域远比我们已经知道的要广，涉及的乡村也更多。此外，雷州和遂溪、徐闻的客家人不止廉江一个迁入源，且迁入的历史有的达 300 年之久，更多的是七八十年或四五十年。此外，农场的客家话分布情况尚未有人关注，其来源也较多。总之，雷州半岛客家话人数远超六十万，约七十二万。

　　下面将上述情况以县（市）级行政单位为据，列表详细展示。

　　1. 廉江市①

　　（1）长山镇——仅少数居民讲白话，可视为纯客镇②，但客家居民多数也会讲白话。

全镇 总人口（万）	客家话 总人口（万）	讲客家话的村委、居委名称	客家话 自然村总数（个）	大姓
6.68	约 6.6351	文林、石滩、成龙、路带、凌垌、那凌、石山、谷帮、横州坡、茅田、长郊、大头竹、李屋、勿曲、罗村、瑞坡、玉黄，长山居委会	236	揭、林、李

　　（2）石角镇——纯客镇，但多数客家居民也会讲白话。

---

　　① 限于篇幅，我们仅将所得调查材料中的部分信息列举出来，如只列出村委名，不具体列出各个村委所辖村名；只列出全镇总人口数及讲客家话的人口数，不具体标明各村委人口数。其他市县情况同此。

　　② 所谓纯客镇、半客镇是相对而言的，对其认知并非全部基于人口数。并非纯客镇就全部是客家人口，半客镇就是有半数客家人口。如果本地居民均为客家人或绝大多数是客家人，客家话为通行方言，人们一般将其视为纯客镇；如果原为纯客镇，后因行政区划的变动而增加了部分其他方言人口，但客家话仍为通行方言，则仍然是人们观念中的纯客镇；那些客家人口占多数，但长期以来多种方言并存的地区，客家话只是通行方言之一，则是人们观念中的半客镇。

全镇 总人口（万）	客家话 总人口（万）	讲客家话的村委、居委名称	客家话 自然村总数（个）	大姓
6.5157	6.5157	山腰、田头、榕树、丰满、木马、油房、蕉坡、石东、横新、横石、曲江、文峰、大旺垌、山合、环下、丹斗、竹寨、三合、野鸭塘、洞滨，石角居委会	207	刘、付、罗、黄

（3）塘蓬镇——纯客镇，仅约5%的人口讲白话，多数客家居民会讲白话。

全镇 总人口（万）	客家话 总人口（万）	讲客家话的村委、居委名称	客家话 自然村总数（个）	大姓
8.97	约8.6763	石宁、六环、秧地头、牛岭、留村、上埇、彭岸、那榔、留和、安和、矮车、前村尾、六深、坭浪、潭村、那罗、大埇、老屋、黄教、黄屋、同留、南充、上山，塘蓬居委会	284	黄

（4）和寮镇——纯客镇，但居民多数也会讲白话。

全镇 总人口（万）	客家话 总人口（万）	讲客家话的村委、居委名称	客家话 自然村总数（个）	大姓
5.329	5.329	和寮、长吉埇、长岭、塘拱、蕉林、榄排、三下、塘肚、西埇、横江坡、佳场、下佛、凤飞、朱埇、六凤、下田，和寮居委会	174	吴、黄

（5）石颈镇——纯客镇，有少量白话人口。不过客家居民多数也会讲白话。

全镇 总人口（万）	客家话 总人口（万）	讲客家话的村委、居委名称	客家话 自然村总数（个）	大姓
5.4	约5.1062	白圫、平坡、平山、平城、新屋、大田、扬名水、山埇、东埇、烟塘、蒙村、香岭、鹿根垌、石颈，石颈居委会	140	林、黄

（6）石岭镇——原为纯客镇，但多数居民也会讲白话。2004年龙湾镇并入后（仍沿旧称"石岭镇"），开始有部分母语为白话或黎话的人口。

全镇 总人口（万）	客家话 总人口（万）	讲客家话的村委、居委名称	客家话 自然村总数（个）	大姓
11.74	约 8.97	合江、樟树岭、石郊、竹山背、塘甲、那丁、下高村、龙飞、外村、勒塘、虎桥、墩梅、盘龙塘、苏茅角、秋风江，石岭居委会	232	黄

（7）河唇镇——讲客家话人数占总人口的95%，其余讲白话和黎话。因该镇多种方言长期并存，尽管客家人口占优势，但客家话仅为通行方言之一，人们视其为半客镇。客家居民多数会讲白话。

全镇 总人口（万）	客家话 总人口（万）	讲客家话的村委、居委名称	客家话 自然村总数（个）	大姓
9.29	约 8.8255	白藤、风梢、横窝、良塘、新屋仔、黄竹山、莲塘口、河唇、青湖、龙湖、苏州垌、上村、茅仓、山祖、灯草、姜家垌、龙平、东村，河唇居委会	185	钟、罗、吴

（8）雅塘镇——半客镇，客家话人数占总人口的84%，其余讲白话和黎话。客家居民多数会讲白话或黎话，有的三者皆通。

全镇 总人口（万）	客家话 总人口（万）	讲客家话的村委、居委名称	客家话 自然村总数（个）	大姓
5.09	约 4.2534	雅塘、松树下、高山下、东街山、坡仔、百丰山、江东、山角、那贺、陀村、大人岭，雅塘居委会、新糖居委会	150	刘、赖、温

（9）青平镇——半客镇。客家话人数占总人口的67%，其余讲白话、海话、黎话、白话地僚音（香山白话），多种方言长期并存。客家居民多数会听或会讲一种或多种方言。

全镇 总人口（万）	客家话 总人口（万）	讲客家话的村委、居委名称	客家话 自然村总数（个）	大姓
9.53	约6.3701	横桠冲、青山、花平水、窝铺、息安、新楼、大多别、香山、鲫鱼湖、横坑、沙铲、石圭坡、红荸、飘竹、铺岭、禄旺、木高山、那毛角、金屋地、大路湾、上埇、新开路，青平居委会	338	陈、刘

（10）吉水镇——半客镇，客家话人数占总人口的43%，其余为白话人口。客家居民多数会讲白话。

全镇 总人口（万）	客家话 总人口（万）	讲客家话的村委、居委名称	客家话 自然村总数（个）	大姓
7.10	约3.0373	吉水、江头、大车、上坝、黄坭塘、鹤岭、白石、南和、大金、良龙山	65	钟、刘、梁

（11）高桥镇——半客镇，客家话人数占总人口的27%，其余为讲海话、白话、黎话、白话地僚音人口。多数客家居民会听或会讲两种或两种以上方言。

全镇 总人口（万）	客家话 总人口（万）	讲客家话的村委、居委名称	客家话 自然村总数（个）	大姓
4.66	约1.2756	大冲、平山岗、李村、平垌、坡督、高桥、德耀、红寨，新桥居委会	96	陈、杨

（12）营仔镇——半客镇，客家话人数约占总人口的10%，其余为讲白话、黎话和海话的人口。客家居民多数会听或会两种以上方言。

全镇 总人口（万）	客家话 总人口（万）	讲客家话的村委、居委名称	客家话 自然村总数（个）	大姓
10.5067	约1	圩仔、仰塘、垌口、福山	59	林、张

（13）安铺镇——主要方言为粤语和闽语，仅新建村委的四个村庄全部讲客家话，都是1972年因修建鹤地水库从廉江石角迁入的。客家居民多数会听或会讲两种以上方言。

全镇 总人口（万）	客家话 总人口（万）	讲客家话的村委名称	客家话 自然村总数（个）	大姓
12.8	约0.086	新建	4	李、郑

2. 遂溪县

该县客家人口除河头镇割山村委的桐仔园村、牛角湾村、苏里陆村（后两村的年轻人只会听不会说，统计时未按客家人口计算在内）是大约300年前从廉江迁来的，语言变化明显外，其余的客家人多是20世纪五六十年代因修鹤地水库从廉江、高州、化州、信宜等地移民而来，至今与迁出地的方言几乎一致。这些客家话多数处于黎话的包围之中（也有部分与粤语村镇毗邻的，因而这里的客家话除了受到闽语影响外，也会受到粤语的一些影响，详见字音对照表），且多数零散分布，主要是客家方言岛。因客家人口数量少（共约2.0395万人），合为一表统计。

镇名称	全镇 总人口（万）	客家话 总人口（万）	讲客家话的 村委、居委名称	客家话自然村 总数（个）	大姓
北坡镇	5.4618	约0.1180	下黎	6	李、黄
城月镇	12.4176	约0.3548	迈坦、东风	2	刘、罗、林、吴
河头镇	3.7000	约0.1400	割山	2	林
岭北镇	2.8416	约0.0980	城里	3	邓、吴
遂城镇	21.1121	约0.5753	内塘、向阳、横岭	16	李、陈、周、何
杨柑镇	9.8916	约0.3948	红村、杨柑、协和	13	林、邓
洋青镇	8.2493	约0.3586	团结、胜利	19	陈、李

3. 雷州市

客家话在三个镇及五个农场呈零散分布的状态，多为客家方言岛。客路镇的塘塞及大家村委客家人迁自廉江，已有300多年；三塘村委客家人是因修鹤地水库而在20世纪五六十年代迁来的。英利镇昌竹村委信宜村客家人祖籍是肇庆，1976年由信宜迁入，如今全村仅约15人讲客家话；田星村委会的大桥上村客家人是1931年由广西合浦、公馆迁入的；英益村委英益村客家人一部分是1942年从广西陆川古城镇良村村委豪冲村迁入的，一部分是同年从博白宁覃镇德心村委迁入的，月墩村客家人是1943年由广西博白文地镇大河村委迁入的。唐家镇四海村委会有 2 个自然村（北村、中村）讲客家话，均为 1970 年左右因修鹤地水库从廉江河唇、高桥、石角、青平迁来的。雷州市客家人口总数约 5759 人，几乎都呈零散分布。下面分镇和农场两类加以说明。

（1）镇的情况

镇名称	全镇总人口（万）	客家话总人口（万）	讲客家话的村委、居委名称	客家话自然村总数（个）	大姓
客路镇	11.8	约 0.3224	塘塞、三塘、大家	6	罗、刘、陈、王、李
英利镇	约 7	约 0.1435	田星、英益、良村、昌竹	6	林
唐家镇	4.8815	约 0.11	四海	2	邓、吴

（2）农场情况——客家人口来源多且较复杂，既有越南、马来西亚、泰国等国归侨，也有从广西、廉江、信宜、阳春等地迁来的。迁入历史最长的不到 80 年，多数为 60 年左右。

	农场总人口（万）	客家话总人口（万）	农场名称	客家话场队总数（个）	大姓
雷州农场	约 2.1130	约 0.2845	幸福、火炬、金星、奋勇、东方红	约 150	无

4. 徐闻县

本地乡镇客家话人口主要是 20 世纪三四十年代因战乱或饥荒从信宜、高州、廉江、阳春等地迁来的，也有的是六七十年代的水库移民；农场客家人口主要是 20 世纪六七十年代从越南、缅甸、印度尼西亚、马来西亚等国回来的难侨，原籍多数为广西。所说客家话与迁出地几乎一致。这里的客家人数相对较多，特别是有的镇（如下桥镇）的几个村委相距很近，加上迁入时间短，基本上保持了迁出地客家话的原貌。

（1）曲界镇

全镇总人口（万）	客家话总人口（万）	讲客家话的村委、居委名称	客家话自然村总数（个）	大姓
约 4.5	约 0.4254	南胜、石灵溪	19	陈、杨

（2）下桥镇

全镇 总人口（万）	客家话 总人口（万）	讲客家话的 村委、居委名称	客家话 自然村总数（个）	大姓
4.2100	1.1735	信桥、南丰、石板、迈埚、 拔园、方海	42	李

（3）龙塘镇

全镇 总人口（万）	客家话 总人口（万）	讲客家话的 村委、居委名称	客家话 自然村总数（个）	大姓
5.3143	约0.545	黄定、西洋、福田	16	陈、杨

（4）锦和镇

全镇 总人口（万）	客家话 总人口（万）	讲客家话的 村委、居委名称	客家话 自然村总数（个）	大姓
4.1747	约0.1025	红星、锦市	4	李、黄、卢

（5）农场

全场 总人口（万）	客家话 总人口（万）	农场名称	客家话 场队总数（个）	大姓
2.0712	约0.0530	五一、南华、华海公司（原海鸥 和勇士农场）、红星、友好	20	无

附录1　发音人基本情况

方言点	发音人	性别	出生年	常住地	文化程度	职业	方言母语
廉江长山	揭育明	男	1949	六福村	高中	教师	长山哎话
廉江石角	黄朝锦	男	1947	石角街	大专	教师	石角哎话
廉江河唇	曹锡权	男	1943	南街村	大专	教师	河唇哎话
廉江雅塘	罗家欣	男	1948	陀村	初中	农民	雅塘哎话
遂溪河头	林东	男	1961	桐仔园村	高中	农民	河头哎话
遂溪河头	林正仁	男	1934	桐仔园村	高小	教师	河头哎话
遂溪河头	林正年	男	1940	桐仔园村	大专	教师	河头哎话
雷州塘塞	罗家春	男	1949	塘塞村	小学	农民	塘塞哎话
雷州大家	叶福智	男	1950	月湖东村	小学	干部	大家哎话
雷州大家	叶为林	男	1942	月湖东村	初中	农民	大家哎话
徐闻下桥	李长绍	男	1945	高东湾村	中师	教师	下桥哎话

说明:本表格未用"客家话"的说法,而是采用了本地客家人较常用的说法"哎(僆)话"以体现本地实际情况。

附录2 雷州半岛客家方言地理分布图

说明：雷州半岛及半岛北部延伸部分均为湛江所辖，全市包括廉江市、吴川市、遂溪县、雷州市、徐闻县和湛江市区，湛江市区和吴川市境内没有客家话分布。

第三章

雷州半岛客家方言音系

整个雷州半岛约有 72 万人讲客家话。半岛北部山区（廉江市辖）是客家人聚居区，据当地人的语感，他们所讲的客家话完全可通话，无论是纯客镇还是半客镇的各个自然村之间的话，当地人认为大体一样，虽有一些差别（人们大致可听辨出对方说的是哪个镇的客家话），但这种差异不影响交际，而且人们多认为主要是"调"的不同，有的硬些，有的柔些；有的尾调上扬，有的下抑。半岛中南部（遂溪、雷州、徐闻）客家散居点的人们，也自认为与迁出地的客家人可通话，但实际上已有相当的不同。我们在进行详细调查时，发现有不少变异，有的还非常大。

以往人们多通过《粤西客家方言调查报告》所披露的廉江石角、青平两点的语音面貌，来推断整个雷州半岛客家方言的全貌，并将雷州半岛客家话与茂名、阳江等地客家话统称为粤西客家话。但是，随着调查的深入，我们发现，因所选发音人年龄层次的不同，已有的廉江客话的材料，与我们的调查结果有比较明显的区别。而同样处于廉江客家人聚居区的其他乡镇，语音情况也有这样或那样的不同。已有的调查材料不足以全面反映本地客家方言的实际情况。另外，在与其他方言（闽、粤）长期相处的过程中，相互影响、融合的复杂状况到底有哪些？尤其是对散落在遂溪、雷州、徐闻的客家话的真实面貌，我们还知之不多，因而将这一地区的客家话，与阳江、茂名等地的客家话统归为"粤西片"是否合理还须斟酌。所以，加大调查密度和力度（覆盖雷州半岛县一级及镇一级甚至村一级方言点），尽快摸清尚"无人问津"的雷州半岛客家方言的全貌，对我们认识本地客家方言的整体特征，进而与其他客家方言进行更大范围的对比研究，搭建起广东省客家方言研究的整体框架并对其进行科学、合理的分类，描述语言接触与融合的事实，推进方言研究的理论建设，都非常有价值。正如李如龙先生所说："粤西通往桂南的群岛状的……客方言……由于已有调查点不密也不够均衡，关于客方言的划片，现在还说不清楚。""全面地调查各地的客家话，比较其异同，追寻其历史，对于了解汉语方言的流变以及各方言之间的关系，研究方言间、语言间的渗透都是很有意义的。"①

为了较大范围地展现雷州半岛客家方言的状貌，我们除了对该地客家方言人口及分布进行了细致普查外，还从南到北进行了语音普查，然后选取较有代表性的 8 个镇（村）的客家话进行详细调查，用"斐风"调查软件进行了录音，这对处于濒危状态的遂溪、雷州客家话来说，意义尤其重大。

在具体选择时，对于纯客镇，我们只选镇政府所在地的、人们认为在当地非常通行且较权威的话作为调查对象，如廉江，作为客家人的主要聚居区，我们选取了两个特色鲜明的纯客镇——石角②、长山客家话进行调查；对于半客镇，我们选取人们普遍认为较有特点且多种方言长期并存的河唇、雅塘客家话进行调查；对于遂溪、雷州、徐闻三地，由于客家话在当地属于弱势方言，且分布范围小、人口少，又处于闽方言的包围之中，相当于一个个方言岛，我们选择特点突出、迁入时间不同、语言使用状况有差异的话（遂溪河头、雷州客路的塘塞与大家、徐闻下桥）进行调查。

一　廉江市客家方言音系

（一）长山镇客家方言音系

1. 声母（21 个，包括零声母）

p 波比飞(白)③百	pʰ 耙敷败坪	m 骂雾尾目	f 花夫肺房	v 禾碗万屋
t 赌知(白)刀胆	tʰ 杜蛋电听	n 泥内暖农		
		ȵ 耳年月忍		l 腩犁留亮
ts 剪抓摘政	tsʰ 茶初草罪		s 写嫂纯生	
tʃ 猪智专祝	tʃʰ 除治川唱		ʃ 蛇受升石	
k 过锯官骨	kʰ 苦骑巧舅	ŋ 芽艾咬银	h 河开汗恨	
ø 儿腰雨油				

声母说明：

（1）有两套塞擦音、擦音，如"足 ≠ 竹；粗 ≠ 柱；岁 ≠ 税"。不过，该地舌

---

① 李如龙等：《粤西客家方言调查报告》，暨南大学出版社 1999 年版，前言。
② 我们调查的是石角老派客家话，与已有的调查结果有所不同，详见后面音系。
③ 下文各点音系中凡有小括号标"白"字的表示白读，标"训"字的表示训读。

叶塞擦音辖字范围正在萎缩，两组音有混合的趋势：舌叶塞擦音声母辖字较单纯，主要是知三与章组字，但舌尖前塞擦音声母字不仅来自精知二庄组，还有些知三及章组字。

（2）v 在单韵母 u 的零声母音节前基本无摩擦，在 u 起头的其他韵母的零声母音节前摩擦相对明显。暂未发现有对立。

（3）ȵ、n、ŋ 三个声母互补分布：ȵ 只出现在泥母、日母（除去日母部分读零声母的字）及疑母今读细音韵母的字前，n 只出现在泥母今读洪音韵母的字前，ŋ 只出现在疑母今读洪音韵母的字前。下文其余七个方言点情况同此，不再一一说明。

（4）部分 i 开头的零声母音节，i 前有较明显的摩擦，音值为半元音 j，不与 Ø 对立。

2. 韵母（63 个），包括声化韵母 ŋ̍ 在内。

ɿ 租西师事	i 句米鼻气	u 补箸夫富
a 沙射抓嫲	ia 借邪野摸(白)	ua 家(白) 瓜跨卦
e 艾啼鸡蚁		
ɔ 罗科毛早	iɔ 茄靴锄揉	uɔ 果裹
ai 我癞街坏	iai 耶鄙(训) 嘛(训)	uai 块乖怪快
ɔi 胎财赔睡	iɔi 脆瘶	
	iui 锐惠穗孕(训)	ui 辈碎悲水
au 躁吵赵矛	iau 票桥枭嫖	
eu 捞亩瘦阄	iu 流丑九幼	
am 贪谈三范	iam 帘盐添歉	
em 咳含(白) 揞森	im 心金琴音	
an 单办泉万	ian 仙田圆冤	uan 观款关惯
en 根凳冰零	in 民陈京灵	uen 耿
ɔn 肝旱酸船	iɔn 全喘软阮	uɔn 舷管灌宽
	iun 忍韧君云	un 伸寸笋问
aŋ 橙冷耕铃	iaŋ 惊井醒紫	uaŋ 桄梗
ɔŋ 帮肠黄讲	iɔŋ 凉两香眠	uɔŋ 光广

续表

	iuŋ 弓浓凶用	uŋ 窗同风恭
ap 鸽闸鸭法	iap 狭猎碟楔	
ep 凹涩覆(训)	ip 立习入揖	
at 辣八舌袜		uat 括阔刮
et 蜜北剧籴	iet 铁热越缺	
ɔt 割脱捋劣	it 七食益滴	ut 突骨出物
ak 吓百麦尺	iak 屐逆脊锡	
ɔk 博落郭壳	iɔk 雀弱脚药	uɔk 国
	iuk 肉局玉浴	uk 木毒福足
n̩ 吴五女鱼		

韵母说明：

（1）ɔ 类韵母，ɔ 的舌位偏前，唇形略扁。

（2）u 为主要元音或介音的韵母，u 的发音偏前，唇形不圆，仅有微微合拢的动作。iu 中 i 时长较 u 长，为主元音。

（3）e 开口度小，尾部有时有个流音 i，可记为 eⁱ。以 e 为主要元音的复合韵母开口度普遍较 e 略大，介于 e 与 ɛ 之间。ian 的实际音值是 ien。

（4）ɿ 韵母字主要来自止摄开口三等的精、知、庄、章组，少数来自蟹摄开口三、四等的精组，极少数来自遇摄合口三等的精、庄组。

（5）et、iet 和 it 韵尾的舌位比 -t 略后，但又不是 ek、iek 和 ik，韵尾较松，无对立，不分别立韵。

3. 声调（6个）

阴平	55	多车(坐车)吕弟(白)诗包娇偷烟软
阳平	13	我图雷肥跳刘售油团床
上声	31	左鼠海倍跪胆盾厂壤请
去声	33	破簿芥妹吠嘴(白)稻烂伴冻
阴入	3	答血骨镯革尺木福竹肉
阳入	5	十舌粤侄弱学直白石籴

声调说明：

（1）阴平的实际调值更接近 44。

（2）阳平有时读作 12，上声有时读作 21。

（3）部分名词性语素单独成词或作为双（多）音节名词的末尾语素时，有两个表小意味的变调 131、52。本调是阳平 13 的，常由阳平 13 变为曲折的 131，如"橙、苎_麻_、盆、鞋"等；本调为非阳平调的，如"阄、杯、碗、水、饭、菜"等，常变高降调 52，如"手机"的"机"（"飞机"的"机"则不变）、"牙签"的"签"均变 52（非名词且非末尾音节的"签名"的"签"不变调）。另外，本方言有时也用高降调示某个动作已经完成，如"吃饭"的"吃"，用高降调表示已经吃完饭了，用原调则无此意。廉江其他客家话点均有不同程度的此类变调现象，总体看，纯客镇比半客镇多，长山最典型。其他调类的变调暂未发现。

（二）石角镇客家方言音系

1. 声母（21 个，包括零声母）

p 比边粪伯	pʰ 爬敷败瓶	m 魔味蚊命	f 壶飞荒冯	v 禾话胃屋
t 低知(白)短胆	tʰ 杜腿豆天	n 糯南囊溺		l 笋拉鳞弄
ts 借庄争摘	tsʰ 粗草就床		s 四戏瘦送	
		ȵ 耳弥染月		
tʃ 猪痣账祝	tʃʰ 除侄虫尺		ʃ 书市神血	
k 加鸡讲剧	kʰ 苦倚喜擎	ŋ 芽艾外银	h 河开桁客	
Ø 爷雨爱油				

声母说明：

（1）有两套塞擦音和擦音声母，精知_庄组字多归舌尖前声母，知_章组字多读舌叶声母。

（2）不少晓匣母字读 ʃ 或 s，如"形 = 乘 = ʃin¹³、训 = 顺 = 舜 = ʃun³³、香 = 商 = ʃɔŋ⁴⁵、戏 = 四 = ʃi³³"等。

（3）细音韵母的零声母音节前常带有半元音 j，但摩擦并不明显，j 与 Ø 没有对立。

（4）v 的摩擦不普遍，且无对立。为便于与其他点的比较，一律在 u 开头的零声母音节前标示该声母。

2. 韵母（66个），包括声化韵母 m̩、n̩ 和 ŋ̩ 在内。

ɿ 粗次字事	i 吕衣鼻气	u 布许柱富
a 沙射抓嫲	ia 泻斜爷夜	ua 瓜剐跨卦
e 筛齐蚁尼		
o 可梳灶错	io 茄(番茄)揉锄	uo 果过
ai 我买街坏	iai 耶鄙(训)嚱(训)	uai 块乖怪快
oi 胎财赔睡	ioi 瘸	
	iui 锐惠穗孕(训)	ui 辈碎悲水
au 躁吵赵矛	iau 票桥枭嫽	
eu 捞亩瘦牛	iu 流抽九幼	
am 贪谈三范	iam 帘盐添歉	
em 咳含(白)揞脸	im 心金琴音	
an 炭办限饭	ian 仙田圆冤	uan 关惯
en 根凳冰零	in 民陈京灵	uen 耿
on 肝短碗船	ion 全篆软阮	uon 鼾管灌宽
	iun 忍韧君云	un 伸寸笋问
aŋ 橙冷耕铃	iaŋ 惊井醒萦	uaŋ 桄梗
oŋ 帮肠黄讲	ioŋ 凉枪羊眶	uoŋ 光广
	iuŋ 穷浓容用	uŋ 窗同风恭
ap 鸽闸鸭法	iap 狭猎碟楔	
ep 凹蛤涩撮	ip 立习入揖	
at 辣八设袜	iat 阅越粤乙	uat 括阔刮
et 蜜北剧氽	iet 热铁雪缺	
ot 割脱捋劣	it 七食益滴	ut 突骨出物
ak 吓百麦尺	iak 屐逆脊锡	
ok 博落郭壳	iok 雀弱脚药	uok 国
	iuk 肉局玉浴	uk 木毒福足
m̩ 唔	n̩ 你	ŋ̩ 吴五女鱼

韵母说明：

（1）u 的发音位置普遍偏前。与 m 声母相拼时，有时带有同部位的浊音 b，如"暮墓"等，实际音值为 m^b。

（2）e 开口略大，实际音值近 E。

（3）ʅ 韵母字主要来自止摄开口三等的精、知、庄、章组，少数来自蟹摄开口三、四等的精组，极少数来自遇摄合口三等的精、庄组。

（4）et、iet 和 it 韵尾的舌位比 -t 略后，但又不是 ek、iek 和 ik，韵尾较松，无对立。

（5）iat 和 iet 呈互补分布，前者只辖零声母字，后者相反。因二者实际读音差异明显，故分列为二韵。

3．声调（6个）

阴平	45	多车(坐车)吕弟(白)诗包娇偷烟软
阳平	13	我图雷肥刘售油团床停
上声	21	左鼠海倍跪胆盾厂壤请
去声	33	破部芥妹吠睡稻烂伴冻
阴入	2	答血骨镯革尺木福竹肉
阳入	5	十舌粤倠弱学直白石籴

声调说明：

阴平是个微升调。

（三）河唇镇客家方言音系

1．声母（21个，包括零声母）

p 比边粪伯	pʰ 爬敷败瓶	m 魔味蚊命	f 壶飞荒冯	v 禾话胃屋	
t 低知(白)短胆	tʰ 杜腿豆天	n 糯南囊溺			l 笋拉鳞弄
ts 借庄争摘	tsʰ 粗草就床		s 四算瘦胸		
		ŋ 耳弥染月			
tʃ 蔗猪账祝	tʃʰ 除唱虫尺		ʃ 书市神石		
k 加鸡讲剧	kʰ 苦徛喜擎	ŋ 芽艾外银	h 河开桁客		
ø 爷雨爱油					

声母说明：

（1）有两套塞擦音和擦音，但舌叶塞擦音数量已萎缩，有不少归并到舌尖塞擦音中了。擦音 ʃ 在听感上接近普通话的 ʂ。

（2）v 在 u 韵前摩擦较明显，其他韵母前摩擦较弱，无对立。

（3）部分零声母前有喉塞音ʔ，不与Ø对立。

（4）k 在与 u 类韵相拼时常伴随唇齿摩擦的动作，有圆唇化倾向。

2．韵母（64个），包括声化韵母 ŋ̍ 在内。

ɿ 粗西字事	i 吕衣鼻气	u 布路柱富
a 沙射抓嫲	ia 泻斜爷夜	ua 瓜刷跨卦
e 筛齐蚁尼		
o 可做灶错	io 茄锄揉	uo 果裹稿
ai 我买街坏	iai 耶噍(训)鄙(训)	uai 块乖怪快
oi 胎财赔睡	ioi 癗	
	iui 乳锐慧慰	ui 辈碎悲水
au 躁吵赵矛	iau 票桥枭嫽	
eu 捞峁瘦牛	iu 流昼九幼	
am 贪谈三范	iam 帘盐添歉	
em 含(白)揞森臉	im 林心琴音	
an 炭办限饭	ian 仙田圆冤	uan 观鳏关惯
en 根凳冰零	in 民陈京灵	uen 耿
on 肝短碗船	ion 全喘软阮	uon 官管灌宽
	iun 忍韧君云	un 盆寸笋问
aŋ 橙冷耕铃	iaŋ 惊井醒萦	uaŋ 桃筐梗
oŋ 帮肠黄讲	ioŋ 凉枪羊眶	uoŋ 光广
	iuŋ 穷浓容用	uŋ 窗同风恭
ap 鸽闸鸭铡	iap 狭猎碟楔	
ep 凹蛤涩撮	ip 立习入揖	
at 辣八设袜	iat 阅越粤乙	uat 括阔刮
et 蜜北剧籴	iet 热铁雪缺	
ot 割脱捋劣	it 笔膝一疫	ut 突骨出物
ak 吓百麦尺	iak 屐逆脊锡	
ok 博落郭壳	iok 雀弱脚药	uok 国
	iuk 肉局玉浴	uk 木毒福足
ŋ̍ 吴五午鱼		

韵母说明：

（1）o 的舌位偏前，唇形略扁，开口度较小。

（2）以 u 为主要元音的韵母，合口较明显。

（3）e 开口略大，实际音值近 E；在 e 后有时有流音 i，与 e 无对立。

（4）et、iet 和 it 韵尾的舌位比 -t 略后，但又不是 ek、iek 和 ik，收尾较松，无对立。

（5）iat 和 iet 呈互补分布，前者只辖零声母字，后者相反。因二者实际读音差异明显，故分列为二韵。

（6）ɿ 韵母字主要来自止摄开口三等的精、知、庄、章组，少数来自蟹摄开口三、四等的精组，极少数来自遇摄合口三等的精、庄组。

3．声调（6个）

阴平	45	多车(坐车)吕弟(白)诗包娇偷烟软
阳平	13	我图雷肥刘售油团床停
上声	31	左鼠海倍跪胆盾厂壤请
去声	33	破部芥妹吠睡稻烂伴冻
阴入	3	答血骨镯革尺木福竹肉
阳入	5	十舌粤佲弱学直白石籴

声调说明：

（1）阴平调尾部略有上升，非平直。

（2）多数阳平调调头部分略长，与调尾形成小的曲折，实际调值近于113。

（3）两个入声的动程有时较明显，有时较短促，无对立。

（四）雅塘镇客家方言音系

1．声母（19个，包括零声母）

p 比边粪伯	pʰ 爬敷败瓶	m 魔味蚊命	f 壶非荒冯	v 禾话胃屋	
t 低知(白)短胆	tʰ 杜腿豆天	n 糯南囊溺			l 笋拉鳞弄
ts 借猪争祝	tsʰ 粗就唱床		s 树时手税		
		ȵ 耳弥染月			
			ɬ 修心生缩		
k 加鸡讲剧	kʰ 苦徛求擎	ŋ 芽艾外银	h 河开桁客		
∅ 爷雨爱油					

声母说明：

（1）v声母字有的有明显的上齿触下唇动作，有的并不明显，为与其他点比对方便，统一记为有该声母。

（2）细音韵母的零声母音节前常带有半元音 j，但有的摩擦明显，有的不明显，与 ∅ 没有对立。

（3）有边擦音 ɬ，主要来自心母，小部分来自生母，少数来自从、邪、崇、禅、书母。

2．韵母（65个），包括声化韵母 ŋ̍ 在内。

	i 吕衣鼻气	u 布路柱富
a 沙射抓嫲	ia 泻斜爷夜	ua 瓜刷跨卦
e 世齐蚁尼		
ɔ 可做灶错	iɔ 茄靴揉	uɔ 果裹颗稿
ai 我买街坏	iai 耶嚼(训)嗾(训)	uai 块乖怪快
ɔi 胎财赔睡	iɔi 脆(训)癟	
	iui 乳锐慧釉(训)	ui 辈碎悲水
au 躁吵赵矛	iau 票桥粜嫽	
eu 捞亩瘦牛	iu 流昼九幼	
am 贪谈三范	iam 帘盐添嫌	
em 含(白)揞森脸	im 林心琴音	
an 炭小限饭	ian 仙田圆冤	uan 观(参~)款关惯
en 银凳冰零	in 民陈京灵	uen 耿
ɔn 肝短碗船	iɔn 全喘软阮	uɔn 官管灌宽
	iun 忍韧君云	un 盆寸笋问
aŋ 橙冷耕铃	iaŋ 惊井醒萦	uaŋ 桄梗
ɔŋ 帮肠黄讲	iɔŋ 凉枪羊眶	uɔŋ 光广
	iuŋ 穷浓容用	uŋ 窗同风恭
ap 鸽闸鸭铡	iap 狭猎碟楔	
ep 凹蛤涩撮	ip 立习入揖	
at 辣八设袜	iat 阅越粤乙	uat 括阔刮
et 蜜北剧籴	iet 热铁雪缺	
ɔt 割脱捋劣	it 七食益滴	ut 突骨出物
ak 吓百麦尺	iak 屐迹脊锡	
ɔk 博落郭壳	iɔk 雀弱脚药	uɔk 国
	iuk 肉育玉浴	uk 木毒福足
ŋ̍ 吴五女鱼		

韵母说明：

（1）e 的实际音值近 ε，在复合韵母中开口度略小，近于 E。

（2）ɔ 为非标准的后半高圆唇元音，舌位比 o 稍低稍前些，唇肌较松。其中 ɔi 的 i 尾更松，只表明主要元音的运动方向。

（3）单韵母 u 及复合韵母起头的 u 舌位都较前，唇形略圆，有时前有摩擦。

（4）et、iet 和 it 韵尾的舌位比 -t 略后，但又不是 ek、iek 和 ik，韵尾较松，无对立。

（5）iat 和 iet 呈互补分布，前者只辖零声母字，后者相反。因二者实际读音差异明显，故分列为二韵。

3．声调（6个）

阴平	45	多车(坐车)吕弟(白)诗包娇偷烟软
阳平	25	我图雷肥刘售油团床停
上声	21	左鼠海倍跪胆盾厂壤请
去声	33	破部芥妹吠睡稻烂伴冻
阴入	2	答血骨蠲革尺木福竹肉
阳入	5	十舌粤侄弱学直白石籴

声调说明：

（1）阴平调尾部有些微上扬，非平调。

（2）阳平调的调头略平，后有上升，实际调值近于225。

（3）去声调尾部偶尔略升，实际调值近于34，不与33对立。

（4）两个入声动程有时较明显，有时较短促，无对立。

二　遂溪县河头镇客家方言音系

1．声母（19个，包括零声母）

p 波秘粪北	pʰ 坡败片扑	m 雾满明木	f 化饭粉核	v 禾武胃温	
t 对知(白)盾东	tʰ 渡稻炭厅	n 内暖能农			l 李刘狼辣
ts 租猪斩汁	tsʰ 坐池铡唱		s 书树船舌		
		ȵ 语月年肉			
			ɬ 锁师甥雪		
k 果姑工甲	kʰ 苦契舅局	ŋ 牙危眼硬	h 河海气盒		
∅ 夜轭雨入					

声母说明：

（1）v 的摩擦较弱，但唇齿相碰的动作仍有，实际音值近于较松的 υ。为便于比较，以 u 开头的零声母音节开头的都前加该声母。

（2）细音韵母的零声母音节 i 常发成 z（受周边闽语雷州话的影响所致），但 z 与 Ø 尚未形成对立，即未形成独立音位，一律处理为零声母。

2．韵母（50 个），包括声化韵母 ŋ̩、m̩ 在内。

	i 居米皮衣	u 户朱祠富
a 家蛇花画	ia 借写爹野	ua 瓜夸跨卦
e 低弟(白)鸡蚁	ie 耶	
ɔ 河课初早	iɔ 茄	
ai 贷买败坏		uai 块乖拐快
ɔi 来害霉嘴(白)		
	iui 乳锐	ui 杯肺髓胃
au 考交烧矛	iau 巧票腰条	
eu 亩豆狗牛	iu 袖手球有	
am 男胆衫腩	iam 尖阉严店	
em 含(白)揞森脬	im 林今琴音	
	ian 变天权贫	
	iun 闰匀云运	un 满盆孙蚊
aŋ 山碗万凳硬声星	iaŋ 烟圆县姻名腥	uaŋ 团宽关桄
eŋ 零铃孟	iŋ 燕新蒸静兵定	
ɔŋ 肝算船帮伤望江	iɔŋ 粮箱姜羊	
	iuŋ 兄穷胸用	uŋ 双东红钟
ap 杂鸽盒甲	iap 狭接叶蝶	
	ip 立汁十急	
et 特侧测肋	iet 热铁月失橘	ut 突骨出物
ak 八活北白石籴	iak 屐脊擗锡	uak 剐夺阔
	ik 越笔直惜击	
ɔk 割博学读	iɔk 雀脚药啄	
	iuk 肉育玉浴	uk 木毒粥烛
m̩ 唔	ŋ̩ 吴五女鱼	

韵母说明：

（1）e 的开口略大，实际音值近 E。

（2）uk、iuk、uŋ、iuŋ 中的 u 开口度略大，实际音值为 o，舌位较前，唇形较松（以 u 为韵头的韵母唇形也较松）。

（3）ie 只辖一个字"耶"，eŋ 韵仅辖"零铃孟"，韵同闽语雷州话。

（4）ian 韵部分字的读音已近雷州话 ieŋ 韵（五十岁以下的人群已完成了此转变），et 韵及 iet 韵中部分字读音已近 ek 及 iek，但无对立，本音系立 ian、et 及 iet 韵；ak 韵中个别字有时会读 at，如"沫袜"等，无对立，统归 ak 韵；ik 韵中个别字读音有时近 it，如"越逸"，无对立，本音系立 ik 韵。另外，发音人有时会将个别 iŋ 韵字读为 in，如"紧人引"等，无对立，发音人也未觉有不同。山、臻摄的多数日、影、匣、云母字已变为 iaŋ 韵，臻摄开口三等部分字读 ian 韵，与山摄开口三、四等字韵同。

（5）因迁入雷州地区时间较长，有些字音已无客家话读法，取了雷州话音。此外，该点相邻的岭北镇讲粤语，本点发音人亦能熟练说粤语（其所在村的村民亦如此），有些字的音又会受到粤语的影响，详见后面字音对照表。

3．声调（6个）

阴平	55	哥坐马朱买低西尾三灯
阳平	13	梨姨危桥全银唇文忘名
上声	21	写瓦米洗纪小狗九井勇
去声	33	价谢夜步渡去害债肺睡
阴入	2	鸭湿八刷袜出壳识百木
阳入	5	盒立达月物学药力白毒

声调说明：

（1）阴平和去声都是平调，阴平实际调值接近 44，去声实际调值近于 22。

（2）雷州话的阳去为 55 调值，本点客家话去声不分阴阳，都是 33 调值，受雷州话影响，个别字发音人会在 55 或 33 间蹿读，不觉有不同，如"丽隶"等。

（3）两个入声动程较明显。阳入调值没有 5 那么高，更近 4。由于闽语雷州话的影响，阴入与阳入字有相混的情形，如"集辑"等阳入字可自由变读为阴入，没有对立。

三　雷州市客家方言音系

（一）客路镇塘塞村委塘塞村客家方言音系

1. 声母（19 个，包括零声母）

p 波秘粪北	pʰ 坡败片扑	m 雾满明木	f 化饭粉核	v 禾武胃温	
t 对知(白)盾东	tʰ 渡稻炭厅	n 内暖能农			l 李刘狼辣
ts 租猪斩汁	tsʰ 坐池铡唱		s 书树船舌		
		ȵ 语月年肉			
			ɬ 锁师甥雪		
k 果姑工甲	kʰ 苦契舅局	ŋ 牙危眼硬	h 河海气盒		
ø 夜轭雨入					

声母说明：

（1）v 的摩擦较弱，但仍有一个唇齿相碰的动作，实际音值近于 ʋ。

（2）洪音 a 类零声母音节略有喉塞成分，但没有区别意义的作用；零声母与细音韵母相拼时常带有半元音 j，有的摩擦甚至较重，近于 z，但尚无对立，故暂未将 z 作为独立音位处理。

2. 韵母（51 个），包括声化韵母 ŋ 在内。

	i 居米皮衣	u 户朱祠富
a 家蛇花话	ia 借写爹野	ua 瓜夸跨卦
e 低弟(白)鸡蚁	ie 耶液	
ɔ 河课初早	iɔ 茄	
ai 我买败坏	iai 揉嚼(训)嗷(训)	uai 块乖拐快
ɔi 来害霉嘴		
	iui 贿锐	ui 杯肺髓胃
au 考交烧矛	iau 巧票腰条	
eu 亩豆狗牛	iu 袖手球有	
am 男胆衫腩	iam 尖阉严店	
em 咳含(白)揞脍	im 林今琴音	
	iun 闰匀云运	un 满盆孙蚊

续表

aŋ 山碗万凳硬声星	iaŋ 烟圆姻县名腥	uaŋ 团宽关桄
eŋ 穗零铃	ieŋ 变千拳震	
	iŋ 新蒸静定兵	
ɔŋ 肝算船帮江伤望	iɔŋ 粮箱姜羊	
oŋ 东红龙钟	ioŋ 兄穷胸用	
ap 杂鸽盒甲	iap 狭接叶蝶	
ep 涩	ip 立汁十急	
ak 八活北白石籴	iak 屐脊擗锡	uak 末夺阔劣
ek 厕特侧测	iek 裂铁月失橘	
	ik 笔直惜击	
ɔk 割博学读	iɔk 雀脚药觉(觉得)	
ok 木谷粥局	iok 肉育玉浴	uk 突骨出屈
ŋ̩ 吴五女鱼		

韵母说明：

（1）单元音 ɔ 的唇形较松，开口较小。以 ɔ 为主要元音的韵母，ɔ 受前后其他音素的影响，舌位有时偏前，如 ɔi，有时偏后，如 ɔŋ、ɔk。偏前时开口略小，偏后时开口略大。整体看，舌位偏低，但与 o 有对立。

（2）u 单独作韵母或作韵头时唇形都较松，仅有轻微的合口动作，且舌位较前。

（3）e 口型略大，音值近于 ɛ。

（4）零声母的齐齿呼前普遍有较明显的摩擦，有的近于 z，特别是在 iun、iui 前时，但 j、z 与 ∅ 尚无音位对立。

（5）山摄开口一等字（见晓影组除外）、开口二等字（个别除外）都与宕江摄字一样读 aŋ 韵，开口三、四等字及合口三等多读 ieŋ 韵，合口四等个别字、臻摄三等个别字也读 ieŋ 韵，但个别字如"全泉传援"有时也会读 ian 韵，不过已无对立。山摄合口多读 uaŋ 及其他后鼻音韵母，个别字有时读音不稳定，如"端"，有时也会读 uan 韵，发音人自己已分辨不出有何不同，无对立。另外，一般客家话读 −t 尾的字本点客话已演变为 −k 尾（实际舌位比 −k 略前，较松），个别字如"佛(拜佛)核(果核)郁"发音人有时读 ut，有时读 uk，无对立，ut 实际已无独立音韵地位，故未将其单独归为一韵。处于闽语雷州话强势影响之下的遂溪河头镇桐仔园村和雷州客路镇大家村委月湖东村的客家话均有与此相类的现象。

（6）有小部分 un 韵字开始向 ueŋ 韵转化，如"满、近、盆、村、困"等，但尚未形成独立音位，发音人会在二者之间犹豫，发音不稳定，暂均处理为 un 韵。

（7）本点已有大部分臻摄合口入声字占据了 uk 韵，与雷州话同，与 ok（通摄入声归此韵）有对立，因而本点出现了入声 ok、uk、ɔk 及 iok、iuk 与 iɔk 对立的情况。

3.　声调（6个）

阴平	55	哥坐马朱买低西尾三灯
阳平	13	梨姨危桥全银唇文忘名
上声	21.	写瓦米洗纪小狗九井勇
去声	33	价谢夜步渡去害债肺睡
阴入	2	鸭湿八刷袜出壳识百木
阳入	5	盒立达月物学药力白毒

声调说明：

（1）阴平的实际调值近于44，与去声调值较接近。

（2）受雷州话入声阴高阳低特点的影响，本点个别入声字与一般客家话阴低阳高的特点相反，如"失室袭"等，发音人均读为阳调。

（二）客路镇大家村委月湖东村客家方言音系

1.　声母（18个，包括零声母）

p 波飞粪北	pʰ 坡败片扑	m 雾满明木	f 化饭粉核	v 禾武胃温	
t 对知(白)盾东	tʰ 渡稻炭厅	n 内暖能农			l 李刘狼辣
ts 租猪斩汁	tsʰ 坐池铡唱			s 书树甥雪	
		ȵ 语月年肉			
k 果姑工甲	kʰ 苦契舅局	ŋ 牙危眼硬		h 河海气盒	
∅ 夜雨入轭					

声母说明：

（1）v 的摩擦时有时无，不稳定，无对立。为便于比较，字表均统一标为有此声母。

（2）洪音 a 类零声母音节有时有喉塞音 ʔ，但没有区别意义的作用；零声母与细音韵母相拼时常带有半元音 j，但 j 与 ∅ 没有对立。

（3）ts、tsʰ 在 u 前发音近于 tʃ、tʃʰ，在细音前近于 tɕ、tɕʰ，但声母 s 无论在哪个韵前，都是典型的舌尖前擦音。

2. 韵母（48 个），包括声化韵母 ŋ̍ 在内。

	i 居米皮衣	u 户朱祠富
a 家蛇花话	ia 借写爹野	ua 瓜夸跨卦
e 低弟(白)鸡蚁	ie 藉耶液	
ɔ 河课初早	iɔ 哪(训)茄此(训)	
ai 我买败坏		uai 块乖拐快
ɔi 来害霉嘴		
	iui 锐	ui 杯肺髓胃
au 考交烧矛	iau 表票腰条	
eu 亩豆狗牛	iu 袖手球有	
am 男胆衫腩	iam 尖阉严店	
em 咳含(白)揞脸	im 林今琴音	
aŋ 山万银凳硬声星	iaŋ 病名井腥	uaŋ 团宽关枕
eŋ 衬凭(倚靠)	ieŋ 变千拳镇	ueŋ 盆轮痛共
	iŋ 新蒸静定蝇兵	
ɔŋ 肝算船帮伤江梗蜂	iɔŋ 粮箱姜羊腔穷	
	(iuŋ) 荣容勇用	(uŋ) 冯凤弓盅
ap 杂鸽盒甲	iap 狭接叶蝶	
ep 磕涩撮啉	ip 立汁十急	
ak 八活北白石籴	iak 屐脊擗锡	uak 括阔刮劣
ek 肋则克泽	iek 裂切(切菜)蜜月橘	
	ik 笔直惜击	
ɔk 割博学国	iɔk 雀脚药觉(觉得)	
	iuk 弱肉育玉	uk 骨出独粥
ŋ̍ 吴五鱼渔		

韵母说明：

（1）以 u 为主要元音或韵头的韵母，舌位普遍偏前，唇形较松。

（2）ɔŋ、iɔŋ 中的 ɔ 开口较小，实际音值近于 o。ɔŋ 韵以宕摄字为主，同时合并了山摄、曾摄、梗摄、江摄、通摄一部分字，如发音人坚持认为：肝₍山摄₎ = 光₍宕摄₎ = 江₍江摄₎；韩₍山摄₎ = 航₍宕摄₎ = 恒₍曾摄₎ = 宏₍梗摄₎；方₍宕摄₎ = 锋₍通摄₎ 等等。古通摄字在今大家客家话中分读为三类韵，多数读 ueŋ（与臻摄合口字合为一韵了），少数读 ɔŋ，极少数读 uŋ。读音不稳定，发音人常在 uŋ 与 ɔŋ、ueŋ 与 uŋ 间游走，uŋ 韵已几乎失去独立音位，但考虑到发音人在录音时仍明确读少数字为 uŋ 韵，本音系保留了该韵，但用圆括号括上了。同样，通摄中的细音字亦有部分今读为 iɔŋ 韵，与部分梗摄及宕摄字同韵了，如：香₍宕摄₎ = 兄₍梗摄₎ = 胸₍通摄₎。仅有少数通摄细音字读 iuŋ 韵，且读音不稳定，发音人常在 iuŋ 与 iɔŋ 间游走（如发音人认为"穷"字读 kʰiɔŋ 或 kʰiuŋ 均可），iuŋ 韵已几乎失去独立音位，但考虑到发音人在录音时仍明确读少数字为 iuŋ 韵，本音系保留了该韵，同样用圆括号括上。在闽语包围之下的遂溪河头镇，50 岁以下发音人的口中，上述两类韵母均已合并，十分整齐，已无两可情形。

（3）ie 韵辖字仅三个（"藉耶液"），同雷州话韵。

（4）ueŋ 韵所辖主要是臻合三和通合一、三字，发音人会在 un 与 ueŋ 间蹭读、任意变读（读词时以读 ueŋ 为主），发音人无法听辨此二韵有何不同，且绝大多数情况下读 ueŋ，故本音系未将 un 作为独立音位。

（5）ieŋ 韵所辖多数是山摄开口三、四等字、合口三、四等字及少数开口二等字，读如雷州话的 ieŋ 韵，但少数字发音人读时会有摇摆，会在 ian 与 ieŋ 音蹭读（读词时以读 ieŋ 为主），但发音人对此无意识，故本音系未将 ian 作为独立音位处理[①]。

（7）i 在声母 k 后时舌位偏央，近于 I。

（8）"袜猝跌"的韵尾有时是 –t，有时是 –k，无对立，统记为 –k 尾。

---

① 吴芳曾考察了 6 片粤东闽语 –n 尾韵母的音位，发现发音人处于多方言背景下，前后鼻音的蹭读现象也非常普遍，与我们这里所遇到的情况非常相似，具体可参阅《粤东闽语前后鼻音韵尾类型研究》，暨南大学出版社 2013 年版，第 35 – 45 页。

3. 声调（6个）

阴平	55	哥坐马朱买低西尾三灯
阳平	13	梨姨危桥全银唇文忘名
上声	21	写瓦米洗纪小狗九井勇
去声	33	价谢夜步渡害债肺睡粜
阴入	2	鸭湿八刷袜出壳识百木
阳入	5	盒立杰月物学药力白毒

声调说明：

（1）阴平调实际调值未到55。发音不稳定，有的尾部略有上升，近于45，有的近于44，均无对立。

（2）阳平调值有时不稳定，多为13，有时是24，无对立。

（3）单个去声调尾部稍低，开头部分略平略高，记为332，有时近于221。在词中为末尾音节时，上述特点明显；为开头音节时，变为较平直的调33或22。

四　徐闻县下桥镇信桥村委高东湾村客家方言音系

1. 声母（18个，包括零声母）

p 比边粪伯	pʰ 爬敷败瓶	m 魔味蚊命	f 壶飞荒冯	v 禾话胃汪	
t 低知(白)短胆	tʰ 杜腿豆天	n 糯南囊溺			l 笋拉鳞弄
ts 租猪斩汁	tsʰ 坐池唱锄		s 书树翅雪		
		ȵ 语月年肉			
k 果姑工甲	kʰ 苦契舅局	ŋ 牙危眼硬	h 河海桁客		
Ø 夜雨轭闰					

声母说明：

（1）ts、tsʰ、s 与细音拼合时近于 tɕ、tɕʰ、ɕ，与 u 及 u 起头的复合韵母相拼时，近于 tʃ、tʃʰ、ʃ。

（2）ȵ 的位置偏后，近于 ɲ。

2. 韵母（56 个），包括声化韵母 ŋ 在内。

	i 米皮纸时	u 布舞字妇	y 猪鱼住许
a 家蛇花画	ia 借写斜夜		
ɔ 河课刀早	iɔ 茄靴揉		
ai 我买败坏	iai 嘹	uai 胎害外嘴	
ei 世低鸡蚁	iui 乳锐慧	ui 杯肺髓胃	
ɔi 爱			
au 考饱咬烧	iau 表票腰条		
əu 亩豆狗牛	iu 袖手球有		
am 男胆衫腩	iam 尖阉严店		
əm 咳含(白)揞睑	im 林今琴音		
an 蛋山官饭	ian 钱天权冤	uan 肝蒜专船	yan 软阮
ən 根银灯星	in 人斤秤情	un 盆婚顺裙	yn 韧闰云永
ɔn 安鞍按案			
aŋ 橙冷耕铃	iaŋ 惊井赢醒		
ɔŋ 帮肠黄讲	iɔŋ 凉枪羊眶		
	iuŋ 熊茸容用	uŋ 兄同风恭	
ap 杂鸽鸭涉	iap 狭叶碟涩		
əp 蛤硓粒撮	ip 立习入揖		
at 辣八设袜	iat 阅越粤乙	uat 割脱捋朔	
ət 蜜墨贼色	it 佚力易嫡	ut 突骨出物	
	iet 热铁雪缺		
ak 百麦尺坼	iak 屐脊席壁		
ɔk 博落镀壳	iɔk 雀弱脚药		
əuk 屋	iuk 肉辱玉浴	uk 木毒福足	
ŋ 吴五误唔			

韵母说明：

（1）有撮口呼，但唇型较松。除 y 外，其他撮口韵母辖字都较少。

（2）u 的发音舌位较前，唇形较松。

（3）ə 及以 ə 为主要元音的韵母，舌位偏央。

（4）以 ɔ 为主要元音的韵母，唇形较松。

（5）韵母 ui 中 u 是主要元音；iu 中 i 是主要元音。

（6）iat 和 iet 呈互补分布，前者只辖零声母字，后者相反。因二者实际读音差异明显，故分列为二韵。

（7）əuk、ɔi 各辖一个字"屋"、"爱"，可能取的是粤语的音。

3．声调（6个）

阴平	45	哥坐马朱买低西尾三声
阳平	23	梨姨危桥全银唇文忘名
上声	31	写夜瓦住树洗米九豆井
去声	52	价去蚁艾癫债细肺战帐
阴入	3	鸭湿八刷袜出壳识百木
阳入	5	盒蝶热月物药学力白毒

声调说明：

（1）阴平非平调，尾部略有上升。

（2）阳平调平直中略升，实际音值为 112 或 223。

（3）去声是个高降调，没降到最低，包括古清去字及少部分古阳去和阳上字；多数古阳去字与古上声合流。

（4）阴入和阳入都是动程较短的短调。

第四章

雷州半岛客家方言字音对照表

凡例

1. 本调查采用的是侯小英、黄婷婷编制的字表，便于粤东、粤西客家方言的对比研究。该字表以中国社会科学院语言研究所编的《方言调查字表》为主，根据客家话实际，适当增加或删减了一些字。本调查在使用该表时，亦根据雷州半岛客家方言情况进行了少量增删，最后共收有效字目 3400 个左右，按中古音韵地位的顺序排列，每个字的摄、开合、等、调、韵、声情况都加以注明。

2. 有文、白读的，都在同一格里分两行标明，先标文读，再标白读，分两列排出，不另加标记。音韵地位相同但在不同词中读音不同（不属于文、白读的）的字，读音在同一行中分两列给出（除非有的字不止两个义项，一行里排不下，才分作两行，如均为"效开四上篠端"的"鸟"字，有"花鸟；鸟笼；骂人话"三个义项，多数地方这三个音都不同，就排列在两行里），并在单字右下角加注词义。不同音韵地位但今字形一样的单字，按相应韵摄排列，也统一在字旁加注，如"几~乎；几~个、~何；为作~；为~什么"。训读音，本字明确的，在音标后标注本字，用（）括上，本字暂未明的，加△号表示；有些尚难以判定是否训读的字音及有些读音不合音韵规律，或明显读半边的，如实记录，不另加符号表示。遂溪河头、雷州塘塞及大家的客家话因处在闽语雷州话的包围之下，已有部分字转用了雷州话的说法，或折合了客家话和雷州话的音，亦如实记录，但因字数略多，情况复杂，考虑到排版等因素，未加符号标识，读者可参看《雷州方言词典》（张振兴、蔡叶青，1998）和《粤西闽语雷州话研究》（林伦伦，2001）等。有些客家话，如遂溪河头和雷州客路的塘塞客话既受雷州话影响，也受邻近镇粤语的一些影响，有些字发音人已不知客家话如何表达，而借用了雷州话或粤语的音（由于粤语的强势地位，廉江几个客家话点个别字也会借入粤语读音），除可参照雷州话著作外，也可参阅《粤西十县市粤方言调查报告》（詹伯慧、张日昇，1998）或《粤方言概要》（詹伯慧，1995）等，恕未能在表中一一标明。

3．中国社会科学院语言所编《方言调查字表》中没收而客家方言中较常用的字，单独排在一起，附于表尾。

4．本对照表的字音一律标调值不标调类。所调查各点都是阴平、阳平、上声、去声、阴入、阳入六个声调，调值与调类的对应情况如下：

调类	调值							
	廉江长山	廉江石角	廉江河唇	廉江雅塘	遂溪河头	雷州塘塞	雷州大家	徐闻下桥
阴平	55	45	45	45	55	55	55	45
阳平	13	13	13	25	13	13	13	223
上声	31	21	31	21	21	21	21	31
去声	33	33	33	33	33	33	332	52
阴入	3	2	3	2	2	2	2	3
阳入	5	5	5	5	5	5	5	5

注：河唇阳平实际调值是113，雅塘阳平实际调值是225。因受表格空间的限制，用13和25标示。对调值的具体说明详见各点音系。

单字 \ 地点		廉江长山	廉江石角	廉江河唇	廉江雅塘	遂溪河头	雷州客路塘塞	雷州客路大家	徐闻下桥
多	果开一平歌端	tɔ⁵⁵	to⁴⁵	to⁴⁵	tɔ⁴⁵	tɔ⁵⁵	tɔ⁵⁵	tɔ⁵⁵	tɔ⁴⁵
拖	果开一平歌透	tʰɔ⁵⁵	tʰo⁴⁵	tʰo⁴⁵	tʰɔ⁴⁵	tʰɔ⁵⁵	tʰɔ⁵⁵	tʰɔ⁵⁵	tʰɔ⁴⁵
他	果开一平歌透	tʰa⁵⁵	tʰa⁴⁵	tʰa⁴⁵	tʰa⁴⁵	tʰa⁵⁵	tʰa⁵⁵	tʰa⁵⁵	tʰa⁴⁵
驼	果开一平歌定	tʰɔ¹³	tʰo¹³	tʰo¹³	tʰɔ²⁵	tʰɔ¹³	tʰɔ¹³	tʰɔ¹³	tʰɔ²²³
舵	果开一上哿定	tʰɔ¹³	tʰo¹³	tʰo¹³	tʰɔ²⁵	tʰɔ¹³	tʰɔ¹³	tʰɔ¹³	tʰɔ²²³
大~夫 ~黄	果开一去箇定	tʰai³³	tʰai³³	tʰai³³	tʰai³³	tʰai³³	tʰai³³	tʰai³³²	tʰai³¹
挪	果开一平歌泥	nɔ¹³	no¹³	no¹³	na⁴⁵	nɔ¹³	nɔ¹³	nɔ¹³	nɔ²²³
哪~里 ~吒	果开一上哿泥	nɔ¹³ / na¹³	no¹³ / na¹³	nɔ¹³ / na¹³	nɔ²⁵ / na²⁵	nɔ¹³	niɔ¹³△ / nɔ¹³	niɔ¹³△ / nɔ¹³	nai³¹ / na³¹
那	果开一去箇泥	kau³¹△	na²¹ / kɔ⁴⁵△	na³¹	na²¹ / kɔ²⁵△	ka¹³△ / ka³³∧	kɔ¹³△	kɔ¹³△	na³¹
罗	果开一平歌来	lɔ¹³	lo¹³	lo¹³	lɔ²⁵	lɔ¹³	lɔ¹³	lɔ¹³	lɔ²²³
锣	果开一平歌来	lɔ¹³	lo¹³	lo¹³	lɔ²⁵	lɔ¹³	lɔ¹³	lɔ¹³	lɔ²²³
箩	果开一平歌来	lɔ¹³	lo¹³	lo¹³	lɔ²⁵	lɔ¹³	lɔ¹³	lɔ¹³	lɔ²²³
左	果开一上哿精	tsɔ³¹	tsɔ²¹	tsɔ³¹	tsɔ²¹	tsɔ²¹	tsɔ²¹	tsɔ²¹	tsɔ³¹
佐	果开一去箇精	tsɔ³¹	tsɔ²¹	tsɔ³¹	tsɔ²¹	tsɔ²¹	tsɔ²¹	tsɔ²¹	tsɔ³¹
歌	果开一平歌见	kɔ⁵⁵	ko⁴⁵	ko⁴⁵	kɔ⁴⁵	kɔ⁵⁵	kɔ⁵⁵	kɔ⁵⁵	kɔ⁴⁵
哥	果开一平歌见	kɔ⁵⁵	ko⁴⁵	ko⁴⁵	kɔ⁴⁵	kɔ⁵⁵	kɔ⁵⁵	kɔ⁵⁵	kɔ⁴⁵

单字	地点	廉江长山	廉江石角	廉江河唇	廉江雅塘	遂溪河头	雷州客路塘塞	雷州客路大家	徐闻下桥
个 我~	果开一去箇见	kai³³	kai³³	kai³³	kai³³	kai³³	kai³³	kai³³²	kei³¹
可	果开一上哿溪	kʰɔ³¹	kʰo²¹	kʰo³¹	kʰɔ²¹	kʰɔ²¹	kʰɔ²¹	kʰɔ²¹	kʰɔ³¹
蛾	果开一平歌疑	ŋo¹³	ŋo¹³	ŋo¹³	ŋɔ²⁵	ŋo¹³	ŋo¹³	ŋo¹³	ŋɔ²²³
鹅	果开一平歌疑	ŋo¹³	ŋo¹³	ŋo¹³	ŋɔ²⁵	ŋo¹³	ŋo¹³	ŋo¹³	ŋɔ⁴⁵
俄	果开一平歌疑	ŋo¹³	ŋo¹³	ŋo¹³	ŋɔ²⁵	ŋo¹³	ŋo¹³	ŋo¹³	ŋɔ²²³
我	果开一上哿疑	ŋo⁵⁵ ŋai¹³	ŋo⁴⁵ ŋai¹³	ŋo⁴⁵ ŋai¹³	ŋɔ⁴⁵ ŋai²⁵	ŋɔ²¹ ŋai¹³	ŋai¹³	ŋai¹³	ŋai²²³
饿	果开一去箇疑	ŋo³³	ŋo³³	ŋo³³	ŋɔ³³	ŋo³³	ŋɔ³³	ŋɔ³³²	ŋɔ³¹
荷 花	果开一平歌匣	ho¹³	ho¹³	ho¹³	hɔ²⁵	hɔ¹³	ho¹³		hɔ²²³
河	果开一平歌匣	ho¹³	ho¹³	ho¹³	hɔ²⁵	hɔ¹³	hɔ¹³	ho¹³	hɔ²²³
何	果开一平歌匣	ho¹³	ho¹³	ho¹³	hɔ²⁵	hɔ¹³	hɔ¹³	ho¹³	hɔ²²³
贺	果开一去箇匣	ho³³	ho³³	ho³³	hɔ³³	hɔ³³	hɔ³³	ho³³²	hɔ³¹
阿 ~胶 / ~爸	果开一平歌影	ɔ⁵⁵ a⁵⁵	o⁴⁵ a⁴⁵	o⁴⁵ a⁴⁵	ɔ⁴⁵ a⁴⁵	ɔ⁵⁵ a⁵⁵	ɔ⁵⁵ a⁵⁵	ɔ⁵⁵ a⁵⁵	ɔ⁴⁵ a⁴⁵
茄 ~子 / 雪~	果开三平戈群	kʰiɔ¹³	kʰiɔ¹³ ka⁴⁵	kʰiɔ¹³	kʰiɔ²⁵	kʰiɔ¹³	kʰiɔ¹³ ka⁵⁵	kʰiɔ¹³	kʰiɔ²²³
波	果合一平戈帮	po⁵⁵	po⁴⁵	po⁴⁵	pɔ⁴⁵	pɔ⁵⁵	pɔ⁵⁵	pɔ⁵⁵	pɔ⁴⁵
菠	果合一平戈帮	po⁵⁵	po⁴⁵	po⁴⁵	pɔ⁴⁵	pɔ⁵⁵	pɔ⁵⁵	pɔ⁵⁵	pɔ⁴⁵
跛	果合一上果帮	pe⁵⁵△	pe⁴⁵△	pe⁴⁵△	pe⁴⁵△	pe⁵⁵△	pe⁵⁵△	pe⁵⁵△	pei⁴⁵△

单字 ＼ 地点		廉江长山	廉江石角	廉江河唇	廉江雅塘	遂溪河头	雷州客路塘塞	雷州客路大家	徐闻下桥
簸	果合一去过帮	pɔi³³	pɔi³³	pɔi³³	pɔi³³	pɔi³³	pɔi³³	pɔi³³²	puai⁵²
颇	果合一平戈滂	pʰɔ³¹	pʰo²¹	pʰo³¹		pʰɔ²¹		pʰɔ²¹	pʰɔ²²³
坡	果合一平戈滂	pʰɔ⁵⁵	pʰo⁴⁵	pʰo⁴⁵	pʰɔ⁴⁵	pʰɔ⁵⁵	pʰɔ⁵⁵	pʰɔ⁵⁵	pʰɔ⁴⁵
玻	果合一平戈滂	po⁵⁵	po⁴⁵	po⁴⁵	pɔ⁴⁵	pɔ⁵⁵	pɔ⁵⁵	pɔ⁵⁵	pɔ⁴⁵
破	果合一去过滂	pʰɔ³³	pʰo³³	pʰo³³	pʰɔ³³	pʰɔ³³	pʰɔ³³	pʰɔ³³²	pʰɔ⁵²
婆	果合一平戈並	pʰɔ¹³	pʰo¹³	pʰo¹³	pʰɔ²⁵	pʰɔ¹³	pʰɔ¹³	pʰɔ¹³	pʰɔ²²³
薄~荷	果合一去过並	pʰɔk⁵	pʰok⁵	pʰok⁵	pʰak⁵	pʰɔk⁵	pʰɔk⁵	pʰɔk⁵	pʰak⁵
魔	果合一平戈明	mɔ⁵⁵	mo⁴⁵	mo⁴⁵	mɔ⁴⁵	mɔ⁵⁵	mɔ⁵⁵	mɔ⁵⁵	mɔ⁴⁵
磨~刀 ~豆浆	果合一平戈明	nɔ¹³△ luŋ¹³(着)	no¹³△ luŋ¹³(着)	no¹³△ luŋ¹³(着)	nɔ²⁵△ mɔ³³	nɔ¹³△ mɔ¹³	nɔ¹³△ loŋ¹³(着)	nɔ¹³△ lueŋ¹³(着)	mɔ³¹
摩	果合一平戈明	mɔ⁵⁵	mo⁴⁵	mo⁴⁵	mɔ⁴⁵	mɔ⁵⁵	mɔ⁵⁵	mɔ⁵⁵	mɔ⁴⁵
磨石~	果合一去过明	luŋ¹³(着)	luŋ¹³(着)	luŋ¹³(着)	luŋ²⁵(着)	luŋ¹³(着)	loŋ¹³(着)	lueŋ¹³(着)	mɔ³¹
朵	果合一上果端	tɔ³¹	to²¹	to³¹	tɔ²¹	tɔ²¹	tɔ²¹	tɔ²¹	tɔ³¹
躲	果合一上果端	tɔ³¹	to²¹ siu⁴⁵△	to³¹	tɔ²¹	tɔ²¹	siu⁵⁵△	piaŋ³³²△	tɔ³¹
剁	果合一去过端	tiɔk³	tok²	to³¹	tsam²¹(斩)	tsam²¹(斩)	tsam²¹△	tɔk²	təp⁵
妥	果合一上果透	tʰɔ³¹	tʰo²¹	tʰo³¹	tʰɔ²¹	tʰɔ²¹	tʰɔ²¹	tʰɔ²¹	tʰɔ³¹
唾	果合一去过透	tʰui³³		tʰui³³			tʰui³³	tʰui³³²	

单字 \ 地点		廉江长山	廉江石角	廉江河唇	廉江雅塘	遂溪河头	雷州客路塘塞	雷州客路大家	徐闻下桥
惰	果合一上果定	tʰɔ33	tʰo33	tʰo33	tʰɔ33	tʰɔ33	tʰɔ33	laŋ55 (懒)	tʰɔ31
糯	果合一去过泥	nɔ33	no33	no33	nɔ33	nɔ33	nɔ33	nɔ332	nɔ31
骡	果合一平戈来	lɔ13	lo13	lo13	lɔ25		lɔ13	lua13	
螺	果合一平戈来	lɔ13	lo13	lo13	lɔ25	lɔ13	lɔ13	lɔ13	lɔ223
腡	果合一平戈来	lɔ13	lo13	lo13	lɔ25	lɔ13	lɔ13	lɔ13	lɔ223
啰	果合一平戈来	lɔ13	lo13	lo13	lɔ45	lɔ13	lɔ55	lɔ13	lɔ45
锉	果合一去过清		tsʰo33	tsʰo33	tsʰɔ33	tsʰɔ33	tsʰɔ33	tsʰɔ332	tsʰɔ52
坐	果合一上果从	tsʰɔ55	tsʰo45	tsʰo45	tsʰɔ45	tsʰɔ55	tsʰɔ55	tsʰɔ55	tsʰɔ45
座	果合一去过从	tsʰɔ33	tsʰo33	tsʰo33	tsʰɔ45	tsʰɔ55	tsʰɔ55	tsʰɔ55	tsʰɔ31
簑	果合一平戈心	sɔ55	so45	so45	ɬɔ45	ɬɔ55	ɬɔ55	sɔ55	sɔ45
梭	果合一平戈心	sɔ55	so45	so45	ɬɔ45	ɬɔ55	ki55△		sɔ45
唆	果合一平戈心	sɔ55	so45	so45	ɬɔ45	ɬɔ55	ɬɔ13	sɔ13	sɔ45
锁	果合一上果心	sɔ31	so21	so31	ɬɔ21	ɬɔ21	ɬɔ21	sɔ21	sɔ31
琐	果合一上果心	sɔ31	so21	so31	ɬɔ21	ɬɔ21	ɬɔ21	sɔ21	sɔ31
戈	果合一平戈见	kʰɔ55	kʰo45	kʰo45	kʰɔ45	kʰɔ55		kʰɔ55	kʰɔ45
果 水~ 糖~	果合一上果见	kuɔ31 / kɔ31	kuo21 / ko21	kuo31	kɔ21	kɔ21	kɔ21	kɔ21	kɔ31

单字	地点	廉江长山	廉江石角	廉江河唇	廉江雅塘	遂溪河头	雷州客路塘塞	雷州客路大家	徐闻下桥
裹	果合一上果见	kuɔ³¹	ko²¹	kuo³¹	kɔ²¹	kɔ²¹	kɔ²¹		kɔ³¹
过	果合一去过见	ko³³	kuo³³	ko³³	kɔ³³	kɔ³³	kɔ³³	kɔ³³²	kɔ⁵²
科	果合一平戈溪	kʰɔ⁵⁵	fo⁴⁵	fo⁴⁵	fɔ⁴⁵	kʰɔ⁵⁵	fɔ⁵⁵	kʰɔ⁵⁵	fɔ⁴⁵
棵	果合一平戈溪	tʰeu¹³△	kʰo⁴⁵		kʰɔ⁴⁵	kʰɔ⁵⁵	ham²¹△	tʰeu¹³△	pʰɔ⁴⁵△
颗	果合一上果溪		kʰo⁴⁵	kuo³¹		kʰɔ⁵⁵	lip²(粒)	tsak²(只)	
课	果合一去过溪	kʰɔ³³	fo³³	fo³³	fɔ³³	kʰɔ²¹	fɔ³³	kʰɔ³³²	fɔ⁵²
卧	果合一去过疑	ŋo³³	ŋo³³	ŋo³³	ŋɔ³³	ŋo³³	ŋɔ²¹		ŋo³¹
火	果合一上果晓	fɔ³¹	fo²¹	fo³¹	fɔ²¹	fɔ²¹	fɔ²¹	fɔ²¹	fɔ³¹
伙	果合一上果晓	fɔ³¹	fo²¹	fo³¹	fɔ²¹	fɔ²¹	fɔ²¹	fɔ²¹	fɔ³¹
货	果合一去过晓	fɔ³³	fo³³	fo³³	fɔ³³	fɔ³³	fɔ³³	fɔ³³²	fɔ⁵²
和~平 ~尚	果合一平戈匣	fɔ¹³ vɔ¹³	fo¹³ vo¹³	fo¹³ vo¹³	fɔ²⁵ vɔ²⁵	fɔ¹³	vɔ¹³	hɔ¹³	fɔ²²³ vɔ²²³
禾	果合一平戈匣	vɔ¹³	vo¹³	vo¹³	vɔ²⁵	vɔ¹³	vɔ¹³	vɔ¹³	vɔ²²³
祸	果合一上果匣	fɔ³³	vo³³	vo³³	fɔ³³	vɔ³³	vɔ³³	fɔ³³²	vɔk⁵
和唱~	果合一去过匣	fɔ¹³	fo¹³	fo³³	fɔ²⁵	fɔ¹³	vɔ¹³		fɔ²²³
窝	果合一平戈影	vɔ⁵⁵	vo⁴⁵	vo⁴⁵	vɔ⁴⁵	vɔ⁵⁵	vɔ⁵⁵		vɔ⁴⁵
瘸	果合三平戈群	pe⁵⁵△	pe⁴⁵△	pe⁴⁵△		pe⁵⁵△	pe⁵⁵△	pe⁵⁵△	pei⁴⁵△

单字 \ 地点		廉江长山	廉江石角	廉江河唇	廉江雅塘	遂溪河头	雷州客路塘塞	雷州客路大家	徐闻下桥
靴	果合三平戈晓	hiɔ⁵⁵	ʃɔ⁴⁵	ʃɔ⁴⁵	hiɔ⁴⁵			khɔ⁵⁵△	hiɔ⁴⁵
巴	假开二平麻帮	pa⁵⁵	pa⁴⁵	pa⁴⁵	pa⁴⁵	pa⁵⁵	pa⁵⁵	pa⁵⁵	pa⁴⁵
芭	假开二平麻帮	pa⁵⁵	pa⁴⁵	pa⁴⁵	pa⁴⁵	pa⁵⁵	pa⁵⁵	pa⁵⁵	pa⁴⁵
疤	假开二平麻帮	pa⁵⁵	pa⁴⁵	pa⁴⁵	pa⁴⁵	pa⁵⁵	pa⁵⁵	pa⁵⁵	pa⁴⁵
把	假开二上马帮	pa³¹	pa²¹	pa³¹	pa²¹	pa²¹	pa²¹	pa²¹	pa³¹
霸	假开二去祃帮	pa³³	pa³³	pa³³	pa³³	pa³³	pa³³	pa³³²	pa⁵²
坝	假开二去祃帮	pa³³	pa³³	pa³³	pa³³	pa³³	pa³³	pa³³²	pa⁵²
爸	假开二去祃帮	pa⁵⁵	pa⁴⁵	pa⁴⁵	pa⁴⁵	pa⁵⁵	pa⁵⁵	pa⁵⁵	pa⁴⁵
怕	假开二去祃滂	pʰa³³	pʰa³³	pʰa³³	pʰa³³	pʰa³³	pʰa³³	pʰa³³²	pʰa⁵²
帕	假开二去祃滂			pʰa³³	pʰa³³	pʰa³³	pʰa³³	pʰa³³²	pʰa⁵²
爬	假开二平麻並	pʰa¹³	pʰa¹³	pʰa¹³	pʰa²⁵	pʰa¹³	pʰa¹³	pʰa¹³	pʰa²²³
琶	假开二平麻並	pʰa¹³	pʰa¹³	pʰa¹³	pʰa²⁵	pʰa¹³	pʰa¹³	pʰa¹³	pʰa²²³
杷	假开二平麻並	pʰa¹³	pʰa¹³	pʰa¹³	pʰa²⁵	pʰa¹³	pʰa¹³	pʰa¹³	pʰa²²³
耙	假开二去祃並	pʰa¹³	pʰa¹³	pʰa¹³	pʰa²⁵	pʰa¹³	pʰa¹³	pʰa¹³	pʰa²²³
麻	假开二平麻明	ma¹³	ma¹³	ma¹³	ma²⁵	ma¹³	ma¹³	ma¹³	ma²²³
蔴	假开二平麻明	ma¹³	ma¹³	ma¹³	ma²⁵	ma¹³	ma¹³	ma¹³	ma²²³

单字 　　地点		廉江长山	廉江石角	廉江河唇	廉江雅塘	遂溪河头	雷州客路塘塞	雷州客路大家	徐闻下桥
妈~妈 ~祖	假开二平麻明	ma^{55}	ma^{45}	ma^{45}	ma^{45}	ma^{55}	ma^{55}	ma^{55}	ma^{45}
马	假开二上马明	ma^{55}	ma^{45}	ma^{45}	ma^{45}	ma^{55}	ma^{55}	ma^{55}	ma^{45}
码	假开二上马明	ma^{55}	ma^{45}	ma^{45}	ma^{45}	ma^{55}	ma^{55}	ma^{55}	ma^{45}
骂	假开二去祃明	ma^{33}	ma^{33}	ma^{33}	ma^{33}	ma^{33}	ma^{33}	ma^{332}	ai^{52}△
拿	假开二平麻泥	na^{55}	na^{45}	na^{45}	na^{45}	na^{55}			na^{31}
茶	假开二平麻澄	tsʰa^{13}	tsʰa^{13}	tsʰa^{13}	tsʰa^{25}	tsʰa^{13}	tsʰa^{13}	tsʰa^{13}	tsʰa^{223}
楂	假开二平麻庄	tsa^{55}	tsa^{45}	tsa^{45}	tsa^{45}	tsa^{55}	tsa^{55}	tsa^{55}	tsa^{45}
渣	假开二平麻庄	tsa^{55}	tsa^{45}	tsa^{45}	tsa^{45}	tsa^{55}	tsa^{55}	tsa^{55}	tsa^{45}
诈	假开二去祃庄	tsa^{33}	tsa^{33}	tsa^{33}	tsa^{33}	tsa^{33}	tsa^{33}	tsa^{332}	tsa^{52}
榨	假开二去祃庄	tsa^{33}	tsa^{33}	tsa^{33}	tsa^{33}	tsa^{33}	tsa^{33}	tsa^{332}	tsa^{52}
炸	假开二去祃庄	tsa^{33}	tsa^{33}	tsa^{33}	tsa^{33}	tsa^{33}	tsa^{33}	tsa^{332}	tsa^{52}
叉	假开二平麻初	tsʰa^{55}	tsʰa^{45}	tsʰa^{45}	tsʰa^{45}	tsʰa^{55}	tsʰa^{55}	tsʰa^{55}	tsʰa^{45}
杈	假开二平麻初	tsʰa^{55}	a^{45} (柜)	tsʰa^{45}		tsʰa^{55}	tsʰa^{55}	tsʰa^{55}	tsʰa^{45}
差~别	假开二平麻初	tsʰa^{55}	tsʰa^{45}	tsʰa^{45}	tsʰa^{45}	tsʰa^{55}	tsʰa^{55}	tsʰa^{55}	tsʰa^{45}
查	假开二平麻崇	tsʰa^{13}	tsʰa^{13}	tsʰa^{13}	tsʰa^{25}	tsʰa^{13}	tsʰa^{13}	tsʰa^{13}	tsʰa^{223}
沙	假开二平麻生	sa^{55}	sa^{45}	sa^{45}	ɬa^{45}	ɬa^{55}	ɬa^{55}	sa^{55}	sa^{45}

单字	地点	廉江长山	廉江石角	廉江河唇	廉江雅塘	遂溪河头	雷州客路塘塞	雷州客路大家	徐闻下桥
纱	假开二平麻生	sa⁵⁵	sa⁴⁵	sa⁴⁵	ɬa⁴⁵	ɬa⁵⁵	ɬa⁵⁵	sa⁵⁵	sa⁴⁵
痧	假开二平麻生	sa⁵⁵	sa⁴⁵	sa⁴⁵	ɬa⁴⁵	ɬa⁵⁵	ɬa⁵⁵	sa⁵⁵	sa⁴⁵
砂	假开二平麻生	sa⁵⁵	sa⁴⁵	sa⁴⁵	ɬa⁴⁵	ɬa⁵⁵	ɬa⁵⁵	sa⁵⁵	sa⁴⁵
洒~水	假开二上马生	sa³¹	sa²¹	sa³¹	ɬa²¹	sa²¹	sa²¹	sa²¹	sa³¹
厦偏~	假开二去祃生	ha³³	ha³³	ha³³	ha³³	ha³³	ha³³		ha³¹
家~庭 屋~	假开二平麻见	ka⁵⁵ kʰua⁵⁵	ka⁴⁵ kʰua⁴⁵	ka⁴⁵ kʰua⁴⁵	ka⁴⁵ kʰua⁴⁵	ka⁵⁵	ka⁵⁵	ka⁵⁵	ka⁴⁵
加	假开二平麻见	ka⁵⁵	ka⁴⁵	ka⁴⁵	ka⁴⁵	ka⁵⁵	ka⁵⁵	ka⁵⁵	ka⁴⁵
痂	假开二平麻见			ka⁴⁵	ka⁴⁵	ka⁵⁵	ka⁵⁵		ka⁴⁵
嘉	假开二平麻见	ka⁵⁵	ka⁴⁵	ka⁴⁵	ka⁴⁵	ka⁵⁵	ka⁵⁵	ka⁵⁵	ka⁴⁵
假真~	假开二上马见	ka³¹	ka²¹	ka³¹	ka²¹	ka²¹	ka²¹	ka²¹	ka³¹
贾	假开二上马见	ka³¹	ka²¹	ka³¹	ka²¹	ka²¹	ka²¹	ka²¹	ka³¹
假放~	假开二去祃见	ka³¹	ka²¹	ka³¹	ka²¹	ka²¹	ka²¹	ka³³²	ka³¹
架	假开二去祃见	ka³³	ka³³	ka³³	ka³³	ka³³	ka³³	ka³³²	ka⁵²
驾	假开二去祃见	ka³³	ka³³	ka³³	ka³³	ka³³	ka³³	ka³³²	ka⁵²
嫁	假开二去祃见	ka³³	ka³³	ka³³	ka³³	ka³³	ka³³	ka³³²	ka⁵²
稼	假开二去祃见	ka³³	ka³³	ka³³	ka³³	ka³³	ka³³		ka⁵²

单字 \ 地点		廉江长山	廉江石角	廉江河唇	廉江雅塘	遂溪河头	雷州客路塘塞	雷州客路大家	徐闻下桥
价	假开二去祃见	ka^{33}	ka^{33}	ka^{33}	ka^{33}	ka^{33}	ka^{33}	ka^{332}	ka^{52}
搭	假开二去祃溪	nak^{5}△	nak^{5}△	k^{h}ak^{5}	nak^{5}△	nak^{5}△	nak^{5}△	nak^{5}△	k^{h}ak^{5}
牙	假开二平麻疑	ŋa^{13}	ŋa^{13}	ŋa^{13}	ŋa^{25}	ŋa^{13}	ŋa^{13}	ŋa^{13}	ŋa^{223}
芽	假开二平麻疑	ŋa^{13}	ŋa^{13}	ŋa^{13}	ŋa^{25}	ŋa^{13}	ŋa^{13}	ŋa^{13}	ŋa^{223}
衙	假开二平麻疑	ŋa^{13}	ŋa^{13}	ŋa^{13}	ŋa^{25}	ŋa^{13}	ŋa^{13}	ŋa^{13}	ŋa^{223}
雅	假开二上马疑	ŋa^{31}	ŋa^{21}	ŋa^{13}	ŋa^{21}	ŋa^{21}	ŋa^{21}	ia^{21}	ŋa^{223}
砑~平	假开二去祃疑	ŋan^{13}（碾）	ŋan^{13}（碾）	ŋan^{13}（碾）			ŋaŋ^{13}（碾）	ŋaŋ^{13}（碾）	ŋan^{45}（碾）
虾鱼~	假开二平麻晓	ha^{13}	ha^{13}	ha^{13}	ha^{25}	ha^{13}	ha^{13}	ha^{13}	ha^{45}
吓~人	假开二去祃晓	hak^{3}	hak^{2}	hak^{3}	hak^{2}	hak^{2}	hak^{2}		hak^{3}
霞	假开二平麻匣	ha^{13}	ha^{13}	ha^{13}	ha^{25}	ha^{13}	ha^{13}	ha^{13}	ha^{223}
虾~蟆	假开二平麻匣			ha^{13}	ha^{25}	ha^{13}		ha^{13}	
下~背 脚~	假开二上马匣	ha^{55}	ha^{45}	ha^{45}	ha^{45}	ha^{33}	ha^{33}	ha^{332}	ha^{31}
夏姓	假开二上马匣	ha^{33}	ha^{33}	ha^{33}	ha^{33}	ha^{33}	ha^{33}	ha^{332}	ha^{31}
厦	假开二上马匣	ha^{33}	ha^{33}	ha^{33}	ha^{33}	ha^{33}	ha^{33}	ha^{332}	ha^{31}
下~降	假开二去祃匣	ha^{33}	ha^{33}	ha^{33}	ha^{33}	ha^{33}	ha^{33}	ha^{332}	ha^{31}
夏春~	假开二去祃匣	ha^{33}	ha^{33}	ha^{33}	ha^{33}	ha^{33}	ha^{33}	ha^{332}	ha^{31}

单字	地点	廉江长山	廉江石角	廉江河唇	廉江雅塘	遂溪河头	雷州客路塘塞	雷州客路大家	徐闻下桥
鸦	假开二平麻影	a^{55}	a^{45}	a^{45}	a^{45}	a^{55}	a^{55}	ia^{55}	a^{45}
丫	假开二平麻影	a^{55}	a^{45}	a^{45}	a^{45}	ia^{55}		ia^{55}	a^{45}
桠	假开二平麻影	a^{55}	a^{45}	a^{45}	a^{45}	a^{55}	a^{55}	a^{55}	a^{45}
哑	假开二上马影	a^{31}	a^{21}	a^{31}	a^{21}	a^{21}	a^{21}	a^{21}	a^{31}
亞	假开二去祃影	a^{33}	a^{45}	a^{45}	a^{33}	a^{33}	a^{33}	a^{332}	a^{52}
姐	假开三上马精	tsia^{31}	tsia^{21}	tsia^{31}	tsia^{21}	tse^{21}	tse^{21}	tse^{21}	tsia^{31}
借	假开三去祃精	tsia^{33}	tsia^{33}	tsia^{33}	tsia^{33}	tsia^{33}	tsia^{33}	tsia^{332}	tsia^{52}
且	假开三上马清	tsʰia^{31}	tsʰia^{21}	tsʰia^{31}					tsʰia^{31}
笡歪斜貌	假开三去祃清	tsʰia^{13} (斜)	tsʰia^{13} (斜)	tsʰia^{13} (斜)	tsʰia^{25} (斜)	tsʰia^{13} (斜)	tsʰia^{13} (斜)	tsʰia^{13} (斜)	tsʰia^{52} (斜)
藉	假开三去祃从		tsia^{33}	tsia^{33}			tsia^{33}		
些	假开三平麻心	sia^{55}	sia^{45}	sia^{45}	ɬia^{45}				sia^{45}
写	假开三上马心	sia^{31}	sia^{21}	sia^{31}	ɬia^{21}	ɬia^{21}	ɬia^{21}	sia^{21}	sia^{31}
泻	假开三去祃心	sia^{33}	sia^{33}	sia^{33}	ɬia^{33}	sa^{33}	sa^{33}	sa^{332}	sia^{52}
卸	假开三去祃心	sia^{33}	sia^{33}	sia^{33}	ɬia^{33}		sa^{33}	sa^{332}	sia^{52}
邪	假开三平麻邪	sia^{13}	sia^{13}	sia^{13}	tsʰia^{25}	tsʰia^{13}	tsʰia^{13}	tsʰia^{13}	sia^{223}
斜	假开三平麻邪	tsʰia^{13}	tsʰia^{13}	tsʰia^{13}	tsʰia^{25}	tsʰia^{13}	tsʰia^{13}	tsʰia^{13}	tsʰia^{223} tsʰia^{52}

单字 \ 地点		廉江长山	廉江石角	廉江河唇	廉江雅塘	遂溪河头	雷州客路塘塞	雷州客路大家	徐闻下桥
谢	假开三去祃邪	tsʰia³³	tsʰia³³	tsʰia³³	tsʰia³³	tsʰia³³	tsʰia³³	sa³³²	tsʰia³¹
爹	假开三平麻知	te⁵⁵	tia⁴⁵	tia⁴⁵	te⁴⁵	tia⁵⁵	tia⁵⁵	tia⁵⁵	tia⁴⁵
遮	假开三平麻章	tʃa⁵⁵	tʃa⁴⁵	tʃa⁴⁵	tsa⁴⁵	tsa⁵⁵		tsa⁵⁵	tsa⁴⁵
者	假开三上马章	tʃa³¹	tʃa²¹	tʃa³¹	tsa²¹	tse²¹	tse²¹		tsa³¹
蔗	假开三去祃章	tʃa³³	tʃa³³	tʃa³³	tsa³³	tsa³³	tsa³³	tsa³³²	tsa⁵²
车坐~	假开三平麻昌	tʃʰa⁵⁵	tʃʰa⁴⁵	tʃʰa⁴⁵	tsʰa⁴⁵	tsʰa⁵⁵	tsʰa⁵⁵	tsʰa⁵⁵	tsʰa⁴⁵
扯	假开三上马昌		tʃʰa²¹	tʃʰa³¹	tsʰa²¹	tsʰe²¹	tsʰak²	tsʰak²	tsʰa³¹
蛇	假开三平麻船	ʃa¹³	ʃa¹³	ʃa¹³	sa²⁵	sa¹³	sa¹³	sa¹³	sa²²³
射	假开三去祃船	ʃa³³	ʃa³³	ʃa³³	sa³³	sa³³	sa³³	sa³³²	sa³¹
麝	假开三去祃船	ʃa³³	ʃa³³	ʃa³³	sa³³	sa³³	sa³³	sa³³²	sa³¹
奢	假开三平麻书	tsʰa⁵⁵	tʃʰa⁴⁵	tʃʰa⁴⁵				tsʰa⁵⁵	tsʰa⁴⁵
赊	假开三平麻书		tʃʰa⁴⁵	tʃʰa⁴⁵	tsʰa⁴⁵	sa⁵⁵	sa⁵⁵	tsʰa⁵⁵	sa⁴⁵
舍~不得	假开三上马书	ʃa³¹	ʃa²¹	ʃa³¹	sa²¹	sa²¹	sa²¹	sa²¹	sa³¹
赦	假开三去祃书	ʃa³³	ʃa³³	ʃa³³	sa³³	sa³³	sa³³	sa³³²	sia⁵²
舍宿~	假开三去祃书	ʃa³¹	ʃa²¹	ʃa³¹	sa²¹	ɬa²¹	sa³³	sa²¹	sa⁵²
社	假开三上马禅	ʃa⁵⁵	ʃa⁴⁵	ʃa⁴⁵	sa⁴⁵	sa³³	sa⁵⁵	sa³³²	sa⁴⁵

单字 / 地点		廉江长山	廉江石角	廉江河唇	廉江雅塘	遂溪河头	雷州客路塘塞	雷州客路大家	徐闻下桥
惹	假开三上马日	ȵia⁵⁵	ȵia⁴⁵	ȵia⁴⁵	ȵia⁴⁵	ia²¹	ia²¹	ia²¹	ȵia⁴⁵
耶	假开三平麻以	iai¹³	iai¹³	iai¹³	iai²⁵	ie³³	ie¹³	ie⁵⁵	ia²²³
爷	假开三平麻以	ia¹³	ia¹³	ia¹³	ia²⁵	ia¹³	ia¹³	ia¹³	ia²²³
也	假开三上马以	ia³³	ia³³	ia³³		ia¹³	ia¹³	ia¹³	ia⁵²
野~人 ~外	假开三上马以	ia⁵⁵ ia³¹	ia⁴⁵ ia²¹	ia⁴⁵ ia³¹	ia⁴⁵ ia²¹	ia⁵⁵	ia⁵⁵	ia⁵⁵	ia⁴⁵
夜	假开三去祃以	ia³³	ia³³	ia³³	ia³³	ia³³	ia³³	ia³³²	ia³¹
傻	假合二上马生	ʃo¹³	ʃo¹³	ʃo¹³	sɔ²⁵	sɔ¹³	ɬoŋ¹³△	sueŋ¹³△	sɔ²²³
瓜	假合二平麻见	kua⁵⁵	kua⁴⁵	kua⁴⁵	kua⁴⁵	kua⁵⁵	kua⁵⁵	kua⁵⁵	ka⁴⁵
蜗	假合二平麻见	vɔ⁵⁵	vo⁴⁵	vo⁴⁵	vɔ⁴⁵	vɔ⁵⁵	vɔ⁵⁵	vɔ⁵⁵	vɔ⁴⁵
寡	假合二上马见	kua³¹	kua²¹	kua³¹	kua²¹	kua²¹	kua²¹	kua²¹	ka³¹
剐	假合二上马见	kua³¹	kua²¹	kua³¹	kua²¹	kuak²		kuak²	ka³¹
夸	假合二平麻溪	kʰua⁵⁵	kʰua⁴⁵	kʰua⁴⁵	kʰua⁴⁵	kʰua⁵⁵	kʰua⁵⁵	kʰua⁵⁵	kʰa⁴⁵
垮	假合二上马溪	kʰua⁵⁵	kʰua⁴⁵	kʰua⁴⁵	kʰua⁴⁵	kʰua⁵⁵	kʰua⁵⁵	kʰua²¹	kʰa⁴⁵
跨	假合二去祃溪	kʰua⁵⁵	kʰua⁴⁵	kʰua⁴⁵	kʰua⁴⁵	kʰua⁵⁵	kʰua⁵⁵	kʰua²¹	kʰa⁴⁵
瓦	假合二上马疑	ŋa³¹	ŋa²¹	ŋa³¹	ŋa²¹	ŋa²¹	ŋa²¹	ŋa²¹	ŋa³¹
花	假合二平麻晓	fa⁵⁵	fa⁴⁵	fa⁴⁵	fa⁴⁵	fa⁵⁵	fa⁵⁵	fa⁵⁵	fa⁴⁵

单字 \ 地点		廉江长山	廉江石角	廉江河唇	廉江雅塘	遂溪河头	雷州客路塘塞	雷州客路大家	徐闻下桥
化	假合二去祃晓	fa³³	fa³³	fa³³	fa³³	fa³³	fa³³	fa³³²	fa⁵²
华中~	假合二平麻匣	fa¹³	fa¹³	fa¹³	fa²⁵	fa¹³	fa¹³	fa¹³	fa²²³
划~船	假合二平麻匣	fa¹³	fa¹³	fa¹³	vak⁵	vak⁵	vak⁵	vak⁵	vak⁵
华~山	假合二去祃匣	fa¹³	fa¹³	fa¹³	fa²⁵	fa¹³	fa¹³	fa¹³	fa²²³
蛙	假合二平麻影	va⁵⁵	va⁴⁵	va⁴⁵	va⁴⁵	va⁵⁵	va⁵⁵	va⁵⁵	va⁴⁵
娃①	假合二平麻影	va⁵⁵	va⁴⁵	va⁴⁵	va⁴⁵	va⁵⁵	va⁵⁵	va⁵⁵	va⁴⁵
补	遇合一上姥帮	pu³¹	pu²¹	pu³¹	pu²¹	pu²¹	pu²¹	pu²¹	pu³¹
谱	遇合一上姥帮	pʰu³¹	pʰu²¹	pʰu³¹	pʰu²¹	pʰu²¹	pʰu²¹	pʰu²¹	pʰu³¹
布红~ 公~	遇合一去暮帮	pu³³	pu³³	pu³³	pu³³	pu³³	pu³³	pu³³²	pu⁵²
铺~路	遇合一平模滂	pʰu⁵⁵	pʰu⁴⁵	pʰu⁴⁵	pʰu⁴⁵	pʰu⁵⁵	pʰu⁵⁵	pʰu⁵⁵	pʰu⁴⁵
普	遇合一上姥滂	pʰu⁵⁵	pʰu⁴⁵	pʰu⁴⁵	pʰu⁴⁵	pʰu²¹	pʰu²¹	pʰu²¹	pʰu⁴⁵
浦	遇合一上姥滂	pʰu³¹	pʰu²¹	pʰu³¹	pʰu²¹	pʰu²¹	pʰu²¹	pʰu²¹	pʰu³¹
铺店~	遇合一去暮滂	pʰu³³	pʰu³³	pʰu³³	pʰu³³	pʰu³³	pʰu³³	pʰu³³²	pʰu⁵²
怖	遇合一去暮滂	pu³³	pu³³	pu³³	pu³³	pu³³	pu³³	pu³³²	pu⁵²

---

① 《古今字音对照手册》（丁声树编录，李荣参订，中华书局 1981 年新 1 版，第 11 页）未注该字音韵地位，只在注释中解释：集韵平声佳韵，"娃"，於佳切，训"美女儿"，与今谓小儿曰"娃"无关。本调查所有发音人均按"小儿"义发音，故本书据"蛙"的音韵地位，将"娃"字置于此，蟹摄合口二等不再收此字。

单字 \ 地点		廉江长山	廉江石角	廉江河唇	廉江雅塘	遂溪河头	雷州客路塘塞	雷州客路大家	徐闻下桥
蒲	遇合一平模並	pʰu³¹	pʰu²¹	pʰu¹³	pʰu²¹	pʰu²¹	pʰu²¹	pʰu²¹	pʰu³¹
菩	遇合一平模並	pʰu¹³	pʰu¹³	pʰu¹³	pʰɔ²⁵	pʰu¹³	pʰɔ¹³	pʰu¹³	fu²²³
脯 指人的 指鸡的	遇合一平模並	pʰu¹³	pʰu³³ fu¹³	pʰu¹³	pʰu²⁵	pʰu¹³	pʰu³³	pʰu²¹	pʰu²²³
部	遇合一上姥並	pʰu³³	pʰu³³	pʰu³³	pʰu³³	pʰu³³	pʰu³³	pʰu³³²	pʰu³¹
簿	遇合一上姥並	pʰu³³	pʰu²¹	pʰu⁴⁵	pʰu³³	pʰu⁵⁵	pʰu³³	pʰu³³²	pʰu³¹
步	遇合一去暮並	pʰu³³	pʰu³³	pʰu³³	pʰu³³	pʰu³³	pʰu³³	pʰu³³²	pʰu³¹
捕	遇合一去暮並	pʰu³¹	pʰu²¹	pʰu³¹	pʰu²¹	pʰu²¹	pʰu²¹	pʰu²¹	pʰu³¹
埠	遇合一去暮並	feu³³	feu³³	feu³³	feu³³	pʰu³³	pʰu³³	pʰu³³²	fəu³¹
模 ~子 ~范	遇合一平模明	mu⁵⁵	mu⁴⁵	mu⁴⁵	mu⁴⁵	mu¹³	mɔ¹³	mu¹³	mu⁴⁵
摹	遇合一平模明	mɔ⁵⁵	mo⁴⁵	mo⁴⁵		mu⁵⁵	mɔ¹³	mu¹³	mu⁴⁵
暮	遇合一去暮明	mu³³	mu³³	mu³³		mu³³	mu³³		mu⁵²
慕	遇合一去暮明	mu³³	mu³³	mu³³	mu³³	mu³³	mu³³	mu³³²	mu⁵²
墓	遇合一去暮明	mu³³	mu³³	mu³³	mu³³	mu³³	mu³³		mu⁵²
募	遇合一去暮明	mu³³	mu³³	mu³³	mu³³	mu³³	mu³³	mu³³²	mu⁵²
都 首~ ~是	遇合一平模端	tu⁵⁵	tu⁴⁵	tu⁴⁵	tu⁴⁵	tu⁵⁵	tu⁵⁵	tu⁵⁵	tu⁴⁵
堵	遇合一上姥端	tu³¹	tu²¹	tu³¹	tu²¹	tu²¹	tu²¹	tu²¹	

单字＼地点		廉江长山	廉江石角	廉江河唇	廉江雅塘	遂溪河头	雷州客路塘塞	雷州客路大家	徐闻下桥
赌	遇合一上姥端	tu³¹	tu²¹	tu³¹	tu²¹	tu²¹	tu²¹	tu²¹	tu³¹
肚猪~	遇合一上姥端	tu³¹	tu²¹	tu³¹	tu²¹	tu²¹	tu²¹	tu²¹	tu³¹
妒	遇合一去暮端	tu³³	tu³³	tu³³	tu³³	tu³³		tu³³²	tu³¹
土	遇合一上姥透	tʰu³¹	tʰu²¹	tʰu³¹	tʰu²¹	tʰu²¹	tʰu²¹	tʰu²¹	tʰu³¹
吐~痰	遇合一去暮透	tʰui³³(唾)	tʰu³³	tʰu³³	tʰu³³	tʰu³³	tʰu³³(唾)	lieŋ³³²△	
兔	遇合一去暮透	tʰu³³	tʰu³³	tʰu³³	tʰu³³	tʰu³³	tʰu³³	tʰu³³²	tʰu⁵²
徒	遇合一平模定	tʰu¹³	tʰu¹³	tʰu¹³	tʰu²⁵	tʰu¹³	tʰu¹³	tʰu¹³	tʰu²²³
屠	遇合一平模定	tʰu¹³	tʰu¹³	tʃʰu¹³△	tʰu²⁵		tʰeu¹³	tʰu¹³	tʰu⁵²
途	遇合一平模定	tʰu¹³	tʰu¹³	tʰu¹³	tʰu²⁵	tʰu¹³	tʰu¹³	tʰu¹³	tʰu²²³
涂	遇合一平模定	tʰu¹³	tʰu¹³	tʰu¹³	tʰu²⁵	tʰu¹³	tʰu¹³	tʰu¹³	tʰu²²³
图	遇合一平模定	tʰu¹³	tʰu¹³	tʰu¹³	tʰu²⁵	tʰu¹³	tʰu¹³	tʰu¹³	tʰu²²³
杜~仲 ~甫	遇合一上姥定	tʰu³³	tʰu³³	tʰu³³	tʰu³³	tʰu⁵⁵ tʰu³³	tʰu³³	tʰu³³²	tʰu³¹
肚~子	遇合一上姥定	tu³¹	tu²¹	tu³¹	tu²¹	tu²¹	tu²¹	tu²¹	tu³¹
度长~	遇合一去暮定	tʰu³³	tʰu³³	tʰu³³	tʰu³³	tʰu³³	tʰu³³	tʰu³³²	tʰu³¹
渡	遇合一去暮定	tʰu³³	tʰu³³	tʰu³³	tʰu³³	tʰu³³	tʰu³³	tʰu³³²	tʰu³¹
镀	遇合一去暮定	tʰu³³	tʰu³³	tʰu³³	tʰu³³	tʰu³³	tʰu³³	tʰu³³²	tʰu³¹

单字	地点	廉江长山	廉江石角	廉江河唇	廉江雅塘	遂溪河头	雷州客路塘塞	雷州客路大家	徐闻下桥
奴	遇合一平模泥	nu¹³	nu¹³	nu¹³	nu²⁵	nu¹³	nu¹³	nu¹³	nu²²³
努	遇合一上姥泥	nu¹³	nu¹³	nu¹³	nu³³	nu¹³	nu¹³	nu¹³	nu³¹
怒	遇合一去暮泥	nu³³	nu³³	nu³³	nu³³	nu³³	nu³³	nu³³²	nu³¹
卢	遇合一平模来	lu¹³	lu¹³	lu¹³	lu²⁵	lu¹³	lu¹³	lu¹³	lu²²³
炉	遇合一平模来	lu¹³	lu¹³	lu¹³	lu²⁵	lu¹³	lu¹³	lu¹³	lu²²³
芦	遇合一平模来	lu¹³	lu¹³	lu¹³	lu²⁵	lu¹³	lu¹³	lu¹³	lu²²³
鸬	遇合一平模来	lu¹³	lu¹³	lu¹³	lu²⁵		lu¹³	lu¹³	ly²²³
鲁	遇合一上姥来	lu⁵⁵	lu⁴⁵	lu⁴⁵	lu⁴⁵	lu²¹	lu²¹	lu²¹	lu⁴⁵
虏	遇合一上姥来	lu³¹	lu²¹	lu³¹	lu²¹	lu²¹	lu²¹	lu²¹	lu²²³
卤	遇合一上姥来		lu²¹	lu³¹		lu²¹	leu⁵⁵	lu²¹	lu⁴⁵
路	遇合一去暮来	lu³³	lu³³	lu³³	lu³³	lu³³	lu³³	lu³³²	lu³¹
赂	遇合一去暮来	lɔk³	lok²	lok³	lɔk²	luk⁵	lɔk⁵		lɔk⁵
露	遇合一去暮来	lu³³	lu³³	lu³³	lu³³	lu³³	lu³³	lu³³²	lu⁵²
鹭	遇合一去暮来	lu³³	lu³³	lu³³	lu³³	lu³³	lu³³	lu³³²	lu⁵²
租	遇合一平模精	tsɿ⁵⁵	tsɿ⁴⁵	tsɿ⁴⁵	tsu⁴⁵	tsu⁵⁵	tsu⁵⁵	tsu⁵⁵	tsu⁴⁵
祖	遇合一上姥精	tʃu³¹	tsɿ²¹	tsɿ³¹	tsu²¹	tsu²¹	tsu²¹	tsu²¹	tsu³¹

单字	地点	廉江长山	廉江石角	廉江河唇	廉江雅塘	遂溪河头	雷州客路塘塞	雷州客路大家	徐闻下桥
组	遇合一上姥精	tʃu³¹	tsɿ²¹	tsɿ³¹	tsu²¹	tsu²¹	tsu²¹	tsu²¹	tsu³¹
做	遇合一去暮精	tsɔ³³	tsɔ³³	tsɔ³³	tsɔ³³	tsɔ³³	tsɔ³³	tsɔ³³²	tsɔ⁵²
粗	遇合一平模清	tsʰu⁵⁵	tsʰɿ⁴⁵	tsʰɿ⁴⁵	tsʰu⁴⁵	tsʰu⁵⁵	tsʰu⁵⁵	tsʰu⁵⁵	tsʰu⁴⁵
醋	遇合一去暮清	tsʰɿ³³	tsʰɿ³³	tsʰɿ³³	tsʰu³³	tsʰu³³	tsʰu³³	tsʰu³³²	tsʰu⁵²
措	遇合一去暮清	tsʰu³³	tsʰɿ³³	tsʰo³³	tsʰɔ³³	tsʰɔ³³	tsʰɔ³³	tsʰu³³²	tsʰu⁵²
错	遇合一去暮清	tsʰɔ³³	tsʰo³³	tsʰo³³	tsʰɔ³³	tsʰɔ³³	tsʰɔ³³	tsʰɔ³³²	tsʰɔ⁵²
苏	遇合一平模心	sɿ⁵⁵	sɿ⁴⁵	su⁴⁵	ɬu⁴⁵	ɬu⁵⁵	ɬu⁵⁵	su⁵⁵	su⁴⁵
酥	遇合一平模心	sɿ⁵⁵	sɿ⁴⁵	sɿ⁴⁵	ɬu⁴⁵	ɬu⁵⁵	ɬu⁵⁵	su⁵⁵	su⁴⁵
素	遇合一去暮心	su³³	sɿ³³	sɿ³³	ɬu³³	ɬu³³	ɬu³³	su³³²	su⁵²
诉	遇合一去暮心	su³³	sɿ³³	sɿ³³	ɬu³³	ɬu³³	ɬu³³	su³³²	su⁵²
塑	遇合一去暮心	sɔk³	sok²	sok³	ɬɔk²	sɔk²	ɬɔk²		suat³
姑	遇合一平模见	ku⁵⁵	ku⁴⁵	ku⁴⁵	ku⁴⁵	ku⁵⁵	ku⁵⁵	ku⁵⁵	ku⁴⁵
孤	遇合一平模见	ku⁵⁵	ku⁴⁵	ku⁴⁵	ku⁴⁵	ku⁵⁵	ku⁵⁵	ku⁵⁵	ku⁴⁵
箍	遇合一平模见	kʰu⁵⁵	kʰu⁴⁵	kʰu⁴⁵	kʰu⁴⁵	kʰu⁵⁵	kʰu⁵⁵	kʰu⁵⁵	kʰu⁴⁵
古	遇合一上姥见	ku³¹	ku²¹	ku³¹	ku²¹	ku²¹	ku²¹	ku²¹	ku³¹
估	遇合一上姥见	kʰu⁵⁵	kʰu⁴⁵	kʰu⁴⁵	kʰu⁴⁵	ku²¹	ku²¹	ku²¹	ku³¹

单字	地点	廉江长山	廉江石角	廉江河唇	廉江雅塘	遂溪河头	雷州客路塘塞	雷州客路大家	徐闻下桥
牯	遇合一上姥见	ku³¹	ku²¹	ku³¹	ku²¹	ku²¹	ku²¹	ku²¹	ku³¹
股	遇合一上姥见	ku³¹	ku²¹	ku³¹	ku²¹	kʰu²¹	ku²¹	kʰu²¹	ku³¹
鼓	遇合一上姥见	ku³¹	ku²¹	ku³¹	ku²¹	ku²¹	ku²¹	ku²¹	ku³¹
故	遇合一去暮见	ku³³	ku³³	ku³³	ku³³	ku³³	ku³³	ku³³²	ku⁵²
蛊	遇合一上姥见		ku²¹	ku³¹	ku²¹	ku²¹		ku²¹	
固	遇合一去暮见	ku³³	ku³³	ku³³	ku³³	ku³³	ku³³	ku³³²	ku⁵²
锢	遇合一去暮见	ku³³	ku³³	ku³³		ku³³	ku³³	ku³³²	ku⁵²
雇	遇合一去暮见	ku³³	ku³³	ku³³	ku³³	ku³³	ku³³	ku³³²	ku⁵²
顾	遇合一去暮见	ku³³	ku³³	ku³³	ku³³	ku³³	ku³³	ku³³²	ku⁵²
枯	遇合一平模溪	kʰu⁵⁵	kʰu⁴⁵	ku⁴⁵	kʰu⁴⁵	kʰu⁵⁵	kʰu⁵⁵	kʰu⁵⁵	kʰu⁴⁵
苦辛~ ~味	遇合一上姥溪	kʰu³¹	kʰu²¹	kʰu³¹	kʰu²¹	kʰu²¹	kʰu²¹	kʰu²¹	kʰu³¹
库	遇合一去暮溪	kʰu³³	kʰu³³	kʰu³³	kʰu³³	kʰu³³	kʰu³³	kʰu³³²	kʰu⁵²
裤	遇合一去暮溪	kʰu³³	kʰu³³	kʰu³³	kʰu³³	kʰu³³	kʰu³³	kʰu³³²	kʰu⁵²
吴	遇合一平模疑	ŋ̍¹³	ŋ̍¹³	ŋ̍¹³	ŋ̍²⁵	ŋ̍¹³	ŋ̍²¹	ŋ̍¹³	ŋ̍²²³
蜈	遇合一平模疑	ŋ̍¹³	ŋ̍¹³	ŋ̍¹³	ŋ̍²⁵	ŋ̍¹³	ŋ̍²¹	ŋ̍¹³	ŋ̍²²³
梧	遇合一平模疑	ŋ̍¹³	ŋ̍¹³	ŋ̍¹³	ŋ̍²⁵	ŋ̍¹³	ŋ̍²¹	ŋ̍¹³	ŋ̍²²³

单字 ＼ 地点		廉江长山	廉江石角	廉江河唇	廉江雅塘	遂溪河头	雷州客路塘塞	雷州客路大家	徐闻下桥
五	遇合一上姥疑	ŋ̍³¹	ŋ̍²¹	ŋ̍³¹	ŋ̍²¹	ŋ̍²¹	ŋ̍²¹	ŋ̍²¹	ŋ̍³¹
伍	遇合一上姥疑	ŋ̍³¹	ŋ̍²¹	ŋ̍³¹	ŋ̍²¹	ŋ̍²¹	ŋ̍²¹	ŋ̍²¹	ŋ̍³¹
午	遇合一上姥疑	ŋ̍³¹	ŋ̍²¹	ŋ̍³¹	ŋ̍²¹	ŋ̍²¹	ŋ̍²¹	ŋ̍²¹	ŋ̍³¹
误	遇合一去暮疑	ŋ̍³³	ŋ̍³³	ŋ̍³³	ŋ̍³³	ŋ̍²¹	ŋu³³	ŋu³³²	ŋ̍³¹
悟	遇合一去暮疑	ŋ̍³³	ŋ̍³³	ŋ̍³³	ŋ̍³³	ŋ̍²¹	ŋ̍²¹	ŋu¹³	ŋ̍³¹
呼	遇合一平模晓	fu⁵⁵	fu⁴⁵	fu⁴⁵	fu⁴⁵	fu⁵⁵	vu⁵⁵	vu⁵⁵	fu⁴⁵
虎 老~ 马~	遇合一上姥晓	fu³¹ fu⁵⁵	fu²¹ fu⁴⁵	fu³¹ fu⁴⁵	fu²¹ fu⁴⁵	fu²¹ fu⁵⁵	fu²¹ fu⁵⁵	fu²¹ fu⁵⁵	fu³¹ fu⁴⁵
浒	遇合一上姥晓	fu³¹	fu²¹	ʃu³¹	fu²¹	fu²¹	fu²¹	fu²¹	fu³¹
戽	遇合一去暮晓	fu³³	fu³³	fu³³	fu³³	fu³³	fu³³	fu³³²	fu⁵²
胡	遇合一平模匣	fu¹³	fu¹³	fu¹³	fu²⁵	fu¹³	fu¹³	fu¹³	fu²²³
湖	遇合一平模匣	fu¹³	fu¹³	fu¹³	fu²⁵	fu¹³	fu¹³	fu¹³	fu²²³
狐	遇合一平模匣	fu¹³	fu¹³	fu¹³	fu²⁵	fu¹³	fu¹³	fu¹³	fu²²³
壶	遇合一平模匣	fu¹³	fu¹³	fu¹³	fu²⁵	fu¹³	fu¹³	fu¹³	fu²²³
乎	遇合一平模匣	fu⁵⁵	fu⁴⁵	fu¹³	fu⁴⁵	fu⁵⁵	fu¹³	fu¹³	fu⁴⁵
瓠 ~芦	遇合一平模匣	pʰu¹³₍瓠₎	pʰu¹³₍瓠₎	pʰu¹³₍瓠₎	fu²⁵₍瓠₎	pʰu¹³₍瓠₎	pʰu¹³₍瓠₎	pʰu¹³₍瓠₎	pʰu²²³₍瓠₎
胡	遇合一平模匣	fu¹³	fu¹³	fu¹³	fu²⁵	fu¹³	fu¹³	hu¹³	fu²²³

单字	地点	廉江长山	廉江石角	廉江河唇	廉江雅塘	遂溪河头	雷州客路塘塞	雷州客路大家	徐闻下桥
蝴	遇合一平模匣	fu¹³	fu¹³	fu¹³	fu²⁵	fu¹³	fu¹³	hu¹³	fu²²³
糊	遇合一平模匣	fu¹³	fu¹³	fu¹³	fu²⁵	fu¹³	fu¹³	hu¹³	fu²²³
户	遇合一上姥匣	fu³³	fu²¹	fu³³	fu³³	fu³³	fu³³	fu³³²	fu³¹
互	遇合一去暮匣	fu¹³	fu¹³	fu¹³	fu²⁵	fu¹³	fu³³	fu³³²	fu³¹
护	遇合一去暮匣	fu³³	fu³³	fu³³	fu³³	fu³³	fu³³	fu³³²	fu³¹
瓠~瓜	遇合一去暮匣	pʰu¹³	pʰu¹³	pʰu¹³	pʰu²⁵	pʰu¹³	pʰu¹³	pʰu¹³	pʰu²²³
乌	遇合一平模影	vu⁵⁵	vu⁴⁵	vu⁴⁵	vu⁴⁵	vu⁵⁵	vu⁵⁵	vu⁵⁵	vu⁴⁵
污	遇合一平模影	vu⁵⁵	vu⁴⁵	vu⁴⁵	vu⁴⁵	vu⁵⁵	vu⁵⁵	vu⁵⁵	vu⁴⁵
恶可~	遇合一去暮影	vu³³		vu³³	vu³³	ɔk²	ɔk²	ɔk²	vu⁵²
女	遇合三上语泥	ŋ³¹	ŋ²¹	n̠i³¹ ŋ³¹	ŋ²¹	ŋ²¹	ŋ²¹	n̠i²¹ ŋ²¹	n̠y³¹
庐	遇合三平鱼来	lu¹³	lu¹³	lu¹³	lu²⁵	lu¹³	lu¹³	lu¹³	lu²²³
驴	遇合三平鱼来	lu¹³	lu¹³	lu¹³	lu²⁵	lu¹³	lu¹³	lu¹³	lu²²³
吕	遇合三上语来	li⁵⁵	li⁴⁵	li⁴⁵	li⁴⁵	lu¹³	li²¹	li⁵⁵	ly⁴⁵
旅	遇合三上语来	li³¹	li²¹	li³¹	li²¹	li²¹	li²¹	li²¹	ly⁴⁵
虑	遇合三去御来	li³³	li³³	li³³	li³³	li⁵⁵	li³³	li³³²	ly³¹
滤	遇合三去御来	li³³	li³³	li³³	li³³	li⁵⁵	li³³	li³³²	ly³¹

单字 ＼ 地点		廉江长山	廉江石角	廉江河唇	廉江雅塘	遂溪河头	雷州客路塘塞	雷州客路大家	徐闻下桥
蛆	遇合三平鱼清	tsu^{33}	tsu^{21}	$ts\textr="ɿ"^{45}$	tsu^{33}	tsu^{55}	ts^hu^{55}	ts^hu^{55}	ts^hy^{45}
絮	遇合三去御心	$\int u^{31}$	$\int u^{21}$	$\int u^{31}$	$ɬi^{33}$			si^{332}	sy^{52}
徐	遇合三平鱼邪	ts^hi^{13}	ts^hi^{13}	ts^hi^{13}	ts^hu^{25}	ts^hu^{13}	ts^hu^{13}	ts^hu^{13}	ts^hy^{223}
序	遇合三上语邪	$ts^hɿ^{33}$	$ts^hɿ^{33}$	ts^hi^{33}	$ɬi^{33}$	si^{33}	si^{33}	si^{332}	si^{31}
叙	遇合三上语邪	$ts^hɿ^{33}$	$ts^hɿ^{33}$	ts^hi^{33}	$ɬi^{33}$	si^{33}		si^{332}	$tsui^{31}$
绪	遇合三上语邪	$sɿ^{33}$	$ts^hɿ^{33}$	ts^hi^{33}	$ɬi^{33}$	si^{13}	si^{33}	si^{13}	sy^{31}
猪	遇合三平鱼知	$t\int u^{55}$	$t\int u^{45}$	$t\int u^{45}$	tsu^{45}	tsu^{55}	tsu^{55}	tsu^{55}	tsy^{45}
著	遇合三去御知	$t\int u^{33}$	$t\int u^{33}$	$t\int u^{33}$	tsu^{33}	tsi^{33}	tsu^{33}	tsu^{332}	tsy^{52}
除	遇合三平鱼澄	$t\int^hu^{13}$	$t\int^hu^{13}$	$t\int^hu^{13}$	ts^hu^{25}	ts^hu^{13}	ts^hu^{13}	ts^hu^{13}	ts^hy^{223}
储	遇合三平鱼澄	$\int u^{13}$	$t\int^hu^{13}$	$t\int^hu^{13}$	ts^hu^{25}		ts^hu^{13}	ts^hu^{13}	ts^hy^{223}
苎	遇合三上语澄	$t\int^hu^{52}$	$t\int^hu^{45}$	$t\int^hu^{45}$	ts^hu^{45}				ts^hy^{45}
箸	遇合三去御澄	$t\int^hu^{33}$	$t\int^hu^{33}$	$t\int^hu^{33}$	ts^hu^{33}	ts^hu^{33}	ts^hu^{33}	ts^hu^{332}	
阻	遇合三上语庄	$t\int u^{31}$	$tsɿ^{21}$	$tsɿ^{31}$	tsu^{21}	$tsɔ^{21}$	$tsɔ^{21}$	tsu^{21}	tsu^{31}
初	遇合三平鱼初	$ts^hɔ^{55}$	ts^ho^{45}	ts^ho^{45}	$ts^hɔ^{45}$	$ts^hɔ^{55}$	$ts^hɔ^{55}$	$ts^hɔ^{55}$	ts^hu^{45}
楚	遇合三上语初	ts^hu^{31}	ts^hu^{21}	ts^ho^{31}	ts^hu^{21}	ts^hu^{21}	ts^hu^{21}	ts^hu^{21}	ts^hu^{52}
础	遇合三上语初	$t\int^hu^{31}$	ts^ho^{21}	ts^ho^{31}	ts^hu^{21}	ts^hu^{21}	ts^hu^{21}	ts^hu^{21}	ts^hu^{31}

单字 \ 地点		廉江长山	廉江石角	廉江河唇	廉江雅塘	遂溪河头	雷州客路塘塞	雷州客路大家	徐闻下桥
锄	遇合三平鱼崇	tsʰiɔ⁵⁵	tsʰio¹³	tsʰio⁴⁵	tsʰɔ⁴⁵	tsʰu¹³	tsʰɔ¹³		tsʰu²²³
助	遇合三去御崇	tsʰu³³	tsʰɿ³³	tsʰɿ³³	tsʰu³³	tsu³³	tsu³³	tsu³³²	tsʰu³¹
梳	遇合三平鱼生	sɿ⁵⁵	so⁴⁵	sɿ⁴⁵	ɬu⁴⁵	ɬu⁵⁵	ɬu⁵⁵	su⁵⁵	su⁴⁵
疏~远注~	遇合三平鱼生	sɔ⁵⁵	so⁴⁵	so⁴⁵	ɬɔ⁴⁵	ɬɔ⁵⁵	ɬɔ⁵⁵	su⁵⁵	sɔ⁴⁵
蔬	遇合三平鱼生	sɔ⁵⁵	so⁴⁵	so⁴⁵	ɬɔ⁴⁵	ɬɔ⁵⁵	ɬɔ⁵⁵	su⁵⁵	sɔ⁴⁵
所	遇合三上语生	sɔ³¹	so²¹	so³¹	ɬɔ²¹	ɬɔ²¹	ɬɔ²¹	sɔ²¹	sɔ³¹
诸	遇合三平鱼章	tʃu⁵⁵	tʃu⁴⁵	tʃu⁴⁵	tsu⁴⁵	tsu⁵⁵	tsu⁵⁵	tsu⁵⁵	tsy⁴⁵
煮	遇合三上语章	tʃu³¹	tʃu²¹	tʃu³¹	tsu²¹	tsu²¹	tsu²¹	tsu²¹	tsy³¹
处~理	遇合三上语昌	tʃʰu³¹	tʃʰu²¹	tʃʰu³¹	tsʰu²¹	tsʰi²¹	tsʰu³³	tsʰu²¹	tsʰy⁵²
处~所	遇合三去御昌	tʃʰu³³	tʃʰu³³	tʃʰu³³	tsʰu³³	tsʰi³³	tsʰu³³	tsʰu²¹	tsʰy⁵²
书	遇合三平鱼书	ʃu⁵⁵	ʃu⁴⁵	ʃu⁴⁵	su⁴⁵	su⁵⁵	su⁵⁵	su⁵⁵	sy⁴⁵
舒	遇合三平鱼书	ʃu⁵⁵	ʃu⁴⁵	ʃu⁴⁵	su⁴⁵	si⁵⁵	ɬu⁵⁵	su⁵⁵	sy⁴⁵
暑	遇合三上语书	ʃu³¹	ʃu²¹	ʃu³¹	su²¹	si²¹	su²¹	su²¹	sy³¹
鼠	遇合三上语书	tʃʰu³¹	ʃu²¹	ʃu³¹	tsʰu²¹	tsʰu²¹	tsʰu²¹	tsʰu²¹	tsʰy³¹
庶~民	遇合三去御书	ʃu³¹	ʃu²¹	ʃu³¹	su²¹	si³³	ha³³(下)	ha³³²(下)	si⁵²
恕	遇合三去御书	ʃu³¹	ʃu²¹	ʃu³¹		si³³	su³³	su³³²	sy⁵²

单字	地点	廉江长山	廉江石角	廉江河唇	廉江雅塘	遂溪河头	雷州客路塘塞	雷州客路大家	徐闻下桥
署	遇合三去御禅	ʃu^{31}	ʃu^{21}	ʃu^{31}	su^{21}	si^{21}	su^{21}	su^{21}	sy^{31}
薯	遇合三去御禅	ʃu^{13}	ʃu^{13}	ʃu^{13}	su^{25}	su^{13}	su^{13}	su^{13}	sy^{223}
如	遇合三平鱼日	i^{13}	i^{13}	i^{13}	i^{25}	i^{13}	i^{13}	i^{13}	y^{223}
居	遇合三平鱼见	ki^{55}	ki^{45}	ki^{45}	ki^{45}	ki^{55}	ki^{55}	ki^{55}	ky^{45}
车~马炮	遇合三平鱼见	ki^{55}	ki^{45}	ki^{45}	ki^{45}	tsʰa^{55}	ki^{55}	tsʰa^{55}	ky^{45}
举	遇合三上语见	ki^{31}	ki^{21}	ki^{31}	ki^{21}	ki^{21}	ki^{21}	ki^{21}	ky^{31}
据	遇合三去御见	ki^{31}	ki^{21}	ki^{31}	ki^{33}	ki^{33}	ki^{33}	ki^{332}	ky^{52}
锯	遇合三去御见	ki^{33}	ki^{33}	ki^{33}	ki^{33}	ki^{33}	ki^{33}	ki^{332}	ky^{52}
墟	遇合三平鱼溪	hi^{55}	ʃi^{45}	hi^{45}	hi^{45}	hi^{55}	hi^{55}	hi^{55}	hi^{45}
去过~ ~哪儿	遇合三去御溪	kʰi^{33} hi^{33}	kʰi^{33} si^{33}	kʰi^{33} ʃi^{33}	hi^{33}	hi^{33}	hi^{33}	hi^{332}	kʰy^{52}
渠	遇合三平鱼群	kʰi^{55}	kʰi^{45}	kʰi^{45}	kʰi^{45}	ki^{55}	kʰi^{13}		kʰy^{223}
佢	遇合三平鱼群	ki^{13}	ki^{13}	ki^{13}	ki^{25}	kʰi^{13}	kʰi^{13}	ki^{13}	ki^{223}
巨	遇合三上语群	kʰi^{55}	kʰi^{45}	kʰi^{45}	kʰi^{45}	kʰi^{33}	ki^{33}	ki^{332}	kʰy^{223}
拒	遇合三上语群	kʰi^{55}	kʰi^{45}	kʰi^{45}	kʰi^{45}	ki^{33}	ki^{33}	ki^{332}	kʰy^{223}
距	遇合三上语群	kʰi^{55}	kʰi^{45}	kʰi^{45}	kʰi^{45}	ki^{55}	ki^{33}	ki^{55}	kʰy^{223}
鱼	遇合三平鱼疑	ŋ^{13}	ŋ^{13}	ŋ^{13}	ŋ^{25}	ŋ^{13}	ŋ^{13}	ŋ^{13}	ȵy^{223}

单字	地点	廉江长山	廉江石角	廉江河唇	廉江雅塘	遂溪河头	雷州客路塘塞	雷州客路大家	徐闻下桥
渔	遇合三平鱼疑	ŋ̇¹³	ŋ̇¹³	ŋ̇¹³	ŋ̇²⁵	ŋ̇¹³	ŋ̇¹³	ŋ̇¹³	n̠y²²³
语~文口~	遇合三上语疑	n̠i⁵⁵	n̠i⁴⁵	n̠i⁴⁵ / n̠i³¹	n̠i⁴⁵	n̠i²¹	n̠i²¹	n̠i²¹	n̠y⁵²
御	遇合三去御疑	n̠i³¹	n̠i³³	n̠i³¹	n̠i²¹			i³³²	n̠y³¹
虚	遇合三平鱼晓	hi⁵⁵	ʃi⁴⁵ / ʃu⁴⁵	hi⁴⁵	hi⁴⁵	hi⁵⁵	hi⁵⁵	hi⁵⁵	hy⁴⁵
嘘	遇合三平鱼晓	hi⁵⁵	ʃi⁴⁵	hi⁴⁵	hi⁴⁵	hi⁵⁵	hi⁵⁵	hi⁵⁵	
许姓~ ~多	遇合三上语晓	hi³¹	ʃu²¹	hi³¹ / ʃu³¹	hi²¹	hi²¹	hi²¹	si²¹	sy³¹
于在~	遇合三平鱼影	i¹³	i¹³	i⁴⁵	i⁴⁵	i⁵⁵	i⁵⁵	i¹³	y⁴⁵
淤	遇合三平鱼影	i⁵⁵	i⁴⁵	i¹³		i⁵⁵	i⁵⁵		y²²³
余	遇合三平鱼以	i¹³	i¹³	i¹³	i²⁵	i¹³	i¹³	i¹³	y²²³
与	遇合三上语以	i³¹	i²¹	i³¹	i²¹	i²¹	i¹³	i²¹	y³¹
予	遇合三上语以	i³¹	i¹³	i³³	i²¹	i¹³	i²¹	i²¹	
誉	遇合三去御以	i³¹	i²¹	i³¹	i²¹	i³³	i³³	i³³²	y³¹
预	遇合三去御以	i³³	i³³	i³³	i³³	i³³	i³³	i³³²	y³¹
豫	遇合三去御以	i³³	i³³	i³³	i³³	i¹³	i¹³	i¹³	n̠i²²³
夫	遇合三平虞非	fu⁵⁵	fu⁴⁵	fu⁴⁵	fu⁴⁵	fu⁵⁵	fu⁵⁵	fu⁵⁵	fu⁴⁵
肤	遇合三平虞非	fu⁵⁵	fu⁴⁵	fu⁴⁵	fu⁴⁵	fu⁵⁵	fu⁵⁵	fu⁵⁵	fu⁴⁵

单字	地点	廉江长山	廉江石角	廉江河唇	廉江雅塘	遂溪河头	雷州客路塘塞	雷州客路大家	徐闻下桥
府	遇合三上麌非	fu³¹	fu²¹	fu³¹	fu²¹	fu²¹	fu²¹	fu²¹	fu³¹
腑	遇合三上麌非	fu³¹	fu²¹	fu³¹	fu²¹	fu²¹	fu²¹	fu²¹	fu³¹
俯	遇合三上麌非	fu³¹	fu²¹	fu³¹	fu²¹	fu²¹	fu²¹	fu²¹	fu³¹
甫	遇合三上麌非	pʰu³¹	pʰu²¹	pʰu³¹	pʰu²¹	pʰu²¹	pʰu²¹	pʰu²¹	pʰu³¹
脯菜~	遇合三上麌非					pʰu²¹	pu²¹		
斧	遇合三上麌非	pu³¹	pu²¹	pu³¹	pu²¹	pu²¹	pu²¹	pu²¹	pu³¹
付	遇合三去遇非	fu³³	fu³³	fu³³	fu³³	fu³³	fu³³	fu³³²	fu³¹
咐	遇合三去遇非	fu³³	fu³³	fu³³	fu³³	fu³³	fu³³	fu³³²	fu⁵²
赋	遇合三去遇非	fu³³	fu³³	fu³³	fu³³	fu³³	fu³³	fu³³²	fu³¹
傅	遇合三去遇非	fu³³	fu³³	fu³³	fu³³	fu³³	fu³³	fu³³²	fu³¹
敷~药	遇合三平虞敷	pʰu⁵⁵	pʰu⁴⁵	pʰu⁴⁵	pʰu⁴⁵	pʰu⁵⁵	pʰok²	pʰu⁵⁵	pʰu⁴⁵
俘	遇合三平虞敷	fu⁵⁵	fu⁴⁵	fu⁴⁵	fu⁴⁵	fu⁵⁵	fu⁵⁵	fu⁵⁵	fu⁴⁵
孵	遇合三平虞敷	pʰu³³	pʰu³³	pʰu³³	pʰu³³	pʰu³³	pʰu³³	pʰu⁵⁵	pʰu³¹
麸	遇合三平虞敷	kʰu⁵⁵△	kʰu⁴⁵△	kʰu⁴⁵△	kʰu⁴⁵△	kʰu⁵⁵△	kʰu⁵⁵△	kʰu⁵⁵△	
抚	遇合三上麌敷	mu³¹△	mu²¹△	mu³¹△	mu²¹△	mu²¹△		mu²¹△	mu³¹△
赴	遇合三去遇敷	fu³³	fu³³	fu³³	pʰuk²	fu³³	pʰok²	fu³³²	fu⁵²

单字 \\ 地点		廉江长山	廉江石角	廉江河唇	廉江雅塘	遂溪河头	雷州客路塘塞	雷州客路大家	徐闻下桥
讣	遇合三去遇敷		puk²	puk³	puk⁵	fu³³	pʰok²	pʰuk²	
符 ~合 鬼画~	遇合三平虞奉	fu¹³ pʰu¹³	fu¹³ pʰu¹³	fu¹³ pʰu¹³	fu²⁵ pʰu²⁵	fu¹³ pʰu¹³	fu¹³	pʰu¹³	fu²²³ pʰu²²³
扶 ~贫 搀~	遇合三平虞奉	fu¹³ pʰu¹³	fu¹³ pʰu¹³	fu¹³ pʰu¹³	fu²⁵ pʰu²⁵	fu¹³ pʰu¹³	fu⁵⁵	fu⁵⁵ pʰu¹³	fu²²³ pʰu²²³
芙	遇合三平虞奉	fu⁵⁵	fu¹³	fu¹³	fu²⁵	fu⁵⁵	fu¹³	fu⁵⁵	fu²²³
父	遇合三上虞奉	fu³³	fu³³	fu³³	fu³³	fu³³	fu³³	fu³³²	fu³¹
釜	遇合三上虞奉	ku³¹△	fu²¹	fu³¹	fu³³	fu³³	fu²¹	fu²¹	pu³¹
腐	遇合三上虞奉	fu³³	fu³³	fu³³	fu³³	fu³³	fu³³	fu³³²	fu³¹
辅	遇合三上虞奉	pʰu³¹	pʰu²¹	pʰu³¹	pʰu²¹	fu³³	pʰu²¹	fu³³²	pʰu³¹
附	遇合三去遇奉	fu³³	fu³³	fu³³	fu³³	fu³³	fu³³	fu³³²	fu³¹
无	遇合三平虞微	mɔ¹³	mo¹³	mo¹³	mɔ²⁵	mɔ¹³	mɔ¹³	mɔ¹³	mɔ²²³
巫	遇合三平虞微	mu¹³	mu¹³	mu¹³	mu²⁵	mu¹³	mu⁵⁵	mu¹³	mu⁴⁵
诬	遇合三平虞微	mu¹³	mu¹³	mu⁴⁵	mu⁴⁵	mu¹³	mu⁵⁵	mu¹³	vu⁴⁵ mu⁴⁵
武	遇合三上虞微	vu³¹	vu²¹	vu³¹	vu²¹	vu²¹	vu²¹	vu²¹	vu³¹
舞	遇合三上虞微	mu³¹	mu²¹	mu³¹	mu²¹	mu²¹	mu²¹	vu²¹ mu²¹	mu³¹
侮	遇合三上虞微	mu³¹	mu²¹	mu³¹	mu²¹	mu²¹	vu²¹	vu²¹	vu³¹

单字	地点	廉江长山	廉江石角	廉江河唇	廉江雅塘	遂溪河头	雷州客路塘塞	雷州客路大家	徐闻下桥
鹉	遇合三上虞微	vu^{31}	vu^{21}	vu^{31}	vu^{21}	vu^{21}	vu^{21}	vu^{21}	vu^{31}
务	遇合三去遇微	mu^{33}	mu^{33}	mu^{33}	mu^{33}	mu^{33}	mu^{33}	mu^{332}	mu^{31}
雾	遇合三去遇微	mu^{33}	mu^{33}	mu^{33}	mu^{33}	mɔ^{33}	mɔ^{33}	mu^{332}	mu^{52}
缕	遇合三上虞来	leu^{31}	leu^{21}	leu^{31}	leu^{21}			leu^{21}	ləu^{223}
屡	遇合三去遇来	lui^{33}	lui^{33}	lui^{31}		lui^{21}	lui^{21}	lui^{21}	ləu^{31}
趋	遇合三平虞清	tsʰi^{55}	tsʰi^{45}	tsʰi^{45}	tsʰi^{45}	tsʰu^{55}	tsʰi^{55}	tsʰu^{55}	tsʰy^{45}
取	遇合三上虞清	tsʰi^{31}	tsʰi^{21}	tsʰi^{31}	tsʰi^{21}	tsʰi^{21}	tsʰi^{21}	tsʰi^{21}	tsʰy^{31}
娶	遇合三上虞清	tsʰi^{31}	tsʰi^{21}	tsʰi^{31}	tsʰi^{21}	tsʰi^{21}	tsʰi^{21}	tsʰi^{21}	tsʰy^{31}
趣	遇合三去遇清	tsʰi^{33}	tsʰi^{33}	tsʰi^{33}	tsʰi^{33}	tsʰi^{33}	tsʰi^{33}	tsʰi^{332}	tsʰui^{52}
聚团~ ~会	遇合三上虞从	tsɿ^{33}	tsɿ^{21} tsʰi^{45}	tsʰi^{31}	tsi^{33}	tsʰi^{21}	tsik^{2}	tsik^{2}	tsʰy^{45}
须必~ 胡~	遇合三平虞心	sɿ^{55}	si^{45}	sɿ^{45}	ɬi^{45}	ɬi^{55} ɬu^{55}	si^{55}	si^{55}	sui^{45} su^{45}
需	遇合三平虞心	sɿ^{55}	si^{45}	sɿ^{45}	ɬi^{45}	ɬi^{55}	si^{55}	si^{55}	sy^{45}
续	遇合三去遇邪	tsʰuk^{5}	tsʰuk^{5}	tsʰuk^{5}	tsʰuk^{5}	ɬuk^{2}	ɬok^{2}	suk^{2}	tsʰuk^{5}
诛	遇合三平虞知	tʃu^{55}	tʃu^{45}	tʃu^{45}	tsu^{45}	tsu^{55}	tsu^{55}	tsu^{55}	tsy^{45}
蛛	遇合三平虞知	tʃu^{55}	tʃu^{45}	tʃu^{45}	tsu^{45}	tsu^{55}	tsu^{55}	tsu^{55}	tsy^{45}
株	遇合三平虞知	tʃu^{55}	tʃu^{45}	tʃu^{45}	tsu^{45}	tsu^{55}	tsu^{55}	tsu^{55}	tsy^{45}

单字 ＼ 地点		廉江长山	廉江石角	廉江河唇	廉江雅塘	遂溪河头	雷州客路塘塞	雷州客路大家	徐闻下桥
驻	遇合三去遇知	$tʃʰu^{33}$	$tʃʰu^{33}$	$tʃʰu^{33}$	tsu^{33}	tsu^{33}	$tsʰu^{33}$	$tsʰu^{332}$	tsy^{52}
注	遇合三去遇知	$tʃu^{33}$	$tʃu^{33}$	$tʃu^{33}$	tsu^{33}	tsu^{33}	tsu^{33}	tsu^{332}	tsy^{52}
厨	遇合三平虞澄	$tʃʰu^{13}$	$tʃʰu^{13}$	$tʃʰu^{13}$	$tsʰu^{25}$	$tsʰu^{13}$	$tsʰu^{13}$	$tsʰu^{13}$	$tsʰy^{223}$
橱	遇合三平虞澄	$tʃʰu^{13}$	$tʃʰu^{13}$	$tʃʰu^{13}$	$tsʰu^{25}$	$tsʰu^{13}$	$tsʰu^{13}$	$tsʰu^{13}$	$tsʰy^{223}$
柱	遇合三上虞澄	$tʃʰu^{55}$	$tʃʰu^{45}$	$tʃʰu^{45}$	$tsʰu^{45}$	tsi^{21}	$tsʰu^{33}$	$tsʰu^{332}$	$tsʰy^{45}$
住	遇合三去遇澄	$tʃʰu^{33}$	$tʃʰu^{33}$	$tʃʰu^{33}$	$tsʰu^{33}$	$tsʰu^{33}$	$tsʰu^{33}$	$tsʰu^{332}$	$tsʰy^{31}$
雏	遇合三平虞崇	$tsʰi^{55}$	$tsʰi^{45}$	$tsʰi^{45}$		$tsʰu^{55}$		$tsʰu^{13}$	
数~星星	遇合三上虞生	su^{33}	$sɔn^{33}$（算）	su^{33}	$ɬu^{33}$	$ɬu^{33}$	$ɬu^{33}$	$sɔŋ^{332}$（算）	su^{52}
数~字	遇合三去遇生	su^{33}	$sɿ^{33}$	$sʅ^{33}$	$ɬu^{33}$	$ɬu^{33}$	$ɬu^{33}$	$sɔŋ^{332}$（算）	su^{52}
朱	遇合三平虞章	$tʃu^{55}$	$tʃu^{45}$	$tʃu^{45}$	tsu^{45}	tsu^{55}	tsu^{55}	tsu^{55}	tsy^{45}
珠	遇合三平虞章	$tʃu^{55}$	$tʃu^{45}$	$tʃu^{45}$	tsu^{45}	tsu^{55}	tsu^{55}	tsu^{55}	tsy^{45}
主	遇合三上虞章	$tʃu^{31}$	$tʃu^{21}$	$tʃu^{31}$	tsu^{21}	tsi^{21}	tsu^{21}	tsu^{21}	tsy^{31}
注	遇合三去遇章	$tʃu^{33}$	$tʃu^{33}$	$tʃu^{33}$	tsu^{33}	tsu^{33}	tsu^{33}	tsu^{332}	tsy^{52}
蛀	遇合三去遇章	$tʃu^{33}$	$tʃu^{33}$	$tʃu^{31}$	tsu^{33}	tsu^{21}	tsu^{33}		tsy^{52}
铸	遇合三去遇章	$tʃu^{33}$	$tʃu^{33}$	$tʃu^{33}$	tsu^{33}	tsu^{33}		tsu^{332}	tsy^{52}
枢	遇合三平虞昌	$kʰi^{55}$	$ʃu^{45}$	so^{45}	$kʰi^{45}$	$kʰi^{55}$		$kʰi^{55}$	$kʰy^{45}$

单字 / 地点		廉江长山	廉江石角	廉江河唇	廉江雅塘	遂溪河头	雷州客路塘塞	雷州客路大家	徐闻下桥
输运~	遇合三平虞书	ʃu⁵⁵	ʃu⁴⁵	ʃu⁴⁵	su⁴⁵	su⁵⁵	su⁵⁵	su⁵⁵	sy⁴⁵
戍	遇合三去遇书	ʃu³¹	ʃu²¹	ʃu³¹	su²¹	ɬut²	su³³	suk²	sut⁵
输~赢	遇合三去遇书	ʃu⁵⁵	ʃu⁴⁵	ʃu⁴⁵	su⁴⁵	si⁵⁵	su⁵⁵	su⁵⁵	sy⁴⁵
殊	遇合三平虞禅	ʃu¹³	ʃu¹³	ʃu³¹	su²⁵	si¹³	si¹³	su¹³	tsʰy²²³
竖	遇合三上虞禅	ʃu³¹	ʃu³³	ʃu³³	su³³	ɬu³³	kʰi⁵⁵	kʰi⁵⁵	sy³¹
树	遇合三去遇禅	ʃu³³	ʃu³³	ʃu³³	su³³	su³³	su³³	su³³²	sy³¹
儒	遇合三平虞日	i¹³	i¹³	i¹³		i¹³	i¹³	i¹³	y²²³
乳哺~/食~	遇合三上虞日	iui³¹ nen³³△	iui²¹ nen³³△	iui³¹	iui²¹ nen³³△	iui²¹ naŋ³³△	naŋ³³△	naŋ³³²△	iui³¹ nən⁵²△
拘	遇合三平虞见	kʰi⁵⁵	kʰi⁴⁵	kʰi⁴⁵	kʰi⁴⁵	kʰi⁵⁵	ki³³		kʰy⁴⁵
俱	遇合三平虞见	kʰi³³	kʰi³³	kʰi⁴⁵	kʰi³¹	ki³³	ki³³	ki³³²	kʰy³¹
矩规~/~形	遇合三上虞见	ki³¹ kʰi⁵⁵	ki²¹ kʰi⁴⁵	ki³¹ kʰi⁴⁵	ki²¹ kʰi⁴⁵	ki²¹ ki⁵⁵	ki³³	ki²¹	kʰy³¹
句	遇合三去遇见	ki³³	ki³³	ki³³	ki³³	ki³³	ki³³	ki³³²	ky⁵²
区地~	遇合三平虞溪	kʰi⁵⁵	kʰi⁴⁵	kʰi⁴⁵	kʰi⁴⁵	kʰi⁵⁵	kʰi⁵⁵	kʰi⁵⁵	kʰy⁴⁵
驱	遇合三平虞溪	kʰi⁵⁵	kʰi⁴⁵	kʰi⁴⁵	kʰi⁴⁵	kʰi⁵⁵	kʰi⁵⁵	kʰi⁵⁵	kʰy⁴⁵
具	遇合三去遇群	kʰi³³	kʰi³³	kʰi³³	kʰi³³	ki³³	ki³³	ki³³²	kʰy³¹
惧	遇合三去遇群	kʰi³³	kʰi³³	kʰi³³	kʰi³³	ki³³	ki³³		kʰy³¹

单字 \ 地点		廉江长山	廉江石角	廉江河唇	廉江雅塘	遂溪河头	雷州客路塘塞	雷州客路大家	徐闻下桥
愚	遇合三平虞疑	ȵi¹³	ȵi¹³	ȵi¹³	ȵi²⁵	ȵi¹³	i¹³	i¹³	ȵy²²³
娱	遇合三平虞疑	ŋ̍³³	ŋ̍³³	ŋ̍³³	ŋ̍³³	i¹³	i¹³	i¹³	ȵy²²³
遇	遇合三去遇疑	ȵi³¹	ȵi²¹	ȵi³¹	ȵi²¹	i³³	i³³	i³³²	ȵy³¹
寓	遇合三去遇疑	ȵi³¹	ȵi²¹	ȵi³¹	ȵi²¹			i²¹	ȵy⁵²
迂	遇合三平虞影	i¹³	i¹³	i¹³	i⁴⁵	i⁵⁵		i¹³	
于姓关~	遇合三平虞云	i¹³	i¹³	i¹³ / i⁴⁵	i⁴⁵	i¹³	i¹³	i⁵⁵	y²²³
吁	遇合三平虞晓		i⁴⁵	i⁴⁵	hi⁴⁵			i⁵⁵	
雨	遇合三上麌云	i³¹	i²¹	i³¹	i²¹	i²¹	i²¹	i²¹	y³¹
宇	遇合三上麌云	i³¹	i²¹	i³¹	i²¹	i¹³	i¹³	i¹³	y³¹
禹	遇合三上麌云	i³¹	i²¹	i³¹	i²¹	i¹³	i¹³	i¹³	ȵy³¹
羽	遇合三上麌云	i³¹	i²¹	i³¹	i²¹	i²¹	i²¹	i²¹	y³¹
芋	遇合三去遇云	vu³³	vu³³	vu³³	vu³³	vu³³	vu³³	vu³³²	vu⁵²
逾	遇合三平虞以	i³³	i³³	i³³		i³³	i¹³		y³¹
愉	遇合三平虞以	i³³	i³³	i³³	i³³	i³³	i¹³	i³³²	y³¹
愈	遇合三上虞以	i³³	i³³	i³³	i³³	i³³	i¹³		y³¹
喻	遇合三去遇以	i³³	i³³	i³³	i³³	i³³	i¹³	i³³²	y³¹

单字	地点	廉江长山	廉江石角	廉江河唇	廉江雅塘	遂溪河头	雷州客路塘塞	雷州客路大家	徐闻下桥
裕	遇合三去遇以	i³³	i³³	i³³	i³³	i³³	i³³	i³³²	y³¹
呆~子 发~	蟹开一平咍端	ŋoi⁵⁵△ ŋoi¹³△	ŋoi⁴⁵△	ŋoi⁴⁵△	ŋoi⁴⁵△	ŋaŋ²¹(戆)	ŋɔŋ³³(戆)	ŋoi³³²△	ŋuɔi³¹△ ŋɔŋ⁵²(戆)
戴	蟹开一去代端	tai³³	tai³³	tai³³	tai³³	tai³³	tai³³	tai³³²	tai⁵²
胎	蟹开一平咍透	tʰoi⁵⁵	tʰoi⁴⁵	tʰoi⁴⁵	tʰoi⁴⁵	tʰɔi⁵⁵	tʰɔi⁵⁵	tʰɔi⁵⁵	tʰuai⁴⁵
台天~	蟹开一平咍透	tʰoi¹³	tʰoi¹³	tʰoi¹³	tʰoi²⁵	tʰɔi¹³	tʰɔi¹³	tʰɔi¹³	tʰuai²²³
态	蟹开一去代透	tʰai³¹	tʰai²¹	tʰai³¹	tʰai²¹	tʰai³³	tʰai³³	tʰai³³²	tʰai⁵²
贷	蟹开一去代透	tʰoi³³	tʰoi³³	tʰoi³³	tʰoi³³	tʰai³³	tʰoi³³	tai³³²	tʰuai³¹
台~湾	蟹开一平咍定	tʰoi¹³	tʰoi¹³	tʰoi¹³	tʰoi²⁵	tʰɔi¹³	tʰoi¹³	tʰoi¹³	tʰuai²²³
苔	蟹开一平咍定	tʰoi¹³	tʰoi¹³	tʰoi¹³	tʰoi²⁵	tʰɔi¹³	tʰoi¹³	tʰoi¹³	tʰuai²²³
抬	蟹开一平咍定		tʰoi¹³	tʰoi¹³	tʰoi²⁵	tʰɔi¹³		kɔŋ⁵⁵(扛)	tʰuai²²³
待	蟹开一上海定	tʰoi³³	tʰoi³³	tʰoi³³	tʰoi³³	tʰɔi³³	tʰoi³³	tʰoi³³²	tʰuai³¹
怠	蟹开一上海定	tʰai³¹	tʰoi²¹	tʰoi³¹	tʰai³³	tʰai³³	tʰoi³³		tʰuai³¹
殆	蟹开一上海定		tai²¹		tʰai²¹		tʰai³³		tʰai³¹
代	蟹开一去代定	tʰoi³³	tʰoi³³	tʰoi³³	tʰoi³³	tʰɔi³³	tʰoi³³	tʰoi³³²	tʰuai³¹
逮	蟹开一去代定	tʰi¹³	tʰi²¹	tʰi³¹	tʰi²⁵	tʰi³³	ti³³	tʰi³³²	tʰuai³¹
袋	蟹开一去代定	tʰoi³³	tʰoi³³	tʰoi³³	tʰɔi³³	tʰoi³³	tʰoi³³	tʰoi³³²	tʰuai³¹

单字 ＼ 地点	廉江长山	廉江石角	廉江河唇	廉江雅塘	遂溪河头	雷州客路塘塞	雷州客路大家	徐闻下桥
乃 蟹开一上海泥	nai55	nai21	nai45	nai45	nai55	nai21	nai21	nai45
耐 蟹开一去代泥	nai33	nai33	nai33	nai33	nai33	nai33	nai332	nuai31
來 蟹开一平咍来	lɔi13	loi13	loi13	lɔi25	lɔi13	lɔi13	lɔi13	luai223
灾 蟹开一平咍精	tsai55	tsai45	tsai45	tsai45	tsɔi55	tsɔi55	tsai55	tsai45
栽 蟹开一平咍精	tsɔi55	tsoi45	tsoi45	tsɔi45	tsɔi55	tsai55	tsai55	tsuai45
宰 蟹开一上海精	tsai31	tsai21	tsai31	tsai21	tsai21	tsɔi21	tsai21	tsai31
载 一年半~ 蟹开一上海精	tsɔi33	tsoi33	tsoi33	tsɔi33	tsai33	tsai33	tsai332	tsai52
再 蟹开一去代精	tsai33	tsai33	tsai33	tsai33	tsai33	tsɔi33	tsai332	tsai52
载 ~重 蟹开一去代精	tsɔi33	tsoi33	tsoi33	tsɔi33	tsai33	tsai33	tsai332	tsai52
猜 蟹开一平咍清	tsʰai55	tsʰai45	tsʰai45	tsʰai45	tsʰai55	tsʰai55	tsʰai55	tsʰai45
彩 蟹开一上海清	tsʰɔi31	tsʰoi21	tsʰoi31	tsʰɔi21	tsʰɔi21	tsʰɔi21	tsʰai21	tsʰuai31
采 蟹开一上海清	tsʰɔi31	tsʰoi21	tsʰoi31	tsʰɔi21	tsʰɔi21	tsʰɔi21	tsʰai21	tsʰuai31
睬 蟹开一上海清	tsʰɔi31	tsʰoi21	tsʰoi31	tsʰɔi21	tsʰɔi21	tsʰɔi21	tsʰai21	tsʰuai31
菜 蟹开一去代清	tsʰɔi33	tsʰoi33	tsʰoi33	tsʰɔi33	tsʰɔi33	tsʰɔi33	tsʰɔi332	tsʰuai52
才 人~ 蟹开一平咍从	tsʰɔi13	tsʰoi13	tsʰoi13	tsʰɔi25	tsʰɔi13	tsʰɔi13	tsʰɔi13	tsʰuai223
材 蟹开一平咍从	tsʰɔi13	tsʰoi13	tsʰoi13	tsʰɔi25	tsʰɔi13	tsʰɔi13	tsʰɔi13	tsʰuai223

单字＼地点	廉江长山	廉江石角	廉江河唇	廉江雅塘	遂溪河头	雷州客路塘塞	雷州客路大家	徐闻下桥
财 蟹开一平咍从	tsʰɔi¹³	tsʰoi¹³	tsʰoi¹³	tsʰɔi²⁵	tsʰɔi¹³	tsʰɔi¹³	tsʰɔi¹³	tsʰuai²²³
裁 蟹开一平咍从	tsʰɔi¹³	tsʰoi¹³	tsʰoi¹³	tsʰɔi²⁵	tsʰɔi¹³	tsʰɔi¹³	tsʰɔi¹³	tsʰuai²²³
才刚~ 蟹开一平咍从	tsʰɔi¹³	tsʰoi¹³	tsʰoi¹³	tsʰɔi²⁵	tsʰɔi¹³	tsʰɔi¹³	tsʰɔi¹³	tsʰuai²²³
在实~ 存~ 蟹开一上海从	tsʰai³³	tsʰai³³ tsʰoi¹³	tsʰai³³	tsʰai³³	tsʰai³³ tsʰɔi³³	tsʰɔi³³	tsʰɔi³³²	tsʰai³¹
载满~而归 蟹开一去代从	tsɔi³³	tsoi³³	tsoi³³	tsɔi³³	tsai³³	tsɔi³³	tsai³³²	tsuai³¹
腮 蟹开一平咍心	sɔi⁵⁵	soi⁴⁵	soi⁴⁵	ɬɔi⁴⁵	ɬɔi⁵⁵	ɬɔi⁵⁵	sɔi⁵⁵	suai⁴⁵
鳃 蟹开一平咍心	sɔi⁵⁵	soi⁴⁵	soi⁴⁵	ɬɔi⁴⁵	ɬɔi⁵⁵	ɬɔi⁵⁵	si⁵⁵	suai⁴⁵
赛 蟹开一去代心	sɔi³³	soi³³	soi³³	ɬɔi³³	ɬai³³	sɔi³³	sai³³²	suai⁵²
该 蟹开一平咍见	kɔi⁵⁵	koi⁴⁵	koi⁴⁵	kɔi⁴⁵	kɔi⁵⁵	kɔi⁵⁵	kɔi⁵⁵	kuai⁴⁵
改 蟹开一上海见	kɔi³¹	koi²¹	koi³¹	kɔi²¹	kɔi²¹	kɔi²¹	kɔi²¹	kuai³¹
概 蟹开一去代见	kʰɔi³¹	kʰoi³³	kʰoi³³	kʰɔi²¹	kʰɔi³³	kʰɔi³³	kʰɔi³³²	kʰuai⁵²
溉 蟹开一去代见	kʰɔi³³	kʰoi³³	kʰoi³³	kʰɔi³³	kʰɔi³³	kʰɔi³³		kʰuai⁵²
开 蟹开一平咍溪	hɔi⁵⁵	hoi⁴⁵	hoi⁴⁵	hɔi⁴⁵	hɔi⁵⁵	hɔi⁵⁵	hɔi⁵⁵	huai⁴⁵
凯 蟹开一上海溪	kʰai³¹	kʰai²¹	kʰai³¹	kʰai²¹	kʰai²¹	kʰɔi²¹	kʰai²¹	huai³¹
慨 蟹开一去代溪	kʰai³¹	kʰoi³³	kʰoi³³	kʰɔi³³	kʰɔi³³	kʰɔi³³		kʰuai⁵²
咳 蟹开一去代溪	kʰem³¹△	kʰem²¹△	kʰet⁵ kʰem³¹△	kʰem²¹△	kʰem²¹△	kʰem²¹△	kʰem²¹△	kʰəm⁵²△

单字	地点	廉江长山	廉江石角	廉江河唇	廉江雅塘	遂溪河头	雷州客路塘塞	雷州客路大家	徐闻下桥
呆~板	蟹开一平咍疑	ŋɔi⁵⁵	ŋɔi¹³	ŋɔi⁴⁵	ŋɔi⁴⁵	ŋaŋ²¹ (鳃)	ŋɔŋ³³ (鳃)		ŋɔŋ⁵² (鳃)
硋	蟹开一去代疑	ŋɔi³³	ŋɔi³³	ŋɔi³³	ŋɔi³³	ŋɔi³³	ŋɔi³³	ŋɔi³³²	ŋuai³¹
海	蟹开一上海晓	hɔi³¹	hɔi²¹	hɔi³¹	hɔi²¹	hɔi²¹	hɔi²¹	hɔi²¹	huai³¹
孩	蟹开一平咍匣	hai¹³	hai¹³	hai¹³	hai²⁵	hai¹³	hai¹³		hai²²³
亥	蟹开一上海匣	hɔi³³	hɔi³³	hɔi³³	hɔi³³	hɔi³³	hɔi³³	hɔi³³²	huai³¹
哀	蟹开一平咍影	ɔi⁵⁵	ɔi⁴⁵	ɔi⁴⁵	ɔi⁴⁵	ɔi⁵⁵	ɔi⁵⁵	ai⁵⁵	ai⁴⁵
埃	蟹开一平咍影	ai⁵⁵	ai⁴⁵	ai⁴⁵	ai⁴⁵		ai⁵⁵	ai⁵⁵	ai⁴⁵
爱	蟹开一去代影	ɔi³³	ɔi³³	ɔi³³	ɔi³³	ɔi³³	ɔi³³	ɔi³³²	ɔi⁵²
贝	蟹开一去泰帮	pui³³	pui³³	pui³³	pui³³	pui³³	pɔi³³	pui³³²	pui⁵²
沛	蟹开一去泰滂	pʰui³¹	pʰui²¹	pʰui³¹	pʰui²¹		pʰui³³		fui⁵²
带	蟹开一去泰端	tai³³	tai³³	tai³³	tai³³	tai³³	tai³³	tai³³²	tai⁵²
太	蟹开一去泰透	tʰai³³	tʰai³³	tʰai³³	tʰai³³	tʰai³³	tʰai³³	tʰai³³²	tʰai⁵²
泰	蟹开一去泰透	tʰai³¹	tʰai³³	tʰai³³	tʰai³³	tʰai³³	tʰai³³	tʰai³³²	tʰai⁵²
大~小	蟹开一去泰定	tʰai³³	tʰai³³	tʰai³³	tʰai³³	tʰai³³	tʰai³³	tʰai³³²	tʰai³¹
奈	蟹开一去泰泥	nai³³	nai³³	nai³³	nai³³	nai³³	nai³³	nai³³²	nai³¹
赖	蟹开一去泰来	lai³³	lai³³	lai³³	lai³³	lai³³	lai³³	lai³³²	lai³¹

单字 \ 地点		廉江长山	廉江石角	廉江河唇	廉江雅塘	遂溪河头	雷州客路塘塞	雷州客路大家	徐闻下桥
癞	蟹开一去泰来	lai³³	lai³³	lai³³	lai³³	lai³³	lai³³	lai³³²	lai⁵²
蔡	蟹开一去泰清	tsʰɔi³³	tsʰoi³³	tsʰoi³³	tsʰɔi³³	tsʰɔi³³	tsʰɔi³³	tsʰɔi³³²	tsʰuai⁵²
盖 名词 动词	蟹开一去泰见	kɔi³³ kʰem¹³₍河₎	koi³³ kʰem¹³₍河₎	koi³³	kɔi³³	kɔi³³	kɔi³³	kɔi³³²	kuai⁵²
丐	蟹开一去泰见	kʰɔi³³	kʰai²¹	kʰoi³³	kʰɔi³³	kʰɔi³³	kɔi³³	kɔi³³²	kuai⁵²
艾 姓 ~草	蟹开一去泰疑	ŋai³³ ŋe³³	ŋai³³ ŋe³³	ŋai³³ ŋe³³	ŋe³³	ŋai³³ ŋɔi³³	ŋɔi³³ ŋe³³	ŋai³³² ŋe³³²	ai⁴⁵ ŋei⁵²
害	蟹开一去泰匣	hɔi³³	hoi³³	hoi³³	hɔi³³	hɔi³³	hɔi³³	hɔi³³²	huai³¹
蔼	蟹开一去泰影	ɔi³¹	oi²¹	oi³¹	ɔi²¹	ai²¹	ai²¹	ai²¹	ai³¹
拜	蟹开二去怪帮	pai³³	pai³³	pai³³	pai³³	pai³³	pai³³	pai³³²	pai⁵²
排~队	蟹开二平皆並	pʰai¹³	pʰai¹³	pʰai¹³	pʰai²⁵	pʰai¹³	pʰai¹³	pʰai¹³	pʰai²²³
埋	蟹开二平皆明	mai¹³	mai¹³	mai¹³	mai²⁵	mai¹³	mai¹³	mai¹³	mai²²³
斋	蟹开二平皆庄	tsai⁵⁵	tsai⁴⁵	tsai⁴⁵	tsai⁴⁵	tsai⁵⁵	tsai⁵⁵	tsai⁵⁵	tsai⁴⁵
豺	蟹开二平皆崇	sai¹³	sai¹³	sai¹³	ɬai²⁵	tsʰɔi¹³	tsʰɔi¹³	tsʰɔi¹³	sai²²³
皆	蟹开二平皆见	kai⁵⁵	kai⁴⁵	kai⁴⁵	kai⁴⁵	kɔi⁵⁵	kɔi⁵⁵	kɔi⁵⁵	kai⁴⁵
阶	蟹开二平皆见	kai⁵⁵	kai⁴⁵	kai⁴⁵	kai⁴⁵	kai⁵⁵	kai⁵⁵	kɔi⁵⁵	kai⁴⁵
介	蟹开二去怪见	kai³³	kai³³	kai³³	kai³³	kai³³	kai³³	kɔi³³²	kai⁵²
界	蟹开二去怪见	kai³³	kai³³	kai³³	kai³³	kai³³	kai³³	kɔi³³²	kai⁵²

单字	地点	廉江长山	廉江石角	廉江河唇	廉江雅塘	遂溪河头	雷州客路塘塞	雷州客路大家	徐闻下桥
芥	蟹开二去怪见	kai³³	kai³³	kai³³	kai³³	kai³³	kai³³	kɔi³³²	kai⁵²
尬	蟹开二去怪见	kai³³	kai³³	kai³³	kai³³		kai³³	kɔi³³²	kai⁵²
疥	蟹开二去怪见	kai³³	kai³³	kai³³	kai³³	kai³³	kai³³	kɔi³³²	kai⁵²
届	蟹开二去怪见	kai³³	kai³³	kai³³	kai³³	kai³³	kai³³	kɔi³³²	kai⁵²
戒	蟹开二去怪见	kai³³	kai³³	kai³³	kai³³	kai³³	kai³³	kɔi³³²	kai⁵²
楷	蟹开二上骇溪	kai⁵⁵	kʰai²¹	kai⁴⁵	kai⁴⁵	kʰai²¹	kʰɔi²¹	kʰai²¹	kai⁴⁵
谐	蟹开二平皆匣	hai¹³	hai¹³	hai¹³	hai²⁵	hai¹³	hai¹³	hai¹³	kai⁴⁵
骇	蟹开二上骇匣		hoi³³	hoi³³		hai²¹	hɔi³³	hɔi³³²	hak⁵△
械	蟹开二去怪匣	kai³³	hai²¹	hai¹³	hai²¹	hai³³	hai¹³	hɔi³³²	kai⁵²
挨	蟹开二平皆影	ai⁵⁵	ai⁴⁵	ai⁴⁵	ai⁴⁵	ai⁵⁵	ai⁵⁵		ai⁴⁵
摆	蟹开二上蟹帮	pai³¹	pai²¹	pai³¹	pai²¹	pai²¹	pai²¹	pai²¹	pai³¹
派	蟹开二去卦滂	pʰai³¹	pʰai²¹	pʰai³¹	pʰai²¹	pʰai³³	pʰai³³	pʰai³³²	pʰai⁵²
牌	蟹开二平佳并	pʰai¹³ pʰe⁵⁵	pʰai¹³	pʰai¹³	pʰai²⁵ pʰe⁴⁵	pʰai¹³ pʰe⁵⁵	pʰai¹³ pʰe⁵⁵	pʰai¹³	pʰai²²³
排竹~	蟹开儿平佳并	pʰai¹³	pʰai¹³	pʰai¹³	pʰai²⁵	pʰai¹³	pʰai¹³	pʰai¹³	pʰai²²³
罢	蟹开二上蟹并	pʰa³¹	pʰa²¹	pʰa³¹		pa³³	pʰa³³	pa³³²	pʰa³¹
稗	蟹开二去卦并	pʰai³¹	pʰai²¹	pʰai³¹	pʰai²¹	pʰai²¹	pʰai³³	pʰai³³²	pʰai³¹

单字	地点	廉江长山	廉江石角	廉江河唇	廉江雅塘	遂溪河头	雷州客路塘塞	雷州客路大家	徐闻下桥
买	蟹开二上蟹明	mai⁵⁵	mai⁴⁵	mai⁴⁵	mai⁴⁵	mai⁵⁵	mai⁵⁵	mai⁵⁵	mai⁴⁵
卖	蟹开二去卦明	mai³³	mai³³	mai³³	mai³³	mai³³	mai³³	mai³³²	mai³¹
奶伯母 牛~	蟹开二上蟹泥	nai³³ nen³³△	nai³³ nen³³△	nai³³ nen³³△	nai²¹ nen³³△	nai²¹	nai⁵⁵ naŋ⁵⁵△	nai⁵⁵ naŋ⁵⁵△	nai⁴⁵
债	蟹开二去卦庄	tsai³³	tsai³³	tsai³³	tsai³³	tsai³³	tsai³³	tsai³³²	tsai⁵²
钗	蟹开二平佳初	tsʰa⁵⁵	tsʰa⁴⁵	tsʰa⁴⁵	tsʰa⁴⁵	tsʰa⁵⁵	tsʰa⁵⁵	tʰɔi⁵⁵△	tsʰa⁴⁵
差出~	蟹开二平佳初	tsʰai⁵⁵	tsʰai⁴⁵	tsʰai⁴⁵	tsʰai⁴⁵	tsʰa⁵⁵	tsʰa⁵⁵	tsʰa⁵⁵	tsʰa⁴⁵
柴	蟹开二平佳崇	tsʰai¹³	tsʰai¹³	tsʰai¹³	tsʰai²⁵	tsʰai¹³	tsʰai¹³	tsʰai¹³	tsʰai²²³
筛~选（动词）	蟹开二平佳生	sๅ⁵⁵	se⁴⁵	se⁴⁵	ɬi⁴⁵	ɬi⁵⁵	ɬi⁵⁵	si⁵⁵	tsʰei⁴⁵
洒满~	蟹开二上蟹生	sa³¹	sa²¹	sa³¹	ɬa²¹	ɬa²¹	sa²¹	sa²¹	sa³¹
佳	蟹开二平佳见	kai⁵⁵	kai⁴⁵	kai⁴⁵	kai⁴⁵	kai⁵⁵	kai⁵⁵	kai⁵⁵	kai⁴⁵
街	蟹开二平佳见	kai⁵⁵	kai⁴⁵	kai⁴⁵	kai⁴⁵	kai⁵⁵	kai⁵⁵	kai⁵⁵	kai⁴⁵
解~释 ~开	蟹开二上蟹见	kai³¹ ke³¹	kai²¹ ke²¹	kai³¹ ke³¹	kai²¹ ke²¹	kai²¹ ke²¹	ke²¹	ke²¹	kai³¹ kei³¹
懈	蟹开二去卦见	hai³¹	hai²¹	hai³¹	hai²¹	hai²¹			hai³¹
涯	蟹开二平佳疑	ŋai¹³	ŋai¹³	ŋai¹³	ŋai²⁵	ŋai¹³	ŋai¹³	ŋai¹³	ŋai²²³
崖	蟹开二平佳疑	ŋai¹³	ŋai¹³	ŋai¹³	ŋai²⁵	ŋai¹³	ŋai¹³	ŋai¹³	ŋai²²³
捱	蟹开二平佳疑	ŋai³¹	ŋai²¹	ŋai³¹	ŋai²¹	ŋai²¹	ŋai²¹	ŋai²¹	ŋai³¹

单字	地点	廉江长山	廉江石角	廉江河唇	廉江雅塘	遂溪河头	雷州客路塘塞	雷州客路大家	徐闻下桥
鞋	蟹开二平佳匣	hai¹³	hai¹³	hai¹³	hai²⁵	hai¹³	hai¹³	hai¹³	hai²²³
解理~	蟹开二上蟹匣	kai³¹	kai²¹	kai³¹	kai²¹	kai²¹	kai²¹	ke²¹	kai³¹
蟹	蟹开二上蟹匣	hai³¹	hai²¹	hai³¹	hai²¹	hai²¹	hai²¹	hai²¹	hai³¹
矮	蟹开二上蟹影	ai³¹	ai²¹	ai³¹	ai²¹	e²¹	e²¹	e²¹	ei³¹
败	蟹开二去夬並	pʰai³³	pʰai³³	pʰai³³	pʰai³³	pʰai³³	pʰai³³	pʰai³³²	pʰai³¹
迈	蟹开二去夬明	mai³¹	mai²¹	mai³¹	mai²¹	mai³³	mai³³	mai³³²	mai³¹
寨	蟹开二去夬崇	tsʰai³³	tsʰai³³	tsʰai³³	tsʰai³³	tsai³³	tsai³³	tsai³³²	tsʰai³¹
蔽	蟹开三去祭帮	pi³³	pi³³	pi³³	pi³³	pi³³	pi³³	pi³³²	
弊	蟹开三去祭並	pʰi³³	pʰi²¹	pʰi³¹	pʰi³³	pi³³	pi³³	pi³³²	pi⁵²
币	蟹开三去祭並	pʰi³¹	pʰi²¹	pʰi³¹	pʰi³³	pi³³	pi³³	pi³³²	pi⁵²
毙	蟹开三去祭並	pi³¹	pi⁴⁵	pi⁴⁵	pi²¹	pi⁵⁵	pi⁵⁵	pi³³²	pi⁵²
例	蟹开三去祭来	le³³	le³³	le³³	le³³	le³³	le³³	le³³²	lei³¹
厉	蟹开三去祭来	li³³	li³³	li³³	li³³	li³³	li³³	li³³²	li³¹
励	蟹开三去祭来	li³³	li³³	le³³	li³³	li³³	li³³	li³³²	lei³¹
祭	蟹开三去祭精	tsɿ³³	tsi³³	tsɿ³³	tsi³³	tse³³	tse³³	tsɔi³³²	tsi⁵²
际	蟹开三去祭精	tʃɿ³³	tsi³³	tsɿ³³	tsi³³	tsi³³	tse³³	tsi³³²	tsi⁵²

单字 ＼ 地点		廉江长山	廉江石角	廉江河唇	廉江雅塘	遂溪河头	雷州客路塘塞	雷州客路大家	徐闻下桥
滞	蟹开三去祭澄	ne³³△	ne³³△	ne³³△	ne³³△	ne³³△	ne³³△	ne³³²△	
制	蟹开三去祭章	tʃe³³	tʃe³³	tse³³	tse³³	tsi³³	tse³³	tsi³³²	tsei⁵²
世	蟹开三去祭书	ʃe³³	ʃe³³	ʃe³³	se³³	se³³	se³³	se³³²	sei⁵²
势	蟹开三去祭书	ʃe³³	ʃe³³	ʃe³³	se³³	se³³	se³³	se³³²	sei⁵²
誓	蟹开三去祭禅	ʃɿ³³	ʃi³³	ʃi³³	si³³	ɬoi³³	se³³	sɔi³³²	sei³¹
逝	蟹开三去祭禅	ʃɿ³³	ʃi³³	sɿ³³	si³³	se³³	se³³	se³³²	sei³¹
艺	蟹开三去祭疑	ŋe³³	ŋe³³	ŋe³³	ŋe³³	nɿi³³	ŋe³³	nɿi³³²	ŋei³¹
蓖	蟹开四平齐帮	pi⁵⁵	pi⁴⁵	pi⁴⁵	pi⁴⁵	pi⁵⁵	pi⁵⁵	pi⁵⁵	pi⁴⁵
闭	蟹开四去霁帮	pi³³	pi³³	pi³³	pi³³	pi³³	pi³³	pi³³²	pi⁵²
批~评 螺丝~	蟹开四平齐滂	pʰe⁵⁵	pʰe⁴⁵	pʰe⁴⁵	pʰe⁴⁵	pʰe⁵⁵ pik²(笔)	pʰe⁵⁵ pik²(笔)	pʰe⁵⁵ pik²(笔)	pʰei⁴⁵
陛	蟹开四上荠並		pi³³	pi³¹	pi³³	pi²¹	pi³³	pi²¹	pi⁵²
迷	蟹开四平齐明	mi¹³	mi¹³	mi¹³	mi²⁵	mi¹³	mi¹³	mi¹³	mi²²³
米	蟹开四上荠明	mi³¹	mi²¹	mi³¹	mi²¹	mi²¹	mi²¹	mi²¹	mi³¹
谜	蟹开四去霁明	mi¹³	mi¹³	mi¹³	mi²⁵	mi¹³	mi¹³	mi¹³	mi²²³
低	蟹开四平齐端	te⁵⁵	te⁴⁵	te⁴⁵	te⁴⁵	te⁵⁵	te⁵⁵	te⁵⁵	tei⁴⁵
堤	蟹开四平齐端	tʰi¹³	tʰi¹³	tʰi¹³	tʰi²⁵	tʰi¹³	tʰe¹³	tʰi¹³	tʰi²²³

单字 \\ 地点		廉江长山	廉江石角	廉江河唇	廉江雅塘	遂溪河头	雷州客路塘塞	雷州客路大家	徐闻下桥
底	蟹开四上荠端	te^{31}	te^{21}	te^{31}	te^{21}	te^{21}	te^{21}	te^{21}	tei^{31}
抵	蟹开四上荠端	te^{31}	te^{21}	te^{31}	te^{21}	te^{21}	ti^{21} ti^{21}	ti^{21} te^{21}	tei^{31}
帝	蟹开四去霁端	ti^{33}	ti^{33}	ti^{33}	ti^{33}	ti^{33}	ti^{33}	ti^{332}	ti^{52}
梯	蟹开四平齐透	$t^{h}ɔi^{55}$	$t^{h}oi^{45}$	$t^{h}oi^{45}$	$t^{h}ɔi^{45}$	$t^{h}ɔi^{55}$	$t^{h}ɔi^{55}$	$t^{h}ɔi^{55}$	$t^{h}uai^{45}$
蒂	蟹开四去霁端	ti^{33}	$t^{h}e^{13}$	ti^{33}	ti^{33}	ti^{33}	ti^{33}	ti^{332}	ti^{52}
体	蟹开四上荠透	$t^{h}i^{31}$	$t^{h}i^{21}$	$t^{h}i^{31}$	$t^{h}i^{21}$	$t^{h}i^{21}$	$t^{h}i^{21}$	$t^{h}i^{21}$	$t^{h}i^{31}$
替	蟹开四去霁透	$t^{h}e^{33}$	$t^{h}e^{33}$	$t^{h}e^{33}$	$t^{h}e^{33}$	$t^{h}e^{33}$	$t^{h}e^{33}$	$t^{h}e^{332}$	$t^{h}ei^{52}$
涕	蟹开四去霁透	$t^{h}i^{33}$	$t^{h}e^{45}$	$t^{h}e^{45}$	$t^{h}i^{33}$		$t^{h}i^{33}$		$t^{h}i^{45}$
剃	蟹开四去霁透	$t^{h}e^{33}$	$t^{h}e^{33}$	$t^{h}e^{33}$	$t^{h}e^{33}$	$t^{h}e^{33}$	$t^{h}e^{33}$	$t^{h}e^{332}$	$t^{h}ei^{52}$
题	蟹开四平齐定	$t^{h}i^{13}$	$t^{h}i^{13}$	$t^{h}i^{13}$	$t^{h}i^{25}$	$t^{h}e^{13}$	$t^{h}e^{13}$	$t^{h}e^{13}$	$t^{h}i^{223}$
提	蟹开四平齐定	$t^{h}i^{13}$	$t^{h}i^{13}$	$t^{h}i^{13}$	$t^{h}i^{25}$	$t^{h}i^{13}$	$t^{h}i^{13}$	$t^{h}i^{13}$	$t^{h}i^{223}$
蹄	蟹开四平齐定	$t^{h}e^{13}$	$t^{h}e^{13}$	$t^{h}e^{13}$	$t^{h}e^{25}$	$t^{h}e^{13}$	$t^{h}e^{13}$	$t^{h}e^{13}$	$t^{h}ei^{223}$
啼~哭鸡~	蟹开四平齐定	$t^{h}e^{13}$	$t^{h}e^{13}$	$t^{h}e^{13}$	$t^{h}e^{25}$	$t^{h}e^{13}$	$t^{h}e^{13}$	$t^{h}i^{13}$ $t^{h}e^{13}$	$t^{h}ei^{223}$
弟	蟹开四上荠定	$t^{h}i^{33}$ $t^{h}e^{55}$	$t^{h}i^{33}$ $t^{h}e^{45}$	$t^{h}i^{33}$ $t^{h}e^{45}$	$t^{h}i^{33}$ $t^{h}e^{45}$	$t^{h}i^{33}$ $t^{h}e^{55}$	$t^{h}e^{55}$	$t^{h}i^{332}$ $t^{h}e^{55}$	$t^{h}i^{31}$ $t^{h}ei^{45}$
第	蟹开四去霁定	$t^{h}i^{33}$	$t^{h}i^{33}$	$t^{h}i^{33}$	$t^{h}i^{33}$	$t^{h}i^{33}$	$t^{h}i^{33}$	$t^{h}i^{332}$	$t^{h}i^{31}$
递	蟹开四去霁定	$t^{h}i^{31}$	$t^{h}i^{21}$	$t^{h}i^{31}$	$t^{h}i^{25}$	ti^{33}	$t^{h}i^{33}$	$t^{h}ɔi^{332}$	$t^{h}ei^{223}$

单字 ＼ 地点		廉江长山	廉江石角	廉江河唇	廉江雅塘	遂溪河头	雷州客路塘塞	雷州客路大家	徐闻下桥
泥	蟹开四平齐泥	ne^{13}	ne^{13}	ne^{13}	ne^{25}	ne^{13}	ne^{13}	ne^{13}	nei^{223}
犁	蟹开四平齐来	le^{13}	le^{13}	le^{13}	le^{25}	le^{13}	le^{13}	le^{13}	lei^{223}
黎	蟹开四平齐来	le^{13}	le^{13}	le^{13}	le^{25}	le^{13}	le^{13}	li^{13}	lei^{223}
礼	蟹开四上荠来	li^{55}	li^{45}	li^{45}	li^{45}	li^{55}	li^{55}	li^{55}	li^{45}
丽	蟹开四去霁来	li^{33}	li^{33}	li^{33}	li^{33}	li^{33}	li^{33}	li^{332}	lei^{31}
隶	蟹开四去霁来	tʰi^{31}	tʰi^{21}	tʰi^{31}	tʰi^{21}	tʰi^{33}	tʰi^{33}	tʰi^{332}	tʰi^{31}
挤	蟹开四上荠精	tsai^{55}	tsai^{45}	tsai^{45}	tsai^{45}	tsai^{55}			tsei^{52}
济	蟹开四去霁精	tsɿ^{33}	tsi^{21}	tsi^{31}	tsi^{33}	tsi^{33}	tse^{33}	tsi^{332}	tsei^{52}
妻	蟹开四平齐清	tsʰi^{55}	tsʰi^{45}	tsʰi^{45}	tsʰi^{45}	tsʰi^{55}	tsʰi^{55}	tsʰi^{55}	tsʰi^{45}
砌	蟹开四去霁清	ket^{3}△	kiet^{2}△	kiet^{2}△	kiet^{2}△	tsʰi^{33}	tsʰi^{33}	tsʰi^{332}	tsʰei^{52}
齐	蟹开四平齐从	tsʰe^{13}	tsʰe^{13}	tsʰe^{13}	tsʰe^{25}	tsʰe^{13}	tsʰe^{13}	tsʰe^{13}	tsʰei^{223}
脐	蟹开四平齐从	tsʰi^{13}	tsʰi^{13}	tsʰi^{13}	tsʰi^{25}	tsʰi^{13}	tsʰi^{13}	tsʰi^{13}	tsʰi^{223}
剂	蟹开四去霁从	tsai^{55}	tsai^{45}	tsai^{45}	tsai^{45}	tsai^{55}	tsai^{55}		tsei^{52}
西	蟹开四平齐心	sɿ^{55}	si^{45}	sɿ^{45}	ɬi^{45}	ɬi^{55}	ɬi^{55}	si^{55}	si^{45}
栖	蟹开四平齐心			tsʰi^{45}	tsʰi^{45}	tsʰi^{55}		si^{55}	si^{45}
犀	蟹开四平齐心	sɿ^{55}	sɿ^{45}	sɿ^{45}	ɬi^{45}	ɬi^{55}	ɬi^{55}	si^{55}	sei^{45}

单字 \ 地点		廉江长山	廉江石角	廉江河唇	廉江雅塘	遂溪河头	雷州客路塘塞	雷州客路大家	徐闻下桥
洗	蟹开四上荠心	se³¹	se²¹	se³¹	ɬe²¹	ɬe²¹	ɬe²¹	se²¹	sei³¹
细	蟹开四去霁心	se³³	se³³	se³³	ɬe³³	ɬe³³	ɬe³³	se³³²	sei⁵²
婿	蟹开四去霁心	ʃe³³	se³³	se³³	ɬe³³	se³³	se³³		sei⁵²
鸡	蟹开四平齐见	ke⁵⁵	ke⁴⁵	ke⁴⁵	ke⁴⁵	ke⁵⁵	ke⁵⁵	ke⁵⁵	kei⁴⁵
稽	蟹开四平齐见	kʰe⁵⁵	kʰe⁴⁵		kʰe⁴⁵				kʰei⁴⁵
计~算 会~	蟹开四去霁见	ke³³	ke³³	ke³³	ke³³	ki³³	ke³³ ki³³	ki³³²	kei⁵²
继	蟹开四去霁见	ke³³	ke³³	ke³³	ke³³	ki³³	ki³³	ki³³²	kei⁵²
系~鞋带	蟹开四去霁见	tʰak³△	tʰak³△	tʰak³△	tʰak²△		fɔk⁵ ⁽缚⁾	fɔk⁵ ⁽缚⁾	
髻	蟹开四去霁见	ki³³	ki³³	ki³³	ki³³		ki³³		ki⁵²
溪	蟹开四平齐溪	kʰe⁵⁵	kʰe⁴⁵	kʰe⁴⁵	kʰe⁴⁵	kʰe⁵⁵	kʰe⁵⁵	kʰe⁵⁵	kʰei⁴⁵
启	蟹开四上荠溪	kʰi³¹	kʰe²¹	kʰe³¹	kʰi²¹	kʰi²¹	kʰi²¹	kʰi²¹	kʰei³¹
契	蟹开四去霁溪	kʰe³³	kʰe³³	kʰe³³	kʰe³³	kʰe³³	kʰe³³	kʰe³³²	kʰei⁵²
倪	蟹开四平齐疑		i¹³	i¹³	i²⁵				ɲi²²³
奚	蟹开四平齐匣	kʰe⁵⁵	kʰe⁴⁵	kʰe⁴⁵	kʰe⁴⁵	kʰe⁵⁵			kʰei⁴⁵
系联~ ~统	蟹开四去霁匣	he³³	he³³	he³³	he³³	hi³³	hi³³	hi³³²	hei⁵²
係	蟹开四去霁匣	he³³	he³³	he³³	he³³	he³³	he³³	he³³²	hei⁵²

单字	地点	廉江长山	廉江石角	廉江河唇	廉江雅塘	遂溪河头	雷州客路塘塞	雷州客路大家	徐闻下桥
杯	蟹合一平灰帮	pui55	pui45	pui45	pui45	pui55	pui55	pui55	pui45
辈	蟹合一去队帮	pui33	pui33	pui33	pui33	pui33	pɔi33	pɔi332	pui52
背后~	蟹合一去队帮	pɔi33	poi33	poi33	pɔi33	pui33	pɔi33	pui332	puai52
胚	蟹合一平灰滂	phɔi55	phoi45	phoi45	phɔi45	phui55		phui55	phi45
坏	蟹合一平灰滂	phɔi55	phoi45	phoi45	phɔi45	phui55	phɔi55	phɔi55	phi45
配	蟹合一去队滂	phui31	phui21	phui31	phui21	phui21	phui33	phui332	phui52
培	蟹合一平灰並	phui31	phui21	phui31	phui21	phui13	phui13	phui13	phuai223
陪	蟹合一平灰並	phɔi13	phoi13	phoi13	phɔi25	phui13	phui13	phui13	phuai223
赔	蟹合一平灰並	phɔi13	phoi13	phoi13	phɔi25	phɔi13	phɔi13	phɔi13	phuai223
倍	蟹合一上贿並	phui31	phui21	phui31	phui21	pui33	phɔi13	phui332	phuai223
佩	蟹合一去队並	pui33	pui33	pui33	pui33	pui33	phui33	phui332	phui52
背~书	蟹合一去队並	phɔi33	phoi33	phoi33	poi33	pui33	pɔi33	pui332	phuai31
焙	蟹合一去队並	hɔŋ33（烘）	hɔŋ33（烘）	phui31	phɔi33	phui13	phui13	phui13	
梅	蟹合一平灰明	moi13	moi13	moi13	mɔi25	mɔi13	mɔi13	mɔi13	muai223
枚	蟹合一平灰明	moi13	moi13	moi13	mɔi25	mui13	mɔi13	mɔi13	mui223
媒	蟹合一平灰明	moi13	moi13	moi13	mɔi25	mɔi13	mɔi13	mɔi13	muai223

单字	地点	廉江长山	廉江石角	廉江河唇	廉江雅塘	遂溪河头	雷州客路塘塞	雷州客路大家	徐闻下桥
煤	蟹合一平灰明	mɔi¹³	moi¹³	moi¹³	mɔi²⁵	mɔim¹³	mɔi¹³	mɔi¹³	muai²²³
玫	蟹合一平灰明	mɔi¹³	moi¹³	moi¹³	mɔi²⁵	mɔim¹³	mɔi¹³	mɔi¹³	muai²²³
每	蟹合一上贿明	mui⁵⁵	mui⁴⁵	mui⁴⁵	mui⁴⁵	mui²¹	mui²¹	mui²¹	mui⁴⁵
莓	蟹合一上贿明	mɔi¹³	moi¹³	moi¹³	mɔi²⁵	mɔim¹³	mɔi¹³	mɔi¹³	muai²²³
妹	蟹合一去队明	mɔi³³	moi³³	moi³³	mɔi³³	mɔi³³	mɔi³³	mɔi³³²	muai⁵²
昧	蟹合一去队明	mui³³	mui³³	mui³¹	mui³³		mui³³	mui³³²	mui³¹
堆	蟹合一平灰端	tɔi⁵⁵	toi⁴⁵	toi⁴⁵	tɔi⁴⁵	tui⁵⁵	tui⁵⁵	tɔi⁵⁵	tui⁴⁵
对	蟹合一去队端	tui³³	tui³³	tui³³	tui³³	tui³³	tui³³	tui³³²	tui⁵²
碓	蟹合一去队端	tɔi³³	toi³³	toi³³	tɔi³³	tɔi³³	tɔi³³	tɔi³³²	tuai⁵²
推	蟹合一平灰透	tʰui⁵⁵	tʰui⁴⁵	tʰui⁴⁵	tʰui⁴⁵	tʰui⁵⁵	tʰui⁵⁵	tʰui⁵⁵	tʰui⁴⁵
腿	蟹合一上贿透	tʰui²¹	tʰui²¹	tʰui³¹	tʰui²¹	tʰui²¹	tʰui²¹	tʰui²¹	tʰui³¹
退	蟹合一去队透	tʰui³³	tʰui³³	tʰui³³	tʰui³³	tʰui³³	tʰui³³	tʰui³³² tʰueŋ³³²	tʰui⁵² tʰun⁵²
队	蟹合一去队定	tui³³	tui³³	tui³³	tui³³	tui³³	tʰɔi³³	tui³³²	tui³¹
内	蟹合一去队泥	nui³³	nui³³	nui³³	nui³³	nɔi³³	nɔi³³	nɔi³³²	nui³¹
雷	蟹合一平灰来	lui¹³	lui¹³	lui¹³	lui²⁵	lui¹³	lui¹³	lui¹³	lui²²³
累极困	蟹合一去队来	lui³¹	lui³³	lui³¹	lui²¹	lui³³	lui³³	lui³³²	lui³¹

单字 \ 地点		廉江长山	廉江石角	廉江河唇	廉江雅塘	遂溪河头	雷州客路塘塞	雷州客路大家	徐闻下桥
催	蟹合一平灰清	tsʰui⁵⁵	tsʰui⁴⁵	tsʰui⁴⁵	tsʰui⁴⁵	tsʰui⁵⁵	tsʰui⁵⁵	tsʰui⁵⁵	tsʰui⁴⁵
崔	蟹合一平灰清	tsʰui⁵⁵	tsʰui⁴⁵	tsʰui⁴⁵	tsʰui⁴⁵	tsʰui⁵⁵	tsʰui⁵⁵	tsʰui⁵⁵	tsʰui⁴⁵
摧	蟹合一平灰清	tsʰui⁵⁵	tsʰui⁴⁵	tsʰui⁴⁵	tsʰui⁴⁵	tsʰui⁵⁵	tsʰui⁵⁵	tsʰui⁵⁵	tsʰui⁴⁵
罪	蟹合一上贿从	tsʰui³³	tsʰui³³	tsʰui³³	tsʰui³³	tsʰui³³	tsʰui³³	tsʰui³³²	tsʰui³¹
碎	蟹合一去队心	sui³³	sui³³	sui³³	ɬui³³	ɬui³³	ɬui³³	sui³³²	sui⁵²
盔	蟹合一平灰溪	kʰui⁵⁵	kʰui⁴⁵	kʰui⁴⁵	kʰui⁴⁵	kʰui⁵⁵	kʰui⁵⁵	kʰui⁵⁵	kʰui⁴⁵
魁	蟹合一平灰溪	kʰui¹³	kʰui¹³	kʰui¹³	kʰui²⁵	kʰui¹³	kʰui¹³	kʰui¹³	kʰui²²³
恢	蟹合一平灰溪	foi⁵⁵	foi⁴⁵	foi⁴⁵	fɔi⁴⁵	fui⁵⁵	fui⁵⁵	fui⁵⁵	fuai⁴⁵
块	蟹合一去队溪	kʰuai³³	kʰuai³³	kʰuai³³	kʰuai³³	kʰuai³³	kʰuai³³	kʰuai³³²	
桅	蟹合一平灰疑	ŋui¹³	ŋui¹³	ŋui¹³	ŋui²⁵	ŋui¹³	ŋui¹³	ŋui¹³	ŋui²²³
灰	蟹合一平灰晓	fɔi⁵⁵	foi⁴⁵	foi⁴⁵	fɔi⁴⁵	fɔi⁵⁵	fɔi⁵⁵	fɔi⁵⁵	fuai⁴⁵
贿	蟹合一上贿晓	iu³¹	iu²¹	fui³¹	iu²¹	iui¹³	iui³³		
悔	蟹合一上贿晓	fui³¹	fui²¹	fui³¹	fui²¹	fui²¹	fui²¹	fui²¹	hui³¹
晦	蟹合一去队晓	fui³¹	fui²¹	fui³¹	fui²¹	fui²¹	fui³³	fui³³²	hui⁵²
回	蟹合一平灰匣	fui¹³	fui¹³	fui¹³	fui²⁵	fui¹³	fui¹³	hui¹³	fui²²³
茴	蟹合一平灰匣	fui¹³	fui¹³	fui¹³	fui²⁵	fui¹³	vui¹³	hui²¹	fui²²³

单字 \ 地点		廉江长山	廉江石角	廉江河唇	廉江雅塘	遂溪河头	雷州客路塘塞	雷州客路大家	徐闻下桥
汇	蟹合一上贿匣	fui³³	fui³³	fui³³	fui³³	fui³³	fui³³	hui³³²	fui³¹
溃	蟹合一去队匣	kʰui³³	kʰui³³	kʰui³³	kʰui³³	kʰui³³	kʰui³³	kʰui³³²	kʰui⁵²
煨	蟹合一平灰影	vɔi⁵⁵	vɔi⁴⁵	vɔi⁴⁵	vɔi⁴⁵	vɔi⁵⁵	vɔi⁵⁵	vɔi⁵⁵	vai⁴⁵
蜕	蟹合一去泰透	tʰui³³	tʰui³³	tʰui³³	tʰui³³		tʰɔk²(脱)	tʰɔk²(脱)	tʰui⁵²
兑	蟹合一去泰定	tui³³	tui³³	tui³³	tui³³	tui³³	tui³³	tʰui³³²	tʰui³¹
最	蟹合一去泰精	tsui³³	tsui³³	tsui³³	tsui³³	tsui³³	tsui³³	tsui³³²	tsui⁵²
会~计	蟹合一去泰见	fui³³	fui³³	fui³³	fui³³	fui³³	fui³³	fui³³²	fui³¹
刽	蟹合一去泰见	kʰuai³³	kʰui³³	kʰui³³	kʰui³³	kʰuai³³	kʰui³³		kʰai⁵²
桧	蟹合一去泰见	kʰuai³³	kʰui³³	kʰuai³³	kʰuai³³	kʰui³³	kʰui³³	kuai³³²	
外	蟹合一去泰疑	ŋɔi³³	ŋɔi³³	ŋɔi³³	ŋɔi³³	ŋɔi³³	ŋɔi³³	ŋɔi³³²	ŋuai³¹
会开~ ~米	蟹合一去泰匣	fui³³ vɔi³³	fui³³ vɔi³³	fui³³ vɔi³³	fui³³ vɔi³³	fui³³ vɔi³³	fui³³ vui³³	fui³³²	fui³¹ vai⁵²
绘	蟹合一去泰匣	fui³³	kʰui³³	kʰui³³	fui³³	kʰui²¹	fui³³	fui³³²	fui³¹
乖	蟹合二平皆见	kuai⁵⁵	kuai⁴⁵	kuai⁴⁵	kuai⁴⁵	kuai⁵⁵	kuai⁵⁵	kuai⁵⁵	kai⁴⁵
怪	蟹合二去怪见	kuai³³	kuai³³	kuai³³	kuai³³	kuai³³	kuai³³	kuai³³²	kai⁵²
怀	蟹合二平皆匣	fai¹³	fai¹³	fai¹³	fai²⁵	fai¹³	huai¹³	fai¹³	fai²²³
槐	蟹合二平皆匣	fai¹³	kʰui¹³	fai¹³	kʰui²⁵	fai¹³	kʰui¹³	huai¹³	fai²²³

单字 / 地点		廉江长山	廉江石角	廉江河唇	廉江雅塘	遂溪河头	雷州客路塘塞	雷州客路大家	徐闻下桥
淮	蟹合二平皆匣	fai^{13}	fai^{13}	fai^{13}	fai^{25}	fai^{13}	huai^{13}	huai^{13}	fai^{223}
坏	蟹合二去怪匣	fai^{33}	fai^{33}	fai^{33}	fai^{33}	fai^{33}	fai^{33}	fai^{332}	fai^{31}
拐	蟹合二上蟹见	kuai^{31}	kuai^{21}	kuai^{31}	kuai^{21}	kʰuai^{21}	kuai^{21}	kʰuai^{21}	
挂	蟹合二去卦见	kua^{33}	kua^{33}	kua^{33}	kʰua^{33}	kʰua^{33}	kʰua^{33}	kʰua^{332}	ka^{52}
卦	蟹合二去卦见	kua^{33}	kua^{33}	kua^{33}	kua^{33}	kʰua^{33}	kʰua^{33}	kua^{332}	ka^{52}
歪	蟹合二平佳晓	vai^{55}	vai^{45}	vai^{45}			vai^{55}		vai^{45}
画	蟹合二去卦匣	vak^{5}	vak^{5}	vak^{5}	vak^{5}	fa^{33}	vak^{5}	fa^{332}	fa^{31}
快	蟹合二去夬溪	kʰuai^{33}	kʰuai^{33}	kʰuai^{33}	kʰuai^{33}	kʰuai^{33}	kʰuai^{33}	kʰuai^{332}	kʰai^{52}
筷	蟹合二去夬溪	tʃʰu^{55} (箸)	kʰuai^{33}	kʰuai^{33}	kʰuai^{33}	kʰuai^{33}	kʰuai^{33}	tsʰu^{332} (箸)	kʰai^{52}
话	蟹合二去夬匣	va^{33}	va^{33}	va^{33}	va^{33}	va^{33}	va^{33}	va^{332}	va^{31}
脆	蟹合三去祭清	tsʰiɔi^{33}	tsʰui^{33}	tsʰui^{33}	tsʰui^{33}	tsʰui^{33}	tsʰɔi^{33}	tsʰɔi^{332}	tsʰui^{52}
岁	蟹合三去祭心	sɔi^{33}	soi^{33}	soi^{33}	ɬɔi^{33}	ɬɔi^{33}	ɬɔi^{33}	sɔi^{332}	sui^{52}
缀	蟹合三去祭知	tsɔt^{3}	tsot^{2}	tsot^{3}					tsuat^{3}△
赘	蟹合三去祭章	tsui^{33}	tsui^{33}	tsui^{33}	tsui^{33}	tsʰui^{33}		tsʰui^{332}	tsui^{52}
税	蟹合三去祭书	ʃɔi^{33}	ʃoi^{33}	ʃoi^{33}	soi^{33}	soi^{33}	soi^{33}	soi^{332}	suai^{52}
卫	蟹合三去祭云	vui^{31}	vui^{21}	vui^{31}	vui^{21}	vui^{33}	vui^{33}	vui^{332}	vui^{31}

单字＼地点	廉江长山	廉江石角	廉江河唇	廉江雅塘	遂溪河头	雷州客路塘塞	雷州客路大家	徐闻下桥
锐 蟹合三去祭以	iui³¹	iui²¹	iui³¹	iui²¹	iui³³	iui³³	iui⁵⁵	iui³¹
废 蟹合三去废非	fui³³	fui³³	fui³³	fui³³	fi³³	fui³³	fui³³²	fui⁵²
肺 蟹合三去废敷	fui³³	fui³³	fui³³	fui³³	fui³³	fui³³	fui³³²	fui⁵²
吠 蟹合三去废奉	pʰoi³³	pʰoi³³	pʰoi³³	pʰoi³³	pʰɔi³³	pʰɔi³³	pʰoi³³²	pʰuai³¹
秽 蟹合三去废影		sui³³	iui³³	iui³³	vui³³	sɔi³³	sɔi³³²	sui⁵²
圭 蟹合四平齐见	kui⁵⁵	kui⁴⁵	kui⁴⁵	kui⁴⁵	kui⁵⁵	kui⁵⁵		kui⁵²
闺 蟹合四平齐见	kui⁵⁵	kui⁴⁵	kui⁴⁵	kui⁴⁵	kui⁵⁵	kui⁵⁵	kui⁵⁵	kui⁴⁵
桂 蟹合四去霁见	kui³³	kui³³	kui³³	kui³³	kui³³	kui³³	kui³³²	kui⁵²
奎 蟹合四平齐溪	kʰui¹³	kʰui¹³	kʰui¹³	kʰui²⁵	kʰui¹³	kʰui¹³	kʰui¹³	kʰui²²³
携 蟹合四平齐匣	kʰui¹³	kʰui¹³	kʰui¹³	kʰui²⁵	hi⁵⁵		hi⁵⁵	kʰui²²³
惠 蟹合四去霁匣	iui³³	iui³³	iui³³	fui³³	fui³³	fui³³	fui³³²	fui³¹
慧 蟹合四去霁匣	iui³³	iui³³	iui³³	iui²¹	fui³³	fui³³	hui³³²	iui³¹
碑 止开三平支帮	pi⁵⁵	pi⁴⁵	pi⁴⁵	pi⁴⁵	pi⁵⁵	pui⁵⁵	pui⁵⁵	pi⁴⁵
卑 止开三平支帮	pi⁵⁵	pi⁴⁵	pi⁴⁵	pi⁴⁵	pi⁵⁵	pi⁵⁵	pui⁵⁵	
彼 止开三上纸帮	pi³¹	pʰi²¹	pi³¹	pi²¹	pʰi¹³	pʰi¹³	pi²¹	pʰi²²³
臂 止开三去真帮	pi³¹	pi³³	pi³³	pi³³	piak²	pi³³	piak²	pi⁵²

单字＼地点		廉江长山	廉江石角	廉江河唇	廉江雅塘	遂溪河头	雷州客路塘塞	雷州客路大家	徐闻下桥
披	止开三平支滂	pʰi⁵⁵	pʰi⁴⁵	pʰi⁴⁵	pʰi⁴⁵			pʰi⁵⁵	pʰi⁴⁵
譬	止开三去寘滂	pi³¹	pʰi²¹	pi³¹		pʰik²	pʰik²	pʰi²¹	pi³¹
皮	止开三平支並	pʰi¹³	pʰi¹³	pʰi¹³	pʰi²⁵	pʰi¹³	pʰi¹³	pʰi¹³	pʰi²²³
疲	止开三平支並	pʰi⁵⁵	pʰi¹³	pʰi⁴⁵	pʰi⁴⁵	pʰi¹³	pʰi¹³	pʰi¹³	pʰi²²³
脾~气 ~胃	止开三平支並	pʰi¹³ pi⁵⁵△	pʰi¹³ pi⁴⁵△	pʰi¹³ pi⁴⁵△	pʰi²⁵ pi⁴⁵△	pʰi¹³	pʰi¹³	pʰi¹³	pʰi³¹
被~子	止开三上纸並	pʰi⁵⁵	pʰi⁴⁵	pʰi⁴⁵	pʰi⁴⁵	pʰi⁵⁵	pʰi⁵⁵	pʰi⁵⁵	pʰi⁴⁵
婢	止开三上纸並	pi⁵⁵	pi⁴⁵	pi⁴⁵	pi⁴⁵	pi⁵⁵	pi³³	pʰi⁵⁵	pʰi⁴⁵
被~动	止开三去寘並	pʰi⁵⁵	pʰi⁴⁵	pʰi⁴⁵	pʰi⁴⁵	pi³³	pʰi³³	pʰi³³²	pi³¹
避	止开三去寘並	pʰit³	pʰit²	pʰit³	pʰit²	pʰik²	pʰik²	pʰik²	pʰit³
縻	止开三平支明	mi¹³	mi¹³	mi¹³		mi¹³		mɔi¹³	
弥阿~陀佛 ~漫	止开三平支明	ȵi⁵⁵ ȵi¹³	ȵi⁴⁵ ȵi¹³	ȵi⁴⁵ ȵi¹³	ȵi⁴⁵	ȵi⁵⁵	ȵi¹³	ȵi¹³	ȵi⁴⁵
离	止开三平支来	li¹³	li¹³	li¹³	li²⁵	li¹³	li¹³	li¹³	li²²³
篱	止开三平支来	li¹³	li¹³	li¹³	li²⁵	li¹³	li¹³	li¹³	li²²³
璃	止开三平支来	li⁵⁵	li⁴⁵	li⁴⁵	li⁴⁵	li⁵⁵	li¹³	li¹³	li²²³
荔~枝	止开三去寘来	lui¹³ lu¹³	lui¹³	lui¹³	le²⁵	li³³	li³³	lui³³²	li³¹
紫	止开三上纸精	tsɿ³¹	tsɿ²¹	tsɿ³¹	tsi²¹	tsʰu²¹	tsʰu²¹	tsʰu²¹	tsi³¹

单字	地点	廉江长山	廉江石角	廉江河唇	廉江雅塘	遂溪河头	雷州客路塘塞	雷州客路大家	徐闻下桥
雌	止开三平支清	tsʰi⁵⁵	tsʰi⁴⁵	tsʰi⁴⁵	tsʰi⁴⁵	tsʰu⁵⁵	tsʰu²¹	tsʰu⁵⁵	tsʰu³¹
此	止开三上纸清	tʃʰi³¹	tsʰɿ²¹	tsʰi³¹	tsʰu²¹	tsʰu²¹	tsʰu²¹	tiɔ¹³△	tsʰu³¹
刺	止开三去寘清	tsʰi³³	tsʰi³³	tsʰi³³	tsʰi³³	tsʰi³³	lak²(劈)	nak²△	tsʰi⁵²
疵	止开三平支从		tsʰɿ⁴⁵	tsʰi⁴⁵		tsʰi⁵⁵			
斯	止开三平支心	sɿ⁵⁵	sɿ⁴⁵	sɿ⁴⁵	ɬu⁴⁵	ɬu⁵⁵	ɬu⁵⁵	su⁵⁵	su⁴⁵
撕	止开三平支心	se⁵⁵	se⁴⁵	sɿ⁴⁵	ɬe⁴⁵	ɬu⁵⁵	su⁵⁵		si⁴⁵
玺	止开三上纸心	sai³¹		sai³¹	ɬai²¹				
徙	止开三上纸心			sai³¹	ɬai²¹				
赐	止开三去寘心	sɿ³³	sɿ³³	sɿ³³	ɬu³³	ɬu³³	ɬu³³	su³³²	
知	止开三平支知	tʃɿ³³ ti⁵⁵	tʃi³³ ti⁴⁵	tsi³³ ti⁴⁵	tsi³³ ti⁵⁵	tsi³³ ti⁵⁵	tsi³³ ti⁵⁵	tsi³³² ti⁵⁵	tsi⁵² ti⁴⁵
蜘	止开三平支知	tʃɿ⁵⁵	tʃi⁴⁵	tsʰi⁴⁵	tsʰi⁴⁵	tsi⁵⁵		tsi⁵⁵	tsi⁴⁵
智	止开三去寘知	tʃɿ³³	tʃi³³	tsi³³	tsi³³	tsi³³	tsi³³	tsi³³²	tsi⁵²
池	止开三平支澄	tsʰi¹³	tʃʰi¹³	tsʰi¹³	tsʰi²⁵	tsʰi¹³	tsʰi¹³	tsʰi¹³	tsʰi²²³
驰	止开三平支澄	tsʰi¹³	tʃʰi¹³	tsʰi¹³		tsʰi¹³	tsʰi¹³	tsʰi¹³	tsʰi²²³
差参~	止开三平支初	tsʰai⁵⁵	tsʰai⁴⁵	tsʰi⁴⁵	tsʰa⁴⁵	tsʰa⁵⁵	tsʰa⁵⁵	tsʰa⁵⁵	tsʰa⁴⁵
筛米~(名词)	止开三平支生	sɿ⁵⁵	se⁴⁵	se⁴⁵	ɬi⁴⁵	ɬi⁵⁵	ɬi⁵⁵	si⁵⁵	tsʰei⁴⁵

单字	地点	廉江长山	廉江石角	廉江河唇	廉江雅塘	遂溪河头	雷州客路塘塞	雷州客路大家	徐闻下桥
支~持	止开三平支章	tʃɿ⁵⁵	tʃi⁴⁵	tsi⁴⁵	tsi⁴⁵	tsi⁵⁵	tsi⁵⁵	tsi⁵⁵	tsi⁴⁵
枝	止开三平支章	tʃɿ⁵⁵	tʃi⁴⁵	tsi⁴⁵	tsi⁴⁵	tsi⁵⁵		a⁵⁵₍桠₎	tsi⁴⁵
肢	止开三平支章	tʃɿ⁵⁵	tʃi⁴⁵	tsi⁴⁵	tsi⁴⁵	tsi⁵⁵	tsi⁵⁵	ki⁵⁵	tsi⁴⁵
栀	止开三平支章	ki⁵⁵△	ki⁴⁵△	ki⁴⁵△	ki⁴⁵△	ki⁵⁵△	ki⁵⁵△	ki⁵⁵△	ki⁴⁵△
纸	止开三上纸章	tʃɿ³¹	tʃi²¹	tʃi³¹	tsi²¹	tsi²¹	tsi²¹	tsi²¹	tsi³¹
只~有	止开三上纸章	tʃit³	tʃit²	tsit³	tsi²¹	tsi²¹	tsi²¹	tsi²¹	tsi³¹
侈	止开三上纸昌	tʃʰɿ⁵⁵	tʃʰi²¹	tsʰɿ⁴⁵					tsʰi³¹
舐	止开三上纸船	ʃai³¹	ʃai²¹	ʃai³¹	sai²¹	ɬem⁵⁵△	liam²¹△	se⁵⁵	sei⁴⁵
施	止开三平支书	ʃɿ⁵⁵	ʃi⁴⁵	ʃi⁴⁵	si⁴⁵	si⁵⁵	si⁵⁵	si⁵⁵	si⁴⁵
翅	止开三去寘书	tsʰi³³	tʃʰi³³	tsʰi³³	tsʰi³³	ik⁵₍翼₎	ik⁵₍翼₎	ik⁵₍翼₎	tsʰi⁵²
匙	止开三平支禅	ʃɿ¹³	ʃi¹³	ʃi¹³	si²⁵	si¹³	si¹³	si¹³	si²²³
是~非	止开三上纸禅	ʃɿ³³	ʃi³³	ʃi³³	si³³	si³³	ɬu³³	su³³²	si³¹
氏	止开三上纸禅	ʃɿ³³	ʃi³³	ʃi³³	si³³	si³³	si³³	si³³²	si³¹
豉	止开三去寘禅	ʃɿ³³	ʃi³³	ʃi³³	si³³	si³³	si³³	si³³²	si³¹
儿	止开三平支日	i¹³	i¹³	i¹³	i²⁵	lu¹³	lu¹³	lu¹³	ȵi²²³
尔	止开三上纸日	ȵi³¹	ȵi²¹	ȵi³¹	ȵi²¹	lu²¹			ȵi⁴⁵

单字	地点	廉江长山	廉江石角	廉江河唇	廉江雅塘	遂溪河头	雷州客路塘塞	雷州客路大家	徐闻下桥
寄	止开三去寘见	ki^{33}	ki^{33}	ki^{33}	ki^{33}	ki^{33}	ki^{33}	ki^{332}	ki^{52}
企	止开三上纸溪	kʰi^{55}	kʰi^{45}	kʰi^{45}	kʰi^{45}	kʰi^{55}	kʰi^{55}	kʰi^{55}	kʰi^{45}
奇	止开三平支群	kʰi^{13}	kʰi^{13}	kʰi^{13}	kʰi^{25}	kʰi^{13}	kʰi^{13}	kʰi^{13}	kʰi^{223}
骑	止开三平支群	kʰi^{13}	kʰi^{13}	kʰi^{13}	kʰi^{25}	kʰi^{13}	kʰi^{13}	kʰi^{13}	kʰi^{223}
岐	止开三平支群	kʰi^{55}	kʰi^{13}	kʰi^{45}	kʰi^{45}	kʰi^{13}	kʰi^{13}	kʰi^{55}	kʰi^{223}
徛	止开三上纸群	kʰi^{55}	kʰi^{45}	kʰi^{45}	kʰi^{45}	kʰi^{55}	kʰi^{55}	kʰi^{55}	kʰi^{45}
技	止开三上纸群	kʰi^{33}	kʰi^{33}	kʰi^{33}	kʰi^{33}	ki^{33}	ki^{33}	ki^{332}	ki^{31}
妓	止开三上纸群	kʰi^{33}	ki^{21}	ki^{31}	kʰi^{33}	ki^{33}	ki^{33}	ki^{332}	ky^{31}
宜	止开三平支疑	ŋi^{13}	ŋi^{13}	ŋi^{13}	ŋi^{25}	ŋi^{13}	ŋi^{13}	ŋi^{13}	ŋi^{223}
仪	止开三平支疑	ŋi^{13}	ŋi^{13}	ŋi^{13}	ŋi^{33}	ŋi^{13}	ŋi^{33}	ŋi^{13}	ŋi^{31}
蚁白~ 单说	止开三上纸疑	ŋe^{33} ŋe^{31}	ŋe^{33}	ŋe^{33}	ŋe^{33}	ŋe^{33}	ŋe^{33}	ŋe^{332}	ŋei^{52}
谊	止开三去寘疑	ŋi^{13}	ŋi^{13}	ŋi^{13}	ŋi^{25}	ŋi^{13}	ŋi^{13}	ŋi^{13}	ŋi^{223}
义	止开三去寘疑	ŋi^{33}	ŋi^{33}	ŋi^{33}	ŋi^{33}	ŋi^{33}	ŋi^{33}	ŋi^{332}	ŋi^{31}
议	止开三去寘疑	ŋi^{31}	ŋi^{21}	ŋi^{31}	ŋi^{21}	ŋi^{33}	ŋi^{33}	ŋi^{332}	ŋi^{31}
牺	止开三平支晓	hi^{55}	si^{45}	ʃi^{45}	hi^{45}	hi^{55}	hi^{55}	si^{55}	kʰi^{45}
戏	止开三去寘晓	hi^{33}	si^{33}	ʃi^{33}	hi^{33}	hi^{33}	hi^{33}	hi^{332}	kʰi^{52}

单字	地点	廉江长山	廉江石角	廉江河唇	廉江雅塘	遂溪河头	雷州客路塘塞	雷州客路大家	徐闻下桥
倚	止开三 上纸影		i^{21}	i^{31}	i^{21}	i^{21}		i^{21}	i^{31}
椅	止开三 上纸影	i^{31}	i^{21}	i^{31}	i^{21}	i^{21}	i^{21}	i^{21}	i^{31}
移	止开三 平支以	i^{13}	i^{13}	i^{13}	i^{25}	i^{13}	i^{13}	i^{13}	i^{223}
易容~	止开三 去寘以	i^{33}	i^{33}	i^{33}	i^{33}	i^{33}	i^{33}	i^{332}	i^{31}
悲	止开三 平脂帮	pui^{55}	pui^{45}	pui^{45}	pui^{45}	pui^{55}	pui^{55}	pui^{55}	pei^{45}
鄙卑~ 差劲	止开三 上旨帮	p^hi^{31} $iai^{31}△$	p^hi^{21} $iai^{21}△$	p^hi^{31} $iai^{31}△$	p^hi^{21}	p^hi^{21}	p^hi^{21}	p^hi^{21}	p^hi^{31}
比	止开三 上旨帮	pi^{31}	pi^{21}	pi^{31}	pi^{21}	pi^{21}	pi^{21}	pi^{21}	pi^{31}
秘	止开三 去至帮	pi^{33}	pi^{33}	pi^{33}	pi^{33}	pi^{33}	pi^{33}		pi^{52}
泌	止开三 去至帮	pi^{33}	pi^{33}	pi^{33}	pi^{33}	pi^{33}		pi^{332}	pi^{52}
庇	止开三 去至帮	pi^{33}	pi^{21}	pi^{31}	pi^{33}	pi^{33}	pi^{33}	pi^{332}	pi^{52}
痹	止开三 去至帮	pi^{33}	pi^{33}	pi^{33}	pi^{33}	pi^{33}	pi^{33}	pi^{332}	pi^{52}
丕	止开三 平脂滂	$p^h\mathrm{ɔ}i^{55}$	pui^{45}	pui^{45}	$p^h\mathrm{ɔ}i^{45}$	p^hui^{55}	$p^h\mathrm{ɔ}i^{55}$	p^hui^{55}	p^hi^{45}
屁	止开三 去至滂	p^hi^{33}	p^hi^{33}	p^hi^{33}	p^hi^{33}	p^hi^{33}	p^hi^{33}	p^hi^{332}	p^hi^{52}
琵	止开三 平脂並	p^hi^{13}	p^hi^{13}	p^hi^{13}	p^hi^{25}	p^hi^{13}	p^hi^{13}	p^hi^{13}	p^hi^{223}
枇	止开三 平脂並	p^hi^{13}	p^hi^{13}	p^hi^{13}	p^hi^{25}	p^hi^{13}	p^hi^{13}	p^hi^{13}	p^hi^{223}
备	止开三 去至並	p^hi^{33}	p^hi^{33}	p^hi^{33}	p^hi^{33}	p^hi^{33}	pi^{33}	p^hi^{332}	p^hi^{31}

单字 \ 地点		廉江长山	廉江石角	廉江河唇	廉江雅塘	遂溪河头	雷州客路塘塞	雷州客路大家	徐闻下桥
鼻	止开三去至並	pʰi33	pʰi33	pʰi33	pʰi33	pʰi33	pʰi33	pʰi332	pʰi31
箆	止开三去至並	pin52△	pin45△		pin45△		piŋ55△		
眉	止开三平脂明	mi13	mi13	mi13	mi25	mi13	mi13	mi13	mi223
楣	止开三平脂明	mi13	mi13	mi13	mi25	mi13	kʰem21△	mi13	mi223
霉	止开三平脂明	mɔi13	moi13	moi13	mɔi25	mɔi13	mɔi13	mɔi13	muai223
美 ~国 ~丽	止开三上旨明	mui55	mui45	mui45 mui31	mui45	mui21	mui21	mui21	mui45
媚	止开三去至明	mi13	mi13	mi13		mi13			mi223
寐	止开三去至明		mui33	mui33			mui33		
地	止开三去至定	tʰi33	tʰi33	tʰi33	tʰi33	tʰi33	tʰi33	tʰi332	tʰi31
尼	止开三平脂泥	ne13	ne13	ne13	ne25	ȵi13	ne13	ȵi55	nei223
膩	止开三去至泥	ne33	ne33	ne33	ne33	ne33	vak5△	vak5△	nei31
梨	止开三平脂来	li13	li13	li13	li25	li13	li13	li13	li223
履	止开三上旨来	li31	li21	li31	li45	li55	li21	li21	ly45
利	止开三去至来	li33	li33	li33	li33	li33	li33	li332	li31
痢 ~疾 癞~	止开三去至来	li33	li33	li33	li33	li33	li33	li332	li31 li223
资	止开三平脂精	tsɿ55	tsɿ45	tsɿ45	tsu45	tsu55	tsu55	tsu55	tsu45

单字	地点	廉江长山	廉江石角	廉江河唇	廉江雅塘	遂溪河头	雷州客路塘塞	雷州客路大家	徐闻下桥
姿	止开三平脂精	$tsɿ^{55}$	$tsɿ^{45}$	$tsɿ^{45}$	tsu^{45}	tsu^{55}	tsu^{55}	tsu^{55}	tsu^{45}
咨	止开三平脂精	$tsɿ^{55}$	$tsɿ^{45}$	$tsɿ^{45}$		tsu^{55}	tsu^{55}	tsu^{55}	tsu^{45}
姊	止开三上旨精	$tsɿ^{31}$	tsi^{21}	$tsɿ^{31}$	tsi^{21}	tsi^{21}	tsi^{21}	tsi^{21}	tsi^{31}
次	止开三去至清	$tsʰɿ^{33}$	$tsʰɿ^{33}$	$tsʰɿ^{33}$	$tsʰu^{33}$	$tsʰu^{33}$	$tsʰu^{33}$	$tsʰu^{332}$	$tsʰu^{52}$
瓷	止开三平脂从	$tsʰɿ^{13}$	$tsʰɿ^{13}$	$tsʰɿ^{13}$	$tsʰu^{25}$	$tsʰu^{13}$	$tsʰu^{13}$	$tsʰu^{13}$	$tsʰu^{223}$
糍	止开三平脂从	$tsʰɿ^{13}$	$tsʰɿ^{13}$	$tsʰɿ^{13}$	$tsʰɿ^{25}$	$tsʰu^{13}$	$tsʰu^{13}$	$tsʰu^{13}$	$tsʰɿ^{223}$
自	止开三去至从	$tsʰɿ^{33}$	$tsʰɿ^{33}$	$tsʰɿ^{33}$	$tsʰu^{33}$	tsu^{33}	tsu^{33}	tsu^{332}	$tsʰu^{31}$
私	止开三平脂心	$sɿ^{55}$	$sɿ^{45}$	$sɿ^{45}$	$ɬu^{45}$	$ɬu^{55}$	$ɬu^{55}$	su^{55}	su^{45}
死	止开三上旨心	$sɿ^{31}$	si^{21}	$sɿ^{31}$	$ɬi^{21}$	$ɬi^{21}$	$ɬi^{21}$	si^{21}	si^{31}
四	止开三去至心	$sɿ^{33}$	si^{33}	$sɿ^{33}$	$ɬi^{33}$	$ɬi^{33}$	$ɬi^{33}$	si^{332}	si^{52}
肆	止开三去至心	$sɿ^{33}$	si^{33}	$sɿ^{33}$	$ɬi^{33}$	$ɬi^{33}$	$ɬi^{33}$	si^{332}	si^{52}
致	止开三去至知	$tʃɿ^{33}$	$tʃi^{33}$	$tʃi^{33}$	tsi^{33}	tsi^{33}	tsi^{33}	tsi^{332}	tsi^{52}
迟	止开三平脂澄	$tʃʰi^{13}$	$tʃʰi^{13}$	$tsʰi^{13}$	$tsʰi^{25}$	$tsʰi^{13}$	$tsʰi^{13}$	$tsʰi^{13}$	$tsʰi^{223}$
稚	止开三去至澄	$tʃʰi^{55}$	$tʃʰi^{45}$	$tsʰi^{45}$	$tsʰi^{45}$	tsi^{55}	tsi^{33}		tsi^{52}
师	止开三平脂生	$sɿ^{55}$	$sɿ^{45}$	$sɿ^{45}$	$ɬu^{45}$	$ɬu^{55}$	$ɬu^{55}$	su^{55}	su^{45}
狮	止开三平脂生	$sɿ^{55}$	$sɿ^{45}$	$sɿ^{45}$	$ɬu^{45}$	$ɬu^{55}$	$ɬu^{55}$	su^{55}	su^{45}

单字	地点	廉江长山	廉江石角	廉江河唇	廉江雅塘	遂溪河头	雷州客路塘塞	雷州客路大家	徐闻下桥
脂	止开三平脂章	tsɿ^{55}	tʃi^{45}	tʃi^{45}	tsi^{45}	tsi^{21}	tsi^{21}	tsi^{21}	tsi^{31}
旨	止开三上旨章	tʃi^{31}	tʃi^{21}	tʃi^{31}	tsi^{21}	tsi^{21}	tsi^{21}	tsi^{21}	tsi^{31}
指	止开三上旨章	tʃi^{31}	tʃi^{21}	tʃi^{31}	tsi^{21}	tsi^{21}	tsi^{21}	tsi^{21}	tsi^{31}
至	止开三去至章	tʃi^{33}	tʃi^{33}	tʃi^{33}	tsi^{33}	tsi^{33}	tsi^{33}	tsi^{332}	tsi^{52}
示	止开三去至船	ʃɿ^{33}	ʃi^{33}	ʃi^{33}	si^{33}	si^{33}	si^{33}	si^{332}	si^{52}
尸	止开三平脂书	ʃɿ^{55}	ʃi^{45}	ʃi^{45}	si^{45}	si^{55}	si^{55}	si^{55}	si^{45}
矢	止开三上旨书	tʃʰi^{31}	tʃʰi^{21}	tsʰi^{31}		si^{21}			
屎	止开三上旨书	ʃɿ^{31}	ʃi^{21}	ʃi^{31}	si^{21}	si^{21}	si^{21}	si^{21}	si^{31}
视	止开三去至禅	ʃɿ^{33}	ʃi^{33}	ʃi^{33}	si^{33}	si^{33}	ɬu^{33}	su^{332}	si^{52}
二	止开三去至日	ȵi^{33}	ȵi^{33}	ȵi^{33}	ȵi^{33}	ȵi^{33}	ȵi^{33}	ȵi^{332}	ȵi^{31}
贰	止开三去至日	ȵi^{33}	ȵi^{33}	ȵi^{33}	ȵi^{33}	ȵi^{33}	ȵi^{33}	ȵi^{332}	ȵi^{31}
饥	止开三平脂见	ki^{55}	ki^{45}	ki^{45}	ki^{45}	ki^{55}	ki^{55}	ki^{55}	ki^{45}
肌	止开三平脂见	ki^{55}	ki^{45}	ki^{45}	ki^{45}	ki^{55}	ki^{55}	ki^{55}	ki^{45}
几茶~	止开三上旨见	ki^{55}	ki^{45}	ki^{45}	ki^{45}	ki^{55}	ki^{55}	ki^{55}	ki^{45}
冀	止开三去至见	i^{33}	i^{33}	kʰi^{13}	kʰi^{25}				
器	止开三去至溪	kʰi^{33}	kʰi^{33}	kʰi^{33}	kʰi^{33}	hi^{33}	hi^{33}	hi^{332}	kʰi^{52}

单字	地点	廉江长山	廉江石角	廉江河唇	廉江雅塘	遂溪河头	雷州客路塘塞	雷州客路大家	徐闻下桥
弃	止开三去至溪	k^hi^{33}	k^hi^{33}	k^hi^{33}	k^hi^{33}	hi^{33}	hi^{33}	hi^{332}	k^hi^{52}
祁	止开三平脂群	k^hi^{13}	k^hi^{13}	k^hi^{13}	k^hi^{25}	k^hi^{13}	k^hi^{13}	k^hi^{13}	k^hi^{223}
伊	止开三平脂影	i^{55}	i^{45}	i^{45}	i^{45}	i^{55}		i^{55}	i^{45}
懿	止开三去至影	i^{33}	i^{33}	i^{33}	i^{33}			i^{332}	
夷	止开三平脂以	i^{13}	i^{13}	i^{13}	i^{25}	i^{13}		i^{13}	i^{223}
姨	止开三平脂以	i^{13}	i^{13}	i^{13}	i^{25}	i^{13}	i^{13}	i^{13}	i^{223}
你	止开三上止泥	$ŋi^{55}$ $ŋ̩^{13}$	$ŋi^{21}$ $ŋ̩^{13}$	$ŋi^{13}$	$ŋi^{45}$ $ŋi^{25}$	$ŋi^{21}$ $ŋi^{13}$	$ŋi^{13}$	$ŋi^{13}$	$ŋi^{45}$ $ŋi^{223}$
厘	止开三平之来	li^{13}	li^{13}	li^{13}	li^{25}	li^{13}	li^{13}	li^{13}	li^{223}
狸	止开三平之来	li^{13}	li^{13}	li^{13}	li^{25}	li^{13}	li^{13}	li^{13}	li^{223}
李	止开三上止来	li^{31}	li^{21}	li^{31}	li^{21}	li^{21}	li^{21}	li^{21}	li^{31}
里公~ ~外	止开三上止来	li^{55} li^{31}	li^{45} li^{21}	li^{45} li^{31}	li^{45} li^{21}	li^{55} li^{21}	li^{55} li^{21}	li^{55} li^{21}	li^{45} li^{31}
理	止开三上止来	li^{55}	li^{45}	li^{45}	li^{45}	li^{55}	li^{55}	li^{55}	li^{45}
鲤	止开三上止来	li^{55}	li^{45}	li^{45}	li^{45}	li^{55}	li^{55}	li^{55}	ly^{45}
吏	止开三去志来	li^{33}	li^{21}	li^{33}	li^{21}	li^{33}	li^{33}	li^{332}	li^{31}
滋	止开三平之精	$tsɿ^{55}$	$tsɿ^{45}$	$tsɿ^{45}$	tsu^{45}	tsu^{55}	tsu^{55}	tsu^{55}	tsu^{45}
子	止开三上止精	$tsɿ^{31}$	$tsɿ^{21}$	$tsɿ^{31}$	tsi^{21}	tsu^{21}	tsu^{21}	tsu^{21}	tsu^{31}

单字 \ 地点		廉江长山	廉江石角	廉江河唇	廉江雅塘	遂溪河头	雷州客路塘塞	雷州客路大家	徐闻下桥
梓	止开三 上止精	tsɿ³¹	tsɿ²¹	tsɿ³¹		tsu²¹		tsu²¹	
慈	止开三 平之从	tsʰi¹³	tsʰɿ¹³	tsʰi¹³	tsʰu²⁵	tsʰu¹³	tsʰu¹³	tsʰu¹³	tsʰu²²³
磁	止开三 平之从	tsʰi¹³	tsʰɿ¹³	tsʰi¹³	tsʰu²⁵	tsʰu¹³	tsʰu¹³	tsʰu¹³	tsʰu²²³
字	止开三 去志从	sɿ³³	sɿ³³	sɿ³³	ɬu³³	ɬu³³	ɬu³³	su³³²	su³¹
司	止开三 平之心	sɿ⁵⁵	sɿ⁴⁵	sɿ⁴⁵	ɬu⁴⁵	ɬu⁵⁵	ɬu⁵⁵	su⁵⁵	su⁴⁵
丝	止开三 平之心	sɿ⁵⁵	sɿ⁴⁵	sɿ⁴⁵	ɬu⁴⁵	ɬi⁵⁵	ɬi⁵⁵	si⁵⁵	su⁴⁵
思~想	止开三 平之心	sɿ⁵⁵	sɿ⁴⁵	sɿ⁴⁵	ɬu⁴⁵	ɬu⁵⁵	ɬu⁵⁵	su⁵⁵	su⁴⁵
伺	止开三 去志心	sɿ³³	sɿ³³	sɿ³³		ɬu⁵⁵	ɬu⁵⁵	su⁵⁵	su⁴⁵
思意~	止开三 去志心	sɿ⁵⁵	sɿ⁴⁵	sɿ⁴⁵	ɬu⁴⁵	ɬu⁵⁵	ɬu⁵⁵	su⁵⁵	su⁴⁵
辞	止开三 平之邪	tsʰi¹³	tsʰɿ¹³	tsʰi¹³	tsʰu²⁵	tsʰu¹³	tsʰu¹³	tsʰu¹³	tsʰu²²³
词	止开三 平之邪	tsʰi¹³	tsʰɿ¹³	tsʰi¹³	tsʰu²⁵	tsʰu¹³	tsʰu¹³	tsʰu¹³	tsʰy²²³
祠	止开三 平之邪	tsʰɿ¹³	tsʰɿ¹³	tsʰi¹³	tsʰu²⁵	tsʰu¹³	tsʰu¹³	tsʰu¹³	tsʰu²²³
似相~ 好~	止开三 上止邪	tsʰi³³	tsʰi³³	tsʰi³³	tsʰu³³	tsʰu³³	si³³ / tsʰu¹³	tsʰuk²	tsʰi²²³ / tsʰi⁵²
祀	止开三 上止邪	sɿ³³	sɿ³³	sɿ³³	ɬu³³	ɬu³³	ɬu³³	su³³²	si⁵²
巳	止开三 上止邪	sɿ³³	sɿ³³	sɿ³³	ɬu³³	ɬu³³	ɬu³³	tsu³³²	si⁵²
寺	止开三 去志邪	sɿ³³	sɿ³³	sɿ³³	tsʰu²⁵	tsu³³	tsu³³	tsu³³²	si²²³

单字＼地点		廉江长山	廉江石角	廉江河唇	廉江雅塘	遂溪河头	雷州客路塘塞	雷州客路大家	徐闻下桥
嗣	止开三去志邪	tsʰɿ13	tsʰɿ13	tsʰɿ13	tsʰu25	tsu33	tsʰu13	tsʰu13	tsʰu223
饲~料喂饭	止开三去志邪	tsʰi13 / tsʰi33	tsʰɿ13 / tsʰi33	tsʰi13	tsʰu25	tsʰu13 / tsʰi33	tsʰɿ13	tsʰu13	tsʰu223
置	止开三去志知	tʃi33	tʃi33	tʃi33	tsi33	tsik2	tsik2		tsi52
痴	止开三平之彻	tʃʰi55	tʃʰi45	tsʰi45	tsʰi45	tsʰi55		tsʰi55	tsʰi45
耻	止开三上止彻	tʃʰi31	tʃʰi21	tsʰi31	tsʰi21	tsʰi21	tsʰɿ21	tsʰi21	tsʰi31
持	止开三平之澄	tʃʰi13	tʃʰi13	tsʰi13	tsʰi25	tsʰi13	tsʰɿ13	tsʰi13	tsʰi223
痔	止开三上止澄	tsɿ33	tʃi33	tsi33	tsi33	tsu33	tsi33	tsu332	tsʰi31
治~理~鸡	止开三去志澄	tʃʰi33	tʃʰi21	tsʰi31	tsʰi33 / tsʰɿ25	tsi33 / tsʰi13	tsi33 / tsʰi13	tsi332 / tsʰi13	tsʰi31 / tsʰi45
厕	止开三去志初	tset3	tsʰet2	tset3	tsʰet2		tsʰek2	tsʰek2	tsət3
士	止开三上止崇	sɿ33	sɿ33	sɿ33	ɬu33	ɬu33	su33	su332	su31
仕	止开三上止崇	sɿ33	sɿ33	sɿ33	ɬu33	ɬu33	su33	su332	su31
柿	止开三上止崇	ʃi33	ʃi33	ʃi33	si33	si33	si33	si332	si52
事	止开三去志崇	sɿ33	sɿ33	sɿ33	ɬu33	ɬu33	ɬu33	su332	su31
使	止开三上止生	sɿ31	sɿ21	sɿ31	ɬu21	ɬu21	ɬu21	su21	su31
史	止开三上止生	sɿ31	sɿ21	sɿ31	ɬu21	ɬu21	ɬu21	su21	su31
驶	止开三上止生	sɿ31	sɿ21	sɿ31	ɬu21	ɬu21	ɬu21	su21	su31

单字	地点	廉江长山	廉江石角	廉江河唇	廉江雅塘	遂溪河头	雷州客路塘塞	雷州客路大家	徐闻下桥
之	止开三平之章	tsɿ^{55}	tsɿ^{45}	tsɿ^{45}	tsu^{45}	tsu^{55}	tsu^{55}	tsu^{55}	tsi^{45}
芝	止开三平之章	tsɿ^{55}	tsɿ^{45}	tsɿ^{45}	tsu^{45}	tsu^{55}	tsu^{55}	tsu^{55}	tsi^{45}
止	止开三上止章	tʃi^{31}	tʃi^{21}	tʃi^{31}	tsi^{21}	tsi^{21}	tsi^{21}	tsi^{21}	tsi^{31}
趾	止开三上止章	tʃi^{31}	tʃi^{21}	tʃi^{31}	tsi^{21}	tsi^{21}	tsi^{21}	tsi^{21}	tsi^{31}
址	止开三上止章	tʃi^{31}	tʃi^{21}	tʃi^{31}	tsi^{21}	tsi^{21}	tsi^{21}	tsi^{21}	tsi^{31}
志	止开三去志章	tʃi^{33}	tʃi^{33}	tsi^{33}	tsi^{33}	tsi^{33}	tsi^{33}	tsi^{332}	tsi^{52}
痣	止开三去志章	tʃi^{33}	tʃi^{33}	tsi^{33}	tsi^{33}	tsi^{33} ki^{33}	ki^{33}	ki^{332}	tsi^{52}
齿	止开三上止昌	tʃʰi^{31}	tʃʰi^{21}	tsʰi^{31}	tsʰi^{21}	tsʰi^{21}	tsʰi^{21}	tsʰi^{21}	tsʰi^{31}
诗	止开三平之书	ʃɿ^{55}	ʃi^{45}	ʃɿ^{45}	si^{45}	si^{55}	si^{55}	si^{55}	si^{45}
始	止开三上止书	tʃʰi^{31}	tʃʰi^{21}	tsʰi^{31}	tsʰi^{21}	ɬu^{21}	tsʰi^{21}	su^{21}	tsʰi^{31}
试考~ ~试	止开三去志书	ʃɿ^{33} tʃʰi^{33}	ʃi^{33} tʃʰi^{33}	ʃɿ^{33}	si^{33}	si^{33} tsʰi^{33}	si^{33} tsʰi^{33}	si^{332}	si^{52}
时	止开三平之禅	ʃɿ^{13}	ʃi^{13}	ʃi^{13}	si^{25}	si^{13}	si^{13}	si^{13}	si^{223}
市	止开三上止禅	ʃɿ^{33}	ʃi^{33}	ʃi^{33}	si^{33}	si^{33}	hi^{55}(墟)	hi^{55}(墟)	si^{52}
侍	止开三去志禅	sɿ^{33}	sɿ^{33}	sɿ^{33}	ɬu^{33}	ɬu^{33}	su^{33}	su^{332}	su^{31}
而	止开三平之日	lu^{13}	lu^{13}	nu^{13}	lu^{25}	lu^{13}	lu^{13}		y^{223}
耳	止开三上止日	ȵi^{31}	ȵi^{21}	ȵi^{31}	ȵi^{21}	ȵi^{31}	ȵi^{21}	ȵi^{21}	ȵi^{31}

单字 \ 地点		廉江长山	廉江石角	廉江河唇	廉江雅塘	遂溪河头	雷州客路塘塞	雷州客路大家	徐闻下桥
基	止开三平之见	ki^{55}	ki^{45}	ki^{45}	ki^{45}	k^hi^{55}	ki^{55}	k^hi^{55}	ki^{45}
箕	止开三平之见	ki^{55}	ki^{45}	ki^{45}	ki^{45}	ki^{55}	ki^{55}	ki^{55}	ki^{45}
己	止开三上止见	ki^{31}	ki^{21}	ki^{31}	ki^{21}	ki^{21}	ki^{21}	ki^{21}	ki^{31}
纪	止开三上止见	ki^{31}	ki^{21}	ki^{31}	ki^{21}	ki^{21}	ki^{21}	ki^{21}	ki^{31}
记	止开三去志见	ki^{33}	ki^{33}	ki^{33}	ki^{33}	ki^{33}	ki^{33}	ki^{332}	ki^{52}
欺	止开三平之溪	k^hi^{55}	k^hi^{45}	k^hi^{45}	k^hi^{45}	k^hi^{55}		k^hi^{55}	k^hi^{45}
起	止开三上止溪	hi^{31}	k^hi^{21}	k^hi^{31}	hi^{21}	hi^{21}	hi^{21}	hi^{21}	k^hi^{31}
杞	止开三上止溪	ki^{31}	ki^{21}	ki^{31}	ki^{21}	ki^{21}	ki^{21}	ki^{21}	ki^{31}
其	止开三平之群	k^hi^{13}	k^hi^{13}	k^hi^{13}	k^hi^{25}	k^hi^{13}	k^hi^{13}	k^hi^{13}	k^hi^{223}
棋	止开三平之群	k^hi^{13}	k^hi^{13}	k^hi^{13}	k^hi^{25}	k^hi^{13}	k^hi^{13}	k^hi^{13}	k^hi^{223}
期 日~ 星~	止开三平之群	k^hi^{13}	k^hi^{13}	k^hi^{13}	k^hi^{25}	k^hi^{13} k^hi^{55}	k^hi^{13}	k^hi^{55}	k^hi^{223}
旗	止开三平之群	k^hi^{13}	k^hi^{13}	k^hi^{13}	k^hi^{25}	k^hi^{13}	k^hi^{13}	k^hi^{13}	k^hi^{223}
忌	止开三去志群	k^hi^{33}	k^hi^{33}	k^hi^{33}	k^hi^{33}	k^hi^{33}	k^hi^{33}	ki^{332}	ki^{31}
疑	止开三平之疑	$ŋi^{13}$	$ŋi^{13}$	$ŋi^{13}$	$ŋi^{25}$	$ŋi^{13}$	$ŋi^{13}$	$ŋi^{13}$	$ŋi^{223}$
拟	止开三上止疑	$ŋi^{31}$	$ŋi^{21}$	$ŋi^{31}$	$ŋi^{25}$			$ŋi^{21}$	
嬉	止开三平之晓	hi^{55}	hi^{45}	hi^{45}	hi^{45}	hi^{55}			hi^{45}

单字	地点	廉江长山	廉江石角	廉江河唇	廉江雅塘	遂溪河头	雷州客路塘塞	雷州客路大家	徐闻下桥
熙	止开三平之晓	hi⁵⁵	hi⁴⁵	hi⁴⁵	hi⁴⁵	hi⁵⁵	hi⁵⁵	hi⁵⁵	hi⁴⁵
喜	止开三上止晓	hi³¹	kʰi²¹	kʰi³¹	hi²¹	hi²¹	hi²¹	hi²¹	kʰi³¹
嘻	止开三平之晓	hi⁵⁵	hi⁴⁵	hi⁴⁵	hi⁴⁵	hi⁵⁵		hi⁵⁵	hi⁴⁵
医	止开三平之影	i⁵⁵	i⁴⁵	i⁴⁵	i⁴⁵	i⁵⁵	i⁵⁵	i⁵⁵	i⁴⁵
意	止开三去志影	i³³	i³³	i³³	i³³	i³³	i³³	i³³²	i⁵²
饴	止开三平之以					i¹³	i¹³	i¹³	
怡	止开三平之以	i¹³	i¹³			i¹³	i¹³	i¹³	i²²³
己	止开三上止以	i³¹	i²¹	i³¹	i²¹	i²¹	i²¹	i²¹	i⁵²
以	止开三上止以	i³¹	i²¹	i³¹	i²¹	i²¹	i²¹	i²¹	i⁵²
异	止开三去志以	i³³	i³³	i³³	i³³	i³³	i³³	i³³²	i³¹
几~平	止开三平微见	ki⁵⁵	ki⁴⁵	ki⁴⁵	ki⁴⁵	ki⁵⁵	ki²¹	ki⁵⁵	ki⁴⁵
机	止开三平微见	ki⁵⁵	ki⁴⁵	ki⁴⁵	ki⁴⁵	ki⁵⁵	ki⁵⁵	ki⁵⁵	ki⁴⁵
讥	止开三平微见	ki⁵⁵	ki⁴⁵	ki⁴⁵	ki⁴⁵	ki⁵⁵	ki⁵⁵	ki⁵⁵	ki⁴⁵
饥	止开三平微见	ki⁵⁵	ki⁴⁵	ki⁴⁵	ki⁴⁵	ki⁵⁵	ki⁵⁵	ki⁵⁵	ki⁴⁵
几~只 ~何	止开三上尾见	ki³¹ ki⁵⁵	ki²¹ ki⁴⁵	ki³¹ ki⁴⁵	ki²¹ ki⁴⁵	ki²¹	ki²¹ ki⁵⁵	ki²¹ ki⁵⁵	ki³¹
既	止开三去未见	ki³¹	ki²¹	ki³¹	ki³³	ki³³	ki³³	ki³³²	ki⁵²

单字	地点	廉江长山	廉江石角	廉江河唇	廉江雅塘	遂溪河头	雷州客路塘塞	雷州客路大家	徐闻下桥
岂	止开三上尾溪	k^hi^{31}	k^hi^{21}	k^hi^{31}	k^hi^{21}	k^hi^{21}		ki^{21}	hei^{52}
气	止开三去未溪	hi^{33}	k^hi^{33}	k^hi^{33}	hi^{33}	hi^{33}	hi^{33}	hi^{332}	k^hi^{52}
汽	止开三去未溪	hi^{33}	k^hi^{33}	k^hi^{33}	hi^{33}	hi^{33}	hi^{33}	hi^{332}	k^hi^{52}
祈	止开三平微群	k^hi^{13}	k^hi^{13}	k^hi^{13}	k^hi^{25}	k^hi^{13}	k^hi^{13}		k^hi^{223}
毅	止开三去未疑	$ŋai^{33}$	$ŋai^{33}$	$ŋai^{33}$	$ŋai^{33}$	$n̠i^{21}$	$ŋe^{33}$	$n̠i^{332}$	$ŋei^{31}$
希	止开三平微晓	hi^{55}	si^{45}	$ʃi^{45}$	hi^{45}	hi^{55}	hi^{55}	hi^{55}	k^hi^{45}
稀	止开三平微晓	hi^{55}	si^{45}	$ʃi^{45}$	hi^{45}	hi^{55}	hi^{55}	hi^{55}	hi^{45}
衣	止开三平微影	i^{55}	i^{45}	i^{45}	i^{45}	i^{55}	i^{55}	i^{55}	i^{45}
依	止开三平微影	i^{55}	i^{45}	i^{45}	i^{45}	i^{55}	i^{55}	i^{21}(倚)	i^{45}
累积~	止合三上纸来	lui^{31}	lui^{21}	lui^{31}	lui^{21}	lui^{21}	lui^{21}	lui^{21}	lui^{31}
累连~	止合三去寘来	lui^{31}	lui^{33}	lui^{31}	lui^{21}	lui^{33}	lui^{33}	lui^{332}	lui^{31}
嘴	止合三上纸精	$tsui^{31}$ $tʃɔi^{33}$(喙)	$tsui^{21}$ $tʃɔi^{33}$(喙)	$tʃui^{31}$ $tʃɔi^{33}$(喙)	$tsui^{21}$ $tsɔi^{33}$(喙)	$tsui^{21}$ $tsɔi^{33}$(喙)	$tsɔi^{33}$(喙)	$tsɔi^{332}$(喙)	$tsuai^{52}$(喙)
髓	止合三上纸心	$sɔi^{31}$	soi^{21}	soi^{31}	$ɬɔi^{21}$	ts^hui^{21}	ts^hui^{13}	ts^hui^{21}	sui^{31}
随	止合三平支邪	ts^hui^{13}	ts^hui^{13}	ts^hui^{13}	ts^hui^{25}	ts^hui^{13}	ts^hui^{13}	ts^hui^{13}	ts^hui^{223}
吹	止合三平支昌	$tʃ^hɔi^{55}$	$tʃ^hoi^{45}$	$tʃ^hoi^{45}$	$ts^hɔi^{45}$	ts^hui^{55}	ts^hui^{55}	ts^hui^{55}	ts^hui^{45}
炊	止合三平支昌	$tʃ^hɔi^{55}$	$tʃ^hoi^{45}$	$tʃ^hoi^{45}$	$ts^hɔi^{45}$	ts^hui^{55}	ts^hui^{55}	ts^hui^{55}	ts^hui^{45}

单字 \ 地点		廉江长山	廉江石角	廉江河唇	廉江雅塘	遂溪河头	雷州客路塘塞	雷州客路大家	徐闻下桥
垂	止合三平支禅	ʃui¹³	ʃui¹³	ʃui¹³	sui²⁵	sui¹³	sui¹³	sui¹³	sui²²³
睡	止合三去真禅	ʃɔi³³	ʃɔi³³	ʃɔi³³	sɔi³³	sɔi³³	sɔi³³	sɔi³³²	suai³¹
瑞	止合三去真禅	sui³³	sui³³	sui³³	ɬui³³	ɬui³³	ɬui³³	sui³³²	sui³¹
规	止合三平支见	kʰui⁵⁵	kʰui⁴⁵	kʰui⁴⁵	kʰui⁴⁵	kʰui⁵⁵	kʰui⁵⁵	kui⁵⁵	kʰui⁴⁵
诡	止合三上纸见	kui³¹	kui²¹	kui³¹	kui²¹	kui²¹	kui²¹	kui²¹	kui³¹
亏	止合三平支溪	kʰui⁵⁵	kʰui⁴⁵	kʰui⁴⁵	kʰui⁴⁵	kʰui⁵⁵	kʰui⁵⁵	kʰui⁵⁵	kʰui⁴⁵
窥	止合三平支溪	kʰui⁵⁵	kʰui⁴⁵	kʰui⁴⁵	kʰui⁴⁵	kʰui⁵⁵	kʰui⁵⁵	kui⁵⁵	kʰui⁴⁵
跪	止合三上纸群	kʰui³¹	kʰui²¹	kʰui³¹	kʰui²¹	kʰui²¹	kʰui²¹	kʰui²¹	kʰui³¹
危	止合三平支疑	ŋui¹³	ŋui¹³	ŋui¹³	ŋui²⁵	ŋui¹³	ŋui¹³	ŋui¹³	ŋui²²³
伪	止合三去真疑	ŋui³¹	ŋui²¹	ŋui³¹	ŋui²¹	ŋui³³			ŋui³¹
毁	止合三上纸晓	fui³¹	fui²¹	fui³¹	fui²¹	fui²¹	fui²¹	fui²¹	fui³¹
萎	止合三平支影	vui³¹	vui²¹	vui³¹	vui²¹	vui²¹	vui²¹	vui²¹	vui⁴⁵
委	止合三上纸影	vui³¹	vui²¹	vui³¹	vui²¹	vui²¹	vui²¹	vui²¹	vui⁴⁵
为作~	止合三平支云	vui¹³	vui¹³	vui¹³	vui²⁵	vui¹³	vui¹³	vui¹³	vui²²³
为~什么	止合三去真云	vui¹³	vui¹³	vui¹³	vui²⁵	vui²¹	vui²¹	vui²¹	vui³¹
垒	止合三上旨来	lui³¹	lui²¹	lui³¹	lui²¹	lui²¹	lui²¹	lui²¹	lui³¹

单字 \ 地点		廉江长山	廉江石角	廉江河唇	廉江雅塘	遂溪河头	雷州客路塘塞	雷州客路大家	徐闻下桥
类	止合三去至来	lui³³	lui³³	lui³³	lui³³	lui³³	lui³³	lui³³²	lui³¹
泪	止合三去至来	lui³³	lui³³	lui³³	lui³³	lui³³	lui³³	tsip²（壮）	lui³¹
醉	止合三去至精	tsui³³	tsui³³	tsui³³	tsui³³	tsui³³	tsui³³	tsui³³²	tsui⁵²
翠	止合三去至清	tsʰui³¹	tsʰui²¹	tsʰui³¹	tsʰui²¹	tsʰui³³	tsʰui³³	tsʰui³³²	tsʰui⁵²
悴	止合三去至从	tsʰui³¹	tsʰui²¹	tsʰui³¹	tsʰui³³	tsʰui³³		tsʰui³³²	tsʰui⁵²
虽	止合三平脂心	sui⁵⁵	sui⁴⁵	sui⁴⁵	ɬui⁴⁵	ɬui⁵⁵	sui⁵⁵	sui⁵⁵	sui⁴⁵
粹	止合三去至心	tsʰui³¹	tsʰui³³	tsʰui³¹	tsʰui²¹	tsʰui³³	ɬui³³	tsʰui³³²	sui⁵²
遂 末~ ~溪（地名）	止合三去至邪	sui³³ sʅ³³	sui³³ sʅ³³	sui³³	ɬui³³ ɬu³³	ɬui³³ ɬu³³	ɬu³³	sui³³² su³³	sui³¹
隧	止合三去至邪	sui³³	sui³³	sui³³	ɬui³³	ɬui³³	sui³³	sui³³²	sui³¹
穗	止合三去至邪	iui³³△	iui³³△	iui³³△	ɬui³³	ɬui³³	leŋ⁵⁵△	tsʰuŋ³³²△	tsʰan⁵²△
追	止合三平脂知	tʃui⁵⁵ tʰit⁵△	tʃui⁴⁵ tʰit⁵△	tʃui⁴⁵	tsui⁴⁵	tsui⁵⁵	tsui⁵⁵	tsui⁵⁵	tsui⁴⁵
槌	止合三平脂澄	tʃʰui¹³	tʃʰui¹³	tsʰui¹³	tsʰui²⁵		tsʰui¹³		tsʰui²²³
锤	止合三平脂澄	tʃʰui¹³	tʃʰui¹³	tsʰui¹³	tsʰui²⁵	tsʰui¹³	tsʰui¹³	tsʰui¹³	tsʰui²²³
坠	止合三去至澄	tsʰui³¹	tʃʰui³³	tsʰui³³	tsʰui³³	tsʰui³³			tsʰui³¹
衰	止合三平脂生	sɔi⁵⁵ sui⁵⁵	sɔi⁴⁵ ʃui⁴⁵	sɔi⁴⁵	ɬɔi⁴⁵	sui⁵⁵	sui⁵⁵	sɔi⁵⁵ sui⁵⁵	sui⁴⁵
帅	止合三去至生	sui³³	sui³³	sui³³	ɬui³³	sɔi³³	ɬɔi³³	suai³³²	suai⁵²

单字 \\ 地点		廉江长山	廉江石角	廉江河唇	廉江雅塘	遂溪河头	雷州客路塘塞	雷州客路大家	徐闻下桥
锥	止合三平脂章	tʃui⁵⁵	tʃui⁴⁵	tʃui⁴⁵	tsui⁴⁵	tsui⁵⁵	tsui⁵⁵	tsui⁵⁵	tsui⁴⁵
水	止合三上旨书	ʃui³¹	ʃui²¹	ʃui³¹	sui²¹	sui²¹	sui²¹	sui²¹	sui³¹
谁	止合三平脂禅		ʃui¹³	ʃui¹³	sui²⁵	sui¹³	maŋ¹³△	maŋ¹³△	
龟	止合三平脂见	kui⁵⁵	kui⁴⁵	kui⁴⁵	kui⁴⁵	kui⁵⁵	kui⁵⁵	kui⁵⁵	kui⁴⁵
轨	止合三上旨见	kui³¹	kui²¹	kui³¹	kui²¹	kui²¹	kui²¹	kui²¹	kui³¹
癸	止合三上旨见	kui³³	kui³³	kui³³	kui³³	kʰui¹³	kui³³	kui³³²	kʰui³¹
愧	止合三去至见	kʰui³¹	kʰui²¹	kʰui³¹	kʰui²¹	kʰui³³	kʰui³³	kʰui³³²	kʰui⁵²
季	止合三去至见	kui³³	kui³³	kui³³	kui³³	kui³³	kui³³	kui³³²	kui⁵²
逵	止合三平脂群	kʰui¹³	kʰui¹³	kʰui¹³	kʰui²⁵	kʰui¹³	kʰui¹³	kʰui¹³	kʰui²²³
葵	止合三平脂群	kʰui¹³	kʰui¹³	kʰui¹³	kʰui²⁵	kʰui¹³	kʰui¹³	kʰui¹³	kʰui²²³
柜	止合三去至群	kʰui³³	kʰui³³	kʰui³³	kʰui³³	kʰui³³	kʰui³³	kʰui³³²	kʰui³¹
位	止合三去至云	vui³³	vui³³	vui³³	vui³³	vui³³	vui³³	vui³³²	vui³¹
维	止合三平脂以	vui¹³	vui¹³	vui¹³	vui²⁵	vui¹³	vui¹³	vui¹³	vui²²³
惟	止合三平脂以	vui¹³	vui¹³	vui¹³	vui²⁵	vui¹³	vui¹³	vui¹³	vui²²³
遗	止合三平脂以	vui³¹	vui²¹	vui³¹	vui²¹	i¹³	i¹³	i¹³	vui²²³
唯	止合三上旨以	vui¹³	vui¹³	vui¹³	vui²⁵	vui¹³	vui¹³	vui²¹	vui²²³

单字 ＼ 地点		廉江长山	廉江石角	廉江河唇	廉江雅塘	遂溪河头	雷州客路塘塞	雷州客路大家	徐闻下桥
非	止合三平微非	fui⁵⁵	fui⁴⁵	fui⁴⁵	fui⁴⁵	fui⁵⁵	fui⁵⁵	fui⁵⁵	fui⁴⁵
飞	止合三平微非	fui⁵⁵ pui⁵⁵	fui⁴⁵	fui⁴⁵	fui⁴⁵ pui⁴⁵	pui⁵⁵	pui⁵⁵	pui⁵⁵	fui⁴⁵
匪	止合三上尾非	fui³¹	fui²¹	fui³¹	fui²¹	fui²¹	fui²¹	vi¹³	fui⁴⁵
痱	止合三去未非	mui³¹	mui³³	mui³³	mui³³	mui³³	mui³³	mui³³²	pui⁵²
妃	止合三平微敷	fui⁵⁵	fui⁴⁵	fui⁴⁵	fui⁴⁵	vi¹³	fui⁵⁵	vi⁵⁵	fui⁴⁵
费	止合三去未敷	fui³³	fui³³	fui³³	fui³³	fui³³	fui³³	fui³³²	fui⁵²
肥	止合三平微奉	pʰui¹³	pʰui¹³	pʰui¹³	pʰui²⁵	pʰui¹³	pʰui¹³	pʰui¹³	fui²²³
翡	止合三去未奉	fui³¹	fui²¹	fui³¹	fui²¹	fui⁵⁵	fui⁵⁵	fui⁵⁵	fui²²³
微	止合三平微微	mi¹³	mi¹³	mi¹³	mi²⁵	mi¹³	mi¹³	mi¹³	mi²²³
尾	止合三上尾微	mui⁵⁵	mui⁴⁵	mui⁴⁵	mui⁴⁵	mui⁵⁵	mui⁵⁵	mui⁵⁵	mui⁴⁵
未	止合三去未微	vui³³	mui³³	mui³³	vui³³	vui³³	vui³³	mui³³²	mui³¹
味	止合三去未微	mui³³	mui³³	mui³³	mui³³	mui³³	mui³³	mui³³²	mui³¹
归	止合三平微见	kui⁵⁵	kui⁴⁵	kui⁴⁵	kui⁴⁵	kui⁵⁵	kui⁵⁵	kui⁵⁵	kui⁴⁵
鬼	止合三上尾见	kui³¹	kui²¹	kui³¹	kui²¹	kui²¹	kui²¹	kui²¹	kui³¹
贵	止合三去未见	kui³³	kui³³	kui³³	kui³³	kui³³	kui³³	kui³³²	kui⁵²
魏	止合三去未疑	ŋui³¹	ŋui³³	ŋui³¹	ŋui³³	ŋui³³	ŋui³³	ŋui³³²	ŋui³¹

单字	地点	廉江长山	廉江石角	廉江河唇	廉江雅塘	遂溪河头	雷州客路塘塞	雷州客路大家	徐闻下桥
挥	止合三平微晓	fui⁵⁵	fui⁴⁵	fui⁴⁵	fui⁴⁵	fui⁵⁵	fui⁵⁵	fui⁵⁵	fui⁴⁵
辉	止合三平微晓	fui⁵⁵	fui⁴⁵	fui⁴⁵	fui⁴⁵	fui⁵⁵	fui⁵⁵	fui⁵⁵	fui⁴⁵
徽	止合三平微晓	fui⁵⁵	fui⁴⁵	fui⁴⁵	fui⁴⁵	fui⁵⁵	fui⁵⁵	fui⁵⁵	fui⁴⁵
讳	止合三去未晓	vui³¹	vui²¹	vui³³	vui²¹	vui²¹		fui³³²	vui²²³
威	止合三平微影	vui⁵⁵	vui⁴⁵	vui⁴⁵	vui⁴⁵	vui⁵⁵	vui⁵⁵	vui⁵⁵	vui⁴⁵
畏	止合三去未影	vui³³	vui³³	vui³³	vui³³	vui³³	vui³³		vui⁵²
慰	止合三去未影	vui³¹	iui²¹	iui³¹	vui²¹	vui³³	vui³³	vui³³²	vui⁵²
违	止合三平微云	vui³¹	vui²¹	vui³¹	vui²¹	vui²¹	vui¹³	vui¹³	vui²²³
围	止合三平微云	vui¹³	vui¹³	vui¹³	vui²⁵	vui¹³	vui¹³	vui¹³	vui²²³
伟	止合三上尾云	vui³¹	vui²¹	vui³¹	vui²¹	vui²¹	vui²¹	vui²¹	vui³¹
苇	止合三上尾云	vui³¹	vui²¹	vui³¹	vui²¹	vui²¹	vui²¹	vui²¹	vui²²³
纬	止合三去未云	vui³¹	vui²¹	vui³¹	vui²¹	vui²¹	vui¹³	vui²¹	vui²²³
胃	止合三去未云	vui³¹	vui²¹	vui³¹	vui²¹	vui³³	vui³³	vui³³²	vui³¹
谓	止合三去未云	vui³³	vui³³	vui³³	vui³³	vui³³	vui³³	vui³³²	vui³¹
褒	效开一平豪帮	pɔ⁵⁵	pɔ⁴⁵	pɔ⁴⁵		pɔ²¹		pɔ²¹	pɔ³¹
保～长～卫	效开一上皓帮	pɔ³¹	pɔ²¹	pɔ³¹	pɔ²¹	pɔ²¹	pɔ²¹	pɔ²¹ pau²¹	pɔ³¹

单字 \ 地点		廉江长山	廉江石角	廉江河唇	廉江雅塘	遂溪河头	雷州客路塘塞	雷州客路大家	徐闻下桥
堡	效开一上皓帮	pɔ³¹	po²¹	po³¹	pɔ²¹	pɔ²¹	pɔ²¹	pau²¹	pɔ³¹
宝	效开一上皓帮	pɔ³¹	po²¹	po³¹	pɔ²¹	pɔ²¹	pɔ²¹	pɔ²¹	pɔ³¹
报	效开一去号帮	pɔ³³	po³³	po³³	pɔ³³	pɔ³³	pɔ³³	pɔ³³²	pɔ⁵²
袍	效开一平豪並	pʰau¹³	pʰau¹³	pʰo¹³	pʰau²⁵	pʰau¹³	pʰau¹³	pʰau¹³	pʰau²²³
抱	效开一上皓並	pʰau³¹	pʰau²¹	pʰau³¹	pʰau²¹	pau³³	pʰau³³	lam²¹₍揽₎	lam³¹₍揽₎
暴	效开一去号並	pʰau³³	pʰau³³	pʰau³³	pʰau³³	pau³³	pau³³	pau³³²	pɔ³¹
毛	效开一平豪明	mɔ⁵⁵	mo⁴⁵	mo⁴⁵	mo⁴⁵	mɔ⁵⁵	mɔ⁵⁵	mɔ⁵⁵	mɔ⁴⁵
冒	效开一去号明	mau³¹	mau²¹	mau³¹	mau²¹	mau³³	mau³³	mau³³²	mau³¹
帽	效开一去号明	mɔ³³	mo³³	mo³³	mɔ³³	mɔ³³	mɔ³³	mɔ³³²	mɔ³¹
刀	效开一平豪端	tɔ⁵⁵	tɔ⁴⁵	tɔ⁴⁵	tɔ⁴⁵	tɔ⁵⁵	tɔ⁵⁵	tɔ⁵⁵	tɔ⁴⁵
叨	效开一平豪端	tɔ⁵⁵	tɔ⁴⁵	tau¹³	tɔ⁴⁵	tɔ⁵⁵		tau⁵⁵	tɔ⁴⁵
祷	效开一上皓端	tɔ³¹	tɔ²¹	tʰɔ³¹					tɔ³¹
岛	效开一上皓端	tɔ³¹	tɔ²¹	tɔ³¹	tɔ²¹	teu²¹	teu²¹	teu²¹	tɔ³¹
倒顺~	效开一上皓端	tɔ³¹	tɔ²¹	tɔ³¹	tɔ²¹	tɔ²¹	tɔ²¹	tɔ²¹	tɔ³¹
到	效开一去号端	tɔ³³	tɔ³³	tɔ³³	tɔ³³	tɔ³³	tɔ³³	tɔ³³²	tɔ⁵²
倒~水	效开一去号端	tɔ³¹	tɔ²¹	tɔ³¹	tɔ²¹	tɔ²¹	tɔ²¹	tɔ²¹	tɔ³¹

单字	地点	廉江长山	廉江石角	廉江河唇	廉江雅塘	遂溪河头	雷州客路塘塞	雷州客路大家	徐闻下桥
滔	效开一平豪透	tʰau55	tʰau45	tʰau45	tʰau45	tʰau55		tʰau55	tʰɔ45
讨 ~老婆 ~厌	效开一上皓透	tʰɔ31	tʰo21	tʰo31	tʰɔ21	tʰɔ21	nɔ55△ tʰeu21	lɔ55△ tʰeu21	tʰɔ31
套	效开一去号透	tʰɔ33	tʰo33	tʰo33	tʰɔ33	tʰeu33	tʰeu33	tʰeu332	tʰɔ52
桃	效开一平豪定	tʰɔ13	tʰo13	tʰo13	tʰɔ25	tʰɔ13	tʰɔ13	tʰɔ13	tʰɔ223
逃	效开一平豪定	tʰɔ13	tʰo13	tʰo13	tʰɔ25	tʰeu13	tʰeu13	tʰeu13	tʰɔ223
淘	效开一平豪定	tʰɔ13	tʰo13	tʰo13	tʰɔ25	tʰeu13	tʰɔ13	tʰeu13	tʰɔ223
陶	效开一平豪定	tʰɔ13	tʰo13	tʰo13	tʰɔ25	tʰau13	tʰɔ13	tʰeu13	tʰɔ223
萄	效开一平豪定	tʰɔ13	tʰo13	tʰo13	tʰɔ25	tʰɔ13	tʰɔ13	tʰɔ13	tʰɔ223
涛	效开一平豪定	tʰɔ13	tʰo13	tʰo13	tʰɔ25	tʰau55	tʰɔ55	tʰau13	tʰɔ223
道	效开一上皓定	tʰɔ33	tʰo33	tʰo33	tʰɔ33	tʰɔ33	tʰɔ33	tʰeu332	tʰɔ31
稻	效开一上皓定	tʰɔ33	tʰo33	tʰo33	tʰɔ33	tʰɔ33	tʰɔ33	tʰeu332	tʰɔ31
盗	效开一去号定	tʰɔ33	tʰo33	tʰo33	tʰɔ33		tʰɔ33		tʰɔ31
导	效开一去号定	tʰɔ31	tʰo21	tʰo31	tʰɔ21	tʰɔ33	tʰɔ21	tʰɔ332	tʰɔ52
脑	效开一上皓泥	nɔ31	no21	no31	nɔ21	nɔ21	nɔ21	neu21	nɔ31
恼	效开一上皓泥	nɔ31 nau55	no21	nau45	nɔ21 nau45	nau21	nɔ21	neu21	nɔ31 nəu45
劳	效开一平豪来	lɔ13	lo13	lo13	lɔ25	liu13△	lu13△	liu13△	lɔ223

单字 \ 地点		廉江长山	廉江石角	廉江河唇	廉江雅塘	遂溪河头	雷州客路塘塞	雷州客路大家	徐闻下桥
捞 打~ / ~饭	效开一平豪来	lɔ⁵⁵ / leu¹³	lo⁴⁵ / leu¹³	leu¹³	lɔ⁴⁵ / lɔ²⁵	lau⁵⁵ / leu¹³	leu⁵⁵ / leu¹³	leu⁵⁵ / leu¹³	lau⁴⁵ / lau²²³
牢	效开一平豪来	lɔ¹³	lo¹³	lo¹³	lɔ²⁵	lɔ¹³	lɔ¹³	lɔ¹³	lɔ²²³
唠	效开一平豪来	lɔ¹³	lo⁴⁵	lo⁴⁵	lɔ⁴⁵		lɔ⁵⁵	lɔ⁵⁵	
老 ~师 / ~虎	效开一上皓来	lɔ³¹ / lu³³	lo²¹ / lo³³	lo³¹ / lo³³	lɔ²¹ / lɔ³³	lɔ²¹ / lɔ³³	lɔ²¹ / lɔ³³	lɔ²¹	lɔ³¹ / ləu⁵²
老 ~蟹 / ~鸦	效开一上皓来	lɔ³³ / lɔ¹³	lo³³ / lo¹³	lo³³ / lo¹³	lɔ²⁵		lɔ²¹	lɔ³³²	ləu⁵² / lɔ³¹
涝	效开一去号来	lɔ¹³	lo¹³	lo¹³	lɔ²⁵	lau⁵⁵		lau⁵⁵	
遭	效开一平豪精	tsɔ⁵⁵	tso⁴⁵	tso⁴⁵	tsɔ⁴⁵	tsau⁵⁵	tsau⁵⁵	tsau⁵⁵	tsɔ⁴⁵
糟	效开一平豪精	tsɔ⁵⁵	tso⁴⁵	tso⁴⁵	tsɔ⁴⁵	tsɔ⁵⁵	tsɔ⁵⁵	tsɔ⁵⁵	tsɔ⁴⁵
早	效开一上皓精	tsɔ³¹	tso²¹	tso³¹	tsɔ²¹	tsɔ²¹	tsɔ²¹	tsɔ²¹	tsɔ³¹
枣	效开一上皓精	tsɔ³¹	tso²¹	tso³¹	tsɔ²¹	tsɔ²¹	tsɔ²¹	tsɔ²¹	tsɔ³¹
躁	效开一去号精	tsʰau³³	tsʰau³³	tsʰau³³	tsʰau³³	tsʰɔ³³	tsʰu³³	tsʰau³³²	tsʰau⁴⁵
灶	效开一去号精	tsɔ³³	tso³³	tso³³	tsɔ³³	tsɔ³³	tsɔ³³	tsɔ³³²	tsɔ⁵²
操	效开一平豪清	tsʰau⁵⁵	tsʰau⁴⁵	tsʰau⁴⁵	tsʰau⁴⁵	tsʰau⁵⁵	tsʰau⁵⁵	tsʰau⁵⁵	tsʰau⁴⁵
草	效开一上皓清	tsʰɔ³¹	tsʰo²¹	tsʰo³¹	tsʰɔ²¹	tsʰɔ²¹	tsʰɔ²¹	tsʰɔ²¹	tsʰɔ³¹
糙	效开一去号清	tsʰɔ³³	tsʰo³³	tsʰo³³	tsʰɔ³³	tsʰɔ³³	tsʰɔ³³	tsʰɔ³³²	tsʰɔ⁵²
曹	效开一平豪从	tsʰɔ¹³	tsʰo¹³	tsʰo¹³	tsʰɔ²⁵	tsʰɔ¹³	tsʰau¹³	tsʰau¹³	tsʰɔ²²³

单字＼地点		廉江长山	廉江石角	廉江河唇	廉江雅塘	遂溪河头	雷州客路塘塞	雷州客路大家	徐闻下桥
槽	效开一平豪从	tsʰɔ¹³	tsʰo¹³	tsʰo¹³	tsʰɔ²⁵	tsʰɔ¹³	tsʰɔ¹³	tsʰɔ¹³	tsʰɔ²²³
皂	效开一上皓从		tsʰo³³	tsʰo³³	tsʰɔ³³	tsau³³		kiŋ²¹（碱）	
造	效开一上皓从	tsʰɔ³³	tsʰo³³	tsʰo³³	tsʰɔ³³	tsɔ³³	tsau³³	tsau³³²	tsʰɔ³¹
骚	效开一平豪心	sɔ⁵⁵	so⁴⁵	so⁴⁵	ɬɔ⁴⁵				sɔ⁴⁵
臊	效开一平豪心	sɔ⁵⁵	so⁴⁵	so⁴⁵	ɬɔ⁴⁵	ɬɔ⁵⁵	ɬɔ⁵⁵	sɔ⁵⁵	sɔ⁴⁵
扫～地	效开一上皓心	sɔ³³	so³³	so³³	ɬɔ³³	ɬɔ³³	ɬɔ³³	sɔ³³²	sɔ⁵²
嫂	效开一上皓心	sɔ³¹	so²¹	so³¹	ɬɔ²¹	ɬɔ²¹	ɬɔ²¹	sɔ²¹	sɔ³¹
扫～把	效开一去号心	sɔ³³	so³³	so³³	ɬɔ³³	ɬɔ³³	ɬɔ³³	sɔ³³²	sɔ⁵²
高	效开一平豪见	kɔ⁵⁵	ko⁴⁵	ko⁴⁵	kɔ⁴⁵	kɔ⁵⁵	kɔ⁵⁵	kɔ⁵⁵	kɔ⁴⁵
膏	效开一平豪见	kɔ⁵⁵	ko⁴⁵	ko⁴⁵	kɔ⁴⁵	kau⁵⁵	kau⁵⁵	kau⁵⁵	kau⁴⁵
篙	效开一平豪见	kɔ⁵⁵	ko⁴⁵	ko⁴⁵	kɔ⁴⁵	kɔ⁵⁵	kɔ⁵⁵		kɔ⁴⁵
羔	效开一平豪见	kɔ⁵⁵	ko⁴⁵	ko⁴⁵	kɔ⁴⁵		kau⁵⁵	kau⁵⁵	
糕	效开一平豪见	kɔ⁵⁵	ko⁴⁵	ko⁴⁵	kɔ⁴⁵	kɔ⁵⁵	kɔ⁵⁵	kau⁵⁵	kɔ⁴⁵
稿	效开一上皓见	kɔ³¹	ko²¹	kuo³¹	kɔ²¹	kɔ²¹	kɔ²¹	kɔ²¹	kɔ³¹
告报～ ～状	效开一去号见	kɔ³³	ko³³	ko³³	kɔ³³	kɔ³³	kɔ³³	kau³³²kɔ³³²	kɔ⁵²
考	效开一上皓溪	kʰau³¹	kʰau²¹	kʰau³¹	kʰau²¹	kʰau²¹	kʰau²¹	kʰau²¹	kʰau³¹

单字 \ 地点		廉江长山	廉江石角	廉江河唇	廉江雅塘	遂溪河头	雷州客路塘塞	雷州客路大家	徐闻下桥
烤	效开一上皓溪	kʰau³¹	kʰau²¹	kʰau³¹	kʰau²¹	kʰau²¹	kʰau²¹	kʰau²¹	kʰɔŋ⁵²△
靠	效开一去号溪	kʰau³³	kʰau³³	kʰau³³	kʰau³³	kʰau³³	kʰau³³	kʰau³³²	kʰau⁵²
熬	效开一平豪疑		ŋau¹³	ŋau¹³	ŋau²⁵	ŋau¹³	ŋɔ³³	ŋɔ³³²	ŋau²²³
傲	效开一去号疑	ŋau³³	ŋau³³	ŋau³³	ŋau³³	ŋau³³	ŋau³³	ŋau³³²	ŋɔ³¹
好~坏	效开一上皓晓	hɔ³¹	hɔ²¹	hɔ³¹	hɔ²¹	hɔ²¹	hɔ²¹	hɔ²¹	hɔ³¹
好喜~	效开一去号晓	hau³³	hau³³	hau³³	hau³³	hau³³	hɔ²¹	hau³³²	hɔ³¹
耗	效开一去号晓	hɔ³³	hɔ³³	hɔ³³	hɔ³³	hɔ³³	hɔ³³	hɔ³³²	hɔ²²³
豪	效开一平豪匣	hɔ¹³	hɔ¹³	hɔ¹³	hɔ²⁵	hau¹³	hau¹³	hau¹³	hɔ²²³
壕	效开一平豪匣	hɔ¹³	hɔ¹³	hɔ¹³	hɔ²⁵	hau¹³	hau¹³	hau¹³	hɔ²²³
毫	效开一平豪匣	hɔ¹³	hɔ¹³	hɔ¹³	hɔ²⁵	hau¹³	hau¹³	hau¹³	hɔ²²³
号~叫	效开一平豪匣	hɔ³³	hɔ³³	hɔ³³	hɔ³³	hau³³	hɔ³³	hau¹³	hɔ²²³
浩	效开一上皓匣	hau³¹	hau⁴⁵	hau⁴⁵	hau²¹	hɔ³³	hɔ³³	hau³³²	hau⁴⁵
号~码	效开一去号匣	hɔ³³	hɔ³³	hɔ³³	hɔ³³	hɔ³³	hɔ³³	hɔ³³²	hɔ³¹
爁烫	效开一平豪影	luk⁵△	luk⁵△	luk⁵△	luk⁵△	luk⁵△	lok⁵△	luk⁵△	luk⁵△
袄	效开一上皓影	ɔ³¹	o²¹	ɔ³¹	ɔ²¹			au²¹	
懊~恼	效开一上皓影	ɔ³³	o³³	ɔ³³	ɔ³³	au³³		au³³²	

单字 \ 地点		廉江长山	廉江石角	廉江河唇	廉江雅塘	遂溪河头	雷州客路塘塞	雷州客路大家	徐闻下桥
奥	效开一去号影	ɔ³³	o³³	o³³	ɔ³³	au³³	au³³	au³³²	ɔ⁵²
懊~悔	效开一去号影	ɔ³³	o³³	o³³	ɔ³³	au³³	au³³	au³³²	ɔ⁵²
澳	效开一去号影	ɔ³³	o³³	o³³	ɔ³³	eu³³	au³³	au³³²	ɔ⁵²
包	效开二平肴帮	pau⁵⁵	pau⁴⁵	pau⁴⁵	pau⁴⁵	pau⁵⁵	pau⁵⁵	pau⁵⁵	pau⁴⁵
胞	效开二平肴帮	pau⁵⁵	pau⁴⁵	pau⁴⁵	pau⁴⁵	pau⁵⁵	pau⁵⁵	pau⁵⁵	pau⁴⁵
饱	效开二上巧帮	pau³¹	pau²¹	pau³¹	pau²¹	pau²¹	pau²¹	pau²¹	pau³¹
豹	效开二去效帮	pau³¹	pau³³	pau³³	pau³³	pa³³	pa³³	pa³³²	pau⁵²
爆	效开二去效帮	pʰau³³	pʰau³³	pʰau³³	pʰau³³	pau³³	pau³³	pau³³²	pɔ³¹
泡 灯~ 起~	效开二平肴滂	pʰau³³ pɔk⁵△	pʰau³³ pɔk⁵△	pʰau³³ pɔk⁵△	pʰau³³ pʰau⁴⁵(塘)	pʰau⁵⁵ pʰau³³(塘)	pʰau³³(塘)	pʰau³³² pʰiau³³²(塘)	pɔk⁵ pʰiau⁵²(塘)
抛	效开二平肴滂	pʰau⁵⁵	pʰau⁴⁵	pʰau⁴⁵	pʰau⁴⁵	pʰau⁵⁵	pʰau⁵⁵	pʰau⁵⁵	pʰau⁴⁵
炮	效开二去效滂	pʰau³³	pʰau³³	pʰau³³	pʰau³³	pʰau³³	pʰau³³	pʰau³³²	pʰau⁵²
泡~茶	效开二去效滂		pʰau³³	pʰau³³	pʰau³³		pʰau³³	pʰau³³²	
跑	效开二平肴並	pʰau⁵⁵	pʰau²¹	pʰau³¹ pʰau⁴⁵	pʰau⁴⁵	pʰau¹³	pʰau¹³	pʰau¹³	pʰau⁴⁵
刨	效开二平肴並	pʰau¹³	pʰau¹³	pʰau¹³	pʰau²⁵	pʰau¹³	pʰau¹³	pʰau¹³	pʰau²²³
鲍	效开二上巧並	pau⁵⁵	pau⁴⁵	pau⁴⁵	pau⁴⁵	pau⁵⁵	pau⁵⁵	pau⁵⁵	pau⁴⁵
茅	效开二平肴明	mau¹³	mau¹³	mau¹³	mau²⁵	mau¹³	mau¹³	mau¹³	mau²²³

单字 \ 地点		廉江长山	廉江石角	廉江河唇	廉江雅塘	遂溪河头	雷州客路塘塞	雷州客路大家	徐闻下桥
猫	效开二平肴明	miau33	miau33	miau33	miau33	miau33	miau33	miau332	miau52
锚	效开二平肴明	miau13	miau13	miau13	miau33	miau33		miau13	miau223
卯	效开二上巧明	mau55	mau45	mau45	mau45	mau55	mau55	mau55	məu45
貌	效开二去效明	mau31	mau21	mau31	mau21	mau33	mau33	mau332	mau31
闹	效开二去效泥	nau33	nau33	nau33	nau33	nau33	nau33	lau332	nau31
罩	效开二去效知	tsau33	tsau33	tsau33	tsau33	tsau33	tsau33		tsau52
抓	效开二平肴庄	tsa55	tsa45	tsa45	tsa45	tsa55	tsa55	tsa55	tsa45
爪鸡~ 鹰~	效开二上巧庄	ȵiau31△ tsau31	ȵiau21△ tsau21	ȵiau31△	tsau21	ȵiau21△	ȵiau21△		tsau31
找查~ ~钱	效开二上巧庄	tsau31 tʰiap3△	tsau21 tʰiap2△	tsau31 tʰiap3△	tsau21 tʰiap2△	tseu21	tseu21	tseu21	tsau31
笊	效开二去效庄	tsau33	tsau33	tsau33	tsau33	tsau33	tsau33	sau55(筲)	tsau52
抄	效开二平肴初	tsʰau55	tsʰau45	tsʰau45	tsʰau45	tsʰau55	tsʰau55	tsʰau55	tsʰau45
钞	效开二平肴初	tsʰau55	tsʰau45	tsʰau45	ɬa45△	tsʰau55	tsʰau55	sa55△	tsʰa45△
炒	效开二上巧初	tsʰau31	tsʰau21	tsʰau31	tsʰau21	tsʰau21	tsʰau21	tsʰau21	tsʰau31
吵	效开二上巧初	tsʰau13	tsʰau13	tsʰau13	tsʰau25	tsʰau21	tsʰau21	tsʰau21	tsʰau223
巢	效开二平肴崇	tʃʰau13	sau13	sau13	tsʰau25	tsʰau13	tsʰau13		sau223
梢	效开二平肴生	sau55	sau45	sau45	ɬiau45	ɬiau55	ɬiau55	siau55	siau45

单字 \ 地点		廉江长山	廉江石角	廉江河唇	廉江雅塘	遂溪河头	雷州客路塘塞	雷州客路大家	徐闻下桥
捎	效开二平肴生	sau⁵⁵	sau⁴⁵	sau⁴⁵		ɬiau⁵⁵	ɬiau⁵⁵	siau⁵⁵	
稍	效开二去效生	sau⁵⁵	sau²¹	sau³¹	ɬau²¹	ɬiau⁵⁵	sau⁵⁵	sau⁵⁵	siu⁴⁵
哨口~ ~兵	效开二去效生	sau³³	sau³³	sau³³	ɬau³³	ɬau³³	ɬau³³	siau⁵⁵ sɔ³³²	sau⁵²
交	效开二平肴见	kau⁵⁵	kau⁴⁵	kau⁴⁵	kau⁴⁵	kau⁵⁵	kau⁵⁵	kau⁵⁵	kau⁴⁵
郊	效开二平肴见	kau⁵⁵	kau⁴⁵	kau⁴⁵	kau⁴⁵	kau⁵⁵	kau⁵⁵	kau⁵⁵	kau⁴⁵
胶	效开二平肴见	kau⁵⁵	kau⁴⁵	kau⁴⁵	kau⁴⁵	kau⁵⁵	kau⁵⁵	kau⁵⁵	kau⁴⁵
教~书	效开二平肴见	kau³³	kau⁴⁵	kau⁴⁵	kau³³	kau³³	kau³³	kau⁵⁵	kau⁵²
绞	效开二上巧见	kau³¹	kau²¹	kau³¹	kau²¹	kau⁵⁵	kiau²¹	kiau²¹	kau³¹
狡	效开二上巧见	kau³¹	kau²¹	kau³¹	kau²¹	kiau²¹	kiau²¹	kiau²¹	kau³¹
铰	效开二上巧见	kau³³	kau³³	kau³³	kau³³	kau³³	kau³³	kau⁵⁵	kau³¹
搅	效开二上巧见	kau³¹	kau²¹	kau³¹	kau²¹	kau²¹	kiau²¹	kiau²¹	kau³¹
搞	效开二上巧见	kau³¹	kau²¹	kau³¹	kau²¹	kau²¹	kau²¹	kau²¹	kau³¹
教~育	效开二去效见	kau³³	kau³³	kau³³	kau³³	kau³³	kau³³	kau⁵⁵	kau⁵²
校~对	效开二去效见	kau³³	kau³³	kau³³	kau³³	kau³³	hau³³	kau³³²	kau⁵²
较	效开二去效见	kau³³	kau³³	kau³³	kau³³	kau³³	kau³³	kau³³²	kau⁵²
酵	效开二去效见	hau⁵⁵	hau⁴⁵	hau⁴⁵	hau⁴⁵	hiau⁵⁵	hau³³	hau³³²	au⁵²△

单字	地点	廉江长山	廉江石角	廉江河唇	廉江雅塘	遂溪河头	雷州客路塘塞	雷州客路大家	徐闻下桥
窖	效开二 去效见	kau³³	kau³³	kau³³	kau³³		kau³³		
觉睡~	效开二 去效见	kau³³	kau³³	kau³³	kau³³	kau³³	kau³³	kau³³²	kau⁵²
敲	效开二 平肴溪	kʰau⁵⁵	hau⁴⁵	hau⁴⁵	kʰau³³	kʰau³³	kʰau³³	kʰau³³²	kʰau⁵²
巧	效开二 上巧溪	kʰau³¹	kʰau²¹	kʰau³¹	kʰau²¹	kʰiau²¹	kʰiau²¹		kʰiau³¹
咬	效开二 上巧疑	ŋau⁵⁵	ŋau⁴⁵	ŋau⁴⁵	ŋau⁴⁵	ŋau⁵⁵	ŋau⁵⁵	ŋau⁵⁵	ŋau⁴⁵
哮	效开二 平肴晓	hau⁵⁵	hau⁴⁵	hau⁴⁵	hau⁴⁵		hau⁵⁵	hau³³²	hau⁵²
孝	效开二 去效晓	hau³³	hau³³	hau³³	hau³³	hau³³	hau³³	hau³³²	hau⁵²
肴	效开二 平肴匣	ŋau¹³	ŋau²¹	ŋau³¹	ŋau²¹			ŋau¹³	ȵiau²²³
淆	效开二 平肴匣	ŋau¹³	ŋau²¹	ŋau³¹	ŋau²¹				
效	效开二 去效匣	hau³¹	hau²¹	hau³¹	hau³³	hau³³	hau³³	hau³³²	hau³¹
校学~	效开二 去效匣	kau³¹	kau²¹	kau³¹	kau²¹	hiau³³	hau³³	hau³³²	hau³¹
凹	效开二 平肴影	nep³△	nep²△	nep³△	nep²△	tʰap²△	tʰap²△	tʰap²△	əu⁴⁵
坳	效开二 平肴影	au³³	au³³	au³³	au³³	au³³			au⁵²
膘	效开三 平宵帮	piau⁵⁵	piau⁴⁵	piau⁴⁵	piau⁴⁵				
标	效开三 平宵帮	piau⁵⁵	piau⁴⁵	piau⁴⁵	piau⁴⁵	piau⁵⁵	piau⁵⁵	piau⁵⁵	piau⁴⁵
表~现 手~	效开三 上小帮	piau³¹ piau⁵⁵	piau²¹ piau⁴⁵	piau³¹ piau⁴⁵	piau²¹ piau⁴⁵	piau²¹	piau²¹	piau²¹	piau³¹ piau⁴⁵

单字	地点	廉江长山	廉江石角	廉江河唇	廉江雅塘	遂溪河头	雷州客路塘塞	雷州客路大家	徐闻下桥
飘	效开三平宵滂	pʰiau⁵⁵	pʰiau⁴⁵	pʰiau⁴⁵	pʰiau⁴⁵	pʰiau⁵⁵	pʰiau⁵⁵	pʰiau⁵⁵	pʰiau⁴⁵
漂~流~白	效开三上小滂	pʰiau⁵⁵	pʰiau⁴⁵	pʰiau⁴⁵	pʰiau⁴⁵	pʰiau⁵⁵	pʰiau⁵⁵	pʰiau⁵⁵	pʰiau⁴⁵
漂~亮	效开三去笑滂	pʰiau³³	pʰiau³³	pʰiau³³	pʰiau³³	pʰiau⁵⁵	pʰiau⁵⁵	pʰiau⁵⁵	pʰiau⁵²
票	效开三去笑滂	pʰiau³³	pʰiau³³	pʰiau³³	pʰiau³³	pʰiau³³	pʰiau³³	pʰiau³³²	pʰiau⁵²
瓢	效开三平宵並	pʰiau¹³	pʰiau¹³	pʰiau¹³	pʰiau²⁵	pʰiau¹³	sɔk⁵(勺)	sɔk⁵(勺)	pʰiau²²³
嫖	效开三平宵並	pʰiau¹³	pʰiau¹³	pʰiau¹³	pʰiau²⁵	pʰiau¹³	pʰiau¹³	pʰiau¹³	pʰiau²²³
鳔	效开三上小並	pok⁵△	pok⁵△	pok⁵△	pok⁵△				pok⁵△
苗	效开三平宵明	miau¹³	miau¹³	miau¹³	miau²⁵	miau¹³	miau¹³	miau¹³	miau²²³
描	效开三平宵明	miau¹³	miau¹³	miau¹³	miau²⁵	miau¹³	miau¹³	miau¹³	miau²²³
藐	效开三上小明	miau³¹	miau²¹	miau³¹		miau²¹	miau²¹	miau²¹	
渺	效开三上小明	miau³¹	miau²¹	miau³¹	miau²¹	miau²¹	miau²¹	miau²¹	miau³¹
秒	效开三上小明	miau³¹	miau²¹	miau³¹	miau²¹	miau²¹	miau²¹	miau²¹	miau³¹
庙	效开三去笑明	miau³³	miau³³	miau³³	miau³³	miau³³	miau³³	miau³³²	miau³¹
妙	效开三去笑明	miau³¹	miau²¹	miau³¹	miau²¹	miau²¹	miau²¹	miau²¹	miau³¹
燎	效开三平宵来	liau¹³	liau¹³	liau¹³	liau²⁵	liau¹³	liau¹³	liau¹³	liau²²³
疗	效开三去笑来	liau¹³	liau¹³	liau¹³	liau²⁵	liau¹³	liau¹³	liau¹³	liau²²³

单字	地点	廉江长山	廉江石角	廉江河唇	廉江雅塘	遂溪河头	雷州客路塘塞	雷州客路大家	徐闻下桥
焦	效开三平宵精	tsiau⁵⁵	tsiau⁴⁵	tsiau⁴⁵	tsiau⁴⁵	tsiau⁵⁵	tsiau⁵⁵	tsiau⁵⁵	tsiau⁴⁵
蕉	效开三平宵精	tsiau⁵⁵	tsiau⁴⁵	tsiau⁴⁵	tsiau⁴⁵	tsiau⁵⁵	tsiau⁵⁵	tsiau⁵⁵	tsiau⁴⁵
椒	效开三平宵精	tsiau⁵⁵	tsiau⁴⁵	tsiau⁴⁵	tsiau⁴⁵	tsiau⁵⁵	tsiau⁵⁵	tsiau⁵⁵	tsiau⁴⁵
剿	效开三上小精	tsiau³¹	sau¹³	tsiau³¹	tsiau²¹	tsʰau¹³	tsʰau¹³	tsiau²¹	
醮	效开三去笑精		tsiau³³	tsiau³³					tsiau⁵²
悄	效开三上小清	siau⁵⁵	tsʰiau³³	tsʰiau³³	tsʰiau⁴⁵	ɬiau⁵⁵	ɬiau⁵⁵		siau⁴⁵
俏	效开三去笑清	tsʰiau⁵⁵	tsʰiau³³	tsʰiau³³	tsʰiau³³	ɬiau³³	ɬiau⁵⁵	siau⁵⁵	tsʰiau⁵²
樵	效开三平宵从	tsiau⁵⁵	tsiau⁴⁵	tsiau⁴⁵	tsiau⁴⁵	tsiau⁵⁵	tsiau⁵⁵	tsiau⁵⁵	
噍嚼东西	效开三去笑从	ȵiai³³△	ȵiai³³△	ȵiai³³△	ȵiai³³△		ȵiai³³ʌ	ŋai³³²△	ȵiai⁵²△
消	效开三平宵心	siau⁵⁵	siau⁴⁵	siau⁴⁵	ɬiau⁴⁵	ɬiau⁵⁵	ɬiau⁵⁵	siau⁵⁵	siau⁴⁵
宵	效开三平宵心	siau⁵⁵	siau⁴⁵	siau⁴⁵	ɬiau⁴⁵	ɬiau⁵⁵	ɬiau⁵⁵	siau⁵⁵	siau⁴⁵
硝	效开三平宵心	siau⁵⁵	siau⁴⁵	siau⁴⁵	ɬiau⁴⁵	ɬiau⁵⁵	ɬiau⁵⁵	siau⁵⁵	siau⁴⁵
销	效开三平宵心	siau⁵⁵	siau⁴⁵	siau⁴⁵	ɬiau⁴⁵	ɬiau⁵⁵	ɬiau⁵⁵	siau⁵⁵	siau⁴⁵
小	效开三上小心	siau³¹	siau²¹	siau³¹	ɬiau²¹	ɬiau²¹	ɬiau²¹	siau²¹	siau³¹
笑	效开三去笑心	siau³³	siau³³	siau³³	ɬiau³³	ɬiau³³	ɬiau³³	siau³³²	siau⁵²
肖姓 生~	效开三去笑心	siau⁵⁵ siau³¹	siau⁴⁵ tsʰiau³³	siau⁴⁵	ɬiau⁴⁵	ɬiau⁵⁵ ɬiau³³	ɬiau⁵⁵ ɬiau³³	siau⁵⁵ siau³³²	siau⁴⁵ tsʰiau⁵²

单字 \ 地点		廉江长山	廉江石角	廉江河唇	廉江雅塘	遂溪河头	雷州客路塘塞	雷州客路大家	徐闻下桥
鞘	效开三去笑心	siau³³		siau³³	ɬiau³³	ɬiau⁵⁵	ɬiau³³	siau⁵⁵	siau⁵²
朝~晨	效开三平宵知	tʃau⁵⁵	tʃau⁴⁵	tʃau⁴⁵	tsau⁴⁵	tsau⁵⁵	tsau⁵⁵	tsau⁵⁵	tsau⁴⁵
超	效开三平宵彻	tʃʰau⁵⁵	tʃʰau⁴⁵	tsʰau⁴⁵	tsʰau⁴⁵	tsʰau⁵⁵	tsʰau⁵⁵	tsʰau⁵⁵	tsʰau⁴⁵
朝~代	效开三平宵澄	tʃʰau¹³	tʃʰau¹³	tʃʰau¹³	tsʰau²⁵	tsʰau¹³	tsʰau¹³	tsʰau¹³	tsʰau²²³
潮	效开三平宵澄	tʃʰau¹³	tʃʰau¹³	tʃʰau¹³	tsʰau²⁵	tsʰau¹³	tsʰau¹³	tsʰau¹³	tsʰau²²³
赵	效开三上小澄	tʃʰau³³	tʃʰau³³	tʃʰau³³	tsʰau³³	tsiau³³	tsau³³	tsau³³²	tsʰau³¹
兆	效开三上小澄	tʃʰau³³	tʃʰau³³	tʃʰau³³	tsʰau³³	tsiau³³	tsiau³³	tsiau³³²	tsʰau³¹
召	效开三去笑澄	tʃʰau³³	tʃʰau³³	tʃʰau³³	tsʰau³³	tsiau⁵⁵	tsau⁵⁵	tsau⁵⁵	tsʰau³¹
昭	效开三平宵章	tʃau⁵⁵	tʃau⁴⁵	tʃau⁴⁵	tsau⁴⁵	tsiau⁵⁵	tsau⁵⁵	tsau⁵⁵	tsau⁴⁵
招	效开三平宵章	tʃau⁵⁵	tʃau⁴⁵	tʃau⁴⁵	tsau⁴⁵	tsau⁵⁵	tsau⁵⁵	tsau⁵⁵	tsau⁴⁵
沼	效开三上小章	ʃau¹³	ʃau¹³	ʃau¹³	sau²⁵	tsiau⁵⁵	tsau⁵⁵	tsau⁵⁵	tsau⁴⁵
照	效开三去笑章	tʃau³³	tʃau³³	tʃau³³	tsau³³	tsau³³	tsau³³	tsau³³²	tsau⁵²
诏	效开三去笑章	tʃʰau³³	tʃau⁴⁵	tʃʰau³³	tsʰau³³		tsau⁵⁵	tsau⁵⁵	tsʰau³¹
烧	效开三平宵书	ʃau⁵⁵	ʃau⁴⁵	ʃau⁴⁵	sau⁴⁵	sau⁵⁵	sau⁵⁵	sau⁵⁵	sau⁴⁵
少多~	效开三上小书	ʃau³¹	ʃau²¹	ʃau³¹	sau²¹	sau²¹	sau²¹	sau²¹	sau³¹
少~年	效开三去笑书	ʃau³³	ʃau³³	ʃau³³	sau³³	ɬiau³³	sau³³	sau³³²	sau⁵²

单字	地点	廉江长山	廉江石角	廉江河唇	廉江雅塘	遂溪河头	雷州客路塘塞	雷州客路大家	徐闻下桥
韶	效开三平宵禅	ʃau13	ʃau13	ʃau13	sau25	ɬiau33	sau13	sau13	sau223
绍	效开三上小禅	ʃau13	ʃau13	ʃau13	sau25	ɬiau33	sau33	sau332	sau223
邵	效开三去笑禅	ʃau13			sau25	ɬiau33	sau33		sau52
饶	效开三平宵日	ȵiau13	ȵiau13	ȵiau13	ȵiau25	iau13	iau13		ȵiau223
扰	效开三上小日	ȵiau31	ȵiau21	ȵiau31	ȵiau21	iau21	iau21	iau21	iau31
绕围~	效开三上小日	ȵiau31	ȵiau21	ȵiau31	ȵiau21	iau21	iau21	iau21	ȵiau223
骄	效开三平宵见	kiau55	kiau45	kiau45	kiau45	kiau55	kiau55	kiau55	kiau45
娇	效开三平宵见	kiau55	kiau45	kiau45	kiau45	kiau55	kiau55	kiau55	kiau45
矫	效开三上小见	kiau55	kiau21	kʰiau31	kiau21	kiau55	kʰiau13	kʰiau13	kʰiau223
乔	效开三平宵群	kʰiau13	kʰiau13	kʰiau13	kʰiau25	kʰiau13	kʰiau13	kʰiau13	kʰiau223
侨	效开三平宵群	kʰiau13	kʰiau13	kʰiau13	kʰiau25	kʰiau13	kʰiau13	kʰiau13	kʰiau223
桥	效开三平宵群	kʰiau13	kʰiau13	kʰiau13	kʰiau25	kʰiau13	kʰiau13	kʰiau13	kʰiau223
荞	效开三平宵群		kʰiau13	kʰiau13	kʰiau25	kʰiau13	kʰiau13	kʰiau13	kʰiau223
轿	效开三去笑群	kʰiau33	kʰiau33	kʰiau33	kʰiau33	kʰiau33	kʰiau33	kʰiau332	kʰiau31
翘锨~	效开三去笑溪	kʰiau13	kʰiau13	kʰiau13	kʰiau25	kʰiau13	kʰiau13	kʰiau13	kʰiau31
翘~翘/~起来	效开三去笑溪	kʰiau55 hiau33	kʰiau45 ʃak2△	kʰiau13	kʰiau45	kʰiau33	kʰiau33	kʰiau332	kʰiau52

单字	地点	廉江长山	廉江石角	廉江河唇	廉江雅塘	遂溪河头	雷州客路塘塞	雷州客路大家	徐闻下桥
嚣	效开三平宵晓	hiau⁵⁵	ʃau⁴⁵	hiau⁴⁵	hiau⁴⁵		hiau⁵⁵	hiau⁵⁵	hiau⁴⁵
夭	效开三平宵影		iau⁴⁵	iau⁴⁵	iau⁴⁵		iau⁵⁵	iau⁵⁵	iau⁴⁵
妖	效开三平宵影	iau⁵⁵	iau⁴⁵	iau⁴⁵	iau⁴⁵	iau⁵⁵	iau⁵⁵	iau⁵⁵	iau⁴⁵
邀	效开三平宵影	iau⁵⁵	iau⁴⁵	iau⁴⁵	iau⁴⁵	iau⁵⁵	iau⁵⁵	iau⁵⁵	iau⁴⁵
腰	效开三平宵影	iau⁵⁵	iau⁴⁵	iau⁴⁵	iau⁴⁵	iau⁵⁵	iau⁵⁵	iau⁵⁵	iau⁴⁵
要~求	效开三平宵影	iau⁵⁵	iau⁴⁵	iau⁴⁵	iau⁴⁵	iau⁵⁵	iau⁵⁵	iau⁵⁵	iau⁴⁵
要重~	效开三去笑影	iau³³	iau³³	iau³³	iau³³	iau³³	iau³³	iau³³²	iau⁵²
摇	效开三平宵以	iau¹³	iau¹³	iau¹³	iau²⁵	iau¹³	iau¹³	iau¹³	iau²²³
谣	效开三平宵以	iau¹³	iau¹³	iau¹³	iau²⁵	iau¹³	iau¹³	iau¹³	iau²²³
遥	效开三平宵以	iau¹³	iau¹³	iau¹³	iau²⁵	iau¹³	iau¹³	iau¹³	iau²²³
窑	效开三平宵以	iau¹³	iau¹³	iau¹³	iau²⁵	iau¹³	iau¹³	iau¹³	iau²²³
姚	效开三平宵以	iau¹³	iau¹³	iau¹³	iau²⁵	iau¹³	iau¹³	iau¹³	iau²²³
舀	效开三上小以	iau³¹	iau²¹	iau³¹	iau²¹	iau²¹	iau²¹	iau²¹	iau³¹
耀	效开三去笑以	iau³³	iau³³	iau³³	iau³³	iau³³	iau³³	iau³³²	iau³¹
鹞	效开三去笑以	iau³³	iau³³	iau³³	iau³³	iau³³	iau³³	iau³³²	iau³¹
刁	效开四平萧端	tiau⁵⁵	tiau⁴⁵	tiau⁴⁵	tiau⁴⁵	tiau⁵⁵	tiau⁵⁵	tiau⁵⁵	tiau⁴⁵

单字 \ 地点		廉江长山	廉江石角	廉江河唇	廉江雅塘	遂溪河头	雷州客路塘塞	雷州客路大家	徐闻下桥
貂	效开四平萧端	tiau⁵⁵	tiau⁴⁵	tiau⁴⁵	tiau⁴⁵		tiau⁵⁵		tiau⁴⁵
雕	效开四平萧端	tiau⁵⁵	tiau⁴⁵	tiau⁴⁵	tiau⁴⁵	tiau⁵⁵	tiau⁵⁵	tiau⁵⁵	tiau⁴⁵
鸟花~ ~笼	效开四上蓧端	ȵiau³¹ tiau⁵⁵	ȵiau²¹ tiau⁴⁵	ȵiau³¹ tiau⁴⁵	ȵiau²¹ tiau⁴⁵	ȵiau²¹ tiau⁵⁵	tiau⁵⁵	tiau⁵⁵	ȵiau⁴⁵ tiau⁴⁵
鸟骂人话	效开四上蓧端	tiau³¹	tiau²¹	tiau⁴⁵	tiau⁴⁵	tiau²¹	tiau⁵⁵	tiau⁵⁵	tiau⁴⁵
钓	效开四去啸端	tiau³³	tiau³³	tiau³³	tiau³³	tiau³³	tiau³³	tiau³³²	tiau⁵²
吊	效开四去啸端	tiau³³	tiau³³	tiau³³	tiau³³	tiau³³	tiau³³	tiau³³²	tiau⁵²
挑	效开四平萧透	tʰiau⁵⁵	tʰiau⁴⁵	tʰiau⁴⁵	tʰiau⁴⁵	tʰiau⁵⁵	tʰiau⁵⁵	tʰiau⁵⁵	tʰiau⁴⁵
跳~高	效开四去啸透	tʰiau¹³	tʰiau³³	tʰiau¹³	tʰiau²⁵	tʰiau¹³	tʰiau³³	tʰiau¹³	tʰiau⁵²
粜	效开四去啸透	tʰiau³³	tʰiau³³	tʰiau³³	tʰiau³³	tʰiau³³	tʰiau³³	tʰiau³³²	tʰiau⁵²
条	效开四平萧定	tʰiau¹³	tʰiau¹³	tʰiau¹³	tʰiau²⁵	tʰiau¹³	tʰiau¹³	tʰiau¹³	tʰiau²²³
调~整	效开四平萧定	tʰiau¹³	tʰiau¹³	tʰiau¹³	tʰiau²⁵	tʰiau¹³	tʰiau¹³	tʰiau¹³	tʰiau²²³
跳~走	效开四平萧定	tʰiau¹³	tʰiau¹³	tʰiau¹³	tʰiau²⁵	tʰiau¹³	tʰiau¹³	tʰiau¹³	tʰiau⁵²
掉	效开四去啸定	tʰiau³¹	tʰiau³³	tsʰau³³△	tʰiau³³	tʰiau³³	tʰiau³³	tʰiau³³²	tʰiau³¹
调音~	效开四去啸定	tʰiau³³	tʰiau³³	tʰiau³³	tʰiau³³	tʰiau³³	tʰiau³³	tʰiau³³²	tʰiau³¹
尿	效开四去啸泥	ȵiau³³	ȵiau³³	ȵiau³³	ȵiau³³	ȵiau³³	ȵiau³³	ȵiau³³²	ȵiau³¹
聊	效开四平萧来	liau¹³	liau¹³	liau¹³	liau²⁵	liau¹³	liau¹³	liau¹³	liau²²³

单字	地点	廉江长山	廉江石角	廉江河唇	廉江雅塘	遂溪河头	雷州客路塘塞	雷州客路大家	徐闻下桥
辽	效开四平萧来	liau13	liau13	liau13	liau25	liau13	liau13	liau13	liau223
撩	效开四平萧来	liau55	liau45	liau45	liau45		liau55	liau55	liau223
寥	效开四平萧来	liau13	liau13	liau13	liau25	liau13	liau13	liau332	liau31
了~解	效开四上筱来	liau31	liau21	liau31	liau21	liau21	liau21	liau21	liau31
瞭	效开四上筱来	liau13	liau13	liau13	liau25	liau13	liau13	liau13	liau223
料	效开四去啸来	liau33	liau33	liau33	liau33	liau33	liau33	liau332	liau31
萧	效开四平萧心	siau55	siau45	siau45	ɬiau45	ɬiau55	ɬiau55	siau55	siau45
箫	效开四平萧心	siau55	siau45	siau45	ɬiau45	ɬiau55	ɬiau55	siau55	siau45
缴	效开四上筱见	kiau31	kiau21	kiau31	kiau21	kiau21	kiau21	kiau21	kiau31
侥	效开四上筱见	hiau55	ɲiau13	hiau45	hiau45	hiau21	iau13	iau21	ɲiau223
叫	效开四去啸见	kiau33	kiau33	kiau33	kiau33	kiau33	kiau33	kiau332	kiau52
窍	效开四去啸溪	kʰiau33	kʰau21	kʰiau33	kʰiau33	kʰiau21	kʰiau21	kʰiau21	kʰiau31
尧	效开四平萧疑	ɲiau13	ɲiau13	ɲiau13	ɲiau25	iau13	iau13	iau13	ɲiau223
晓	效开四上筱晓	hiau31	ɲiau13	hiau31	hiau21	iau21	hiau21	iau21	ɲiau223
么	效开四平萧影	iau55	iau45	iau45	iau45	iau55		iau55	iau45
吆	效开四平萧影	iau55	iau45	iau45				iau55	

单字	地点	廉江长山	廉江石角	廉江河唇	廉江雅塘	遂溪河头	雷州客路塘塞	雷州客路大家	徐闻下桥
杳	效开四上莜影	miau³¹	miau²¹	miau³¹	miau²¹	miau²¹		miau²¹	
剖	流开一上厚滂	pʰɔ³³	pʰeu²¹	pʰau³¹	pʰau²¹	pʰau²¹		pʰau²¹	pʰəu⁵²
某	流开一上厚明	meu⁵⁵	meu⁴⁵	meu⁴⁵	meu⁴⁵	meu²¹	meu²¹	meu²¹	məu⁴⁵
亩	流开一上厚明	meu³¹	meu²¹	meu³¹	meu²¹	meu²¹	meu²¹	meu²¹	məu⁴⁵
牡	流开一上厚明	meu³³	meu³³	meu³³	mau²¹	meu³³		meu²¹	məu³¹
母	流开一上厚明	mu⁵⁵	mu⁴⁵	mu⁴⁵	mu⁴⁵	mu²¹	mu²¹	mu²¹	mu⁴⁵
拇	流开一上厚明	mu⁵⁵	mu⁴⁵	mu⁴⁵	mu⁴⁵	mu²¹		mu²¹	mu⁴⁵
戊	流开一去候明	vu³³	vu³³	vu³³	vu³³	vu³³	mu³³	vu³³²	vu³¹
茂	流开一去候明	meu³³	meu³³	meu³³	meu³³	meu³³	meu³³	meu³³²	məu³¹
贸	流开一去候明	meu³³	meu³³	meu³³	meu³³	meu³³	meu³³	meu³³²	məu³¹
兜	流开一平候端	teu⁵⁵	teu⁴⁵	teu⁴⁵	teu⁴⁵	tau⁵⁵	teu⁵⁵	teu⁵⁵	təu⁴⁵
斗—米	流开一上厚端	teu³¹	teu²¹	teu³¹	teu²¹	teu²¹	teu²¹	teu²¹	təu³¹
抖	流开一上厚端	teu³¹	teu²¹	teu³¹	teu²¹	teu²¹	teu²¹	teu²¹	tsun⁴⁵△
陡	流开一上厚端	teu³¹	teu²¹	teu³¹	teu²¹	teu²¹	teu²¹		tsʰia⁵²△
斗~争	流开一去候端	teu³³	teu³³	teu³³	teu³³	teu³³	teu³³	teu³³²	təu⁵²
偷	流开一平候透	tʰeu⁵⁵	tʰeu⁴⁵	tʰeu⁴⁵	tʰeu⁴⁵	tʰeu⁵⁵	tʰeu⁵⁵	tʰeu⁵⁵	tʰəu⁴⁵

单字 / 地点		廉江长山	廉江石角	廉江河唇	廉江雅塘	遂溪河头	雷州客路塘塞	雷州客路大家	徐闻下桥
敨	流开一上厚透	t^heu^{31}	t^heu^{21}	t^heu^{31}	t^heu^{21}	t^heu^{21}	t^heu^{21}	t^heu^{21}	$t^həu^{31}$
透	流开一去候透	t^heu^{33}	t^heu^{33}	t^heu^{33}	t^heu^{33}	t^heu^{33}	t^heu^{33}	t^heu^{332}	$t^həu^{52}$
头	流开一平候定	t^heu^{13}	t^heu^{13}	t^heu^{13}	t^heu^{25}	t^heu^{13}	t^heu^{13}	t^heu^{13}	$t^həu^{223}$
投	流开一平候定	t^heu^{13}	t^heu^{13}	t^heu^{13}	t^heu^{25}	t^heu^{13}	t^heu^{13}	t^heu^{13}	$t^həu^{223}$
豆	流开一去候定	t^heu^{33}	t^heu^{33}	t^heu^{33}	t^heu^{33}	t^heu^{33}	t^heu^{33}	t^heu^{332}	$t^həu^{31}$
逗	流开一去候定	t^heu^{33}	t^heu^{33}	t^heu^{33}	t^heu^{33}	teu^{33}	t^heu^{33}	teu^{332}	$təu^{52}$
痘	流开一去候定	t^heu^{33}	t^heu^{33}	t^heu^{33}	t^heu^{33}	t^heu^{33}	t^heu^{33}	t^heu^{332}	$t^həu^{31}$
楼	流开一平候来	leu^{13}	leu^{13}	leu^{13}	leu^{25}	leu^{13}	leu^{13}	leu^{13}	$ləu^{223}$
篓	流开一上厚来	lui^{31}	lui^{21}	lui^{31}	lui^{21}	lui^{21}	lui^{21}	lui^{21}	$ləu^{223}$
搂	流开一上厚来	leu^{31}	lam^{21}(揽)	leu^{31}	leu^{21}	lam^{21}(揽)	lam^{21}(揽)	lam^{21}(揽)	$ləu^{223}$
漏	流开一去候来	leu^{33}	leu^{33}	leu^{33}	leu^{33}	liu^{33}	leu^{33}	leu^{332}	$ləu^{31}$
陋	流开一去候来	leu^{33}	leu^{33}	leu^{33}	leu^{21}	leu^{33}	leu^{33}	leu^{332}	$ləu^{31}$
走	流开一上厚精	$tseu^{31}$	$tseu^{21}$	$tseu^{31}$	$tseu^{21}$	$tseu^{21}$	$tseu^{21}$	$tseu^{21}$	$tsəu^{31}$
奏	流开一去候精	$tseu^{33}$	$tseu^{33}$	$tseu^{33}$	$tseu^{33}$	$tsau^{33}$	$tseu^{33}$	$tseu^{332}$	$tsəu^{52}$
凑	流开一去候清	ts^heu^{33}	$tseu^{33}$	ts^heu^{33}	$tseu^{33}$		ts^heu^{33}	ts^heu^{332}	$ts^həu^{52}$
勾~心 斗角	流开一平候见	keu^{55}	keu^{45}	keu^{45}	$ŋeu^{45}$	$ŋeu^{55}$	keu^{55}	keu^{55}	$ŋəu^{45}$

单字	地点	廉江长山	廉江石角	廉江河唇	廉江雅塘	遂溪河头	雷州客路塘塞	雷州客路大家	徐闻下桥
钩	流开一平侯见	keu^{55}	keu^{45}	keu^{45}	keu^{45}	keu^{55}	keu^{55}	keu^{55}	
沟	流开一平侯见	keu^{55}	keu^{45}	keu^{45}	keu^{45}	keu^{55}	keu^{55}	keu^{55}	kəu^{45}
狗	流开一上厚见	keu^{31}	keu^{21}	keu^{31}	keu^{21}	keu^{21}	keu^{21}	keu^{21}	kəu^{31}
苟	流开一上厚见	keu^{31}	keu^{21}	keu^{31}	keu^{21}	keu^{21}		keu^{21}	kəu^{31}
够	流开一去候见	keu^{33}	keu^{33}	keu^{33}	keu^{33}	keu^{33}	keu^{33}	keu^{332}	kəu^{52}
构	流开一去候见	keu^{33}	keu^{33}	keu^{33}	keu^{33}	keu^{33}	keu^{33}	keu^{332}	kəu^{52}
购	流开一去候见	keu^{33}	keu^{33}	keu^{33}	keu^{33}	keu^{33}	keu^{33}	keu^{332}	kəu^{52}
勾~当	流开一去候见	keu^{55}	keu^{45}	keu^{45}	ŋeu^{45}	ŋeu^{55}	keu^{55}	keu^{55}	ŋəu^{45}
抠	流开一平侯溪	kʰeu^{33}	kʰeu^{33}	kʰeu^{33}	kʰeu^{33}	kʰeu^{33}	kʰeu^{33}	kʰeu^{332}	
口	流开一上厚溪	heu^{31}	heu^{21}	heu^{31}	heu^{21}	heu^{21}	heu^{21}	heu^{21}	həu^{31}
叩	流开一上厚溪	kʰeu^{33}	kʰeu^{33}	kʰeu^{33}	kʰeu^{33}	kʰeu^{33}	kʰeu^{33}	kʰep^{5}△	kʰəu^{52}
扣	流开一去候溪	kʰeu^{33}	kʰeu^{33}	kʰeu^{33}	kʰeu^{33}	kʰeu^{33}	kʰeu^{33}	kʰeu^{332}	kʰəu^{52}
寇	流开一去候溪	kʰeu^{33}	kʰeu^{33}	kʰeu^{33}	kʰeu^{33}	kʰeu^{33}	kʰeu^{33}	kʰeu^{332}	kʰəu^{52}
藕	流开一上厚疑	ŋeu^{31}	ŋau^{21}	ŋeu^{31}	ŋau^{21}	ŋeu^{21}	ŋeu^{21}	ŋeu^{21}	ŋəu^{31}
偶	流开一去候疑	ŋeu^{31}	ŋeu^{21}	ŋeu^{31}	ŋeu^{21}	ŋeu^{21}	ŋeu^{21}	ŋeu^{21}	ŋəu^{31}
侯	流开一平侯匣	heu^{13}	heu^{13}	heu^{13}	heu^{25}	heu^{13}	heu^{13}	heu^{13}	həu^{223}

单字	地点	廉江长山	廉江石角	廉江河唇	廉江雅塘	遂溪河头	雷州客路塘塞	雷州客路大家	徐闻下桥
喉	流开一平侯匣	heu¹³	heu¹³	heu¹³	heu²⁵	heu¹³	heu¹³	heu¹³	həu²²³
猴	流开一平侯匣	heu¹³	heu¹³	heu¹³	heu²⁵	heu¹³	heu¹³	heu¹³	həu²²³
后皇~ ~日	流开一上厚匣	heu³³ heu⁵⁵	heu³³ heu⁴⁵	heu³³ heu⁴⁵	heu³³ heu⁴⁵	heu³³ heu⁵⁵	heu³³ heu⁵⁵	heu³³² heu⁵⁵	həu³¹ həu⁴⁵
厚	流开一上厚匣	heu⁵⁵	heu⁴⁵	heu⁴⁵	heu³³	heu³³	heu⁵⁵	heu³³²	həu⁴⁵
候	流开一去候匣	heu³³	heu³³	heu³³	heu³³	heu³³	heu³³	heu³³²	həu³¹
欧	流开一平侯影	eu⁵⁵	eu⁴⁵	eu⁴⁵	eu⁴⁵	au⁵⁵	au⁵⁵	eu⁵⁵	əu⁴⁵
区姓	流开一平侯影	eu⁵⁵	eu⁴⁵	eu⁴⁵					əu⁴⁵
瓯	流开一平侯影	eu⁵⁵	eu⁴⁵	eu⁴⁵	eu⁴⁵	eu⁵⁵			əu⁴⁵
呕	流开一上厚影	eu³¹	eu²¹	eu³¹	eu²¹	eu²¹	eu²¹	eu²¹	əu³¹
殴	流开一上厚影	eu³¹	eu²¹	eu³¹	eu²¹		cu²¹	eu²¹	əu⁴⁵
沤	流开一去候影	eu³³	eu³³	eu³³	eu³³	eu³³	eu³³	eu³³²	əu⁵²
怄	流开一去候影	eu³³	eu³³	eu³³	eu³³			eu³³²	əu⁵²
否	流开三上有非	feu³¹	feu²¹	feu³¹	feu²¹	veu²¹	feu²¹	feu²¹	fəu³¹
富	流开三去宥非	fu³³	fu³³	fu³³	fu³³	fu³³	fu³³	fu³³²	fu⁵²
副	流开三去宥敷	fu³³	fu³³	fu³³	fu³³	fu³³	fu³³	fu³³²	fu⁵²
浮	流开三平尤奉	feu¹³ pʰɔ¹³	feu¹³ pʰo¹³	feu¹³ pʰo¹³	feu²⁵ pʰɔ²⁵	pʰu¹³ pʰɔ¹³	pʰu¹³ pʰɔ¹³	pʰɔ¹³	fəu²²³ pʰəu²²³

单字	地点	廉江长山	廉江石角	廉江河唇	廉江雅塘	遂溪河头	雷州客路塘塞	雷州客路大家	徐闻下桥
负	流开三上有奉	fu³³	fu³³	fu³³	fu³³	fu³³	fu³³	fu³³²	fu³¹
妇~女 ~娘	流开三上有奉	fu³³	fu²¹	fu³¹	fu³³	fu³³	fu³³	fu³³²	fu³¹ fu⁴⁵
妇新~	流开三上有奉	pu⁵⁵	pu⁴⁵	pu⁴⁵	pu⁴⁵	pu⁵⁵	pu⁵⁵	pu⁵⁵	pʰu⁴⁵
复~习	流开三去宥奉	fuk³	fuk²	fuk³	fuk²	fuk²	fok²	fuk²	fuk³
谋	流开三平尤明	meu¹³	meu¹³	meu¹³	meu²⁵	meu¹³	meu¹³	meu¹³	məu²²³
矛	流开三平尤明	mau¹³	mau¹³	mau¹³	mau²⁵	mau¹³	mau¹³	mau¹³	mau²²³
纽	流开三上有泥	neu³¹	neu²¹	neu³¹	neu²¹	ȵiu²¹	ȵiu²¹	ȵiu²¹	nəu³¹
扭	流开三上有泥	ȵiu³¹	ȵiu²¹	ȵiu³¹	ȵiu²¹	ȵiu²¹	ȵiu²¹	ȵiu²¹	ȵiu³¹
流河~ ~汗	流开三平尤来	liu¹³ liu³³	liu¹³ liu³³	liu¹³ liu³³	liu²⁵ liu³³	liu¹³ liu³³	liu¹³ liu⁵⁵	liu¹³ liu³³²	liu²²³ liu⁴⁵
刘	流开三平尤来	liu¹³	liu¹³	liu¹³	liu²⁵	liu¹³	liu¹³	liu¹³	liu²²³·
留	流开三平尤来	liu¹³	liu¹³	liu¹³	liu²⁵	liu¹³	liu¹³	liu¹³	liu²²³
榴	流开三平尤来	liu¹³	liu¹³	liu¹³	liu²⁵	leu¹³	leu¹³	liu¹³	liu²²³
硫	流开三平尤来	liu¹³	liu¹³	liu¹³	liu²⁵	liu¹³	liu¹³		liu²²³
琉	流开三平尤来	liu¹³	liu¹³	liu¹³	liu²⁵	liu¹³	liu¹³	liu¹³	liu²²³
柳	流开三上有来	liu³¹	liu²¹	liu³¹	liu²¹	liu²¹	liu²¹	liu²¹	liu⁵²
溜~走 ~滑梯	流开三去宥来	liu⁵⁵ liu³³	liu⁴⁵ liu³³	liu⁴⁵ liu³³	liu⁴⁵ liu³³	liu⁵⁵ liu³³	liu⁵⁵ liu³³	liu⁵⁵	liu⁴⁵

单字 \ 地点		廉江长山	廉江石角	廉江河唇	廉江雅塘	遂溪河头	雷州客路塘塞	雷州客路大家	徐闻下桥
馏	流开三去宥来	liu^{13}	liu^{13}	liu^{13}	liu^{25}	liu^{13}	liu^{13}	liu^{13}	liu^{223}
廖	流开三去宥来	$liau^{33}$	$liau^{33}$	$liau^{33}$	$liau^{33}$	$liau^{33}$	$liau^{33}$	$liau^{332}$	$liau^{31}$
揪	流开三平尤精	$tsiu^{13}$		$tsiu^{45}$		ts^hiu^{55}	ts^hiu^{55}	ts^hiu^{55}	ts^hiu^{45}
酒	流开三上有精	$tsiu^{31}$	$tsiu^{21}$	$tsiu^{31}$	$tsiu^{21}$	$tsiu^{21}$	$tsiu^{21}$	$tsiu^{21}$	$tsiu^{31}$
秋	流开三平尤清	ts^hiu^{55}	ts^hiu^{45}	ts^hiu^{45}	ts^hiu^{45}	ts^hiu^{55}	ts^hiu^{55}	ts^hiu^{55}	ts^hiu^{45}
就	流开三去宥从	ts^hiu^{33}	ts^hiu^{33}	ts^hiu^{33}	ts^hiu^{33}	ts^hiu^{33}	ts^hiu^{33}	ts^hiu^{332}	ts^hiu^{31}
修	流开三平尤心	siu^{55}	siu^{45}	siu^{45}	$ɬiu^{45}$	siu^{55}	$ɬiu^{55}$	siu^{55}	siu^{45}
羞	流开三平尤心	siu^{55}	siu^{45}	siu^{45}	$ɬiu^{45}$	siu^{55}			siu^{45}
秀	流开三去宥心	siu^{33}	siu^{33}	siu^{33}	$ɬiu^{33}$	$ɬiu^{33}$	$ɬiu^{33}$	siu^{332}	siu^{52}
绣	流开三去宥心	siu^{33}	siu^{33}	siu^{33}	$ɬiu^{33}$	$ɬiu^{33}$	$ɬiu^{33}$	siu^{332}	siu^{52}
宿星~	流开三去宥心	suk^{3}	suk^{2}	suk^{3}	$ɬuk^{2}$	$ɬuk^{2}$	$ɬok^{2}$	suk^{2}	suk^{3}
锈	流开三去宥心	siu^{33} lu^{55}△	lu^{45}△	siu^{33} lu^{45}△	$ɬiu^{33}$ $ɬiaŋ^{33}$△	$ɬiu^{33}$	$ɬiaŋ^{33}$△	$siaŋ^{332}$△	lu^{45}△
囚	流开三平尤邪	siu^{13}	ts^hiu^{13}	ts^hiu^{13}	$ɬiu^{25}$	ts^hiu^{13}	ts^hiu^{13}	ts^hiu^{13}	siu^{223}
泅	流开三平尤邪		ts^hiu^{13}	ts^hiu^{13}	$ɬiu^{25}$	ts^hiu^{13}			ts^hiu^{223}
袖	流开三去宥邪	ts^hiu^{33}	ts^hiu^{33}	ts^hiu^{33}	ts^hiu^{33}	ts^hiu^{33}	ts^hiu^{33}	ts^hiu^{332}	ts^hiu^{31}
肘	流开三上有知	$tsaŋ^{55}$(静)	$tsaŋ^{45}$(静)	$tsaŋ^{45}$(静)	$tsaŋ^{45}$(静)	$tsaŋ^{55}$(静)	$tsaŋ^{55}$(静)	$tsaŋ^{55}$(静)	$tsaŋ^{45}$(静)

单字 \\ 地点		廉江长山	廉江石角	廉江河唇	廉江雅塘	遂溪河头	雷州客路塘塞	雷州客路大家	徐闻下桥
昼	流开三去宥知	tsiu³³	tsiu³³	tsiu³³	tsiu³³	tsiu³³	tsiu³³	tsiu³³²	tsiu⁵²
抽	流开三平尤彻	tsʰiu⁵⁵	tsʰiu⁴⁵	tsʰiu⁴⁵	tsʰiu⁴⁵	tsʰiu⁵⁵	tsʰiu⁵⁵	tsʰiu⁵⁵	tsʰiu⁴⁵
丑_{地支}	流开三上有彻	tsʰiu³¹	tsʰiu²¹	tsʰiu³¹	tsʰiu²¹	tsʰiu²¹	tsʰiu²¹	tsʰiu²¹	tsʰiu³¹
绸	流开三平尤澄	tsʰiu¹³	tsʰiu¹³	tsʰiu¹³	tsʰiu²⁵	tsʰiu¹³	tsʰiu¹³		tsʰiu²²³
稠	流开三平尤澄	tsiu⁵⁵	tsiu⁴⁵	tsiu⁴⁵	tsiu⁴⁵	tsʰiu¹³	tsiu⁵⁵	mak²（密）	tsʰiu²²³
筹	流开三平尤澄	tsʰiu¹³	tsʰiu¹³	tsʰiu¹³	tsʰiu²⁵	tsʰiu¹³	tsʰiu¹³	tsʰiu¹³	tsʰiu²²³
纣	流开三上有澄	tsʰiu³³	tsʰiu³³	tsʰiu³³	tsʰiu³³	tsiu³³	tsʰiu³³	tsiu³³²	tsiu⁵²
宙	流开三去宥澄	tsʰiu³³	tsʰiu³³	tsʰiu³³	tsʰiu³³	tsiu³³	tsiu³³	tsiu³³²	tsiu⁵²
邹	流开三平尤庄	tseu⁵⁵	tseu⁴⁵	tseu⁴⁵	tseu⁴⁵	tseu⁵⁵		tseu⁵⁵	tsəu⁴⁵
皱	流开三去宥庄	ȵiu³³△	ȵiu³³△	ȵiu³³△	ȵiu³³△	ȵiu³³△	ȵiu³³△	ȵiu³³²△	ȵiu⁵²△
愁	流开三平尤崇	seu¹³	seu¹³	seu¹³	ɬeu²⁵	ɬeu¹³	ɬeu¹³	seu¹³	səu²²³
骤	流开三去宥崇	tsʰeu³¹	tsʰeu²¹	tsʰeu³¹	tsʰeu²¹	tseu³³	tseu³³	tseu³³²	tsʰəu³¹
搜	流开三平尤生	seu⁵⁵	seu⁴⁵	seu⁴⁵	ɬeu⁴⁵	ɬeu²¹	ɬeu²¹	seu²¹	səu⁴⁵
馊	流开三平尤生	seu⁵⁵	seu⁴⁵	seu⁴⁵	ɬeu⁴⁵	ɬeu⁵⁵	ɬeu⁵⁵	seu⁵⁵	səu⁴⁵
瘦	流开三去宥生	seu³³	seu³³	seu³³	ɬeu³³	ɬeu³³	ɬeu³³	seu³³²	səu⁵²
周	流开三平尤章	tsiu⁵⁵	tsiu⁴⁵	tsiu⁴⁵	tsiu⁴⁵	tsiu⁵⁵	tsiu⁵⁵	tsiu⁵⁵	tsiu⁴⁵

单字 \ 地点		廉江长山	廉江石角	廉江河唇	廉江雅塘	遂溪河头	雷州客路塘塞	雷州客路大家	徐闻下桥
舟	流开三平尤章	tsiu⁵⁵	tsiu⁴⁵	tsiu⁴⁵	tsiu⁴⁵	tsiu⁵⁵	tsiu⁵⁵	tsiu⁵⁵	tsiu⁴⁵
州	流开三平尤章	tsiu⁵⁵	tsiu⁴⁵	tsiu⁴⁵	tsiu⁴⁵	tsiu⁵⁵	tsiu⁵⁵	tsiu⁵⁵	tsiu⁴⁵
洲	流开三平尤章	tsiu⁵⁵	tsiu⁴⁵	tsiu⁴⁵	tsiu⁴⁵	tsiu⁵⁵	tsiu⁵⁵	tsiu⁵⁵	tsiu⁴⁵
帚	流开三上有章	tsiu³¹	tsiu²¹	tsiu³¹		tsiu⁵⁵			
咒	流开三去宥章	tsiu³³	tsiu³³	tsiu³³	tsiu³³	tseu³³	tseu³³	tsiu³³²	tsiu⁵²
丑 长得~ 出丑	流开三上有昌	tsʰiu³¹	tsʰiu²¹ vai⁴⁵△	tsʰiu³¹	tsʰiu²¹	tsʰiu²¹	heu¹³△	heu¹³△ tsʰiu²¹	tsʰiu³¹
臭	流开三去宥昌	tsʰiu³³	tsʰiu³³	tsʰiu³³	tsʰiu³³	tsʰiu³³	tsʰiu³³	tsʰiu³³²	tsʰiu⁵²
收	流开三平尤书	ʃiu⁵⁵	ʃiu⁴⁵	ʃiu⁴⁵	siu⁴⁵	siu⁵⁵	siu⁵⁵	siu⁵⁵	siu⁴⁵
手	流开三上有书	ʃiu³¹	ʃiu²¹	ʃiu³¹	siu²¹	siu²¹	siu²¹	siu²¹	siu³¹
首	流开三上有书	ʃiu³¹	ʃiu²¹	ʃiu³¹	siu²¹	siu²¹	siu²¹	siu²¹	siu³¹
守	流开三上有书	ʃiu³¹	ʃiu²¹	ʃiu³¹	siu²¹	siu²¹	siu²¹	siu²¹	siu³¹
兽	流开三去宥书	tsʰiu³³	tsʰiu³³	tsʰiu³³	tsʰiu³³	ɬiu³³	ɬiu³³	siu³³²	sɐu⁵²
仇 ~人	流开三平尤禅	ʃiu¹³	ʃiu¹³	ʃiu¹³	siu²⁵	tsʰiu¹³	tsʰiu¹³	tsʰiu¹³	siu²²³
酬	流开三平尤禅	tsʰiu¹³	tsʰiu¹³	tsʰiu¹³	tsʰiu²⁵	tsʰiu¹³	tsʰiu¹³	tsʰiu¹³	tsʰiu²²³
受	流开三上有禅	ʃiu³³	ʃiu³³	ʃiu³³	siu³³	siu³³	siu³³	siu³³²	siu³¹
寿	流开三去宥禅	ʃiu³³	ʃiu³³	ʃiu³³	siu³³	siu³³	siu³³	siu³³²	siu³¹

单字	地点	廉江长山	廉江石角	廉江河唇	廉江雅塘	遂溪河头	雷州客路塘塞	雷州客路大家	徐闻下桥
授	流开三去宥禅	ʃiu³³	ʃiu³³	ʃiu³³	siu³³	siu³³	siu³³	siu³³²	siu³¹
售	流开三去宥禅	tsʰiu¹³	tʃʰiu¹³	tsʰiu¹³	tsʰiu²⁵	tsʰiu¹³	siu³³	siu³³²	siu²²³
柔	流开三平尤日	iu¹³	iu¹³	iu¹³	iu²⁵	iu¹³	iu¹³	iu¹³	iu²²³
揉~烂	流开三平尤日	ɲio⁵⁵△	ɲio⁴⁵△	ɲio⁴⁵△	ɲio⁴⁵△		ɲiai⁵⁵△		ɲio⁴⁵△
鸠	流开三平尤见	keu⁵⁵	keu⁴⁵	keu⁴⁵	keu⁴⁵	keu⁵⁵	keu⁵⁵	keu⁵⁵	kəu⁴⁵
阄	流开三平尤见	keu⁵⁵	keu⁴⁵	keu⁴⁵	keu⁴⁵	kʰeu⁵⁵	kʰeu⁵⁵	kʰau⁵⁵	
纠争斗	流开三平尤见	teu³¹△	teu²¹△	teu³¹△	teu²¹△	tau²¹△	teu³³△	teu³³²△	təu³¹△
九	流开三上有见	kiu³¹	kiu²¹	kiu³¹	kiu²¹	kiu²¹	kiu²¹	kiu²¹	kiu³¹
久	流开三上有见	kiu³¹	kiu²¹	kiu³¹	kiu²¹	kiu²¹	kiu²¹	kiu²¹	kiu³¹
韭	流开三上有见	kiu³¹	kiu²¹	kiu³¹	kiu²¹	keu²¹	keu²¹	keu²¹	kiu³¹
灸	流开三上有见	kiu³³	kiu³³	kiu³³	kiu³³	kiu²¹		kiu²¹	kiu⁵²
救	流开三去宥见	kiu³³	kiu³³	kiu³³	kiu³³	kiu³³	kiu³³	kiu³³²	kiu⁵²
究	流开三去宥见	kiu³³	kiu³³	kiu³³	kiu³³	kiu³³	kiu³³	kiu³³²	kiu⁵²
丘	流开三平尤溪	kʰiu⁵⁵	kʰiu⁴⁵	kʰiu⁴⁵	kʰiu⁴⁵	kʰiu⁵⁵	kʰiu⁵⁵	kʰiu⁵⁵	kʰiu⁴⁵
求	流开三平尤群	kʰiu¹³	kʰiu¹³	kʰiu¹³	kʰiu²⁵	kʰiu¹³	kʰiu¹³	kʰiu¹³	kʰiu²²³
球	流开三平尤群	kʰiu¹³	kʰiu¹³	kʰiu¹³	kʰiu²⁵	kʰiu¹³	kʰiu¹³	kʰiu¹³	kʰiu²²³

单字 ＼ 地点		廉江长山	廉江石角	廉江河唇	廉江雅塘	遂溪河头	雷州客路塘塞	雷州客路大家	徐闻下桥
仇姓	流开三平尤群	k^hiu^{13}	k^hiu^{13}	k^hiu^{13}	siu^{25}	ts^hiu^{13}	ts^hiu^{13}	ts^hiu^{13}	siu^{223}
臼	流开三上有群	k^hiu^{31}	k^hiu^{45}	k^hiu^{45}		$k^hu^{33}△$	$ŋau^{21}△$	$k^hu^{21}△$	k^hiu^{31}
舅	流开三上有群	k^hiu^{55}	k^hiu^{45}	k^hiu^{45}	k^hiu^{45}	k^hiu^{55}	k^hiu^{55}	k^hiu^{55}	k^hiu^{45}
旧	流开三去宥群	k^hiu^{33}	k^hiu^{33}	k^hiu^{33}	k^hiu^{33}	k^hiu^{33}	k^hiu^{33}	k^hiu^{332}	k^hiu^{31}
柩	流开三去宥群		kiu^{33}	kiu^{33}	k^hiu^{33}			kiu^{332}	kiu^{52}
牛	流开三平尤疑	$ŋeu^{13}$	$ŋeu^{13}$	$ŋeu^{13}$	$ŋeu^{25}$	$ŋeu^{13}$	$ŋeu^{13}$	$ŋeu^{13}$	$ŋəu^{223}$
休	流开三平尤晓	hiu^{55}	siu^{45}	hiu^{45}	hiu^{45}	hiu^{55}	hiu^{55}	hiu^{55}	siu^{45}
朽	流开三上有晓	hiu^{31}		$ŋeu^{31}$		hiu^{21}		hiu^{21}	siu^{52}
嗅	流开三去宥晓	ts^hiu^{33}	ts^hiu^{33}	ts^hiu^{33}	ts^hiu^{33}	ts^hiu^{33}	ts^hiu^{33}	ts^hiu^{332}	ts^hiu^{52}
忧	流开三平尤影	iu^{13}	iu^{13}	iu^{13}	iu^{25}	iu^{55}	iu^{55}	iu^{13}	iu^{45}
优	流开三平尤影	iu^{13}	iu^{13}	iu^{13}	iu^{25}	iu^{55}	iu^{55}	iu^{55}	iu^{45}
尤	流开三平尤云	iu^{13}	iu^{13}	iu^{13}	iu^{25}	iu^{13}	iu^{13}	iu^{13}	iu^{45}
邮	流开三平尤云	iu^{13}	iu^{13}	iu^{13}	iu^{25}	iu^{13}	iu^{13}	iu^{13}	iu^{223}
有	流开三上有云	iu^{55}	iu^{45}	iu^{45}	iu^{45}	iu^{55}	iu^{55}	iu^{55}	iu^{45}
友	流开三上有云	iu^{33}	iu^{33}	iu^{33}	iu^{33}	iu^{21}	iu^{21}	iu^{21}	iu^{52}
又	流开三去宥云	iu^{33}	iu^{21}	iu^{31}	iu^{33}	iu^{33}	iu^{21}	iu^{332}	iu^{31}

单字 ＼ 地点		廉江长山	廉江石角	廉江河唇	廉江雅塘	遂溪河头	雷州客路塘塞	雷州客路大家	徐闻下桥
右	流开三去宥云	iu^{33}	iu^{33}	iu^{33}	iu^{33}	iu^{33}	iu^{33}	iu^{332}	iu^{31}
佑	流开三去宥云	iu^{33}	iu^{33}	iu^{33}	iu^{33}	iu^{33}	iu^{33}	iu^{332}	iu^{31}
由	流开三平尤以	iu^{13}	iu^{13}	iu^{13}	iu^{25}	iu^{13}	iu^{13}	iu^{13}	iu^{223}
油	流开三平尤以	iu^{13}	iu^{13}	iu^{13}	iu^{25}	iu^{13}	iu^{13}	iu^{13}	iu^{223}
游	流开三平尤以	iu^{13}	iu^{13}	iu^{13}	iu^{25}	iu^{13}	iu^{13}	iu^{13}	iu^{223}
犹	流开三平尤以	iu^{13}	iu^{13}	iu^{13}	iu^{25}	iu^{13}	iu^{13}	iu^{13}	iu^{223}
悠	流开三平尤以	iu^{13}	iu^{13}	iu^{13}	iu^{25}	iu^{33}	iu^{13}	iu^{13}	iu^{223}
酉	流开三上有以	iu^{55}	iu^{45}	iu^{45}	iu^{45}	iu^{55}	iu^{55}	iu^{55}	iu^{45}
诱	流开三上有以	iu^{31}	iu^{21}	iu^{31}	iu^{21}	iu^{21}	iu^{33}	iu^{21}	iu^{52}
柚	流开三去宥以	iu^{13}	iu^{13}	iu^{13}	iu^{25}	iu^{13}		iu^{13}	iu^{13}
釉	流开三去宥以	iui^{33}	iui^{33}	iui^{33}	iui^{33}	iu^{33}	tʰɔŋ^{55}△	tʰɔŋ^{55}△	
彪	流开三平幽帮	piau^{55}	piau^{45}	piau^{45}	piau^{45}	piau^{55}	piau^{55}	piau^{55}	piau^{45}
谬	流开三去幼明	meu^{31}	miau^{21}	meu^{31}		miau^{33}	miau^{33}	miau^{332}	miau^{52}
丢	流开三平幽端	tiu^{55}	tiu^{45}	tiu^{45}	tiu^{45}	tiu^{55}	tiu^{55}	tiu^{55}	tiu^{45}
纠~正	流开三上黝见	teu^{31}△	teu^{21}△	teu^{31}△	teu^{21}△	tau^{21}△	teu^{21}△	teu^{21}△	təu^{31}△
幽	流开三平幽影	iu^{13}	iu^{13}	iu^{13}	iu^{25}	iu^{13}	iu^{55}	iu^{13}	iu^{45}

单字 \ 地点		廉江长山	廉江石角	廉江河唇	廉江雅塘	遂溪河头	雷州客路塘塞	雷州客路大家	徐闻下桥
幼	流开三去幼影	iu³³	iu³³	iu³³	iu³³	iu³³	iu³³	iu³³²	iu⁵²
眈	咸开一平覃端	tam⁵⁵	tam⁴⁵	tam⁴⁵	tam⁴⁵	tam⁵⁵	tam⁵⁵	tam⁵⁵	tam⁴⁵
答	咸开一入合端	tap³	tap²	tap³	tap²	tap²	tap²	tap²	tap³
搭	咸开一入合端	tap³	tap²	tap³	tap²	tap²	tap²	tap²	tap³
贪	咸开一平覃透	tʰam⁵⁵	tʰam⁴⁵	tʰam⁴⁵	tʰam⁴⁵	tʰam⁵⁵	tʰam⁵⁵	tʰam⁵⁵	tʰam⁴⁵
探	咸开一去勘透	tʰam³³	tʰam³³	tʰam³³	tʰam³³	tʰam³³	tʰam³³	tʰam³³²	tʰam⁵²
踏~脚	咸开一入合透	tʰap⁵	tʰap⁵	tʰap⁵	tʰap⁵	tʰap⁵ tʰap²	tʰap⁵	tʰap²	tʰap⁵
潭	咸开一平覃定	tʰam¹³	tʰam¹³	tʰam¹³	tʰam²⁵	tʰam¹³	tʰam¹³	tʰam¹³	tʰam²²³
谭	咸开一平覃定	tʰam¹³	tʰam¹³	tʰam¹³	tʰam²⁵	tʰam¹³	tʰam¹³	tʰam¹³	tʰam²²³
沓	咸开一入合定	tʰiap³	tiap⁵	tiap⁵	tiap⁵	tʰiap⁵	tʰiap⁵	tʰap⁵	tʰap⁵
南	咸开一平覃泥	nam¹³	nam¹³	nam¹³	nam²⁵	nam¹³	nam¹³	nam¹³	nam²²³
男	咸开一平覃泥	nam¹³	nam¹³	nam¹³	nam²⁵	nam¹³	nam¹³	nam¹³	nam²²³
纳	咸开一入合泥	nap⁵	nap⁵	nap⁵	nap⁵	nap⁵	nap⁵	nap⁵	nap⁵
拉	咸开一入合来	lai⁵⁵	lai⁴⁵	lai⁴⁵	lai⁴⁵	lai⁵⁵	lai⁵⁵	lai⁵⁵	lai⁴⁵
簪	咸开一平覃精	pe⁵⁵△	pe⁴⁵△	tsam⁴⁵	pe⁴⁵△			pe⁵⁵△	at³(压)
参~加	咸开一平清	tsʰam⁵⁵	tsʰam⁴⁵	tsʰam⁴⁵	tsʰam⁴⁵	tsʰam⁵⁵	tsʰam⁵⁵	tsʰam⁵⁵	tsʰam⁴⁵

单字 / 地点		廉江长山	廉江石角	廉江河唇	廉江雅塘	遂溪河头	雷州客路塘塞	雷州客路大家	徐闻下桥
惨	咸开一上感清	tsʰam^{31}	tsʰam^{21}	tsʰam^{31}	tsʰam^{21}	tsʰam^{21}	tsʰam^{21}	tsʰam^{21}	tsʰam^{31}
蚕	咸开一平覃从	tsʰam^{13}	tsʰam^{13}	tsʰam^{13}	tsʰam^{25}	tsʰam^{13}	tsʰam^{13}	tsʰam^{13}	tsʰam^{223}
杂	咸开一入合从	tsʰap^{5}	tsʰap^{5}	tsʰap^{5}	tsʰap^{5}	tsʰap^{5}	tsʰap^{5}	tsʰap^{5}	tsʰap^{5}
感	咸开一上感见	kam^{31}	kam^{21}	kam^{31}	kam^{21}	kam^{21}	kam^{21}	kam^{21}	kam^{31}
蛤花~	咸开一入合见	kap^{3}	kep^{2}	kep^{3}	kep^{2}	kap^{2}	kap^{2}	kap^{2}	kəp^{3}
鸽	咸开一入合见	kap^{3}	kap^{2}	kap^{3}	kap^{2}	kap^{2}	kap^{2}	kap^{2}	kap^{3}
堪	咸开一平覃溪	kʰam^{55}	kʰam^{45}	kʰam^{45}	kʰam^{45}	kʰam^{55}	kʰam^{55}	kʰam^{55}	kʰam^{45}
龛	咸开一平覃溪	kʰam^{55}		kʰam^{45}	am^{45}△	kʰam^{55}	kʰam^{55}	kʰam^{55}	kʰam^{45}
坎	咸开一上感溪	kʰam^{33}	kʰam^{33}	kʰam^{33}	kʰam^{45}	kʰam^{33}	kʰam^{33}	kʰam^{21}	kʰam^{52}
砍	咸开一上感溪	kʰam^{31}	tsam^{21}(斩)	kʰam^{31}	kʰam^{21}	tsam^{21}(斩)	tsam^{21}(斩)	kʰam^{21}	tsam^{31}(斩)
勘	咸开一去勘溪	kʰam^{55}	kʰam^{45}	kʰam^{45}	kʰam^{45}	kʰam^{55}	kʰam^{55}	kʰam^{55}	kʰam^{45}
含	咸开一平覃匣	ham^{13} hem^{13}	ham^{13} hem^{13}	ham^{13} hem^{13}	ham^{25} hem^{25}	ham^{13} hem^{13}	ham^{13} hem^{13}	ham^{13} hem^{13}	ham^{223} həm^{223}
函	咸开一平覃匣	ham^{13}	ham^{13}	ham^{13}	ham^{25}	ham^{13}	ham^{13}	ham^{13}	ham^{223}
撼	咸开一上感匣		ham^{33}	ham^{33}	ham^{21}			ham^{332}	
憾	咸开一去勘匣	ham^{33}	ham^{33}	ham^{33}	ham^{21}			ham^{332}	
合~作 ~伙	咸开一入合匣	hap^{5} kap^{3}	hap^{5} kap^{2}	hap^{5} kap^{3}	hap^{5} kap^{2}	hap^{5} kap^{2}	hap^{5} kap^{2}	hap^{5} kap^{2}	hap^{5} kap^{5}

单字 \ 地点		廉江长山	廉江石角	廉江河唇	廉江雅塘	遂溪河头	雷州客路塘塞	雷州客路大家	徐闻下桥
盒	咸开一入合匣	hap⁵	hap⁵	hap⁵	hap⁵	hap⁵	hap⁵	hap⁵	hap⁵
庵	咸开一平覃影	am⁵⁵	am⁴⁵	am⁴⁵	am⁴⁵	am⁵⁵	am⁵⁵	am⁵⁵	am⁴⁵
揞~住 撒粉末	咸开一上感影	em⁵⁵ sem³¹△	em⁴⁵ sem²¹△	em⁴⁵ sem³¹△	em⁴⁵ ɬem²¹△	em⁵⁵ ɬem²¹△	em⁵⁵ ɬem²¹△	em⁵⁵ sem²¹△	əm⁴⁵ im³¹△
暗	咸开一去勘影	am³³	am³³	am³³	am³³	am³³	am³³	am³³²	am⁵²
担~任 (动词)	咸开一平谈端	tam⁵⁵	tam⁴⁵	tam⁴⁵	tam⁴⁵	tam⁵⁵	tam⁵⁵	tam⁵⁵	tam⁴⁵
胆	咸开一上敢端	tam³¹	·tam²¹	tam³¹	tam²¹	tam²¹	tam²¹	tam²¹	tam³¹
担挑~ (名词)	咸开一去阚端	tam³³	tam³³	tam³³	tam³³	tam⁵⁵	tam³³	tam⁵⁵	tam⁴⁵
塔	咸开一入盍透	tʰap³	tʰap²	tʰap³	tʰap²	tʰap²	tʰap²	tʰap²	tʰap³
塌	咸开一入盍透	tʰap³	tʰap²	tʰap³	tʰap²	tʰap²	tʰap²	tʰap²	tʰap³
谈	咸开一平谈定	tʰam¹³	tʰam¹³	tʰam¹³	tʰam²⁵	tʰam¹³	tʰam¹³	tʰam¹³	tʰam²²³
痰	咸开一平谈定	tʰam¹³	tʰam¹³	tʰam¹³	tʰam²⁵	tʰam¹³	tʰam¹³	tʰam¹³	tʰam²²³
淡 平~ 咸~	咸开一上敢定	tʰam³¹ tʰam⁵⁵	tʰam²¹ tʰam⁴⁵	tʰam⁴⁵	tʰam²¹ tʰam⁴⁵	tʰam³³ tʰam⁵⁵	tʰam³³ tʰam⁵⁵	tʰam³³² tʰam⁵⁵	tʰam³¹ tʰam⁴⁵
蓝	咸开一平谈来	lam¹³	lam¹³	lam¹³	lam²⁵	lam¹³	lam¹³	lam¹³	lam²²³
篮~球	咸开一平谈来	lam¹³	lam¹³	lam¹³	lam²⁵	lam¹³	lam¹³	lam¹³	lam²²³
览	咸开一上敢来	lam³¹	lam³³	lam³³	lam²¹	lam²¹	lam²¹	lam²¹	lam³¹
揽	咸开一上敢来	lam³¹	lam²¹	lam³¹	lam²¹	lam²¹	lam²¹	lam²¹	lam³¹

单字	地点	廉江长山	廉江石角	廉江河唇	廉江雅塘	遂溪河头	雷州客路塘塞	雷州客路大家	徐闻下桥
榄	咸开一上敢来	lam³¹	lam²¹	lam³¹	lam²¹	lam²¹	lam²¹	lam²¹	lam³¹
滥	咸开一去阚来	lam³³	lam³³	lam³³	lam³³	lam³³	lam³³	lam³³²	lam³¹
缆	咸开一去阚来	lam³³	lam²¹	lam³³	lam³³	lam²¹	lam²¹	lam²¹	lam³¹
腊	咸开一入盍来	lap⁵	lap⁵	lap⁵	lap⁵	lap⁵	lap⁵	lap⁵	lap⁵
蜡	咸开一入盍来	lap⁵	lap⁵	lap⁵	lap⁵	lap⁵	lap⁵	lap⁵	lap⁵
惭	咸开一平谈从	tsʰiam³¹	tsʰiam³³	tsʰiam³³	tsʰiam³³	tsʰam¹³	tsʰam¹³	tsʰam¹³	tsʰam²²³
暂	咸开一去阚从	tsʰiam³³	tsʰiam²¹	tsʰiam³³	tsʰiam³³	tsʰiam³³	tsʰiam³³	tsʰiam³³²	tsʰiam³¹
三	咸开一平谈心	sam⁵⁵	sam⁴⁵	sam⁴⁵	ɬam⁴⁵	ɬam⁵⁵	ɬam⁵⁵	sam⁵⁵	sam⁴⁵
甘	咸开一平谈见	kam⁵⁵	kam⁴⁵	kam⁴⁵	kam⁴⁵	kam⁵⁵	kam⁵⁵	kam⁵⁵	kam⁴⁵
柑	咸开一平谈见	kam⁵⁵	kam⁴⁵	kam⁴⁵	kam⁴⁵	kam⁵⁵	kam⁵⁵	kam⁵⁵	kam⁴⁵
敢	咸开一上敢见	kam³¹	kam²¹	kam³¹	kam²¹	kam²¹	kam²¹	kam²¹	kam³¹
橄	咸开一上敢见	kam³¹	kam²¹	kam³¹	kam⁴⁵	kam²¹	kam⁵⁵	kam²¹	kam⁴⁵
磕	咸开一入盍溪							kʰep⁵	kʰəp³
喊	咸开一上敢晓	ham³³	ham³³	ham³³	ham³³	ham³³	ham³³	ham³³²	ham⁵²
站~立	咸开二去陷知	tʃam³³	tʃam³³	tsʰam³³	tsam³³	tsam³³	kʰi⁵⁵△	kʰi⁵⁵△	tsam³¹
赚	咸开二去陷澄	tsʰan³³	tsʰan³³	tsʰan³³	tsʰan³³	tsʰan³³	tsʰaŋ³³	tsʰaŋ³³²	tsʰan³¹

单字	地点	廉江长山	廉江石角	廉江河唇	廉江雅塘	遂溪河头	雷州客路塘塞	雷州客路大家	徐闻下桥
站车~	咸开二去陷澄	tsʰam³³	tsʰam³³	tsʰam³³	tsʰam³³	tsam³³	tsam³³	tsʰam³³²	tsʰam³¹
斩	咸开二上豏庄	tsam³¹	tsam²¹	tsam³¹	tsam²¹	tsam²¹	tsam²¹	tsam²¹	tsam³¹
蘸	咸开二去陷庄	nam³¹△	nam²¹△	nam³¹△	nam²¹△	lun²¹△	nam²¹△	vueŋ³³²△	tiam³¹ (点)
插	咸开二入洽初	tsʰap³	tsʰap²	tsʰap³	tsʰap²	tsʰap²	tsʰap²	tsʰap²	tsʰap³
闸	咸开二入洽崇	tsʰap⁵	tsʰap⁵	tsʰap⁵	tsʰap⁵	tsʰap⁵	tsʰap⁵	tsʰap⁵	tsʰap⁵
煠~番薯	咸开二入洽崇	sap⁵	sap⁵	sap⁵	ɬap⁵	ɬap⁵	ɬap⁵	sap⁵	sap⁵
杉	咸开二平咸生	tsʰa³³	tsʰa³³	tsʰa³³	tsʰa³³	tsʰam¹³	tsʰam¹³	tsʰam³³²	tsʰam⁵²
尷	咸开二平咸见	kam³³	kam⁴⁵	kam³³	kam³³				kam⁵²
减	咸开二上豏见	kam³¹	kam²¹	kam³¹	kam²¹	kam²¹	kam²¹	kam²¹	kam³¹
碱	咸开二上豏见	kan³¹	kan²¹	kan³¹	kan²¹	kian²¹	kieŋ²¹	kiŋ²¹	kan³¹
夹	咸开二入洽见	kʰiap⁵	kʰiap⁵	kʰiap⁵	kʰiap⁵	kʰiap⁵	kʰiap⁵	kʰiap⁵	kʰiap⁵
恰	咸开二入洽溪	kʰap³	kʰap²	kʰap³	kʰap²			kʰap²	
咸~丰 ~淡	咸开二平咸匣	ham³¹ ham¹³	ham¹³	ham¹³	ham²¹ ham²⁵	ham¹³	ham¹³	ham¹³	ham²²³
馅	咸开二去陷匣		sim⁴⁵ (心)		ɬim⁴⁵ (心)	hiam³³	hiam³³	a⁵⁵ (心)	ham³¹
狭	咸开二入洽匣	kʰiap⁵	kʰiap⁵	kʰiap⁵	kʰiap⁵	kʰiap⁵	kʰiap⁵	kʰiap⁵	kʰiap⁵
峡	咸开二入洽匣	kʰiap⁵	kʰiap⁵	kʰiap⁵	kʰiap⁵	hiap⁵	hiap⁵	kʰiap⁵	kʰiap⁵

单字 \ 地点		廉江长山	廉江石角	廉江河唇	廉江雅塘	遂溪河头	雷州客路塘塞	雷州客路大家	徐闻下桥
洽	咸开二入洽匣	hap⁵	kʰap²		kʰap²	hap⁵	hap⁵	tsʰiap²	tsʰiap³
攙	咸开二平衔初	tsʰam⁵⁵	tsʰai¹³△		tsʰam⁴⁵	tsʰam¹³		tsʰam⁵⁵	
衫	咸开二平衔生	sam⁵⁵	sam⁴⁵	sam⁴⁵	ɬam⁴⁵	ɬam⁵⁵	ɬam⁵⁵	sam⁵⁵	sam⁴⁵
监~狱	咸开二平衔见	kam⁵⁵	kam⁴⁵	kam⁴⁵	kam⁴⁵	kam⁵⁵	kam⁵⁵	kam⁵⁵	kam⁴⁵
鉴	咸开二去鉴见	kam³³	kam³³	kam³³	kam³³	kiam³³	kiam³³	kiam³³²	kam⁵²
监太~	咸开二去鉴见	kam³³	kam³³	kam³³	kam³³	kiam³³	kiam³³	kiam³³²	kam⁵²
甲	咸开二入狎见	kap³	kap²	kap³	kap²	kap²	kap²	kap²	kap³
胛	咸开二入狎见	kap³	kap²	kap³	kap²	kap²	kap²	kap²	kap³
岩	咸开二平衔疑	ŋam¹³	ŋam¹³	ŋam¹³	ŋam²⁵	ŋam¹³	ŋam¹³	ŋam¹³	ŋam²²³
衔	咸开二平衔匣	ham¹³	ham¹³	ham¹³	ham²⁵	ham¹³	ham¹³	ham¹³	ham²²³
舰	咸开二上槛匣	lam³³	lam³³	lam³³	lam³³	lam²¹	lam²¹	lam²¹	lam³¹
匣	咸开二入狎匣		hap⁵	hap⁵				hap⁵	hap⁵
鸭	咸开二入狎影	ap³	ap²	ap³	ap²	ap²	ap²	ap²	ap³
押	咸开二入狎影	ap³	ap²	ap³	ap²	ap²	ap²	ap²	ap³
压	咸开二入狎影	at³	ap²	at³	ap²	ak²	ak²	ak²	at³
贬	咸开三上琰帮	pian³¹	pian²¹	pian³¹	pian²¹	pian²¹	pieŋ²¹	pieŋ²¹	pian³¹

单字	地点	廉江长山	廉江石角	廉江河唇	廉江雅塘	遂溪河头	雷州客路塘塞	雷州客路大家	徐闻下桥
黏	咸开三 平盐泥		na^{13}△	na^{13}△	na^{25}△	na^{13}△	nak^5△	ŋak^2△	
聂	咸开三 入叶泥	ȵiap^3	ȵiap^2	ȵiap^3	ȵiap^2	ȵiap^5	ȵiap^5		ȵiap^3
廉	咸开三 平盐来	liam^{13}	liam^{13}	liam^{13}	liam^{25}	liam^{13}	liam^{13}	liam^{13}	liam^{223}
镰	咸开三 平盐来	liam^{13}	liam^{13}	liam^{13}	liam^{25}	liam^{13}	liam^{13}	liam^{13}	liam^{223}
帘	咸开三 平盐来	liam^{13}	liam^{13}	liam^{13}	liam^{25}	liam^{13}	liam^{13}	liam^{13}	liam^{223}
敛	咸开三 上琰来	liam^{55}	liam^{21}	liam^{45}	liam^{21}	liam^{55}	liam^{55}	liam^{55}	
殓	咸开三 去艳来	liam^{55}	liam^{21}	liam^{45}	liam^{33}	kiam^{21}	liam^{55}	liam^{332}	kiam^{31}
猎	咸开三 入叶来	liap^5	liap^5	liap^5	liap^5	liap^5	liap^5	liap^5	liap^5
尖	咸开三 平盐精	tsiam^{55}	tsiam^{45}	tsiam^{45}	tsiam^{45}	tsiam^{55}	tsiam^{55}	tsiam^{55}	tsiam^{45}
歼	咸开三 平盐精	ts^{h}iam^{55}	ts^{h}ian^{45}	ts^{h}iam^{45}	ts^{h}iam^{45}	ts^{h}iam^{55}	ts^{h}iam^{55}		ts^{h}iam^{45}
接	咸开三 入叶精	tsiap^3	tsiap^2	tsiap^3	tsiap^2	tsiap^2	tsiap^2	tsiap^2	tsiap^3
签	咸开三 平盐清	ts^{h}iam^{55}	ts^{h}iam^{45}	ts^{h}iam^{45}	ts^{h}iam^{45}	ts^{h}iam^{55}	ts^{h}iam^{55}	ts^{h}iam^{55}	ts^{h}iam^{45}
妾	咸开三 入叶清	ts^{h}iap^3	ts^{h}iap^2	ts^{h}iap^3	ts^{h}iap^2	ts^{h}iap^2		ts^{h}iap^2	ts^{h}iap^3
潜	咸开三 平盐从	ts^{h}iam^{13}	ts^{h}iam^{13}	ts^{h}iam^{13}	ts^{h}iam^{25}	ts^{h}iam^{13}	k^{h}iam^{13}	ts^{h}iam^{13}	ts^{h}im^{223}
渐	咸开三 上琰从	ts^{h}iam^{33}	ts^{h}iam^{33}	ts^{h}iam^{33}	ts^{h}iam^{33}	ts^{h}iam^{33}	ts^{h}iam^{33}	ts^{h}iam^{332}	ts^{h}iam^{31}
捷	咸开三 入叶从	ts^{h}iap^5	ts^{h}iap^5	ts^{h}iap^5	ts^{h}iap^5	ts^{h}iap^2	ts^{h}iap^5	ts^{h}iap^5	ts^{h}iap^5

单字 ＼ 地点		廉江长山	廉江石角	廉江河唇	廉江雅塘	遂溪河头	雷州客路塘塞	雷州客路大家	徐闻下桥
沾	咸开三平盐知	tʃam⁵⁵	tʃam⁴⁵	tʃam⁴⁵	tsam⁴⁵	tsiam⁵⁵			tsam⁴⁵
粘	咸开三平盐知	tʃam⁵⁵	tʃam⁴⁵	tʃam⁴⁵	tsam⁴⁵	tsiam⁵⁵	tsiam⁵⁵		tsam⁴⁵
占~卜	咸开三平盐章	tʃam⁵⁵	tʃam⁴⁵	tʃam⁴⁵	tsam⁴⁵	tsiam⁵⁵	tsam⁵⁵	tsam⁵⁵	tsam⁴⁵
占~领	咸开三去艳章	tʃam³³	tʃam³³	tʃam³³	tsam³³	tsam³³	tsam³³	tsam³³²	tsam⁵²
折~被子	咸开三入叶章	tʃap³	tʃap²	tʃap³	tsap²	tsiap²	tsiap²	tsap²	tsap³
褶	咸开三入叶章	tʃap³	tʃap²	tʃap³		tsiap²	n̠iu³³△	n̠iu³³²△	
陕	咸开三上琰书	ʃam³¹	ʃam²¹	ʃam³¹	sam²¹	ɬiam²¹	sam²¹	sam²¹	sam³¹
闪	咸开三上琰书	ʃam³¹	ʃam²¹	ʃam³¹	sam²¹	ɬiam²¹	sam²¹	sam²¹	sam³¹
摄	咸开三入叶书	n̠iap³ (聂)	n̠iap² (聂)	n̠iap³ (聂)	n̠iap² (聂)	ɬiap⁵	siap²	siap²	n̠iap³ (聂)
蟾	咸开三平盐禅	kʰem¹³△	kʰem¹³△	kʰem¹³△	kʰem²⁵△	ɬiam¹³△	kʰem¹³△	kʰem¹³△	kʰəm²²³△
涉	咸开三入叶禅	siap⁵	siap⁵	siap⁵	ɬiap⁵	ɬiap⁵	siap²	siap²	sap⁵
染	咸开三上琰日	n̠iam³³	n̠iam³³	n̠iam³³	n̠iam³³	iam²¹	iam²¹	iam²¹	n̠iam³¹
检	咸开三上琰见	kiam³¹	kiam²¹	kiam³¹	kiam²¹	kiam²¹	kiam²¹	kiam²¹	kiam³¹
脸	咸开三上琰见	liam³¹	liam²¹	liam³¹	liam²¹				
钳	咸开三平盐群	kʰiam¹³	kʰiam¹³	kʰiam¹³	kʰiam²⁵	kʰiam¹³	kʰiam¹³	kʰiam¹³	kʰiam²²³
俭	咸开三上琰群	kʰiaŋ³³△	kʰiam³³	kʰiam³³	kʰiam³³	kʰiam³³	kʰiam³³	kʰiam³³²	kʰiam³¹

单字	地点	廉江长山	廉江石角	廉江河唇	廉江雅塘	遂溪河头	雷州客路塘塞	雷州客路大家	徐闻下桥
验	咸开三去艳疑	ȵiam³³	ȵiam³³	ȵiam³³	ȵiam³³	ȵiam³³	ȵiam³³	ȵiam³³²	ȵiam³¹
险	咸开三上琰晓	hiam³¹	ʃam²¹	hiam³¹	hiam²¹	hiam²¹	hiam²¹	hiam²¹	hiam³¹
淹	咸开三平盐影	iam³¹	iam²¹	iam³¹	iam²¹	iam²¹	iam⁵⁵	iam⁵⁵	
阉	咸开三平盐影	iam⁵⁵	iam⁴⁵	iam⁴⁵	iam⁴⁵	iam⁵⁵	iam⁵⁵	iam⁵⁵	iam⁴⁵
掩	咸开三上琰影	iam³¹	iam²¹	iam³¹	iam²¹	am³³	ian²¹	iam²¹	iam³¹
厌	咸开三去艳影	iam³³	iam³³	iam³³	iam³³	iam³³	iam³³	iam³³²	iam⁵²
炎	咸开三平盐云	iam³¹	iam²¹	iam³¹	iam²¹	iam¹³	iam¹³	iam¹³	iam³¹
盐	咸开三平盐以	iam¹³	iam¹³	iam¹³	iam²⁵	iam¹³	iam¹³	iam¹³	iam²²³
阎	咸开三平盐以	ȵiam¹³	ȵiam¹³	ȵiam¹³	ȵiam²⁵	iam¹³	iam¹³	iam¹³	ȵiam²²³
檐	咸开三平盐以	iam¹³	iam¹³	iam¹³	iam²⁵	iam¹³	iam¹³	iam¹³	ŋam²²³△
艳	咸开三去艳以	iam³¹	iam²¹	iam³¹	iam²¹	iam³³	iam³³	iam³³²	iam³¹
焰	咸开三去艳以	iam³¹	iam²¹	iam³¹	iam²¹	iam³³	iam³³	iam³³²	iam³¹
叶	咸开三入叶以	iap⁵	iap⁵	iap⁵	iap⁵	iap⁵	iap⁵	iap⁵	iap⁵
页	咸开三入叶以	iap⁵	iap⁵	iap⁵	iap⁵	kiet²△	kiek²△	kiek²△	iap⁵
剑	咸开三去酽见	kiam³³	kiam³³	kiam³³	kiam³³	kiam³³	kiam³³	kiam³³²	kiam⁵²
劫	咸开三入业见	kiap³	kiap²	kiap³	kiap²	kiap²	kiap²	kiap²	kiap³

单字 ＼ 地点		廉江长山	廉江石角	廉江河唇	廉江雅塘	遂溪河头	雷州客路塘塞	雷州客路大家	徐闻下桥
欠	咸开三去酽溪	kʰiam³³	kʰiam³³	kʰiam³³	kʰiam³³	kʰiam³³	kʰiam³³	kʰiam³³²	kʰiam⁵²
怯	咸开三入业溪		kʰiok²						kʰiok³
严	咸开三平严疑	ȵiam¹³	ȵiam¹³	ȵiam¹³	ȵiam²⁵	ȵiam¹³	ȵiam¹³	ȵiam¹³	ȵiam²²³
酽	咸开三去酽疑	kiap³△				ȵiam³³			
业	咸开三入业疑	ȵiap⁵	ȵiap⁵	ȵiap⁵	ȵiap⁵	ȵiap⁵	ȵiap⁵	ȵiap⁵	ȵiap⁵
胁	咸开三入业晓	hiap⁵	ʃap⁵	hiap⁵	hiap⁵	hiap⁵	hiap⁵	hiap⁵	sap³
腌	咸开三入业影	iap³	iap²	iap³	iap²	iap²	iam⁵⁵	iam⁵⁵	iam³¹
掂	咸开四平添端	tiam⁵⁵	tiam⁴⁵	tiam⁴⁵	tiam⁴⁵	tiam⁵⁵	tiam³³	tiam³³²	tiam³¹
点	咸开四上添端	tiam³¹	tiam²¹	tiam³¹	tiam²¹	tiam²¹	tiam²¹	tiam²¹	tiam³¹
店	咸开四去㮇端	tiam³³	tiam³³	tiam³³	tiam³³	tiam³³	tiam³³	tiam³³²	tiam⁵²
跌	咸开四入帖端	tiet³	tiet²	tiet³	tiet²	tiet²	tiek²	tiek²	tiet³
添	咸开四平添透	tʰiam⁵⁵	tʰiam⁴⁵	tʰiam⁴⁵	tʰiam⁴⁵	tʰiam⁵⁵	tʰiam⁵⁵	tʰiam⁵⁵	tʰiam⁴⁵
帖请~ ~对联	咸开四入帖透	tʰiap³ / tiap³	tʰiap² / tiap²	tʰiap³ / tiap³	tʰiap² / tiap²	tʰiap²	tʰiap²	tʰiap²	tʰiap³
甜	咸开四平添定	tʰiam¹³	tʰiam¹³	tʰiam¹³	tʰiam²⁵	tʰiam¹³	tʰiam¹³	tʰiam¹³	tʰiam²²³
簟	咸开四上添定	pʰat⁵△	pʰat⁵△			pʰak⁵△	pʰak⁵△	kʰueŋ¹³△	
叠	咸开四入帖定	tʰiap⁵	tʰiap⁵	tʰiap⁵	tʰiap⁵	tʰiap⁵	tʰiap⁵	tʰiap⁵	tʰiap⁵

单字	地点	廉江长山	廉江石角	廉江河唇	廉江雅塘	遂溪河头	雷州客路塘塞	雷州客路大家	徐闻下桥
碟	咸开四入帖定	tʰiap⁵	tʰiap⁵	tʰiap⁵	tʰiap⁵	tʰiap⁵	tʰiap⁵	tʰiap⁵	tʰiap⁵
牒	咸开四入帖定	tʰiap⁵	tʰiap⁵	tʰiap⁵	tʰiap⁵	tiap⁵	tʰiap⁵	tʰiap⁵	tʰiap⁵
蝶	咸开四入帖定	tʰiap⁵	tʰiap⁵	tʰiap⁵	tʰiap⁵	tʰiap⁵	tʰiap⁵	tʰiap⁵	tʰiap⁵
谍	咸开四入帖定	tʰiap⁵	tʰiap⁵	tʰiap⁵	tʰiap⁵	tʰiap⁵	tʰiap⁵	tʰiap⁵	tʰiap⁵
鲇	咸开四平添泥	ȵiam¹³	ȵiam¹³	ȵiam¹³	ȵiam²⁵				
拈	咸开四平添泥	ȵiam⁵⁵	ȵiam⁴⁵	ȵiam⁴⁵	ȵiam⁴⁵	ȵiam⁵⁵	ȵiam⁵⁵	ȵiam⁵⁵	nət⁵△
念	咸开四去㮇泥	ȵiam³³	ȵiam³³	ȵiam³³	ȵiam³³	ȵiam³³	ȵiam³³	ȵiam³³²	ȵiam³¹
兼	咸开四平添见	kiam⁵⁵	kiam⁴⁵	kiam⁴⁵	kiam⁴⁵	kʰiam⁵⁵	kiam⁵⁵	kʰiam⁵⁵	kiam⁴⁵
挟	咸开四入帖见	kiap³	kiap²	kiap³	kiap²	kʰiap⁵	kiap²	kiap²	kiap³
谦	咸开四平添溪	kʰiam⁵⁵	kʰiam⁴⁵	kʰiam⁴⁵	kʰiam⁴⁵	kʰiam⁵⁵	kʰiam⁵⁵	kʰiam⁵⁵	hiam⁴⁵
歉	咸开四去㮇溪	kʰiam³³	kʰiam⁴⁵	kʰiam³³	kʰiam²¹	kʰiam³³	kʰiam³³	kʰiam³³²	hiam⁴⁵
嫌	咸开四平添匣	hiam¹³	ʃam¹³	ʃam¹³	hiam²⁵	hiam¹³	hiam¹³	hiam¹³	sam²²³
协	咸开四入帖匣	hiap⁵	hiap⁵	hiap⁵	hiap⁵	hiap⁵	hiap⁵	hiap⁵	sap³
侠	咸开四入帖匣	hiap³ kʰiap⁵	kʰiap⁵	kʰiap⁵	kʰiap⁵	hiap⁵	hiap⁵	hiap⁵	kʰiap⁵
法	咸合三入乏非	fap³	fap²	fak³	fap²	fak²	fak²	fak²	fat³
泛	咸合三去梵敷	fam³³	fan³³	fam³³	faŋ³³	faŋ³³	faŋ³³	faŋ³³²	fan³¹

单字 \ 地点		廉江长山	廉江石角	廉江河唇	廉江雅塘	遂溪河头	雷州客路塘塞	雷州客路大家	徐闻下桥
凡	咸合三平凡奉	fan¹³	fam¹³	fam¹³	fan²⁵	faŋ¹³	faŋ¹³	faŋ¹³	fan²²³
帆	咸合三平凡奉	fan¹³	fam¹³	fam¹³	fan²⁵	faŋ¹³	faŋ¹³	faŋ¹³	fan²²³
范	咸合三上范奉	fam³³	fam²¹	fam³¹	fam³³	faŋ³³	faŋ³³	faŋ³³²	fam³¹
犯	咸合三上范奉	fam³³	fam³³	fam³³	fam³³	faŋ³³	faŋ³³	faŋ³³²	fam³¹
乏	咸合三入乏奉	fat⁵	fat⁵	fat⁵	fat⁵		fak²		fat³
禀	深开三上寝帮	pin³¹	pin²¹	pin³¹	pin²¹		piŋ²¹	piŋ²¹	
品	深开三上寝滂	pʰin³¹	pʰin²¹	pʰin³¹	pʰin²¹		pʰiŋ²¹	pʰiŋ²¹	pʰin³¹
林	深开三平侵来	lim¹³	lim¹³	lim¹³	lim²⁵	lim¹³	lim¹³	lim¹³	lim²²³
淋	深开三平侵来	lim¹³	lim¹³	lim¹³	lim²⁵	lim¹³	lim¹³	lim¹³	lim²²³
临	深开三平侵来	lim¹³	lim¹³	lim¹³	lim²⁵	lim¹³	lim¹³	lim¹³	lim²²³
立	深开三入缉来	lip⁵	lip⁵	lip⁵	lip⁵	lip⁵	lip⁵	lip⁵	lip⁵
笠	深开三入缉来	lip³	lip²	lip³	lip²		lip⁵		lip⁵
粒	深开三入缉来	lip³	lip²	lip³	lip²	lip²	lip²	lip²	nəp³
浸	深开三去沁精	tsim³³	tsim³³	tsim³³	tsim³³	tsim³³	tsim³³	tsim³³²	tsim⁵²
侵	深开三平侵清	tsʰim⁵⁵	tsʰim⁴⁵	tsʰim⁴⁵	tsʰim⁴⁵	tsʰim¹³	tsʰim⁵⁵	tsʰim¹³	tsʰim⁴⁵
寝	深开三上寝清	tsʰim³¹	tsʰim²¹	tsim³³	tsʰim²¹	tsʰim¹³	tsʰim¹³	tsim²¹	tsʰim²²³

单字	地点	廉江长山	廉江石角	廉江河唇	廉江雅塘	遂溪河头	雷州客路塘塞	雷州客路大家	徐闻下桥
缉	深开三 入缉清	tsʰap⁵	tsʰip⁵	tsʰip⁵	tsʰap⁵	tsʰiap²	tsʰiap⁵	tsʰiap²	tsʰiap⁵
集	深开三 入缉从	sip⁵	tsʰip⁵	tsʰip⁵	ɬip⁵	tsip²	tsʰap⁵	tsip²	tsʰip⁵
辑	深开三 入缉从	sip⁵	tsʰip⁵	tsʰip⁵	tsʰap⁵	tsʰip²	tsʰiap⁵	tsʰip²	tsʰiap⁵
心	深开三 平侵心	sim⁵⁵	sim⁴⁵	sim⁴⁵	ɬim⁴⁵	ɬim⁵⁵	ɬim⁵⁵	sim⁵⁵	sim⁴⁵
寻	深开三 平侵邪	tsʰim¹³	tsʰim¹³	tsʰim¹³	tsʰim²⁵	tsʰim¹³	tsʰim¹³	tsʰim¹³	tsʰim²²³
习	深开三 入缉邪	sip⁵	tsʰip⁵	tsʰip⁵	ɬip⁵	tsip²	tsʰip⁵	sip⁵	tsʰip⁵
袭	深开三 入缉邪	siap⁵	siap⁵	siap⁵	ɬiap⁵	sip²	sip²	sip²	tsʰip⁵
沉	深开三 平侵澄	tsʰim¹³	tsʰim¹³	tsʰim¹³	tsʰim²⁵	tsʰim¹³	tsʰim¹³	tsʰim¹³	tsʰim²²³
蛰	深开三 入缉澄	tʃʰit⁵	tʃʰit⁵	tsʰit⁵	tsʰit⁵	tsʰik⁵	tsʰik⁵	tsʰik⁵	tsʰit⁵
参~差	深开三 平侵初	tsʰam⁵⁵	tsʰam⁴⁵	tsʰam⁴⁵	tsʰam⁴⁵	tsʰam⁵⁵	tsʰam⁵⁵	tsʰam⁵⁵	tsʰam⁴⁵
岑	深开三 平侵崇	kʰim¹³△	kʰim¹³△	kʰim¹³△	kʰim²⁵△		kʰim¹³△		
森	深开三 平侵生	sem⁵⁵	sem⁴⁵	sem⁴⁵	ɬem⁴⁵	ɬem⁵⁵	sim⁵⁵	sim¹³	səm⁴⁵
参人~	深开三 平侵生	sem⁵⁵	tsʰam⁴⁵	sem⁴⁵	ɬem⁴⁵	tsʰam⁵⁵	ɬem⁵⁵	sem⁵⁵	tsʰam⁴⁵
渗	深开三 去沁生	tsʰam³³		tsʰam³¹		tsʰam³³	tsʰam³³	tsʰam³³²	
涩	深开三 入缉生	sep³ kiap³△	sep² kiap²△	sep³ kiap³△	ɬep² kiap²△	kiap²△	ɬep²	sep²	kiap³△
针	深开三 平侵章	tʃim⁵⁵	tʃim⁴⁵	tʃim⁴⁵	tsim⁴⁵	tsim⁵⁵	tsim⁵⁵	tsim⁵⁵	tsim⁴⁵

单字	地点	廉江长山	廉江石角	廉江河唇	廉江雅塘	遂溪河头	雷州客路塘塞	雷州客路大家	徐闻下桥
斟	深开三平侵章	tʃim⁵⁵	tʃim⁴⁵	tʃim⁴⁵	tsim⁴⁵	tsim⁵⁵	tsim⁵⁵		tsim⁴⁵
枕	深开三去沁章	tʃim³¹	tʃim²¹	tʃim³¹	tsim²¹	tsim²¹	tsim²¹	tsim²¹	tsim³¹
执	深开三入缉章	tʃip³	tʃip²	tsip³	tsip²	tsap²	tsap²	tsip²	tsip³
汁	深开三入缉章	tʃip³	tʃip²	tsip³	tsip²	tsip²	tsip²	tsip²	tsip³
深	深开三平侵书	tsʰim⁵⁵	tʃʰim⁴⁵	tsʰim⁴⁵	tsʰim⁴⁵	tsʰim⁵⁵	tsʰim⁵⁵	tsʰim⁵⁵	tsʰim⁴⁵
沈	深开三上寝书	ʃim³¹	ʃim²¹	ʃim³¹	sim²¹	sim²¹	sim²¹	sim²¹	sim³¹
审	深开三上寝书	ʃim³¹	ʃim²¹	ʃim³¹	sim²¹	sim²¹	sim²¹	sim²¹	sim³¹
婶	深开三上寝书	ʃim³¹	ʃim²¹	ʃim³¹	sim²¹	sim²¹	sim²¹	sim²¹	sim³¹
湿	深开三入缉书	ʃip³	ʃip²	ʃip³	sip²	sip²	sip²	sip²	sip³
甚	深开三上寝禅	ʃim³³	ʃim³³	ʃim³³	sim³³	sim³³	sim³³	sim³³²	sim³¹
十	深开三入缉禅	ʃip⁵	ʃip⁵	ʃip⁵	sip⁵	sip⁵	sip⁵	sip⁵	sip⁵
拾	深开三入缉禅	ʃip⁵	ʃip⁵	ʃip⁵	sip⁵	sip⁵	sip⁵	sip⁵	sip⁵
壬	深开三平侵日	ȵim¹³	ȵim¹³	ȵim¹³	ȵim²⁵	im³³	im¹³	im¹³	ȵim²²³
任姓	深开三平侵日	ȵim³³	ȵim¹³	ȵim³³	ȵim³³	im³³	ȵim³³	im³³²	ȵim³¹
任责~	深开三去沁日	ȵim³³	ȵim¹³	ȵim³³	ȵim³³	im³³	ȵim³³	im³³²	ȵim³¹
纫	深开三去沁日	ȵiun³¹	ȵiun²¹	ȵiun³¹	iun²¹	iun³³			

单字	地点	廉江长山	廉江石角	廉江河唇	廉江雅塘	遂溪河头	雷州客路塘塞	雷州客路大家	徐闻下桥
入	深开三 入缉日	ip⁵ / ȵip⁵	ȵip⁵	ȵip⁵	ip⁵	ip⁵	ip⁵	ip⁵	ȵip⁵
今	深开三 平侵见	kim⁵⁵ / kin⁵⁵	kim⁴⁵ / ki⁴⁵	kim⁴⁵ / kin⁴⁵	kim⁴⁵ / kin⁴⁵	kim⁵⁵ / kiŋ⁵⁵	kim⁵⁵	kim⁵⁵	kim⁴⁵
金	深开三 平侵见	kim⁵⁵	kim⁴⁵	kim⁴⁵	kim⁴⁵	kim⁵⁵	kim⁵⁵	kim⁵⁵	kim⁴⁵
禁不~	深开三 平侵见	kim³³	kim³³	kim³³	kim³³	kim³³	kim³³	kim³³²	kim⁵²
襟	深开三 平侵见	kʰim⁵⁵	kʰim⁴⁵	kʰim⁴⁵	kʰim⁴⁵	kʰim⁵⁵		kʰim⁵⁵	kʰim⁴⁵
锦	深开三 上寝见	kim³¹	kim²¹	kim³¹	kim²¹	kim²¹	kim²¹	kim²¹	kim³¹
禁~止	深开三 去沁见	kim³³	kim³³	kim³³	kim³³	kim³³	kim³³	kim³³²	kim⁵²
急	深开三 入缉见	kip³	kip²	kip³	kip²	kʰip²	kip²	kʰip²	kip³
级	深开三 入缉见	kip³	kip²	kip³	kip²	kʰip²	kʰip²	kʰip²	kʰip³
给供~	深开三 入缉见	kip³	kip²	kip³	kip²	kʰip²	kʰip²	kip²	kʰip³
钦	深开三 平侵溪	kʰim⁵⁵	kʰim⁴⁵	kʰim⁴⁵	kʰim⁴⁵	kʰim⁵⁵		kʰim⁵⁵	kʰim⁴⁵
泣	深开三 入缉溪	hip³	lip²	lip³	lip²	lip⁵	lip⁵		lip⁵
琴	深开三 平侵群	kʰim¹³	kʰim¹³	kʰim¹³	kʰim²⁵	kʰim¹³	kʰim¹³	kʰim¹³	kʰim²²³
禽	深开三 平侵群	kʰim¹³	kʰim¹³	kʰim¹³	kʰim²⁵	kʰim¹³	kʰim¹³	kʰim¹³	kʰim²²³
擒	深开三 平侵群	kʰim¹³	kʰim¹³	kʰim¹³	kʰim²⁵	kʰim¹³	kʰim¹³	kʰim¹³	kʰim²²³
及	深开三 入缉群	kʰip⁵	kʰip⁵	kʰip⁵	kʰip⁵	kʰip²	kʰip⁵	kʰip⁵	kʰip⁵

单字	地点	廉江长山	廉江石角	廉江河唇	廉江雅塘	遂溪河头	雷州客路塘塞	雷州客路大家	徐闻下桥
吟	深开三 平侵疑	ȵim¹³	ȵim¹³	ȵim¹³	ȵim²⁵	ȵim¹³	ȵim¹³	ȵim¹³	ȵim²²³
吸	深开三 入缉晓	kip³	kip²	kʰip³	kʰip²	kʰip²	kʰip²	kʰip²	kʰip³
音	深开三 平侵影	im⁵⁵	im⁴⁵	im⁴⁵	im⁴⁵	im⁵⁵	im⁵⁵	im⁵⁵	im⁴⁵
阴	深开三 平侵影	im⁵⁵	im⁴⁵	im⁴⁵	im⁴⁵	im⁵⁵	im⁵⁵	im⁵⁵	im⁴⁵
饮~酒 指米汤	深开三 上寝影	ȵim³¹ im³¹	ȵim²¹ im²¹	ȵim³¹ im³¹	ȵim²¹ im²¹	im²¹	ȵim²¹	im²¹	ȵim³¹
荫树~ 人名用字	深开三 去沁影	im⁵⁵	im⁴⁵	im⁴⁵	im⁴⁵	im⁵⁵	im⁵⁵	im⁵⁵	im⁴⁵ im⁵²
饮~马	深开三 去沁影	ȵim³¹	ȵim²¹	ȵim³¹	ȵim²¹	im²¹		im²¹	ȵim³¹
揖	深开三 入缉影	ip³	ip²	ip³	ip²	tsʰip²		tsʰip²	ȵip³
浮	深开三 平侵以	ȵim¹³	ȵim¹³	ȵim¹³	im²⁵	im¹³	im¹³	im¹³	ȵim²²³
丹	山开一 平寒端		tan⁴⁵	tan⁴⁵	tan⁴⁵	taŋ⁵⁵	taŋ⁵⁵	taŋ⁵⁵	tan⁴⁵
单~独	山开一 平寒端	tan⁵⁵	tan⁴⁵	tan⁴⁵	tan⁴⁵	taŋ⁵⁵	taŋ⁵⁵	taŋ⁵⁵	tan⁴⁵
旦	山开一 去翰端	tan³³	tan³³	tan³³	tan³³	taŋ³³	taŋ³³	taŋ³³²	tan⁵²
疸	山开一 上旱端	tʰan³¹	tʰan²¹	tʰan³¹	tʰan²¹	tʰaŋ²¹		tʰaŋ²¹	tʰan³¹
滩	山开一 平寒透	tʰan⁵⁵	tʰan⁴⁵	tʰan⁴⁵	tʰan⁴⁵	tʰaŋ⁵⁵	tʰaŋ⁵⁵	tʰaŋ⁵⁵	tʰan⁴⁵
摊	山开一 平寒透	tʰan⁵⁵	tʰan⁴⁵	tʰan⁴⁵	tʰan⁴⁵	tʰaŋ⁵⁵	tʰaŋ⁵⁵	tʰaŋ⁵⁵	tʰan⁴⁵
瘫	山开一 平寒透	tʰan⁵⁵	tʰan⁴⁵	tʰan⁴⁵	tʰan⁴⁵	tʰaŋ⁵⁵	tʰaŋ⁵⁵	tʰaŋ⁵⁵	tʰan⁴⁵

单字	地点	廉江长山	廉江石角	廉江河唇	廉江雅塘	遂溪河头	雷州客路塘塞	雷州客路大家	徐闻下桥
坦	山开一上旱透	t^han^{31}	t^han^{21}	t^han^{31}	t^han^{21}	$t^haŋ^{21}$	$t^haŋ^{21}$	$t^haŋ^{21}$	t^han^{31}
炭	山开一去翰透	t^han^{33}	t^han^{33}	t^han^{33}	t^han^{33}	$t^haŋ^{33}$	$t^haŋ^{33}$	$t^haŋ^{332}$	t^han^{52}
叹	山开一去翰透	t^han^{33}	t^han^{33}	t^han^{33}	t^han^{33}	$t^haŋ^{33}$	$t^haŋ^{33}$	$t^haŋ^{332}$	t^han^{52}
獭	山开一入曷透	$ts^hat^3{}_△$	$ts^hat^2{}_△$	$ts^hat^3{}_△$	$ts^hat^2{}_△$			t^hua^{332}	$ts^hat^3{}_△$
檀	山开一平寒定	t^han^{13}	t^han^{13}	t^han^{13}	t^han^{25}	$t^haŋ^{13}$		$t^haŋ^{13}$	t^han^{223}
坛	山开一平寒定	t^han^{13}	t^han^{13}	t^han^{13}	t^han^{25}	$t^haŋ^{13}$	$t^haŋ^{13}$	$t^haŋ^{13}$	t^han^{223}
弹~琴	山开一平寒定	t^han^{13}	t^han^{13}	t^han^{13}	t^han^{25}	$t^haŋ^{13}$	$t^haŋ^{13}$	$t^haŋ^{13}$	t^han^{223}
诞	山开一上旱定	tan^{33}	tan^{33}	tan^{33}	tan^{33}	$taŋ^{33}$	$taŋ^{33}$	$taŋ^{332}$	tan^{52}
但	山开一去翰定	t^han^{33}	t^han^{33}	t^han^{33}	tan^{33}	$taŋ^{33}$	$taŋ^{33}$	$taŋ^{332}$	t^han^{31}
弹子~	山开一去翰定	t^han^{33}	t^han^{33}	t^han^{33}	t^han^{33}	$taŋ^{33}$	$taŋ^{33}$	$taŋ^{332}$	t^han^{31}
蛋	山开一去翰定	t^han^{33}	t^han^{33}	t^han^{33}	t^han^{33}	$taŋ^{33}$	$t^haŋ^{33}$	$taŋ^{332}$	t^han^{31}
达	山开一入曷定	t^hat^5	t^hat^5	t^hat^5	t^hat^5	t^hak^5	t^hak^5	tak^2	t^hat^5
难困~	山开一平寒泥	nan^{13}	nan^{13}	nan^{13}	nan^{25}	$naŋ^{13}$	$naŋ^{13}$	$naŋ^{332}$	nan^{223}
难逃~	山开一去翰泥	nan^{33}	nan^{33}	nan^{33}	nan^{33}	$naŋ^{33}$	$naŋ^{33}$	$naŋ^{332}$	nan^{31}
捺	山开一入曷泥	nai^{33}	nai^{33}	nai^{33}	nai^{33}			nai^{332}	nai^{31}
兰	山开一平寒来	lan^{13}	lan^{13}	lan^{13}	lan^{25}	$laŋ^{13}$	$laŋ^{13}$	$laŋ^{13}$	lan^{223}

单字	地点	廉江长山	廉江石角	廉江河唇	廉江雅塘	遂溪河头	雷州客路塘塞	雷州客路大家	徐闻下桥
拦	山开一平寒来	lan¹³	lan¹³	lan¹³	lan²⁵	laŋ¹³	laŋ¹³	laŋ¹³	lan²²³
栏	山开一平寒来	lan¹³	lan¹³	lan¹³	lan²⁵	laŋ¹³	laŋ¹³	laŋ¹³	lan²²³
懒	山开一上旱来	lan⁵⁵	lan⁴⁵	lan⁴⁵	lan⁴⁵	laŋ⁵⁵	laŋ⁵⁵	laŋ⁵⁵	lan⁴⁵
烂	山开一去翰来	lan³³	lan³³	lan³³	lan³³	laŋ³³	laŋ³³	laŋ³³²	lan³¹
辣	山开一入曷来	lat⁵	lat⁵	lat⁵	lat⁵	lak⁵	lak⁵	lak⁵	lat⁵
赞	山开一去翰精	tsan³³	tsan³³	tsan³³	tsan³³	tsaŋ³³	tsaŋ³³	tsaŋ³³²	tsan⁵²
餐	山开一平寒清	tsʰan⁵⁵	tsʰan⁴⁵	tsʰan⁴⁵	tsʰan⁴⁵	tsʰaŋ⁵⁵	tsʰaŋ⁵⁵	tsʰaŋ⁵⁵	tsʰan⁴⁵
灿	山开一去翰清	tsʰan³¹	tsʰan²¹	tsʰan³³	tsʰan³³	tsʰaŋ³³	tsʰaŋ³³	tsʰaŋ³³²	tsʰan⁵²
擦	山开一入曷清	tsʰat³	tsʰat²	tsʰat³	tsʰat²	tsʰak²	tsʰak²	tsʰak²	tsʰat³
残	山开一平寒从	tsʰan¹³	tsʰan¹³	tsʰan¹³	tsʰan²⁵	tsʰaŋ¹³	tsʰaŋ¹³	tsʰaŋ¹³	tsʰan²²³
珊	山开一平寒心	san⁵⁵	san⁴⁵	san⁴⁵		ɬaŋ⁵⁵	ɬaŋ⁵⁵	saŋ⁵⁵	san⁴⁵
散松~	山开一上旱心	san³¹	san²¹	san³¹	ɬan³³	ɬaŋ²¹	ɬaŋ³³	saŋ³³²	san³¹
散分~	山开一去翰心	san³³	san³³	san³³	ɬan³³	ɬaŋ³³	ɬaŋ³³	saŋ³³²	san⁵²
撒	山开一入曷心	sat³	sat²	sat³	ɬat²	ɬak²	ɬak²	sak²	sat³
萨菩~拉~	山开一入曷心	sat³	tsʰat²△ sat²	sat³	ɬat²	ɬa³³	ɬak²	sak²	sat³
干天~	山开一平寒见	kɔn⁵⁵	kɔn⁴⁵	kɔn⁴⁵	kɔn⁴⁵	kɔŋ⁵⁵	kɔŋ⁵⁵	kɔŋ⁵⁵	kuan⁴⁵

单字	地点	廉江长山	廉江石角	廉江河唇	廉江雅塘	遂溪河头	雷州客路塘塞	雷州客路大家	徐闻下桥
肝	山开一平寒见	kɔn⁵⁵	kon⁴⁵	kon⁴⁵	kɔn⁴⁵	kɔŋ⁵⁵	kɔŋ⁵⁵	kɔŋ⁵⁵	kuan⁴⁵
竿	山开一平寒见	kɔn⁵⁵	kon⁴⁵	kon⁴⁵	kɔn⁴⁵	kɔŋ⁵⁵	kɔŋ⁵⁵	kɔŋ⁵⁵	
杆	山开一上旱见	kɔn⁵⁵	kon⁴⁵	kon⁴⁵	kɔn⁴⁵	kɔŋ⁵⁵	kɔŋ⁵⁵	kɔŋ⁵⁵	kuan⁴⁵
秆	山开一上旱见	kɔn³¹	kon²¹	kon³¹	kɔn²¹	kɔŋ²¹	kɔŋ²¹	kɔŋ²¹	kuan³¹
赶	山开一上旱见	kɔn³¹	kon²¹	kon³¹	kɔn²¹	kɔŋ²¹	kɔŋ²¹	kɔŋ²¹	kuan³¹
干~部	山开一去翰见	kɔn³³	kon³³	kon³³	kɔn³³	kɔŋ³³	kɔŋ³³	kɔŋ²¹	kuan⁵²
割	山开一入曷见	kɔt³	kot²	kot³	kɔt²	kɔk²	kɔk²	kɔk²	kuat³
葛	山开一入曷见	kɔt³	kot²	kot³	kɔt²	kɔk²	kɔk²	kɔk²	kuat³
看~守	山开一平寒溪	hɔn³³	hon³³	hon³³	hɔn³³	hɔŋ³³	hɔŋ³³	hɔŋ³³²	huan⁵²
刊	山开一平寒溪	kʰan⁵⁵	kʰan⁴⁵	kʰan⁴⁵	kʰan⁴⁵	kʰak²△	kʰɔŋ³³	kʰak²△	huan³¹
看~见	山开一去翰溪	hɔn³³	hon³³	hon³³	hɔn³³	hɔŋ³³	hɔŋ³³	hɔŋ³³²	huan⁵²
渴	山开一入曷溪	hɔt³	hot²	hot³	hɔt²	hɔk²	hɔk²	hɔk²	huat³
岸	山开一去翰疑	ŋan³³	ŋan³³	ŋan³³	ŋan³³	ŋaŋ³³	ŋɔŋ³³	ŋɔŋ³³²	ŋuan³¹
罕	山开一上旱晓	han³¹	hon²¹	hon³¹	han²¹		hɔŋ²¹	hɔŋ²¹	huan³¹
汉	山开一去翰晓	hɔn³³	hon³³	hon³³	hɔn³³	hɔŋ³³	hɔŋ³³	hɔŋ³³²	huan⁵²
喝	山开一入曷晓	hɔt³	hot²	hot³	hɔt²	hɔk²	hɔk²	hɔk²	huat³

单字	地点	廉江长山	廉江石角	廉江河唇	廉江雅塘	遂溪河头	雷州客路塘塞	雷州客路大家	徐闻下桥
寒	山开一 平寒匣	hɔn¹³	hon¹³	hon¹³	hɔn²⁵	hɔŋ¹³	hɔŋ¹³	hɔŋ¹³	huan²²³
韩	山开一 平寒匣	hɔn¹³	hon¹³	hon¹³	hɔn²⁵	hɔŋ¹³	hɔŋ¹³	hɔŋ¹³	huan²²³
旱	山开一 上旱匣	hɔn⁵⁵	hon⁴⁵	hon⁴⁵	hɔn⁴⁵	hɔŋ⁵⁵	hɔŋ⁵⁵	hɔŋ⁵⁵	huan⁴⁵
汗	山开一 去翰匣	hɔn³³	hon³³	hon³³	hɔn³³	hɔŋ³³	hɔŋ³³	hɔŋ³³²	huan³¹
焊	山开一 去翰匣	hɔn³³	hon³³	hon³³	hɔn³³	hɔŋ³³	hɔŋ³³	hɔŋ³³²	huan³¹
翰	山开一 去翰匣	hɔn³³	hon³³	hon³³	hɔn³³	hɔŋ³³	hɔŋ³³	hɔŋ³³²	huan³¹
安	山开一 平寒影	ɔn⁵⁵	on⁴⁵	on⁴⁵	ɔn⁴⁵	ɔŋ⁵⁵	ɔŋ⁵⁵	ɔŋ⁵⁵	ɔn⁴⁵
鞍	山开一 平寒影	ɔn⁵⁵	on⁴⁵	on⁴⁵	ɔn⁴⁵	ɔŋ⁵⁵	ɔŋ⁵⁵	ɔŋ⁵⁵	ɔn⁵²
按	山开一 去翰影	ɔn³³	on³³	on³³	ɔn³³	ɔŋ³³	ɔŋ³³	ɔŋ³³²	ɔn⁵²
案	山开一 去翰影	ɔn³³	on³³	on³³	ɔn³³	ɔŋ³³	ɔŋ³³	ɔŋ³³²	ɔn⁵²
扮	山开二 去襉帮	pʰan³³	pʰan³³	pʰan³³	pʰan³³	paŋ³³	pʰaŋ³³	pʰueŋ³³²	pʰan³¹
八	山开二 入黠帮	pat³	pat²	pat³	pat²	pak²	pak²	pak²	pat³
盼	山开二 去襉滂	pʰan³³	pʰan³³	pʰan³³	pʰan³³	pʰaŋ³³	pʰaŋ³³	pʰueŋ³³²	pʰan⁵²
瓣	山开二 去襉並	pʰan³¹	pʰan³³	pʰian³¹	pʰan³³	paŋ³³			pʰian³¹
办	山开二 去襉並	pʰan³³	pʰan³³	pʰan³³	pʰan³³	pʰaŋ³³	pʰaŋ³³	pʰaŋ³³²	pʰan³¹
拔选~ ~杠	山开二 入黠並	pʰat⁵ paŋ⁵⁵△	pʰat⁵	pʰat⁵	pʰat⁵	pʰak² paŋ⁵⁵△	paŋ⁵⁵△	pʰak⁵ paŋ⁵⁵△	pʰat⁵

单字 \ 地点		廉江长山	廉江石角	廉江河唇	廉江雅塘	遂溪河头	雷州客路塘塞	雷州客路大家	徐闻下桥
绽破~ ~芽	山开二 去裲澄	tʰin³³ tsʰan³³	tʰin³³ tsʰan³³	tsan³¹	tʰin³³ tsʰan³³	tʰiŋ³³	tʰiŋ³³	tʰieŋ³³²	tʰin³¹
盏	山开二 上产庄	tsan³¹	tsan²¹	tsan³¹	tsan²¹	tsaŋ²¹	tsaŋ²¹	tsaŋ²¹	tsan³¹
扎	山开二 入黠庄	tsat³	tsat²	tsat³	tsat²	tsap²	tsak²	tsap²	tsat³
铲	山开二 上产初	tsʰan³¹	tsʰan²¹	tsʰan³¹	tsʰan²¹	tsʰaŋ²¹	tsʰaŋ²¹	tsʰaŋ²¹	tsʰan³¹
察	山开二 入黠初	tsʰat³	tsʰat²	tsʰat³	tsʰat²	tsʰak²	tsʰak²	tsʰak²	tsʰat³
山	山开二 平山生	san⁵⁵	san⁴⁵	san⁴⁵	ɬan⁴⁵	ɬaŋ⁵⁵	ɬaŋ⁵⁵	saŋ⁵⁵	san⁴⁵
产	山开二 上产生	tsʰan³¹	tsʰan²¹	tsʰan³¹	tsʰan²¹	tsʰaŋ²¹	tsʰaŋ²¹	tsʰaŋ²¹	tsʰan³¹
杀	山开二 入黠生	sat³	sat²	sat³	ɬat²	ɬak²	ɬak²	sak²	sat³
艰	山开二 平山见	kan⁵⁵	kan⁴⁵	kan⁴⁵	kan⁴⁵	kiŋ⁵⁵	kaŋ⁵⁵	kieŋ⁵⁵	kan⁴⁵
间房~	山开二 平山见	kan⁵⁵	kan⁴⁵	kan⁴⁵	kan⁴⁵	kaŋ⁵⁵	kieŋ⁵⁵	kieŋ⁵⁵	kan⁴⁵
简	山开二 上产见	kan³¹	kan²¹	kan³¹	kan²¹	kaŋ²¹	kaŋ²¹	kaŋ²¹	kan³¹
拣	山开二 上产见	kan³¹	kan²¹	kan³¹	kan²¹	kaŋ²¹	kaŋ²¹	kaŋ²¹	kan³¹
间~断	山开二 去裲见	kan³³	kan³³	kan³³	kan³³	kaŋ⁵⁵	kaŋ³³	kieŋ⁵⁵	kan⁴⁵
眼	山开二 上产疑	ŋan³¹	ŋan²¹	ŋan³¹	ŋan²¹	ŋaŋ²¹	ŋaŋ²¹	ŋaŋ²¹	ŋan³¹
闲	山开二 平山匣	han¹³	han¹³	han¹³	han²⁵	haŋ¹³	haŋ¹³	haŋ¹³	han²²³
限	山开二 上产匣	han³³	han³³	han³³	han³³	haŋ³³	haŋ³³	haŋ³³²	han³¹

单字 \ 地点		廉江长山	廉江石角	廉江河唇	廉江雅塘	遂溪河头	雷州客路塘塞	雷州客路大家	徐闻下桥
苋	山开二去裥匣	han³³	han²¹	han³¹	han³³	hieŋ³³		hieŋ⁵⁵	han³¹
轧	山开二入黠影	tsat³	tsat²	tsat³	tsat²	tsap²	tsak²	tsap²	tsat³
班	山开二平删帮	pan⁵⁵	pan⁴⁵	pan⁴⁵	pan⁴⁵	paŋ⁵⁵	paŋ⁵⁵	paŋ⁵⁵	pan⁴⁵
斑	山开二平删帮	pan⁵⁵	pan⁴⁵	pan⁴⁵	pan⁴⁵	paŋ⁵⁵	paŋ⁵⁵	paŋ⁵⁵	pan⁴⁵
颁	山开二平删帮	pan⁵⁵	pan⁴⁵	pan⁴⁵	pan⁴⁵	paŋ⁵⁵	paŋ⁵⁵	paŋ⁵⁵	pan⁴⁵
扳 ~开 ~手	山开二平删帮	pan⁵⁵ pan³¹	pan⁴⁵ pan²¹	pan⁴⁵ pan³¹	pan⁴⁵ pan²¹	paŋ⁵⁵ paŋ²¹	paŋ²¹	paŋ²¹	pan³¹
板	山开二上潸帮	pan³¹	pan²¹	pan³¹	pan²¹	paŋ²¹	paŋ²¹	paŋ²¹	pan³¹
版	山开二上潸帮	pan³¹	pan²¹	pan³¹	pan²¹	paŋ²¹	paŋ²¹	paŋ²¹	pan³¹
攀	山开二平删滂	pʰan⁵⁵	pʰan⁴⁵	pʰan⁴⁵	pʰan⁴⁵	pʰaŋ¹³	pʰaŋ⁵⁵	pʰaŋ¹³	pʰan⁴⁵
蛮	山开二平删明	man¹³	man¹³	man¹³	man²⁵	maŋ¹³	maŋ¹³	maŋ¹³	man²²³
慢	山开二去谏明	man³³	man³³	man³³	man³³	maŋ³³	maŋ³³	maŋ³³²	man³¹
栈	山开二去谏崇	tsʰan³³	tsʰan³³	tsʰan³³	tsʰan³³	tsaŋ²¹			tsʰan³¹
铡	山开二入镵崇	tsʰap⁵	tsʰap⁵	tsʰap⁵	tsʰap⁵	tsʰap⁵	tsʰap⁵	tsʰap⁵	tsʰap⁵
删	山开二平删生	san⁵⁵	san⁴⁵	ʃan⁴⁵		ɬaŋ⁵⁵	ɬaŋ⁵⁵	saŋ⁵⁵	san⁴⁵
疝	山开二去谏生	san⁵⁵	san³³	san⁴⁵		ɬaŋ⁵⁵	ɬaŋ⁵⁵	saŋ⁵⁵	san⁴⁵
奸	山开二平删见	kan⁵⁵	kan⁴⁵	kan⁴⁵	kan⁴⁵	kaŋ⁵⁵	kaŋ⁵⁵	kɔŋ⁵⁵	kan⁴⁵

单字 ＼ 地点		廉江长山	廉江石角	廉江河唇	廉江雅塘	遂溪河头	雷州客路塘塞	雷州客路大家	徐闻下桥
铜	山开二去谏见	kan^{31}	kan^{21}	kan^{31}	kan^{21}		kan^{21}		
颜	山开二平删疑	$ŋan^{13}$	$ŋan^{13}$	$ŋan^{13}$	$ŋan^{25}$	$ŋaŋ^{13}$	$ŋaŋ^{13}$	$ŋaŋ^{13}$	$ŋan^{223}$
雁	山开二去谏疑	$ŋan^{33}$	$ŋan^{33}$	$ŋan^{33}$	$ŋan^{33}$	$ŋɔŋ^{33}$	$ŋɔŋ^{33}$	$ŋaŋ^{332}$	$ŋuan^{31}$
瞎	山开二入鎋晓		hat^{5}	hat^{5}	hat^{5}		$maŋ^{13}$ (音)	$mueŋ^{13}$ (音)	
辖	山开二入鎋匣	hat^{5}	hat^{5}	hat^{5}	hat^{5}			hak^{5}	hat^{5}
晏	山开二去谏影	an^{33}	an^{33}	an^{33}	an^{33}	$aŋ^{33}$		$aŋ^{332}$	an^{52}
鞭	山开三平仙帮	$pian^{55}$	$pian^{45}$	$pian^{45}$	$pian^{45}$	$pian^{55}$	$pieŋ^{55}$	$pieŋ^{55}$	$pian^{45}$
编~书 毛~	山开三平仙帮	$p^{h}ian^{55}$ $pian^{55}$	$p^{h}ian^{45}$ $pian^{45}$	$p^{h}ian^{45}$ $pian^{45}$	$p^{h}ian^{45}$ $pian^{45}$	$p^{h}ian^{55}$ $pian^{55}$	$p^{h}ieŋ^{55}$	$p^{h}ieŋ^{55}$	$p^{h}ian^{45}$
变	山开三去线帮	$pian^{33}$	$pian^{33}$	$pian^{33}$	$pian^{33}$	$pian^{33}$	$pieŋ^{33}$	$pieŋ^{332}$	$pian^{52}$
别区~	山开三入薛帮	$p^{h}iet^{5}$	$p^{h}iet^{5}$	$p^{h}iet^{5}$	$p^{h}iet^{5}$	$p^{h}iet^{5}$	$p^{h}iek^{5}$	$p^{h}iek^{5}$	$p^{h}iet^{5}$
鳖	山开三入薛帮	$piet^{3}$	$piet^{2}$	$piet^{3}$	$piet^{2}$		pi^{55}		$piet^{3}$
篇	山开三平仙滂	$p^{h}ian^{55}$	$p^{h}ian^{45}$	$p^{h}ian^{45}$	$p^{h}ian^{45}$	$p^{h}ian^{55}$	$p^{h}ieŋ^{55}$	$p^{h}ieŋ^{55}$	$p^{h}ian^{45}$
偏	山开三平仙滂	$p^{h}ian^{55}$	$p^{h}ian^{45}$	$p^{h}ian^{45}$	$p^{h}ian^{45}$	$p^{h}ian^{55}$	$p^{h}ieŋ^{55}$	$p^{h}ieŋ^{55}$	$p^{h}ian^{45}$
骗	山开三去线滂	$p^{h}ian^{33}$	$p^{h}ian^{33}$	$p^{h}ian^{33}$	$p^{h}ian^{33}$	$p^{h}ian^{33}$	$p^{h}ieŋ^{33}$	$p^{h}ieŋ^{332}$	$p^{h}ian^{52}$
便~宜	山开三平仙並	$p^{h}ian^{13}$	$p^{h}ian^{13}$	$p^{h}ian^{13}$	$p^{h}ian^{25}$	$p^{h}ian^{13}$	$p^{h}ieŋ^{13}$	$p^{h}ieŋ^{13}$	$p^{h}ian^{223}$
辨	山开三上狝並	$p^{h}ian^{31}$	$p^{h}ian^{21}$	$p^{h}ian^{31}$	$p^{h}ian^{33}$	$p^{h}aŋ^{33}$	$pieŋ^{33}$	$p^{h}ieŋ^{332}$、	$p^{h}ian^{31}$

单字	地点	廉江长山	廉江石角	廉江河唇	廉江雅塘	遂溪河头	雷州客路塘塞	雷州客路大家	徐闻下桥
辩	山开三上狝並	pʰian³¹	pʰian²¹	pʰian³¹	pʰian²¹	pian³³	pieŋ³³	pʰieŋ³³²	pʰian³¹
汴	山开三去线並		pian³³	pian⁴⁵	pian⁴⁵				pian³¹
便方~	山开三去线並	pʰian³³	pʰian³³	pʰian³³	pʰian³³	pʰian³³	pʰieŋ³³	pʰieŋ³³²	pʰian³¹
别分~	山开三入薛並	pʰiet⁵	pʰiet⁵	pʰiet⁵	pʰiet⁵	pʰiet⁵	pʰiek⁵	pʰiek⁵	pʰiet⁵
绵	山开三平仙明	mian¹³	mian¹³	mian¹³	mian²⁵	mian¹³	mieŋ¹³	mieŋ¹³	mian²²³
棉	山开三平仙明	mian¹³	mian¹³	mian¹³	mian²⁵	mian¹³	mieŋ¹³	mieŋ¹³	mian²³³
免	山开三上狝明	mian³¹	mian²¹	mian³¹	mian²¹	mian²¹	mieŋ²¹	mieŋ²¹	mian³¹
勉	山开三上狝明	mian³¹	mian²¹	mian³¹	mian²¹	mian²¹	mieŋ²¹	mieŋ²¹	mian³¹
娩	山开三上狝明	mian³¹	mian²¹	mian³¹	mian²¹	mian²¹	mieŋ²¹	mieŋ²¹	mian³¹
缅	山开三上狝明	mian³¹	mian²¹	mian³¹	mian²¹	mian²¹	mieŋ³³	mieŋ²¹	mian³¹
面	山开三去线明	mian³³	mian³³	mian³³	mian³³	mian³³	mieŋ³³	mieŋ³³²	mian⁵²
灭	山开三入薛明	met⁵	met⁵	met⁵	met⁵	miet⁵	miek⁵	miek⁵	mət⁵
碾~米 ~碎	山开三上狝泥	ŋan⁵⁵ ŋan¹³	ŋan⁴⁵ ŋan¹³	ŋan⁴⁵ ŋan¹³	ŋan²⁵		ŋaŋ¹³	ŋaŋ¹³	ŋan⁴⁵
连	山开三平仙来	lian¹³	lian¹³	lian¹³	lian²⁵	lian¹³	lieŋ¹³	lieŋ¹³	lian²²³
联	山开三平仙来	lian³¹	lian²¹	lian³¹	lian²¹	lian¹³	lieŋ¹³	lieŋ¹³	luan²²³
列	山开三入薛来	liet⁵	liet⁵	liet⁵	liet⁵	liet⁵	liek⁵	liek⁵	liet⁵

单字 \ 地点		廉江长山	廉江石角	廉江河唇	廉江雅塘	遂溪河头	雷州客路塘塞	雷州客路大家	徐闻下桥
烈	山开三入薛来	liet^5	liet^5	liet^5	liet^5	liet^5	liek^5	liek^5	liet^5
裂	山开三入薛来	liet^5	liet^5	liet^5	liet^5	liet^5	liek^5	liek^5	liet^5
煎	山开三平仙精	tsian^{55}	tsian^{45}	tsian^{45}	tsian^{45}	tsian^{55}	tsieŋ^{55}	tsieŋ^{55}	tsian^{45}
剪	山开三上狝精	tsian^{31}	tsian^{21}	tsian^{31}	tsian^{21}	tsian^{21}	tsieŋ^{21}	tsieŋ^{21}	tsian^{31}
箭	山开三去线精	tsian^{33}	tsian^{33}	tsian^{33}	tsian^{33}	tsian^{33}	tsieŋ^{33}	tsieŋ^{332}	tsian^{52}
溅	山开三去线精		tsian^{21}	tsian^{33}	tsian^{33}				tsʰian^{31}
迁	山开三平仙清	tsʰian^{55}	tsʰian^{45}	tsʰian^{45}	tsʰian^{45}	tsʰian^{55}	tsʰieŋ^{55}	tsʰieŋ^{55}	tsʰiam^{45}
浅	山开三上狝清	tsʰian^{31}	tsʰian^{21}	tsʰian^{31}	tsʰian^{21}	tsʰian^{21}	tsʰieŋ^{21}	tsʰieŋ^{21}	tsʰian^{31}
钱	山开三平仙从	tsʰian^{13}	tsʰian^{13}	tsʰian^{13}	tsʰian^{25}	tsʰian^{13}	tsʰieŋ^{13}	tsʰieŋ^{13}	tsʰian^{223}
践	山开三上狝从	tsian^{31}	tsian^{21}	tsian^{31}	tsian^{21}	tsian^{21}	tsieŋ^{21}	tsieŋ^{21}	tsan^{31}
贱	山开三去线从	tsʰian^{33}	tsʰian^{33}	tsʰian^{33}	tsʰian^{33}	tsʰian^{33}	tsʰieŋ^{33}	tsʰieŋ^{332}	tsʰian^{31}
仙	山开三平仙心	sian^{55}	sian^{45}	sian^{45}	ɬian^{45}	ɬian^{55}	ɬieŋ^{55}	sieŋ^{55}	sian^{45}
鲜新~	山开三平仙心	sian^{55}	sian^{45}	sian^{45}	ɬian^{45}	ɬian^{55}	ɬieŋ^{55}	sieŋ^{55}	sian^{45}
鲜朝~	山开三上狝心	sian^{55}	sian^{45}	sian^{31}	ɬian^{21}	ɬian^{21}	ɬieŋ^{21}	sieŋ^{21}	sian^{45}
癣	山开三上狝心	sian^{31}	sian^{21}	sian^{31}	ɬian^{21}	ɬian^{21}	ɬieŋ^{21}	sieŋ^{21}	sian^{31}
线	山开三去线心	sian^{33}	sian^{33}	sian^{33}	ɬian^{33}	ɬian^{33}	ɬieŋ^{33}	sieŋ^{332}	sian^{52}

单字 \\ 地点		廉江长山	廉江石角	廉江河唇	廉江雅塘	遂溪河头	雷州客路塘塞	雷州客路大家	徐闻下桥
薛	山开三入薛心	siet³	siet²	siet³	ɬiet²	ɬiet²	ɬiek²	siek²	siet³
泄	山开三入薛心	siet³	siet²	siet³	ɬiet²				siet³
羡	山开三去线邪	sian¹³	sian³³	sian³³	ɬian²⁵			sieŋ³³²	sian³¹
展	山开三上狝知	tʃan³¹	tʃan²¹	tʃan³¹	tsin²¹	tsian²¹	tsieŋ²¹	tsieŋ²¹	tsan³¹
哲	山开三入薛知	tʃat³	tʃat²	tʃat³	tsat²	tsiet²	tsiek²	tsiek²	tsat³
彻	山开三入薛彻	tʃʰat³	tʃʰat²	tsʰat³	tsʰat²	tsʰiet²	tsʰiek²	tsʰiek²	tsʰat⁵
撤	山开三入薛彻	tʃʰat³	tʃʰat²	tsʰat³	tsʰat²	tsʰiet²	tsʰiek²	tsʰiek²	tsʰat⁵
缠	山开三平仙澄	tʃʰan¹³	tʃʰan¹³	tsʰan¹³	tsʰan²⁵	tsʰaŋ¹³	tsʰaŋ¹³	tsʰaŋ¹³	tsʰan²²³
辙	山开三入薛澄	tʃʰat³	tʃʰat²	tsʰat³	tsʰat²	tsʰiet²		tsʰiek²	tsʰat⁵
毡	山开三平仙章	tʃan⁵⁵	tʃan⁴⁵	tʃan⁴⁵	tsan⁴⁵	tsiŋ⁵⁵	tsaŋ⁵⁵	tsiŋ⁵⁵	tsan⁴⁵
战	山开三去线章	tʃan³³	tʃan³³	tʃan³³	tsan³³	tsiŋ³³	tsieŋ³³	tsaŋ³³²	tsan⁵²
颤	山开三去线章	tʰan¹³	tʰan¹³	tʰan¹³	tʰan²⁵				tʰan²²³
折~断	山开三入薛章	tʃat³	tʃat²	tʃat³	tsat²	tsiet²	tsiek²	tsiek²	tsiet³
浙	山开三入薛章	tʃat³	tʃat²	tʃat³	tsat²	tsiet²	tsiek²	tsiek²	tsat³
舌	山开三入薛船	ʃat⁵	ʃat⁵	ʃat⁵	ɬat⁵	ɬak⁵	sak⁵	sak⁵	sat⁵
扇~耳光	山开三平仙书	pʰan⁵⁵△	ʃan³³	ʃan³³	pʰan⁴⁵△	pʰaŋ⁵⁵△	saŋ³³	saŋ³³²	san⁵²

单字 / 地点		廉江长山	廉江石角	廉江河唇	廉江雅塘	遂溪河头	雷州客路塘塞	雷州客路大家	徐闻下桥
扇名词	山开三去线书	ʃan³³	ʃan³³	ʃan³³	san³³	ɬaŋ³³	saŋ³³	saŋ³³²	san⁵²
设	山开三入薛书	ʃat³	ʃat²	ʃat³	sat²	ɬiet²	siek²	siek²	tsʰat³
蝉	山开三平仙禅	ʃam¹³	ʃan¹³	ʃan¹³	sam²⁵			sam¹³	sam²²³
禅~宗	山开三平仙禅	ʃam¹³	ʃan¹³	ʃan¹³	sam²⁵			sam¹³	
善	山开三上狝禅	ʃan³³	ʃan³³	ʃan³³	san³³	saŋ³³	saŋ³³	saŋ³³²	san³¹
膳	山开三去线禅	ʃan³³	ʃan³³	ʃan³³	san³³	saŋ³³	saŋ³³	saŋ³³²	san⁵²
禅~让	山开三去线禅	ʃam¹³	ʃan¹³	ʃan¹³					san⁵²
折~本	山开三入薛禅	ʃat⁵	ʃat⁵	ʃat⁵	sat⁵	sak⁵	sak⁵	sak⁵	sat⁵
然	山开三平仙日	ian¹³	ian¹³	ian¹³	ian²⁵	iaŋ¹³	iaŋ¹³	ieŋ¹³	ian²²³
燃	山开三平仙日	ian¹³	ian¹³	ian¹³	ian²⁵	iaŋ¹³	iaŋ¹³	ieŋ¹³	ian²²³
热	山开三入薛日	ȵiet⁵	ȵiet⁵	ȵiet⁵	ȵiet⁵	ȵiet⁵	ȵiek⁵	ȵiek⁵	ȵiet⁵
遣	山开三上狝溪	kʰian³¹	kʰian²¹	kʰian³¹	kʰian²¹	kʰian²¹		kʰieŋ²¹	
乾	山开三平仙群	kʰian¹³	kʰian¹³	kʰian¹³	kʰian²⁵	kʰian¹³	kʰieŋ¹³	kʰieŋ¹³	kʰian²²³
件	山开三上狝群	kʰian³³	kʰian³³	kʰian³³	kʰian³³	kʰian³³	kʰieŋ³³	kʰieŋ³³²	kʰian³¹
杰	山开三入薛群	kʰiet⁵	kʰiet⁵	kʰiet⁵	kʰiet⁵	kʰiet⁵	kʰiek⁵	kʰiek²	kʰiet⁵
谚	山开三去线疑	ȵian³³	ŋan¹³	ȵian³³	ȵian³³			ieŋ³³²	ian⁵²

单字 \ 地点		廉江长山	廉江石角	廉江河唇	廉江雅塘	遂溪河头	雷州客路塘塞	雷州客路大家	徐闻下桥
孽	山开三入薛疑	ȵiam³¹	ȵiap²	ȵiam³¹	ȵiam²¹	ȵiet⁵		ȵiek⁵	ȵiap³
延	山开三平仙以	ian¹³	ian¹³	ian¹³	ian²⁵	iaŋ¹³	iaŋ¹³	ieŋ¹³	ian³¹
演	山开三上狝以	hian³¹△	ʃan²¹△	hian³¹△	hian²¹△	iaŋ¹³	ieŋ²¹	ieŋ¹³	ian⁵²
建	山开三去愿见	kian³¹	kian²¹	kian³¹	kian²¹	kian³³	kieŋ³³	kieŋ³³²	kian⁵²
揭	山开三入月见	kʰiet⁵	kʰiet⁵	kʰiet⁵	kʰiet⁵	kʰiet²	kʰiek²	kiek²	kʰiet³
键	山开三上阮群	kian³¹	kian²¹	kian³¹	kian²¹	kian³³	kieŋ³³	kieŋ³³²	kʰian³¹
健	山开三去愿群	kian³¹	kian²¹	kian³¹	kian²¹	kian³³	kieŋ³³	kieŋ³³²	kʰian³¹
腱	山开三去愿群	kian³¹	kian²¹			kian³³	kieŋ³³	kieŋ³³²	kʰian³¹
言	山开三平元疑	ȵian¹³	ȵian¹³	ȵian¹³	ȵian²⁵	ȵian¹³	ŋaŋ¹³	ŋaŋ¹³	ȵian²²³
轩	山开三平元晓	hian⁵⁵	ʃan⁴⁵	hian⁴⁵	hian⁴⁵	hian⁵⁵		hieŋ⁵⁵	san⁴⁵
掀	山开三平元晓	hiun⁵⁵ pʰian⁵⁵△	ʃun⁴⁵	ʃun⁴⁵ ʃan⁴⁵	hiun⁴⁵ pʰian⁴⁵△	hian⁵⁵ pʰian⁵⁵△	hieŋ⁵⁵	hieŋ⁵⁵	hin⁴⁵ ian⁴⁵△
宪	山开三去愿晓	hian³³	ʃan²¹	hian³³	hian⁴⁵	hian³³	hieŋ³³	hieŋ³³²	san⁵²
献	山开三去愿晓	hian³³	ʃan²¹	hian³³	hian³³	hian³³	hieŋ³³	hieŋ³³²	san⁵²
歇	山开三入月晓	hiet³	ʃat²	hiet³	hiet²	hiet²	hiek²	hiek²	kʰiat³
蝎	山开三入月晓	kʰiet³	kʰiet⁵	kiet³	iat²	kʰiet⁵	kiek²	kiek²	kʰiat³
堰	山开三去愿影		an³³	an³³	an³³	iaŋ³³			ian⁵²

单字	地点	廉江长山	廉江石角	廉江河唇	廉江雅塘	遂溪河头	雷州客路塘塞	雷州客路大家	徐闻下桥
边	山开四平先帮	pian^{55}	pian^{45}	pian^{45}	pian^{45}	pian^{55}	pieŋ^{55}	pieŋ^{55}	pian^{45}
蝙	山开四平先帮	p^{h}ian^{55}	pian^{21}	p^{h}ian^{45}	p^{h}ian^{45}	p^{h}ian^{55}	pieŋ^{21}	p^{h}ieŋ^{55}	p^{h}ian^{45}
扁	山开四上铣帮	pian^{31}	pian^{21}	pian^{31}	pian^{21}	pian^{21}	pieŋ^{21}	pieŋ^{21}	pian^{31}
匾	山开四上铣帮	pian^{31}	pian^{21}	pian^{31}	pian^{21}	pian^{21}	pieŋ^{21}	pieŋ^{21}	pian^{31}
遍	山开四去霰帮	p^{h}ian^{33}	p^{h}ian^{33}	p^{h}ian^{33}	p^{h}ian^{33}	p^{h}ian^{33}	p^{h}ieŋ^{33}	p^{h}ieŋ^{332}	p^{h}ian^{52}
片	山开四去霰滂	p^{h}ian^{33}	p^{h}ian^{33}	p^{h}ian^{33}	p^{h}ian^{33}	p^{h}ian^{33}	p^{h}ieŋ^{33}	p^{h}ieŋ^{332}	p^{h}ian^{52}
撇	山开四入屑滂	p^{h}iet^3	p^{h}iet^2	p^{h}iet^3	p^{h}iet^2	p^{h}iet^2	p^{h}iek^2	p^{h}iek^2	p^{h}iet^3
眠	山开四平先明	men^{13}	men^{13}	men^{13}		mian^{13}	miŋ^{13}	mieŋ^{13}	min^{223}
面	山开四去霰明	mian^{33}	mian^{33}	mian^{33}	mian^{33}	mian^{33}	mieŋ^{33}	mieŋ^{332}	mian^{31}
篾	山开四入屑明	mat^3	mat^2	mat^3	mat^2			miek^2	
颠	山开四平先端	tian^{55}	tian^{45}	tian^{45}	tian^{45}	tian^{55}	tieŋ^{55}	tieŋ^{55}	tian^{45}
典	山开四上铣端	tian^{31}	tian^{21}	tian^{31}	tian^{21}	tian^{21}	tieŋ^{21}	tieŋ^{21}	tian^{31}
天	山开四平先透	t^{h}ian^{55}	t^{h}ian^{45}	t^{h}ian^{45}	t^{h}ian^{45}	t^{h}ian^{55}	t^{h}ieŋ^{55}	t^{h}ieŋ^{55}	t^{h}ian^{45}
腆	山开四上铣透	tian^{31}	tian^{21}	tian^{31}	tian^{21}	tian^{21}		tieŋ^{21}	
铁	山开四入屑透	t^{h}iet^3	t^{h}iet^2	t^{h}iet^3	t^{h}iet^2	t^{h}iet^2	t^{h}iek^2	t^{h}iek^2	t^{h}iet^3
田	山开四平先定	t^{h}ian^{13}	t^{h}ian^{13}	t^{h}ian^{13}	t^{h}ian^{25}	t^{h}ian^{13}	t^{h}ieŋ^{13}	t^{h}ieŋ^{13}	t^{h}ian^{223}

单字	地点	廉江长山	廉江石角	廉江河唇	廉江雅塘	遂溪河头	雷州客路塘塞	雷州客路大家	徐闻下桥
填~空~坑	山开四平先定	tʰian^{13}	tʰian^{13}	tʰian^{13}	tʰian^{25}	tʰian^{13}	tʰieŋ^{13} / tʰun^{13}△	tʰieŋ^{13}	tʰian^{223}
电	山开四去霰定	tʰian^{33}	tʰian^{33}	tʰian^{33}	tʰian^{33}	tian^{33}	tʰieŋ^{33}	tʰieŋ^{332}	tʰian^{31}
殿	山开四去霰定	tʰian^{33}	tʰian^{33}	tʰian^{33}	tʰian^{33}	tian^{33}	tʰieŋ^{33}	tʰieŋ^{332}	tian^{31}
奠	山开四去霰定	tʰian^{33}	tʰian^{33}	tʰian^{33}	tʰian^{33}	tian^{33}	tʰieŋ^{33}	tʰieŋ^{332}	tʰian^{31}
垫	山开四去霰定	tʰiap^{3}	tʰiap^{2}	tʰiap^{3}	tʰiap^{2}	tʰiap^{2}	tʰiap^{2}	tʰiap^{2}	tʰiap^{3}
年	山开四平先泥	n̦ian^{13}	n̦ian^{13}	n̦ian^{13}	n̦ian^{25}	n̦ian^{13}	n̦ieŋ^{13}	n̦ieŋ^{13}	n̦ian^{223}
捻	山开四上铣泥	nun^{31}△	nun^{21}△	nun^{31}△	nun^{21}△	n̦iam^{55}	n̦iam^{55}	nɔ^{13}△	nun^{31}△
捏	山开四入屑泥		n̦iap^{2}	n̦iap^{3}	n̦iap^{2}	nak^{2}△	nak^{2}△	nak^{2}△	n̦iap^{3}
怜	山开四平先来	lin^{13}	lin^{13}	lin^{13}	lin^{25}	lian^{13}	lieŋ^{13}	lieŋ^{13}	lin^{223}
莲	山开四平先来	lian^{13}	lian^{13}	lian^{13}	lian^{25}	lian^{13}	lieŋ^{13}	lieŋ^{13}	lian^{223}
练	山开四去霰来	lian^{33}	lian^{33}	lian^{33}	lian^{33}	lian^{33}	lieŋ^{33}	lieŋ^{332}	lian^{31}
炼	山开四去霰来	lian^{33}	lian^{33}	lian^{33}	lian^{33}	lian^{33}	lieŋ^{33}	lieŋ^{332}	lian^{31}
链	山开四去霰来	lian^{33}	lian^{33}	lian^{33}	lian^{33}	lian^{33}	lieŋ^{33}	lieŋ^{332}	lian^{31}
楝	山开四去霰来	lian^{13}	lian^{33}	lian^{33}	lian^{33}	lian^{13}	lieŋ^{33}	lieŋ^{332}	lian^{31}
笺	山开四平先精		tsian^{33}	tsian^{33}	tsian^{45}				tsian^{31}
荐	山开四去霰精	tsian^{33}	tsian^{33}	tsian^{33}	tsian^{33}	tsian^{33}	tsieŋ^{33}	tsiŋ^{332}	tsian^{52}

单字 ＼ 地点		廉江长山	廉江石角	廉江河唇	廉江雅塘	遂溪河头	雷州客路塘塞	雷州客路大家	徐闻下桥
节	山开四入屑精	tsiet³	tsiet²	tsiet³	tsiet²	tsiet²	tsiek²	tsiek²	tsiet³
千	山开四平先清	tsʰian⁵⁵	tsʰian⁴⁵	tsʰian⁴⁵	tsʰian⁴⁵	tsʰian⁵⁵	tsʰieŋ⁵⁵	tsʰieŋ⁵⁵	tsʰian⁴⁵
切	山开四入屑清	tsʰiet³	tsʰiet²	tsʰiet³	tsʰiet²	tsʰiet²	tsʰiek²	tsʰiek²	tsʰiet³
前	山开四平先从	tsʰian¹³	tsʰian¹³	tsʰian¹³	tsʰian²⁵	tsʰian¹³	tsʰieŋ¹³	tsʰieŋ¹³	tsʰian²²³
截	山开四入屑从	tsʰiet⁵	tsʰiet⁵	tsʰiet⁵	tsʰiet²		tsiek²	tsiek²	tsiet³
先	山开四平先心	sian⁵⁵	sian⁴⁵	sian⁴⁵	ɬian⁴⁵	ɬiŋ⁵⁵	ɬieŋ⁵⁵	sieŋ⁵⁵	sian⁴⁵
屑	山开四入屑心	siet³		siau⁴⁵		ɬiau⁵⁵		siau⁵⁵	
楔	山开四入屑心	siap³	siap²	siap³	ɬiap²	ɬiap²	ɬiap²	siap²	siap³
肩	山开四平先见	kian⁵⁵	kian⁴⁵	kian⁴⁵	kian⁴⁵	kiŋ⁵⁵	kieŋ⁵⁵	kieŋ⁵⁵	kian⁴⁵
坚	山开四平先见	kian⁵⁵	kian⁴⁵	kian⁴⁵	kian⁴⁵	kiŋ⁵⁵	kieŋ⁵⁵	kieŋ⁵⁵	kian⁴⁵
茧	山开四上铣见	kan³¹	kan²¹	kan³¹	kan²¹		kieŋ²¹	kieŋ²¹	kan³¹
见	山开四去霰见	kian³³	kian³³	kian³³	kian³³	kian³³	kieŋ³³	kieŋ³³²	kian⁵²
结~婚 打~	山开四入屑见	kiet³ ket³	kiet² ket²	kiet³ ket³	kiet² ket²	kiet²	kiek²	kiek²	kiet³ kət³
洁	山开四入屑见	kiet³	kiet²	kiet³	kiet²	kiet²	kiek²	kiek²	kiet³
牵	山开四平先溪	kʰian⁵⁵	kʰian⁴⁵	kʰian⁴⁵	kʰian⁴⁵	kʰian⁵⁵	kʰieŋ⁵⁵	kʰieŋ⁵⁵	kʰian⁴⁵
研	山开四平先疑	ȵian⁵⁵	ȵian⁴⁵	ȵian⁴⁵	ȵian⁴⁵	ȵian¹³	ȵieŋ¹³	ieŋ¹³	ŋan⁴⁵

单字 / 地点		廉江长山	廉江石角	廉江河唇	廉江雅塘	遂溪河头	雷州客路塘塞	雷州客路大家	徐闻下桥
砚	山开四去霰疑	ȵian³³	ȵian⁴⁵	ȵian³³	ȵian³³	hi⁵⁵	hi⁵⁵	hi⁵⁵	
显	山开四上铣晓	hian³¹	ʃan²¹	hian³¹	hian²¹	hian²¹	hieŋ²¹	hieŋ²¹	san³¹
贤	山开四平先匣	hian¹³	ʃan¹³	hian¹³	hian²⁵	hian¹³	hieŋ¹³	hieŋ¹³	san²²³
弦	山开四平先匣	hian¹³	ʃan¹³	hian¹³	hian²⁵	hian¹³		hieŋ¹³	san²²³
现	山开四去霰匣	hian³³	ʃan²¹	hian³³	hian³³	hian³³	hieŋ³³	hieŋ³³²	san³¹
烟	山开四平先影	ian⁵⁵	ian⁴⁵	ian⁴⁵	ian⁴⁵	iaŋ⁵⁵	iaŋ⁵⁵	ieŋ⁵⁵	ian⁴⁵
燕姓	山开四平先影	ian³³	ian³³	ian³³	ian³³	iŋ³³	iaŋ³³	ieŋ³³²	ian⁵²
燕子	山开四去霰影	ian³³	ian³³	ian³³	ian³³	iŋ³³	iaŋ³³	ieŋ³³²	ian⁵²
咽	山开四去霰影	ian⁵⁵	ian⁴⁵	ian⁴⁵	ian⁴⁵	iaŋ⁵⁵	iaŋ⁵⁵	ieŋ⁵⁵	ian⁴⁵
宴	山开四去霰影	an³³	an³³	an³³	an³³	iaŋ³³	iaŋ³³	ieŋ³³²	an⁵²
般	山合一平桓帮	pan⁵⁵	pan⁴⁵	pan⁴⁵	pan⁴⁵	paŋ⁵⁵	paŋ⁵⁵	paŋ⁵⁵	pan⁴⁵
搬	山合一平桓帮	pan⁵⁵	pan⁴⁵	pan⁴⁵	pan⁴⁵	paŋ⁵⁵	paŋ⁵⁵	paŋ⁵⁵	pan⁴⁵
半	山合一去换帮	pan³³	pan³³	pan³³	pan³³	paŋ³³	paŋ³³	paŋ³³²	pan⁵²
绊	山合一去换帮	pʰan³³	pʰan³³	pʰan³³	pʰan³³	paŋ³³	paŋ³³		pʰan⁵²
钵	山合一入末帮	pat³	pat²	pat³	pat²	pak²	pak²	pak²	
拨	山合一入末帮	pʰat³	pʰat²	pʰat³	pʰat²	mak²△	mak²△	pʰak⁵	pat³

单字 \ 地点		廉江长山	廉江石角	廉江河唇	廉江雅塘	遂溪河头	雷州客路塘塞	雷州客路大家	徐闻下桥
潘	山合一平桓滂	pʰan⁵⁵	pʰan⁴⁵	pʰan⁴⁵	pʰan⁴⁵	pʰaŋ⁵⁵	pʰaŋ⁵⁵	pʰaŋ⁵⁵	pʰan⁴⁵
拼~命	山合一平桓滂	pʰan³³	pʰan³³	pʰan³³	pʰan³³	pʰiŋ³³	pʰiŋ⁵⁵	pʰuen³³²	pʰan⁵²
判	山合一去换滂	pʰan³³	pʰan³³	pʰan³³	pʰan³³	pʰuaŋ³³	pʰuaŋ³³	pʰaŋ³³²	pʰan⁵²
泼	山合一入末滂	pʰat³	pʰat²	pʰat³	pʰat²	pʰak²	pʰak²	pʰak²	pʰat³
盘	山合一平桓並	pʰan¹³	pʰan¹³	pʰan¹³	pʰan²⁵	pʰaŋ¹³	pʰaŋ¹³	pʰaŋ¹³	pʰan²²³
伴	山合一上缓並	pʰan³³	pʰan³³	pʰan³³	pʰan³³	paŋ³³	pʰuaŋ³³	pʰaŋ³³²	pʰan⁵²
拌	山合一上缓並	pʰan³³	pʰan³³	pʰan³³	pʰan³³	puaŋ³³	pʰuaŋ³³	pʰuaŋ³³²	
叛	山合一去换並	pan³¹	pan²¹	pʰan³³	pʰan³³	pʰuaŋ³³	pʰuaŋ³³	pʰuaŋ³³²	pʰan⁵²
瞒	山合一平桓明	man¹³	man¹³	man¹³	man²⁵	man¹³	maŋ¹³	maŋ¹³	
馒	山合一平桓明	man³¹	man²¹	man³¹	man²¹	man³³	maŋ³³	maŋ²¹	man²²³
鳗	山合一平桓明		man²¹	man³¹		man³³	maŋ³³	maŋ²¹	man²²³
满	山合一上缓明	man⁵⁵ / mun⁵⁵	man⁴⁵	man⁴⁵ / mun⁵⁵	man⁴⁵	mun⁵⁵	mun⁵⁵	maŋ²¹ / muen⁵⁵	man⁴⁵
漫	山合一去换明	man³¹	man²¹	man³¹	man²¹	man³³	maŋ³³	maŋ³³²	man³¹
末	山合一入末明	mat⁵	mat⁵	mat⁵	mat⁵	mat²	muak⁵	mak²	mat³
沫	山合一入末明	mat⁵	mat⁵	mat⁵	mat⁵	mat²	muak⁵	mak²	mat⁵
抹	山合一入末明	mat³	mat²	mat³	mat²	mat²	mak²	mak²	mat³

单字	地点	廉江长山	廉江石角	廉江河唇	廉江雅塘	遂溪河头	雷州客路塘塞	雷州客路大家	徐闻下桥
端	山合一平桓端	tɔn⁵⁵	ton⁴⁵	ton⁴⁵	tɔn⁴⁵	tuan⁵⁵	tuan⁵⁵	tuaŋ⁵⁵	tuan⁴⁵
短	山合一上缓端	tɔn³¹	ton²¹	ton³¹	tɔn²¹	tɔŋ²¹	tɔŋ²¹	tɔŋ²¹	tuan³¹
断[判~]	山合一去换端	tɔn³³	ton³³	ton³³	tɔn³³	tuaŋ³³	tʰuaŋ³³	tuaŋ³³	tʰuan⁴⁵
锻	山合一去换端	tʰɔn³³	tʰon³³	tʰon³³	tʰɔn³³	tuaŋ³³	tuaŋ³³	tuaŋ³³²	tʰuan³¹
掇[端东西, ~菜]	山合一入末端	teu⁵⁵△	teu⁴⁵△	teu⁴⁵△	teu⁴⁵△	teu⁵⁵△	teu³³△	teu⁵⁵△	teu⁴⁵△
脱	山合一入末透	tʰɔt³	tʰot²	tʰot³	tʰɔt²	tʰɔk²	tʰɔk²	tʰok²	tʰuat³
团	山合一平桓定	tʰɔn¹³	tʰon¹³	tʰon¹³	tʰɔn²⁵	tʰuaŋ¹³ tʰɔŋ¹³	tʰuaŋ¹³ tʰɔŋ¹³	tʰuaŋ¹³ tʰɔŋ¹³	tʰuan²²³
断[~了]	山合一上缓定	tʰɔn⁵⁵	tʰon⁴⁵	tʰon⁴⁵	tʰɔn⁴⁵	tʰɔŋ⁵⁵	tʰɔŋ⁵⁵	tʰɔŋ⁵⁵	tʰuan⁴⁵
段	山合一去换定	tʰɔn³³	tʰon³³	tʰon³³	tʰɔn³³	tuaŋ³³	tʰuaŋ³³	tuaŋ³³²	tʰuan³¹
缎	山合一去换定	tʰɔn³³	tʰon³³	tʰon³³	tʰɔn³³		tʰuaŋ³³	tuaŋ³³²	tʰuan³¹
夺	山合一入末定	tʰɔt⁵	tʰot⁵	tʰot⁵	tʰɔt⁵	tuak²	tʰuak⁵	tʰɔk⁵	tʰuat⁵
暖	山合一上缓泥	nɔn⁵⁵	non⁴⁵	non³¹	nɔn⁴⁵	nɔŋ⁵⁵	nɔŋ⁵⁵	nɔŋ⁵⁵	nuan⁴⁵
鸾	山合一平桓来	lan¹³	lan¹³	lan¹³	lan²⁵	lian¹³	lieŋ¹³	luaŋ¹³	
卵	山合一上缓来	lɔn³¹	lon²¹	lon³¹	lɔn²¹	tsʰun⁵⁵△	tsʰun⁵⁵△	tsʰuen⁵⁵△	tsʰun⁴⁵△
乱	山合一去换来	lɔn³³	lon³³	lon³³	lɔn³³	lɔŋ³³	lɔŋ³³	lɔŋ³³²	luan³¹
捋	山合一入末来	lɔt⁵	lot⁵	lot⁵	lɔt⁵	lɔk⁵	lɔk⁵	luk⁵	luat⁵

单字 \ 地点		廉江长山	廉江石角	廉江河唇	廉江雅塘	遂溪河头	雷州客路塘塞	雷州客路大家	徐闻下桥
钻~孔	山合一平桓精	tsɔn³³	tson³³	tson³³	tsɔn³³	tsɔŋ³³	tsɔŋ³³	tsʰɔŋ³³²	tsuan⁵²
攒	山合一上缓精	tsun³¹△	tsun²¹△	tsun³¹△	tsun²¹△	tsun²¹△			
钻电~	山合一去换精	tson³³	tson³³	tson³³	tsɔn³³	tsɔŋ³³	tsɔŋ³³	tsʰɔŋ³³²	tsuan⁵²
撮一~毛 一~芝麻	山合一入末清	tsut³ tsep⁵△	tsut² tsep⁵△	tsep⁵△	tsep⁵△			tsep²△	tsəp³△
酸	山合一平桓心	sɔn⁵⁵	son⁴⁵	son⁴⁵	ɬɔn⁴⁵	ɬɔŋ⁵⁵	ɬɔŋ⁵⁵	sɔŋ⁵⁵	suan⁴⁵
算	山合一去换心	sɔn³³	son³³	son³³	ɬɔn³³	ɬɔŋ³³	ɬɔŋ³³	sɔŋ³³²	suan⁵²
蒜	山合一去换心	son³³	son³³	son³³	ɬɔn³³	ɬɔŋ³³	ɬɔŋ³³	sɔŋ³³²	suan⁵²
官	山合一平桓见	kuɔn⁵⁵	kuon⁴⁵	kuon⁴⁵	kuɔn⁴⁵	kuan⁵⁵	kuaŋ⁵⁵	kuaŋ⁵⁵	kan⁴⁵
棺	山合一平桓见	kuɔn⁵⁵	kuon⁴⁵	kuon⁴⁵	kuɔn⁴⁵	kuan⁵⁵	kuaŋ⁵⁵	kuaŋ⁵⁵	kan⁴⁵
观参~ ~音	山合一平桓见	kuan⁵⁵	kuon⁴⁵	kuan⁴⁵ kuon⁴⁵	kuan⁴⁵	kuaŋ⁵⁵	kuaŋ⁵⁵	kuaŋ⁵⁵	kan⁴⁵
冠衣~ 鸡~	山合一平桓见	kuɔn⁵⁵ ki³³	kuon³³	kuon⁴⁵ kuan⁴⁵	kuan⁴⁵	kuaŋ⁵⁵	kuaŋ⁵⁵	kuaŋ⁵⁵ ki³³²	kan⁴⁵
管	山合一上缓见	kuon³¹	kuon²¹	kuon³¹	kuɔn²¹	kuaŋ²¹	kuaŋ²¹	kuaŋ²¹	kan³¹
馆	山合一上缓见	kuon³¹	kuon²¹	kuon³¹	kuɔn²¹	kuaŋ²¹	kuaŋ²¹	kuaŋ²¹	kan³¹
贯	山合一去换见	kuon³³	kuon³³	kuon³³	kuɔn³³	kuaŋ³³	kuaŋ³³	kuaŋ³³²	kan⁵²
灌	山合一去换见	kuon³³	kuon³³	kuon³³	kuɔn³³	kuaŋ³³	kuaŋ³³	kuaŋ³³²	kan⁵²
罐	山合一去换见	kuon³³	kuon³³	kuon³³	kuɔn³³	kuaŋ³³	kuaŋ³³	kuaŋ³³²	kan⁵²

单字	地点	廉江长山	廉江石角	廉江河唇	廉江雅塘	遂溪河头	雷州客路塘塞	雷州客路大家	徐闻下桥
观道~	山合一去换见	kuan⁵⁵		kuon⁴⁵			kuaŋ³³	kuaŋ⁵⁵	
冠~军	山合一去换见	kuɔn³³	kuon³³	kuon³³	kuɔn³³	kuaŋ³³	kuaŋ³³	kuaŋ³³²	kan⁵²
括	山合一入末见	kuat³	kuat²	kuat³	kuat²		kuak²	kuak²	kat³
宽	山合一平桓溪	kʰuon⁵⁵	kʰuon⁴⁵	kʰuon⁴⁵	kʰuɔn⁴⁵	kʰuaŋ⁵⁵	kʰuaŋ⁵⁵	kʰuaŋ⁵⁵	kʰan⁴⁵
款	山合一上缓溪	kʰuan³¹	kʰan²¹	kʰan³¹	kʰuan²¹	kʰuaŋ²¹	kʰuaŋ²¹	kʰuaŋ²¹	kʰan³¹
阔	山合一入末溪	kʰuat³	kʰuat²	kʰuat³	kʰuat²	kʰuak²	kʰuak²	kʰuak²	kʰat³
玩~具	山合一去换疑	ŋan³³	ŋan³³	ŋan³³	ŋan³³	vaŋ¹³			van³¹
欢	山合一平桓晓	fon⁵⁵	fon⁴⁵	fon⁴⁵	fɔn⁴⁵	faŋ⁵⁵	faŋ⁵⁵	faŋ⁵⁵	fan⁴⁵
唤	山合一去换晓	fon³³	fon³³	fon³³	vɔn³³	huaŋ³³	vaŋ³³	vɔŋ³³²	van³¹
焕	山合一去换晓	fon³³	fon³³	fon³³		huaŋ³³	huaŋ³³	huaŋ³³²	van³¹
豁	山合一入末晓	kʰɔk³	kʰok²	kʰok³					
桓	山合一平桓匣	fan¹³	fan¹³	fan¹³					
完	山合一平桓匣	ian¹³	ian¹³	ian¹³	ian²⁵	vaŋ¹³	iaŋ¹³	vaŋ¹³	ian²²³
丸	山合一平桓匣	ian¹³	ian¹³	ian¹³	ian²⁵	iaŋ¹³	iaŋ¹³	iaŋ¹³	ian²²³
缓	山合一上缓匣	vun³¹	fon²¹	fon³¹	fun²¹		huaŋ²¹	huaŋ²¹	van³¹
皖	山合一上缓匣	van³¹	van²¹	van³¹	van²¹	vaŋ²¹	vaŋ²¹	vaŋ²¹	van³¹

单字	地点	廉江长山	廉江石角	廉江河唇	廉江雅塘	遂溪河头	雷州客路塘塞	雷州客路大家	徐闻下桥
换	山合一去换匣	vɔn³³	von³³	von³³	vɔn³³	vaŋ³³	vaŋ³³	vɔŋ³³²	van³¹
活	山合一入末匣	vat⁵	vat⁵	vat⁵	vat⁵	vak⁵	vak⁵	vak⁵	vat⁵
豌	山合一平桓影	vɔn³¹	von²¹	von³¹	vɔn²¹	vaŋ²¹	vaŋ²¹	vaŋ²¹	van³¹
碗	山合一上缓影	vɔn³¹	von²¹	von³¹	vɔn²¹	vaŋ²¹	vaŋ²¹	vɔŋ²¹	van³¹
腕	山合一去换影	van³¹	van²¹	van³¹	van²¹	vaŋ²¹	vaŋ²¹	vaŋ²¹	van³¹
鰥	山合二平山见		kuon⁴⁵	kuan⁴⁵					
顽	山合二平山疑	ŋan¹³	ŋan¹³	ŋan¹³	ŋan²⁵	ŋuaŋ¹³	ŋuaŋ¹³	ŋuaŋ¹³	ŋan²²³
幻	山合二去襉匣	fɔn³³	fan³³	fan³³	van³³	huaŋ³³	vaŋ³³	huaŋ³³²	van³¹
滑	山合二入黠匣	vat⁵	vat⁵	vat⁵	vat⁵	vak⁵	vak⁵	vak⁵	vat⁵
猾	山合二入黠匣	vat⁵	vat⁵	vat⁵	vat⁵	vak⁵	vak⁵	vak⁵	vat³
挖	山合二入黠影	vet³ iet³	uat²	vat³	vat² vet²	vak²	vak²	vak²	vat³
篡	山合二去谏初	tsʰiɔn³¹	tson²¹	tsʰiɔn³¹	tson³³	tsʰɔŋ³³	tsʰuaŋ³³	tsʰɔŋ³³²	tsʰuan⁵²
闩	山合二平删生	tsʰɔn⁵⁵	tsʰon⁴⁵	tsʰon⁴⁵	tsʰɔn⁴⁵	tsʰɔŋ⁵⁵	tsʰuaŋ⁵⁵	tsʰuŋ⁵⁵	tsʰuan⁴⁵
拴	山合二平删生	tʰak³ △	tʰo¹³ (绚)	tʰo¹³ (绚)		fɔk⁵ (缚)	fɔk⁵ (缚)	fɔk⁵ (缚)	tʰo¹³ (绚)
刷	山合二入鎋生	sɔt³	sot²	sot³	ɬɔt²	tsʰak²	tsʰak²	tsʰak²	tsʰat³
关	山合二平删见	kuan⁵⁵	kuan⁴⁵	kuan⁴⁵	kuan⁴⁵	kuaŋ⁵⁵	kuaŋ⁵⁵	kuaŋ⁵⁵	kan⁴⁵

单字	地点	廉江长山	廉江石角	廉江河唇	廉江雅塘	遂溪河头	雷州客路塘塞	雷州客路大家	徐闻下桥
惯	山合二去谏见	kuan³³	kuan³³	kuan³³	kuan³³	kuaŋ³³	kuaŋ³³	kuaŋ³³²	kan⁵²
刮	山合二入鎋见	kuat³	kuat²	kuat³	kuat²	kɔk²	kɔk²	kuak²	kat³
还~原 ~钱	山合二平删匣	van¹³	van¹³	van¹³	van²⁵	vaŋ¹³	vaŋ¹³	huaŋ¹³	van²²³
还~有	山合二平删匣	van¹³	vai¹³△	van¹³	an²⁵△	aŋ¹³△	aŋ¹³△	aŋ¹³△	han²²³
环	山合二平删匣	van¹³	van¹³	van¹³	van²⁵	vaŋ¹³	vaŋ¹³	vaŋ¹³	van²²³
患	山合二去谏匣	fan³³	fan³³	fan³³	fam³³	faŋ³³	vaŋ³³	fɔŋ³³²	fan³¹
弯	山合二平删影	van⁵⁵	van⁴⁵	van⁴⁵	van⁴⁵	vaŋ⁵⁵	vaŋ⁵⁵	vaŋ⁵⁵	van⁴⁵
湾	山合二平删影	van⁵⁵	van⁴⁵	van⁴⁵	van⁴⁵	vaŋ⁵⁵	vaŋ⁵⁵	vaŋ⁵⁵	van⁴⁵.
恋	山合三去线来	lian³¹	lian²¹	lian³¹	lian²¹	lian³³	lieŋ¹³	lieŋ³³²	lian³¹
劣	山合三入薛来	lɔt³	lot²	lot³	lɔt²	lɔk²	luak²	luak²	luat³
全	山合三平仙从	tsʰiɔn¹³	tsʰiɔn¹³	tsʰiɔn¹³	tsʰiɔn²⁵	tsʰɔŋ¹³	tsʰieŋ¹³	tsʰieŋ¹³	tsʰuan²²³
泉	山合三平仙从	tsʰan¹³	tsʰan¹³	tsʰan¹³	tsʰan²⁵	tsʰian¹³	tsʰieŋ¹³	tsʰieŋ¹³	tsʰan²²³
绝	山合三入薛从	tsʰiet⁵	tsʰiet⁵	tsʰiet⁵	tsʰiet⁵	tsʰiet⁵	tsʰiek⁵	tsʰiek⁵	tsʰiet⁵
宣	山合三平仙心	sian⁵⁵	sian⁴⁵	sian⁴⁵	ɬian⁴⁵	ɬiŋ⁵⁵	ɬieŋ⁵⁵	sieŋ⁵⁵	sian⁴⁵
选	山合三上狝心	sian³¹	sian²¹	sian³¹	ɬian²¹	ɬian²¹	ɬieŋ²¹	sieŋ²¹	sian³¹
雪	山合三入薛心	siet³	siet²	siet³	ɬiet²	ɬiet²	ɬiek²	siek²	siet³

单字 \\ 地点		廉江长山	廉江石角	廉江河唇	廉江雅塘	遂溪河头	雷州客路塘塞	雷州客路大家	徐闻下桥
旋~转	山合三平仙邪	sian^{13}	sian^{13}	sian^{13}	ɬian^{25}	ɬian^{13}	sieŋ^{13}	sieŋ^{13}	sian^{223}
转~达	山合三上狝知	tʃɔn^{31}	tʃɔn^{21}	tʃɔn^{31}	tsɔn^{21}	tsian^{21}	tsieŋ^{21}	tsieŋ^{21}	tsuan^{31}
转~圈	山合三去线知	tʃɔn^{31} tin^{55}△	tʃɔn^{21} tin^{45}△	tʃɔn^{31} tin^{13}△	tin^{45}△	tsian^{21}	tsieŋ^{21}	tsieŋ^{21}	tsuan^{31}
篆	山合三上狝澄	tsʰiɔn^{31}	tsʰiɔn^{21}	tʃɔn^{33}					
传~达	山合三平仙澄	tʃʰɔn^{13}	tʃʰɔn^{13}	tʃʰɔn^{13}	tsʰiɔn^{25}	tsʰian^{13}	tsʰieŋ^{13}	tsʰieŋ^{13}	tsʰuan^{223}
传~记	山合三去线澄	tʃʰɔn^{33}	tʃʰɔn^{33}	tʃʰɔn^{33}	tsʰiɔn^{33}			tsʰieŋ^{13}	tsʰuan^{31}
专	山合三平仙章	tʃɔn^{55}	tʃɔn^{45}	tʃɔn^{45}	tsɔn^{45}	tsiŋ^{55}	tsiŋ^{55}	tsieŋ^{55}	tsuan^{45}
砖	山合三平仙章	tʃɔn^{55}	tʃɔn^{45}	tʃɔn^{45}	tsɔn^{45}	tsɔŋ^{55}	tsɔŋ^{55}	tsɔŋ^{55}	tsuan^{45}
拙	山合三入薛章	tʃɔt^{3}	tʃɔt^{2}	kʰut^{3}△	tsɔt^{2}				tsuat^{3}
川	山合三平仙昌	tʃʰɔn^{55}	tʃʰɔn^{45}	tʃʰɔn^{45}	tsʰɔn^{45}	tsʰɔŋ^{55}	tsʰɔŋ^{55}	tsʰieŋ^{55}	tsʰuan^{45}
穿	山合三平仙昌	tʃʰɔn^{55}	tʃʰɔn^{45}	tʃʰɔn^{45}	tsʰɔn^{45}	tsʰɔŋ^{55}	tsʰɔŋ^{55}	tsʰɔŋ^{55}	tsʰuan^{45}
喘	山合三上狝昌	tʃʰiɔn^{31}	tʃʰɔn^{21}	tsʰiɔn^{31}	tsʰiɔn^{21}			tsʰɔŋ^{21}	tsʰuan^{31}
串	山合三去线昌	tʃʰɔn^{33}	tʃʰɔn^{33}	tʃʰɔn^{33}	tsʰɔn^{33}	tsʰɔŋ^{33}	tsʰɔŋ^{33}	tsʰɔŋ^{332}	tsʰuan^{52}
船	山合三平仙船	ʃɔn^{13}	ʃɔn^{13}	ʃɔn^{13}	sɔn^{25}	sɔŋ^{13}	sɔŋ^{13}	sɔŋ^{13}	suan^{223}
说	山合三入薛书	ʃɔt^{3}	ʃɔt^{2}	ʃɔt^{3}	sɔt^{2}	sɔk^{2}	siek^{2}	sɔk^{2}	suat^{3}
软	山合三上狝日	ȵiɔn^{55}	ȵion^{45}	ȵion^{45}	ȵiɔn^{45}	ȵiɔŋ^{55}	ȵiɔŋ^{55}	ȵiɔŋ^{55}	ȵyan^{45}

单字 \ 地点		廉江长山	廉江石角	廉江河唇	廉江雅塘	遂溪河头	雷州客路塘塞	雷州客路大家	徐闻下桥
卷~起来	山合三上狝见	kian³¹	kian²¹	kian³¹	kian²¹	kian²¹	kieŋ²¹	kieŋ²¹	kian³¹
眷	山合三去线见	kʰian³¹	kʰian²¹	kian³³	kian²¹		kieŋ³³	kʰieŋ²¹	kʰian⁵²
卷试~	山合三去线见	kian³¹	kian²¹	kian³¹	kian²¹	kian²¹	kieŋ²¹	kieŋ²¹	kian³¹
绢	山合三去线见	kian⁵⁵	kian⁴⁵	kian⁴⁵	kian⁴⁵	kian³³	kieŋ⁵⁵	kieŋ³³²	kian⁴⁵
圈圆~	山合三平仙溪	kʰian⁵⁵	kʰian⁴⁵	kʰian⁴⁵	kʰian⁴⁵	kʰian⁵⁵	kʰieŋ⁵⁵	kʰieŋ⁵⁵	kʰian⁴⁵
拳	山合三平仙群	kʰian¹³	kʰian¹³	kʰian¹³	kʰian²⁵	kʰian¹³	kʰieŋ¹³	kʰieŋ¹³	kʰian²²³
权	山合三平仙群	kʰian¹³	kʰian¹³	kʰian¹³	kʰian²⁵	kʰian¹³	kʰieŋ¹³	kʰieŋ¹³	kʰian²²³
倦	山合三去线群	kʰian³¹	kʰian²¹	kʰian³¹	kian²¹	kian²¹	kieŋ²¹	kieŋ²¹	kian³¹
圆	山合三平仙云	ian¹³	ian¹³	ian¹³	ian²⁵	iaŋ¹³	iaŋ¹³	ieŋ¹³	ian²²³
员	山合三平仙云	ian¹³	ian¹³	ian¹³	ian²⁵	iaŋ¹³	iaŋ¹³	ieŋ¹³	ian²²³
院	山合三去线云	ian³³	ian³³	ian³³	ian³³	iaŋ³³	iaŋ³³	ieŋ³³²	ian⁵²
缘	山合三平仙以	ian¹³	ian¹³	ian¹³	ian²⁵	iaŋ¹³	iaŋ¹³	ieŋ¹³	ȵian²²³
沿	山合三平仙以	ian¹³	ian¹³	ian¹³	ian²⁵	iaŋ¹³	ieŋ¹³	ieŋ¹³	ian²²³
铅	山合三平仙以	ian¹³	ian¹³	ian¹³	ian²⁵	iaŋ¹³	ieŋ¹³	ieŋ¹³	ian²²³
捐	山合三平仙以	kian⁵⁵	kian⁴⁵	kian⁴⁵	kian⁴⁵	kian⁵⁵	kieŋ⁵⁵	kieŋ³³²	kian⁴⁵
悦	山合三入薛以	iet⁵	iat⁵	iat⁵	it⁵	iet⁵	ik²	iek²	iat⁵

单字 \ 地点		廉江长山	廉江石角	廉江河唇	廉江雅塘	遂溪河头	雷州客路塘塞	雷州客路大家	徐闻下桥
阅	山合三入薛以	iet⁵	iat⁵	iat⁵	iat⁵	iet⁵	ik²	iek²	iat⁵
藩	山合三平元非	fan⁵⁵		fan⁴⁵		faŋ⁵⁵	faŋ⁵⁵	faŋ⁵⁵	fan⁴⁵
反	山合三上阮非	fan³¹	fan²¹	fan³¹	fan²¹	faŋ²¹	faŋ²¹	faŋ²¹	fan³¹
贩	山合三去愿非	fan³³	fan³³	fan³³	fan³³	paŋ²¹	paŋ²¹	paŋ²¹	fan⁵²
发头~ ~财	山合三入月非	fat³	fat²	fat³	fat²	fak²	fak²	fak²	fat³
翻~书 ~转	山合三平元敷	fan⁵⁵ pʰɔn⁵⁵	fan⁴⁵ pʰɔn⁴⁵	fan⁴⁵ pʰɔn⁴⁵	fan⁴⁵ pʰɔn⁴⁵	faŋ⁵⁵	faŋ⁵⁵	faŋ⁵⁵	fan⁴⁵
番几~ 一~被	山合三平元敷	fan⁵⁵ fɔn⁵⁵	fan⁴⁵ fon⁴⁵	fan⁴⁵ fon⁴⁵	fan⁴⁵	faŋ⁵⁵	faŋ⁵⁵	faŋ⁵⁵	fan⁴⁵
烦	山合三平元奉	fan¹³	fan¹³	fan¹³	fan²⁵	faŋ¹³	faŋ¹³	faŋ¹³	fan²²³
矾	山合三平元奉	fan¹³	fan¹³	fam¹³	fan²⁵	faŋ¹³	faŋ¹³	faŋ¹³	fan²²³
繁	山合三平元奉	fan¹³	fan¹³	fan¹³	fan²⁵	faŋ¹³	faŋ¹³	faŋ¹³	fan²²³
饭	山合三去愿奉	fan³³	fan³³	fan³³	fan³³	faŋ³³	faŋ³³	faŋ³³²	fan³¹
伐	山合三入月奉	fat⁵	fat⁵	fat⁵	fat⁵	fak²	fak²	fak²	fat³
筏	山合三入月奉	fat⁵	fat⁵	fat⁵	fat⁵	fak²		fak²	
罚	山合三入月奉	fat⁵	fat⁵	fat⁵	fat⁵	fak⁵	fak⁵	fak⁵	fat⁵
晚	山合三上阮微	man³¹	man²¹	man³¹	man²¹	maŋ²¹	maŋ²¹	maŋ²¹	man³¹
挽	山合三上阮微	van³¹	van²¹	van³¹	van²¹	vaŋ²¹	vaŋ²¹	maŋ²¹	van³¹

单字 ＼ 地点		廉江长山	廉江石角	廉江河唇	廉江雅塘	遂溪河头	雷州客路塘塞	雷州客路大家	徐闻下桥
万	山合三去愿微	van^{33}	van^{33}	van^{33}	man^{33}	maŋ^{33}	maŋ^{33}	vaŋ^{332}	man^{31}
蔓	山合三去愿微	man^{31}	man^{21}	man^{31}	man^{21}	maŋ^{33}	maŋ^{33}		man^{31}
袜	山合三入月微	mat^{3}	mat^{2}	mat^{3}	mat^{2}	mak^{2}	mak^{2}	mak^{2}	mat^{3}
蕨	山合三入月见		kʰiet^{2}	kʰiet^{3}					
劝	山合三去愿溪	kʰian^{33}	kʰian^{33}	kʰian^{33}	kʰian^{33}	kʰian^{33}	kʰieŋ^{33}	kʰieŋ^{332}	kʰian^{52}
券	山合三去愿溪	kʰian^{33}	kʰian^{21}	kʰian^{33}	kʰian^{33}	kʰian^{21}	kʰieŋ^{21}	kʰieŋ^{21}	kʰian^{52}
掘	山合三入月群	kʰut^{5}	kʰut^{5}	kʰut^{5}	kʰut^{5}	kʰut^{5}	kʰuk^{5}	kʰuk^{5}	kʰut^{5}
元~旦 一~钱	山合三平元疑	ȵian^{13} mun^{13}(文)	ȵian^{13} mun^{13}(文)	ȵian^{13} ian^{13}	ȵian^{25} mun^{25}(文)	ian^{13} mun^{13}(文)	ian^{13}	ieŋ^{13} ŋaŋ^{13}	ȵian^{223} mun^{45}(文)
原	山合三平元疑	ȵian^{13}	ȵian^{13}	ȵian^{13}	ȵian^{25}	ian^{13}	ieŋ^{13}	ieŋ^{13}	ȵian^{223}
源	山合三平元疑	ȵian^{13}	ȵian^{13}	ȵian^{13}	ȵian^{25}	ian^{13}	ieŋ^{13}	ieŋ^{13}	ȵian^{223}
阮	山合三上阮疑	ȵiɔn^{55}	ȵiɔn^{45}	ȵiɔn^{45}	ȵiɔn^{45}	ian^{21}		ieŋ^{21}	ȵyan^{45}
愿	山合三去愿疑	ȵian^{33}	ȵian^{33}	ȵian^{33}	ȵian^{33}	ȵian^{33}	ȵieŋ^{33}	ieŋ^{332}	ȵian^{31}
月	山合三入月疑	ȵiet^{5}	ȵiet^{5}	ȵiet^{5}	ȵiet^{5}	ȵiet^{5}	ȵiek^{5}	ȵiek^{5}	ȵiet^{5}
喧	山合三平元晓	sian^{55}	sian^{45}	sian^{45}	ɬian^{45}	ɬiŋ^{55}	ɬieŋ^{55}	sieŋ^{55}	sian^{45}
冤	山合三平元影	ian^{55}	ian^{45}	ian^{45}	ian^{45}	iŋ^{55}	iaŋ^{55}	ieŋ^{55}	ian^{45}
怨	山合三去愿影	ian^{33}	ian^{33}	ian^{33}	ian^{33}	iŋ^{33}	iaŋ^{33}	ieŋ^{332}	ian^{52}

单字	地点	廉江长山	廉江石角	廉江河唇	廉江雅塘	遂溪河头	雷州客路塘塞	雷州客路大家	徐闻下桥
袁	山合三平元云	ian¹³	ian¹³	ian¹³	ian²⁵	iaŋ¹³	iaŋ¹³	ieŋ¹³	ian²²³
辕	山合三平元云	ian¹³	ian¹³	ian¹³	ian²⁵	iaŋ¹³	iaŋ¹³	ieŋ¹³	ian²²³
园	山合三平元云	ian¹³	ian¹³	ian¹³	ian²⁵	iaŋ¹³	iaŋ¹³	ieŋ¹³	ian²²³
援	山合三平元云	ian³³	ian¹³	ian⁴⁵	ian⁴⁵	iaŋ¹³	ieŋ¹³	ieŋ¹³	ian⁴⁵
远	山合三上阮云	ian³¹	ian²¹	ian³¹	ian²¹	iaŋ²¹	iaŋ²¹	ieŋ²¹	ian³¹
越	山合三入月云	iet⁵	iat⁵	iat⁵	iat⁵	ik²	iek²	iek²	iat⁵
曰	山合三入月云	iet⁵	iat⁵	iat⁵	iat⁵	ik²			iat⁵
粤	山合三入月云	iet⁵	iat⁵	iat⁵	iat⁵	ik²	iek²	iek²	iat⁵
决	山合四入屑见	kiet³	kiet²	kiet³	kiet²	kʰiet²	kʰiek²	kʰiek²	kʰiet³
诀	山合四入屑见	kiet³	kiet²	kiet³	kiet²	kʰiet²	kʰiek²	kʰiek²	kʰiet³
犬	山合四上铣溪	kʰian³¹	kʰian²¹	kʰian³¹	kʰian²¹	kʰian²¹		kʰieŋ²¹	kʰian⁵²
缺	山合四入屑溪	kʰiet³	kʰiet²	kʰiet³	kʰiet²	kʰiet²	kʰiek²	kʰiek²	kʰiet³
血	山合四入屑晓	hiet³	ʃat²	hiet³	hiet²	hiet²	hiek²	hiek²	sat³
玄	山合四平先匣	hian¹³	ʃan¹³	hian¹³	hian²⁵	hian¹³	hieŋ¹³	hieŋ¹³	san²²³
悬	山合四平先匣	hian⁵⁵	hian⁴⁵	hian⁴⁵	hian⁴⁵	hian¹³		hieŋ⁵⁵	sian²²³
县	山合四去霰匣	ian³³	ian³³	ian³³	ian³³	iaŋ³³	iaŋ³³	ieŋ³³²	ian³¹

单字	地点	廉江长山	廉江石角	廉江河唇	廉江雅塘	遂溪河头	雷州客路塘塞	雷州客路大家	徐闻下桥
眩	山合四去霰匣	hian¹³	ʃan¹³	hian¹³	hian²⁵	hian¹³	hieŋ¹³	hieŋ¹³	
穴	山合四入屑匣	hiet⁵	ʃat⁵	ʃat⁵	hiet⁵	hiet⁵	hiek⁵	hiek⁵	iat⁵
渊	山合四平先影	ian⁵⁵	ian⁴⁵	ian⁴⁵	ian⁴⁵	iaŋ⁵⁵		ieŋ⁵⁵	ian⁴⁵
吞	臻开一平痕透	tʰun⁵⁵	tʰun⁴⁵	tʰun⁴⁵	tʰun⁴⁵	tʰun⁵⁵	tʰun⁵⁵	tʰueŋ⁵⁵	tʰun⁴⁵
跟	臻开一平痕见	ken⁵⁵	ken⁴⁵	ken⁴⁵	ken⁴⁵	kaŋ⁵⁵	kaŋ⁵⁵	kaŋ⁵⁵	kən⁴⁵
根~本 树~	臻开一平痕见	ken⁵⁵ kin⁵⁵	ken⁴⁵ kin⁴⁵	ken⁴⁵ kin⁴⁵	kin⁴⁵	kiŋ⁵⁵	kiŋ⁵⁵	kiŋ⁵⁵	kən⁴⁵
恳	臻开一上很溪	kʰen³¹	kʰen²¹	kʰen³¹	kʰen²¹	kʰaŋ²¹	kʰaŋ²¹	kʰaŋ²¹	kʰən³¹
垦	臻开一上很溪	kʰen³¹	kʰen²¹	kʰen³¹	kʰen²¹	kʰaŋ²¹	kʰaŋ²¹	kʰaŋ²¹	kʰən³¹
龈	臻开一上很溪	ŋen¹³	ŋen¹³	ŋen¹³	ŋen²⁵	ŋaŋ¹³	ŋaŋ¹³	ŋaŋ¹³	
痕	臻开一平痕匣	hen¹³	hen¹³	hen¹³	hen²⁵	haŋ¹³	haŋ¹³	hueŋ¹³	hən²²³
很	臻开一上很匣	kʰen³¹	kʰen²¹	kʰen³¹	kʰen²¹	haŋ²¹	haŋ²¹	haŋ²¹	hən³¹
恨	臻开一去恨匣	han³³	han³³	han³³	han³³	haŋ³³	haŋ³³	haŋ³³²	hən³¹
恩	臻开一平痕影	en⁵⁵	en⁴⁵	en⁴⁵	en⁴⁵	iaŋ⁵⁵	iaŋ⁵⁵	ɔŋ⁵⁵	ən⁴⁵
彬	臻开三平真帮	pin⁵⁵	pin⁴⁵	pin⁴⁵	pin⁴⁵	pian⁵⁵	pieŋ⁵⁵	pieŋ⁵⁵	pin⁴⁵
宾	臻开三平真帮	pin⁵⁵	pin⁴⁵	pin⁴⁵	pin⁴⁵	pian⁵⁵	piŋ⁵⁵	piŋ⁵⁵	pin⁴⁵
槟	臻开三平真帮	pi⁵⁵	pi⁴⁵	pi⁴⁵	pi⁴⁵	pi⁵⁵	piŋ⁵⁵	piŋ⁵⁵	pin⁴⁵

单字 \ 地点		廉江长山	廉江石角	廉江河唇	廉江雅塘	遂溪河头	雷州客路塘塞	雷州客路大家	徐闻下桥
滨	臻开三平真帮	pin^{55}	pin^{45}	pin^{45}	pin^{45}	pian^{55}	piŋ^{55}	piŋ^{55}	pin^{45}
殡	臻开三去震帮	pin^{33}	pin^{45}	pin^{33}	pin^{45}	pian^{55}	piŋ^{55}	piŋ^{55}	pin^{52}
笔	臻开三入质帮	pit^{3}	pit^{2}	pit^{3}	pit^{2}	pik^{2}	pik^{2}	pik^{2}	pit^{3}
毕	臻开三入质帮	pit^{3}	pit^{2}	pit^{3}	pit^{2}	pik^{2}	pik^{2}	pik^{2}	pit^{3}
必	臻开三入质帮	pit^{3}	pit^{2}	pit^{3}	pit^{2}	pik^{2}	pik^{2} piek^{2}	pik^{2}	pit^{3}
匹	臻开三入质滂	pʰit^{3}	pʰit^{2}	pʰit^{3}	pʰit^{2}	pʰik^{2}	pʰik^{5}	pʰik^{2} pʰiek^{2}	pʰit^{3}
贫	臻开三平真並	pʰin^{13}	pʰin^{13}	pʰin^{13}	pʰin^{25}	pʰian^{13}	pʰiŋ^{13}	pʰiŋ^{13}	pʰin^{223}
频	臻开三平真並	pʰin^{13}	pʰin^{13}	pʰin^{13}	pʰin^{25}	pʰian^{13}		pʰiŋ^{13}	pʰin^{223}
弼	臻开三入质並	pak^{3}	pat^{2}	pat^{3}		pak^{2}	pak^{2}	pʰiek^{2}	pak^{3}
闽	臻开三平真明	men^{13}	men^{13}	men^{13}				mieŋ^{13}	min^{31}
民	臻开三平真明	min^{13}	min^{13}	min^{13}	min^{25}	miŋ^{13}	miŋ^{13}	miŋ^{13}	min^{223}
悯	臻开三上轸明	min^{31}	min^{21}	min^{31}			miŋ^{21}	miŋ^{21}	min^{31}
敏	臻开三上轸明	min^{31}	men^{21}	min^{31}	min^{21}	mian^{21}	mieŋ^{21}	miŋ^{21}	mən^{45}
密	臻开三入质明	met^{5}	met^{5}	met^{5}	met^{5}	miet^{5}	mak^{5}	mak^{5}	mət^{5}
蜜	臻开三入质明	met^{5}	met^{5}	met^{5}	met^{5}	miet^{5}	mak^{5}	miek^{5}	mət^{5}
邻	臻开三平真来	lin^{13}	lin^{13}	lin^{13}	lin^{25}	liŋ^{13}	liŋ^{13}	liŋ^{13}	lin^{223}

单字＼地点		廉江长山	廉江石角	廉江河唇	廉江雅塘	遂溪河头	雷州客路塘塞	雷州客路大家	徐闻下桥
鳞	臻开三平真来	lin⁵⁵	lin⁴⁵	lin⁴⁵	lin⁴⁵	liŋ⁵⁵	liŋ⁵⁵	liŋ⁵⁵	lin⁴⁵
磷	臻开三平真来	lin¹³	lin¹³	lin¹³	lin²⁵	lian¹³	lieŋ¹³	lieŋ¹³	lin²²³
吝	臻开三去震来	ȵin³¹	nun²¹						lin³¹
栗	臻开三入质来	li³¹	lek²	li³³				liek²	
津	臻开三平真精	tsin⁵⁵	tsin⁴⁵	tsin⁴⁵	tsin⁴⁵	tsiŋ⁵⁵	tsiŋ⁵⁵	tsiŋ⁵⁵	tsin⁴⁵
尽~管	臻开三上轸精	tsʰin³³	tsʰin³³	tsʰin³³	tsʰin³³	tsʰiŋ³³	tsʰin³³	tsʰiŋ³³²	tsʰin³¹
进	臻开三去震精	tsin³³	tsin³³	tsin³³	tsin³³	tsiŋ³³	tsin³³	tsiŋ³³²	tsin⁵²
晋	臻开三去震精	tsin³¹	tsin²¹	tsin³¹	tsin²¹	tsiŋ³³	tsin³³	tsiŋ³³²	tsin⁵²
亲~生	臻开三平真清	tsʰin⁵⁵	tsʰin⁴⁵	tsʰin⁴⁵	tsʰin⁴⁵	tsʰiŋ⁵⁵	tsʰiŋ⁵⁵	tsʰiŋ⁵⁵	tsʰin⁴⁵
亲~家	臻开三去震清	tsʰin⁵⁵	tsʰin⁴⁵	tsʰin⁴⁵	tsʰin⁴⁵	tsʰiŋ⁵⁵	tsʰiŋ⁵⁵	tsʰiŋ⁵⁵	tsʰin⁴⁵
七	臻开三入质清	tsʰit³	tsʰit²	tsʰit³	tsʰit²	tsʰik²	tsʰik²	tsʰik²	tsʰit³
漆	臻开三入质清	tsʰit³	tsʰit²	tsʰit³	tsʰit²	tsʰik²	tsʰak²	tsʰak²	tsʰit³
秦	臻开三平真从	tsʰin¹³	tsʰin¹³	tsʰin¹³	tsʰin²⁵	tsʰun¹³	tsʰun¹³	tsʰueŋ¹³	tsʰin²²³
尽~力	臻开三上轸从	tsʰin³³	tsʰin³³	tsʰin³³	tsʰin³³	tsʰiŋ³³	tsʰiŋ³³	tsiŋ³³²	tsʰin³¹
疾	臻开三入质从	tsʰit⁵	tsʰit⁵	tsʰip⁵	tsʰit⁵	tsik²	tsik²	tsik²	tsʰit⁵
辛	臻开三平真心	sin⁵⁵	sin⁴⁵	sin⁴⁵	ɬin⁴⁵	ɬiŋ⁵⁵	ɬiŋ⁵⁵	siŋ⁵⁵	sin⁴⁵

单字 \ 地点	廉江长山	廉江石角	廉江河唇	廉江雅塘	遂溪河头	雷州客路塘塞	雷州客路大家	徐闻下桥
新 臻开三 平真心	sin^{55}	sin^{45}	sin^{45}	ɬin^{45}	ɬiŋ^{55}	ɬiŋ^{55}	siŋ^{55}	sin^{45}
薪 臻开三 平真心	sin^{55}	sin^{45}	sin^{45}	ɬin^{45}		ɬiŋ^{55}	siŋ^{55}	sin^{45}
信 臻开三 去震心	sin^{33}	sin^{33}	sin^{33}	ɬin^{33}	ɬiŋ^{33}	ɬiŋ^{33}	siŋ^{332}	sin^{52}
讯 臻开三 去震心	sin^{33}	sin^{33}	sin^{33}	ɬin^{33}	ɬiŋ^{33}	ɬiŋ^{33}	siŋ^{332}	sin^{52}
悉 臻开三 入质心	sit^{3}	sit^{2}	sit^{3}	ɬit^{2}	ɬik^{2}	sik^{2}	sik^{2}	sit^{3}
膝 臻开三 入质心	tsʰit^{3}	tsʰit^{2}	tsʰit^{3}	tsʰit^{2}	tsʰik^{2}	tsik^{2}	suk^{2}	tsʰit^{3}
珍 臻开三 平真知	tʃin^{55}	tʃin^{45}	tsin^{45}	tsin^{45}	tsin^{55}	tsiŋ^{55}	tsiŋ^{55}	tsin^{45}
镇 臻开三 去震知	tʃin^{31}	tʃin^{21}	tsin^{31}	tsin^{21}	tian^{33}	tieŋ^{33}	tieŋ^{332}	tsin^{31}
趁 臻开三 去震彻	tʃʰin^{33}	tʃʰin^{33}	tsʰin^{33}	tsʰin^{33}	tsʰiŋ^{33}	tsʰiŋ^{33}	tsʰiŋ^{332}	tsʰin^{52}
陈 臻开三 平真澄	tʃʰin^{13}	tʃʰin^{13}	tsʰin^{13}	tsʰin^{25}	tsʰiŋ^{13}	tsʰiŋ^{13}	tsʰiŋ^{13}	tsʰin^{223}
尘 臻开三 平真澄	tʃʰin^{13}	tʃʰin^{13}	tsʰin^{13}	tsʰin^{25}	tsʰiŋ^{13}	tsʰim^{13}	tsʰiŋ^{13}	tsʰin^{223}
阵 臻开三 去震澄	tʃʰin^{33}	tʃʰin^{33}	tsʰin^{33}	tsʰin^{33}	tsʰiŋ^{33}	tsʰiŋ^{33}	tsʰiŋ^{332}	tsʰin^{31}
侄 臻开三 入质澄	tʃʰit^{5}	tʃʰit^{5}	tsʰit^{5}	tsʰit^{5}	tsik^{2}	tsik^{2}	tsʰiek^{5}	tsʰit^{5}
秩 臻开三 入质澄	tiet^{3}	tiet^{2}	tiet^{3}	tiet^{2}	tʰiet^{2}	tʰiek^{2}	tʰiek^{2}	tit^{3}
臻 臻开三 平真庄	tsin^{55}	tʃin^{45}	tsin^{45}	tsin^{45}	tsiŋ^{55}	tsiŋ^{55}	tsiŋ^{55}	tsin^{45}
衬 臻开三 去震初	tsʰen^{33}	tsʰen^{33}	tsʰen^{33}	tsʰen^{33}			tsʰeŋ^{332}	tsʰin^{52}

单字＼地点		廉江长山	廉江石角	廉江河唇	廉江雅塘	遂溪河头	雷州客路塘塞	雷州客路大家	徐闻下桥
虱	臻开三入质生	set³	set²	set³	ɬet²	ɬak²	ɬak²	sak²	sət³
真	臻开三平真章	tʃin⁵⁵	tʃin⁴⁵	tsin⁴⁵	tsin⁴⁵	tsiŋ⁵⁵	tsiŋ⁵⁵	tsiŋ⁵⁵	tsin⁴⁵
诊	臻开三上轸章	tsin⁵⁵	tʃin²¹	tsin³¹	tsʰin²¹	tsiŋ⁵⁵		tsiŋ⁵⁵	tsʰin⁵²
疹	臻开三上轸章	tsin³¹	tʃin²¹	tsin⁴⁵	tsʰin²¹	tsiŋ⁵⁵		tsiŋ⁵⁵	tsʰin⁵²
振	臻开三去震章	tsin³¹	tʃin²¹	tsin³¹	tsin²¹	tsian²¹	tsieŋ²¹	tsiŋ²¹	tsin³¹
震	臻开三去震章	tsin³¹	tʃin²¹	tsin³¹	tsin²¹	tsian²¹	tsieŋ²¹	tsiŋ²¹	tsin³¹
质	臻开三入质章	tsit³	tʃit²	tsit³	tsit²	tsik²	tsik²	tsik²	tsət³
神	臻开三平真船	ʃin¹³	ʃin¹³	ʃin¹³	sin²⁵	siŋ¹³	siŋ¹³	siŋ¹³	sin²²³
实	臻开三入质船	ʃit⁵	ʃit⁵	ʃit⁵	sit⁵	sik⁵	sik⁵	sik⁵ ·	sit⁵
身	臻开三平真书	ʃin⁵⁵	ʃin⁴⁵	ʃin⁴⁵	sin⁴⁵	siŋ⁵⁵	siŋ⁵⁵	siŋ⁵⁵	sin⁴⁵
申	臻开三平真书	ʃin⁵⁵	ʃin⁴⁵	ʃin⁴⁵	sin⁴⁵	siŋ⁵⁵	ɬiŋ⁵⁵	siŋ⁵⁵	sin⁴⁵
伸	臻开三平真书	ʃin⁵⁵ / tʃʰun⁵⁵△	ʃin⁴⁵ / tʃʰun⁴⁵△	ʃin⁴⁵ / tʃʰun⁴⁵△	sin⁴⁵ / tsʰun⁴⁵△	siŋ⁵⁵ / tsʰun⁵⁵△	tsʰun⁵⁵△	siŋ⁵⁵ / tsʰueŋ⁵⁵△	sin⁴⁵ / tsʰun⁴⁵△
娠	臻开三平真书	ʃin¹³		ʃin¹³	sin²⁵	siŋ¹³		siŋ¹³	
失	臻开三入质书	ʃit³	ʃit²	ʃit³	sit²	ɬiet²	sak⁵	sik²	sit³
室	臻开三入质书	ʃit³	ʃit²	ʃit³	sit²	ɬiet²	sak⁵	sik²	sit³
辰	臻开三平真禅	ʃin¹³	ʃin¹³	ʃin¹³	sin²⁵	siŋ¹³	siŋ¹³	siŋ¹³	sin²²³

单字 ＼ 地点		廉江长山	廉江石角	廉江河唇	廉江雅塘	遂溪河头	雷州客路塘塞	雷州客路大家	徐闻下桥
晨	臻开三平真禅	ʃin^{13}	ʃin^{13}	ʃin^{13}	sin^{25}	sin^{13}	siŋ^{13}	siŋ^{13}	sin^{223}
臣	臻开三平真禅	tʃʰin^{13}	ʃin^{13}	ʃin^{13}	tsʰin^{25}	tsʰin^{13}	siŋ^{13}	tsʰiŋ^{13}	sin^{223}
肾~病 鸡~	臻开三上轸禅	ʃin^{33} kʰin^{55}△	ʃin^{33} kʰin^{45}△	ʃin^{33} kʰin^{45}△	sin^{33} kʰin^{45}△	łiŋ^{33} kʰiŋ^{55}△	siŋ^{33} kʰiŋ^{55}△	siŋ^{332} kʰiŋ^{55}△	sin^{223} kʰin^{45}△
慎	臻开三去震禅	ʃim^{31}	ʃim^{21}	ʃim^{31}	sim^{21}	łiŋ^{33}	siŋ^{33}	siŋ^{332}	sin^{52}
人	臻开三平真日	ɲin^{13}	ɲin^{13}	ɲin^{13}	ɲin^{25}	ɲiŋ^{13}	ɲiŋ^{13}	ɲin^{13}	ɲin^{223}
仁	臻开三平真日	in^{13}	in^{13}	in^{13}	in^{25}	iŋ^{13}	ɲiŋ^{13}	iŋ^{13}	in^{223}
忍	臻开三上轸日	ɲiun^{55}	ɲiun^{21} ɲiun^{45}	ɲiun^{31} ɲiun^{45}	ɲiun^{45}	nun^{55}	ɲiun^{55}	ieŋ^{21}	ɲyn^{45}
刃	臻开三去震日	ɲiun^{31}	ɲiun^{21}	ɲiun^{31}	ɲiun^{21}	nun^{33}		ieŋ^{21}	ɲyn^{31}
认	臻开三去震日	ɲin^{33}	ɲin^{33}	ɲin^{33}	ɲin^{33}	ɲiŋ^{33}	ɲiŋ^{33}	ɲiŋ^{332}	ɲin^{31}
韧坚~ 不易断	臻开三去震日	ɲiun^{33}	ɲiun^{21} ɲiun^{33}	ɲiun^{33}	ɲiun^{21} ɲiun^{33}	nun^{33}	ɲiun^{33}	nueŋ^{332}	ɲyn^{31} ŋən^{31}△
日	臻开三入质日	ɲit^{3}	ɲit^{2}	ɲit^{3}	ɲit^{2}	ɲik^{2}	ɲik^{2}	ɲik^{2}	ɲit^{3}
巾	臻开三平真见	kin^{55}	kin^{45}	kin^{45}	kin^{45}	kiŋ^{55}	kiŋ^{55}	kiŋ^{55}	kin^{45}
紧	臻开三上轸见	kin^{31}	kin^{21}	kin^{31}	kin^{21}	kiŋ^{21}	kiŋ^{21}	kiŋ^{21}	kin^{31}
吉	臻开三入质见	kit^{3}	kit^{2}	kit^{3}	kit^{2}	kiet^{2}	kiek^{2}	kiek^{2}	kit^{3}
仪	臻开三去震群	kin^{31}	kin^{21}	kin^{31}	kin^{21}	kiŋ^{21}	kiŋ^{21}	kiŋ^{21}	kin^{31}
银	臻开三平真疑	ŋen^{13}	ŋen^{13}	ŋen^{13}	ŋen^{25}	ŋaŋ^{13}	ŋaŋ^{13}	ŋaŋ^{13}	ŋən^{223}

单字 ＼ 地点		廉江长山	廉江石角	廉江河唇	廉江雅塘	遂溪河头	雷州客路塘塞	雷州客路大家	徐闻下桥
因	臻开三平真影	in⁵⁵	in⁴⁵	in⁴⁵	in⁴⁵	iaŋ⁵⁵	iaŋ⁵⁵	iŋ⁵⁵	in⁴⁵
姻	臻开三平真影	ian⁵⁵	ian⁴⁵	ian⁴⁵	ian⁴⁵	iaŋ⁵⁵	iaŋ⁵⁵	iŋ⁵⁵	in⁴⁵
洇	臻开三平真影	im³³	im³³	im³³	im³³	im⁵⁵		iam⁵⁵	iam⁴⁵
印	臻开三去震影	in³³	in³³	in³³	in³³	iŋ³³	iŋ³³	iŋ³³²	in⁵²
乙	臻开三入质影	iet³	iat²	iat³	iat²	iet²	iek²	ik²	iat³
一	臻开三入质影	it³	it²	it³	it²	iet²	iek²	ik²	it³
寅	臻开三平真以	in¹³	in¹³	in¹³	iŋ²⁵	iŋ¹³	iŋ¹³	iŋ¹³	in²²³
引	臻开三上轸以	in³¹	in²¹	in³¹	iŋ²¹	iŋ²¹	iŋ²¹	iŋ²¹	in³¹
逸	臻开三入质以	it⁵	it⁵	it⁵	it⁵	ik²	ik²	ik²	it⁵
斤	臻开三平殷见	kin⁵⁵	kin⁴⁵	kin⁴⁵	kin⁴⁵	kiŋ⁵⁵	kiŋ⁵⁵	kiŋ⁵⁵	kin⁴⁵
筋	臻开三平殷见	kin⁵⁵	kin⁴⁵	kin⁴⁵	kin⁴⁵	kiŋ⁵⁵	kiŋ⁵⁵	kiŋ⁵⁵	kən⁴⁵
谨	臻开三上隐见	kin³¹	kin²¹	kin³¹	kin²¹	kiŋ²¹	kiŋ²¹	kiŋ²¹	kin³¹
劲	臻开三去焮见	kaŋ³³	kaŋ³³	kaŋ³³	kaŋ³³	kiŋ⁵⁵	kiŋ⁵⁵	kiŋ⁵⁵	kin⁵²
讫	臻开三入迄见	kʰet³	ŋet²△	ŋet³△	ŋet²△				
乞	臻开三入迄溪	kʰet³	kʰet²	kʰet³	kʰet²	kʰak²	kʰak²	kʰak²	kʰət³
勤	臻开三平殷群	kʰin¹³	kʰin¹³	kʰin¹³	kʰin²⁵	kʰiŋ¹³	kʰiŋ¹³	kʰiŋ¹³	kʰin²²³

地点 单字		廉江 长山	廉江 石角	廉江 河唇	廉江 雅塘	遂溪 河头	雷州客 路塘塞	雷州客 路大家	徐闻 下桥
芹	臻开三 平殷群	k^hin^{13}	k^hin^{13}	k^hin^{13}	k^hin^{25}	$k^hiŋ^{13}$	$k^hieŋ^{13}$	$k^hieŋ^{13}$	k^hin^{223}
近	臻开三 上隐群	k^hiun^{31} k^hiun^{55}	k^hiun^{21} k^hiun^{45}	k^hiun^{31} k^hiun^{45}	k^hun^{21} k^hun^{45}	k^hun^{55}	k^hun^{55}	$k^hueŋ^{55}$	$k^hən^{31}$ $k^hən^{45}$
欣	臻开三 平殷晓	$hiun^{55}$	$ʃun^{45}$	$hiun^{45}$	$hiun^{45}$	$hiŋ^{55}$		$siŋ^{55}$	hin^{45}
殷	臻开三 平殷影	in^{55}	in^{45}	in^{45}	in^{45}	$iŋ^{55}$	$iŋ^{55}$	$iŋ^{55}$	ian^{45}
隐	臻开三 上隐影	iun^{31}	iun^{21}	iun^{31}		$iŋ^{21}$	$iŋ^{21}$	$iŋ^{21}$	vun^{31}
瘾	臻开三 上隐影	in^{31}	in^{21}	in^{31}	in^{21}	$iŋ^{21}$		$iŋ^{21}$	in^{31}
奔~跑	臻合一 平魂帮	pun^{55}	pen^{45}	pen^{45}	pun^{45}	$paŋ^{55}$	$paŋ^{55}$	$pueŋ^{55}$	$pən^{45}$
本	臻合一 上混帮	pun^{31}	pun^{21}	pun^{31}	pun^{21}	pun^{21}	pun^{21}	$pueŋ^{21}$	pun^{31}
奔投~	臻合一 去恩帮	pun^{55}	pen^{45}	pen^{45}	pun^{45}	$paŋ^{55}$	$paŋ^{55}$	$pueŋ^{55}$	$pən^{45}$
不	臻合一 入没帮	put^3	put^2	put^3	put^2	put^2	puk^2	$mɔ^{13}△$	put^3
喷	臻合一 平混滂	p^hun^{33}	p^hun^{33}	p^hun^{33}	p^hun^{33}	p^hun^{33}	p^hun^{33}	$p^hueŋ^{332}$	p^hun^{52}
盆	臻合一 平魂並	p^hun^{13}	p^hun^{13}	p^hun^{13}	p^hun^{25}	p^hun^{13}	p^hun^{13}	$p^hueŋ^{13}$	p^hun^{223}
笨	臻合一 上混並	pun^{33} p^hun^{55}	p^hun^{33} p^hun^{45}	pun^{33} p^hun^{45}	pun^{33} p^hun^{45}	pun^{33} p^hun^{55}	pun^{33} p^hun^{55}	$pueŋ^{332}$ $p^hueŋ^{55}$	pun^{52} p^hun^{45}
勃	臻合一 入没並	p^hut^5	p^hut^5	p^hut^5	p^hut^5	p^hut^2	p^huk^2	p^huk^2	
门	臻合一 平魂明	mun^{13}	mun^{13}	mun^{13}	mun^{25}	mun^{13}	mun^{13}	$mueŋ^{13}$	mun^{223}
闷	臻合一 去恩明	mun^{31}	mun^{21}	min^{31}	mun^{21}	mun^{13}	mun^{33}	$mueŋ^{332}$	mun^{31}

单字 \ 地点		廉江长山	廉江石角	廉江河唇	廉江雅塘	遂溪河头	雷州客路塘塞	雷州客路大家	徐闻下桥
没沉~	臻合一入没明	mut⁵	mut⁵	mut⁵	mut⁵	mut⁵	muak⁵	mak⁵	mut⁵
敦	臻合一平魂端	tun⁵⁵	tun⁴⁵	tun⁴⁵	tun⁴⁵	tun⁵⁵	tun⁵⁵	tueŋ⁵⁵	tun⁴⁵
墩	臻合一平魂端	tun⁵⁵	tun⁴⁵	tun⁴⁵	tun⁴⁵	tun²¹	tun²¹	tueŋ⁵⁵	tun³¹
顿	臻合一去慁端	tun³¹	tun²¹	tun³¹	tun²¹	tun³³	tun³³	tueŋ³³²	tən³¹
褪	臻合一去慁透		tʰui³³	tʰui³³	tʰui³³	tʰui³³	tʰui³³	tʰui³³²	tʰui⁵²
屯	臻合一平魂定	tʰun¹³	tun²¹	tʰun¹³	tʰun²⁵	tun²¹			
豚	臻合一平魂定	tʰun¹³	tʰun¹³	tʰun¹³		tʰun¹³			tʰun²²³
囤	臻合一上混定	tun³¹	tun²¹	tun³¹	tun²¹	tun²¹	tʰun¹³	tʰueŋ¹³	tʰun²²³
盾	臻合一上混定	tʰun³¹	tʰun²¹	tʰun³¹	tʰun²¹	tun²¹	tun²¹	tueŋ³³²	tʰun³¹
钝	臻合一去慁定	tʰun³³	tʰun³³	tʰun³³	tʰun³³	tʰun³³	tʰun³³	tʰueŋ³³²	tʰun³¹
遁	臻合一去慁定	tʰun³¹	tʰun²¹	tʰun³¹	tʰun²¹	tʰun³³			
凸	臻合一入没定	tʰut⁵	tʰut⁵	tʰut⁵	tʰut⁵		tʰuk⁵	tʰuk⁵	tʰut⁵
突~然 ~出	臻合一入没定	tʰut⁵	tʰut⁵	tʰut⁵	tʰut⁵	tʰut⁵	tʰuk⁵ tuk²	tʰuk⁵	tʰut⁵
嫩	臻合一去慁泥	nun³³	nun³³	nun³³	nun³³	nun³³	nun³³	nueŋ³³²	nun³¹
论~语	臻合一平魂来	lun³³	lun³³	lun¹³	lun³³	lun¹³	lun³³	lueŋ³³²	lun³¹
仑	臻合一平魂来	lun¹³	lun¹³	lun¹³	lun²⁵	lun¹³	lun¹³	lueŋ¹³	lun²²³

单字	地点	廉江长山	廉江石角	廉江河唇	廉江雅塘	遂溪河头	雷州客路塘塞	雷州客路大家	徐闻下桥
论(议~)	臻合一去慁来	lun³³	lun³³	lun³³	lun³³	lun³³	lun³³	luen³³²	lun³¹
尊	臻合一平魂精	tsun⁵⁵	tsun⁴⁵	tsun⁴⁵	tsun⁴⁵	tsun⁵⁵	tsun⁵⁵	tsuen⁵⁵	tsun⁴⁵
卒	臻合一入没精	tsut³	tsut²	tsut³	tsut²	tsut²	tsuk²	tsuk²	tsut³
村	臻合一平魂清	tsʰun⁵⁵	tsʰun⁴⁵	tsʰun⁴⁵	tsʰun⁴⁵	tsʰun⁵⁵	tsʰun⁵⁵	tsʰuen⁵⁵	tsʰun⁴⁵
寸	臻合一去慁清	tsʰun³³	tsʰun³³	tsʰun³³	tsʰun³³	tsʰun³³	tsʰun³³	tsʰuen³³²	tsʰun⁵²
猝	臻合一入没清	tsut³	tsut²	tsut³			tsʰuk²	tsʰuk²	
存	臻合一平魂从	tsʰun¹³	tsʰun¹³	tsʰun¹³	tsʰun²⁵	tsʰun¹³	tsʰun¹³	tsʰuen¹³	tsʰun²²³
蹲	臻合一平魂从		tsʰun¹³△	pu⁴⁵△		pu⁵⁵△	pu⁵⁵△	pu⁵⁵△	tsun⁴⁵
孙	臻合一平魂心	sun⁵⁵	sun⁴⁵	sun⁴⁵	ɬun⁴⁵	ɬun⁵⁵	ɬun⁵⁵	suen⁵⁵	sun⁴⁵
损	臻合一上混心	sun³¹	sun²¹	sun³¹	ɬun²¹	ɬun²¹	ɬun²¹	suen²¹	sun³¹
逊	臻合一去慁心	sun⁵⁵	sun⁴⁵	sun³³	ɬun³³	ɬun⁵⁵		suen⁵⁵	sun⁴⁵
昆	臻合一平魂见	kʰun⁵⁵	kʰun⁴⁵	kʰun⁴⁵	kʰun⁴⁵	kʰun⁵⁵	kʰun⁵⁵	kʰuen⁵⁵	kʰun⁴⁵
滚	臻合一上混见	kun³¹	kun²¹	kun³¹	kun²¹	kun²¹	kun²¹	kuen²¹	kun³¹
棍	臻合一去慁见	kun³³	kun³³	kun³³	kun³³	kun³³	kun³³	kuen³³²	kun⁵²
骨	臻合一入没见	kut³	kut²	kut³	kut²	kut⁵	kuk²	kuk²	kut³
坤	臻合一平魂溪	kʰun⁵⁵	kʰun⁴⁵	kʰun⁴⁵	kʰun⁴⁵	kʰun⁵⁵	kʰun⁵⁵	kʰuen⁵⁵	kʰun⁴⁵

单字	地点	廉江长山	廉江石角	廉江河唇	廉江雅塘	遂溪河头	雷州客路塘塞	雷州客路大家	徐闻下桥
捆	臻合一上混溪	kʰun³¹	kʰun²¹	kʰun³¹	kʰun²¹	kʰun²¹	fɔk⁵ (傅)	kʰuen²¹	kʰun³¹
困	臻合一去慁溪	kʰun³³	kʰun³³	kʰun³³	kʰun³³	kʰun³³	kʰun³³	kʰuen³³²	kʰun⁵²
窟~窿 小坑(白)	臻合一入没溪	kʰut⁵ fu¹³△	kʰut² fut²△	kʰut³ fut³△		kʰut⁵ fu¹³△		kʰuk² fu¹³△	kʰut³
昏	臻合一平魂晓	fun⁵⁵	fun⁴⁵	fun⁴⁵	fun⁴⁵	fun⁵⁵	fun¹³	huen⁵⁵	fun⁴⁵
婚	臻合一平魂晓	fun⁵⁵	fun⁴⁵	fun⁴⁵	fun⁴⁵	fun⁵⁵	fun⁵⁵	huen⁵⁵	fun⁴⁵
忽	臻合一入没晓	fut³	fut²	fut³	fut²	fut²		fuk⁵	fut³
魂	臻合一平魂匣	fun¹³	fun¹³	fun¹³	fun²⁵	fun¹³	fun¹³	huen¹³	fun²²³
浑	臻合一平魂匣	vun¹³	vun¹³	vun¹³	fun²⁵ vun²⁵	fun¹³ neu¹³△	fun²¹ neu¹³△	neu⁵⁵△	vun²²³
混	臻合一上混匣	kun³¹	kun²¹	kun³¹	kun²¹	fun²¹		huen³³²	kun⁵²
核~心	臻合一入没匣	fut⁵	fut⁵	fut⁵	fut⁵	fut⁵	fuk⁵	fuk⁵	hat⁵ vut⁵
温	臻合一平魂影	vun⁵⁵	vun⁴⁵	vun⁴⁵	vun⁴⁵	vun⁵⁵	vun⁵⁵	vuen⁵⁵	vun⁴⁵
瘟	臻合一平魂影	vun⁵⁵	vun⁴⁵	vun⁴⁵	vun⁴⁵	vun⁵⁵	vun⁵⁵	vuen⁵⁵	vun⁴⁵
稳	臻合一上混影	vun³¹	vun²¹	vun³¹	vun²¹	vun²¹	vun²¹	vuen²¹	vun³¹
伦	臻合三平谆来	lun¹³	lun¹³	lun¹³	lun²⁵	lun¹³	lun¹³	luen¹³	lun²²³
沦	臻合三平谆来	lun¹³	lun¹³	lun¹³	lun²⁵	lun¹³	lun¹³	luen¹³	lun²²³
轮	臻合三平谆来	lun¹³	lun¹³	lun¹³	lun²⁵	lun¹³	lun¹³	luen¹³	lun²²³

单字 \ 地点		廉江 长山	廉江 石角	廉江 河唇	廉江 雅塘	遂溪 河头	雷州客 路塘塞	雷州客 路大家	徐闻 下桥
律	臻合三 入术来	lut⁵	lut⁵	lut⁵	lut⁵	lut⁵	luk⁵	luk⁵	lut⁵
率效~	臻合三 入术来	sut⁵	sut²	sut³	ɬut⁵	lut⁵	luk⁵	lik⁵	lut⁵
遵	臻合三 平谆精	tsun⁵⁵	tsun⁴⁵	tsun⁴⁵	tsun⁴⁵	tsun⁵⁵	tsun⁵⁵	tsueŋ⁵⁵	tsun⁴⁵
俊	臻合三 去稕精	tsun³³	tsun³³	tsun³³	tsun³³	tsun³³	tsun³³	tsueŋ³³²	tsun⁵²
笋	臻合三 上准心	sun³¹	sun²¹	sun³¹	ɬun²¹	ɬun²¹	ɬun²¹	sueŋ²¹	sun³¹
榫	臻合三 上准心	sun³¹	sun²¹	sun³¹	ɬun²¹	ɬun²¹	ɬun²¹	sueŋ²¹	sun³¹
迅	臻合三 去稕心	sin³³	sin³³	sin³³	ɬin³³	ɬin³³	ɬiŋ³³	siŋ³³²	sin⁵²
戌	臻合三 入术心	sut³	sut²	sut³	ɬut²	ɬut²	ɬuk²	suk²	sut³
恤	臻合三 入术心	sit³	sit²	sit³		ɬut⁵		suk²	sut⁵
旬	臻合三 平谆邪	sun¹³	sun¹³	sun¹³	ɬun²⁵	sun¹³	sun¹³	sueŋ¹³	sun²²³
循	臻合三 平谆邪	sun¹³	sun¹³	sun¹³	ɬun²⁵		sun¹³	sueŋ¹³	tsʰun²²³
巡	臻合三 平谆邪	sun¹³	tsʰun¹³	tsʰun¹³	ɬun²⁵	sun¹³	sun¹³	sueŋ¹³	tsʰun²²³
殉	臻合三 去稕邪	sun¹³	sun¹³	sun¹³	ɬun²⁵	sun¹³	sun¹³	sueŋ¹³	sun²²³
术白~	臻合三 入术澄	sut⁵	sut⁵	sut⁵	ɬut⁵	ɬut²	ɬuk²	suk²	sut⁵
率~领	臻合三 入术生	sut⁵	sut²	sut³	ɬut⁵	ɬut²		suk²	suai⁵²
蟀	臻合三 入术生	sut⁵	sut²	sut³	ɬut⁵	ɬut²		suk²	suai⁵²

单字	地点	廉江长山	廉江石角	廉江河唇	廉江雅塘	遂溪河头	雷州客路塘塞	雷州客路大家	徐闻下桥
准	臻合三上准章	tʃun^{31}	tʃun^{21}	tsun^{31}	tsun^{21}	tsun^{21}	tsun^{21}	tsuen^{21}	tsun^{31}
春	臻合三平谆昌	tʃʰun^{55}	tʃʰun^{45}	tsʰun^{45}	tsʰun^{45}	tsʰun^{55}	tsʰun^{55}	tsʰuen^{55}	tsʰun^{45}
蠢	臻合三上准昌	tʃʰun^{31}	tʃʰun^{21}	tsʰun^{31}	tsʰun^{21}	tsʰun^{21}	tsʰun^{21}	tsʰuen^{21}	tsʰun^{31}
出	臻合三入术昌	tʃʰut^{3}	tʃʰut^{2}	tsʰut^{3}	tsʰut^{2}	tsʰut^{2}	tsʰuk^{2}	tsʰuk^{2}	tsʰut^{3}
唇	臻合三平谆禅	ʃun^{13}	ʃun^{13}	ʃun^{13}	sun^{25}	sun^{13}	sun^{13}	suen^{13}	sun^{223}
顺	臻合三去稕船	ʃun^{33}	ʃun^{33}	ʃun^{33}	sun^{33}	sun^{33}	sun^{33}	suen^{332}	sun^{31}
术技~	臻合三入术船	sut^{5}	sut^{5}	sut^{5}	ɬut^{5}	ɬut^{2}	ɬuk^{2}	suk^{5}	sut^{5}
述	臻合三入术船	sut^{5}	sut^{5}	sut^{5}	ɬut^{5}	ɬut^{2}	ɬuk^{2}	suk^{5}	sut^{5}
舜	臻合三去稕书	ʃun^{33}	ʃun^{33}	ʃun^{33}	sun^{33}	ɬun^{33}	sun^{33}	suen^{332}	sun^{31}
纯	臻合三平谆禅	sun^{13}	sun^{13}	sun^{13}	ɬun^{25}	sun^{13}	sun^{13}	suen^{13}	sun^{223}
醇	臻合三平谆禅	sun^{13}	sun^{13}	sun^{13}	ɬun^{25}	ɬun^{13}	sun^{13}	suen^{13}	sun^{223}
润	臻合三去稕日	iun^{33}	iun^{33}	iun^{33}	iun^{33}	iun^{33}	n̠iun^{33}	nuen^{332}	yn^{31}
闰	臻合三去稕日	iun^{33}	iun^{33}	iun^{33}	iun^{33}	iun^{33}	nun^{33}	nuen^{332}	yn^{31}
均	臻合三平谆见	kiun^{55}	kiun^{45}	kiun^{45}	kiun^{45}	kʰun^{55}	kʰun^{55}	kʰuen^{55}	kʰun^{45}
钧	臻合三平谆见	kiun^{55}	kiun^{45}	kiun^{45}	kiun^{45}	kʰun^{55}		kʰuen^{55}	kin^{45}
橘	臻合三入术见	kit^{3}	kit^{2}	kut^{3}	kut^{2}	kiet^{2}	kiek^{2}	kiek^{2}	kit^{3}

单字	地点	廉江长山	廉江石角	廉江河唇	廉江雅塘	遂溪河头	雷州客路塘塞	雷州客路大家	徐闻下桥
菌细~ 蘑菇	臻合三 上准群	kʰun³³ kʰiun⁵⁵	kʰun³³ tʃʰun⁴⁵△	kʰun⁴⁵ kʰiun⁴⁵	kʰun²¹	kʰun²¹	kʰun²¹	kʰueŋ²¹	kʰun³¹
匀	臻合三 平谆以	iun¹³	iun¹³	iun¹³	iun²⁵	iun¹³	iun¹³	ieŋ¹³	yn²²³
允	臻合三 上准以	iun³¹	iun²¹	iun³¹	iun²¹			ieŋ²¹	n̩yn³¹
尹	臻合三 上准以	iun³¹						ieŋ²¹	
分	臻合三 平文非	fun⁵⁵ pun⁵⁵	fun⁴⁵ pun⁴⁵	fun⁴⁵ pun⁴⁵	fun⁴⁵ pun⁴⁵	fun⁵⁵ pun⁵⁵	fun⁵⁵ pun⁵⁵	fueŋ⁵⁵ pueŋ⁵⁵	fun⁴⁵ pun⁴⁵
粉	臻合三 上吻非	fun³¹	fun²¹	fun³¹	fun²¹	fun²¹	fun²¹	fueŋ²¹	fun³¹
粪	臻合三 去问非	pun³³	pun³³	pun³³	pun³³	pun³³	pun³³	pueŋ³³²	pun⁵²
奋	臻合三 去问非	fun³¹	fun²¹	fun³¹	fun²¹	fun²¹	fun²¹	fueŋ³³²	fun³¹
芬	臻合三 平文敷	fun⁵⁵	fun⁴⁵	fun⁴⁵	fun⁴⁵	fun⁵⁵	fun⁵⁵	fueŋ⁵⁵	fun⁴⁵
纷	臻合三 平文敷	fun⁵⁵	fun⁴⁵	fun⁴⁵	fun⁴⁵	fun⁵⁵	fun⁵⁵	fueŋ⁵⁵	fun⁴⁵
佛仿~	臻合三 入物敷	fut³	fut²	fut³	fut⁵	fut⁵			fut³
焚	臻合三 平文奉	fun¹³	fun¹³	fun¹³	fan²⁵	vun¹³		vueŋ¹³	fun³¹
坟	臻合三 平文奉	fun¹³	fun¹³	fun¹³	fun²⁵	fun¹³	fun¹³	fueŋ¹³	fun²²³
愤	臻合三 上吻奉	fun³¹	fun²¹	fun³¹	fun²¹	fun³³	fun³³		fun³¹
忿	臻合三 上吻奉	fun³¹	fun²¹	fun³¹		fun³³			fun³¹
份	臻合三 去问奉	fun³³	fun³³	fun³³	fun³³	fun³³	fun⁵⁵	fueŋ⁵⁵	fun³¹

单字 \\ 地点		廉江长山	廉江石角	廉江河唇	廉江雅塘	遂溪河头	雷州客路塘塞	雷州客路大家	徐闻下桥
佛_{拜~}	臻合三入物奉	fut^5	fut^5	fut^5	fut^5	fut^5	fuk^5	p^huk^5	fut^5
文	臻合三平文微	vun^{13}	vun^{13}	vun^{13}	vun^{25}	vun^{13}	vun^{13}	$vue\eta^{13}$	vun^{223}
纹	臻合三平文微	vun^{13}	vun^{13}	vun^{13}	vun^{25}	vun^{13}	vun^{13}	$vue\eta^{13}$	vun^{223}
蚊	臻合三平文微	mun^{55}	mun^{45}	mun^{45}	mun^{45}	mun^{55}	mun^{55}	$mue\eta^{55}$	mun^{45}
闻	臻合三平文微	vun^{13}	vun^{13}	vun^{13}	vun^{25}	vun^{13}	vun^{13}	$vue\eta^{13}$	vun^{223}
问	臻合三去问微	mun^{33}	mun^{33}	mun^{33}	mun^{33}	mun^{33}	mun^{33}	$mue\eta^{332}$	mun^{52}
物	臻合三入物微	vut^5	vut^5	vut^5	vut^5	vut^5	mak^5	vuk^5	vut^5
勿	臻合三入物微	fut^3	fut^2	fut^3	fut^2	fut^5	mak^5		fut^3
君	臻合三平文见	$kiun^{55}$	$kiun^{45}$	$kiun^{45}$	$kiun^{45}$	$ki\eta^{55}$	$kua\eta^{55}$	$ki\eta^{55}$	kyn^{45}
军	臻合三平文见	$kiun^{55}$	$kiun^{45}$	$kiun^{45}$	$kiun^{45}$	$ki\eta^{55}$	$kua\eta^{55}$	$ki\eta^{55}$	kin^{45}
屈	臻合三入物溪	k^hut^3	k^hut^2	k^hut^3	k^hut^2	k^hut^2	k^huk^2	k^huk^2	k^hut^3
群	臻合三平文群	k^hiun^{13}	k^hiun^{13}	k^hiun^{13}	k^hun^{25}	k^hun^{13}	$k^hie\eta^{13}$	$k^hie\eta^{13}$	k^hyn^{223}
裙	臻合三平文群	k^hiun^{13}	k^hiun^{13}	k^hiun^{13}	k^hun^{25}	k^hun^{13}	k^hun^{13}	$k^hue\eta^{13}$	k^hun^{223}
郡	臻合三去问群	k^hiun^{33}	k^hiun^{13}	k^hiun^{31}					
掘	臻合三入物群	k^hut^5	k^hut^5	k^hut^5	k^hut^5	k^hut^5	k^huk^5	k^huk^5	k^hut^5
倔	臻合三入物群	k^hut^3	k^hut^2	k^hut^3	k^hut^2	k^hut^5		k^huk^5	

单字	地点	廉江长山	廉江石角	廉江河唇	廉江雅塘	遂溪河头	雷州客路塘塞	雷州客路大家	徐闻下桥
熏	臻合三平文晓	hiun⁵⁵ fun⁴⁵	ʃun⁴⁵	ʃun⁴⁵	hiun⁴⁵ fun³³	fun⁵⁵		hueŋ⁵⁵	
勋	臻合三平文晓	hiun⁵⁵	ʃun⁴⁵	ʃun⁴⁵	hiun⁴⁵	fun⁵⁵		hueŋ⁵⁵	sun⁴⁵
荤	臻合三平文晓	fun⁵⁵	fun¹³	fun⁴⁵	fun²⁵	fun⁵⁵			
训	臻合三去问晓	hiun³³	ʃun³³	ʃun³³	fun³³	fun³³		hueŋ³³²	sun⁵²
云	臻合三平文云	iun¹³	iun¹³	iun¹³	iun²⁵	iun¹³	iun¹³	iuŋ¹³	yn²²³
韵	臻合三去问云	iun³³	iun³³	iun³³	iun³³	iun³³		iŋ³³²	yn³¹
运	臻合三去问云	iun³³	iun³³	iun³³	iun³³	iun³³	iun³³	iŋ³³²	yn³¹
晕	臻合三去问云	fun¹³	fun¹³	fun¹³	fun²⁵	fun¹³	fun¹³	fueŋ¹³	fun²²³
帮	宕开一平唐帮	pɔŋ⁵⁵	pɔŋ⁴⁵	pɔŋ⁴⁵	pɔŋ⁴⁵	pɔŋ⁵⁵	pɔŋ⁵⁵	pɔŋ⁵⁵	pɔŋ⁴⁵
榜	宕开一上荡帮	pɔŋ³¹	pɔŋ²¹	pɔŋ³¹	pɔŋ²¹	pɔŋ²¹	pɔŋ²¹	pɔŋ²¹	pɔŋ³¹
谤	宕开一去宕帮	pɔŋ³¹	pɔŋ²¹	pɔŋ³¹			pɔŋ²¹		pɔŋ³¹
博	宕开一入铎帮	pɔk³	pɔk²	pɔk³	pɔk²	pɔk²	pɔk²	pɔk²	pɔk³
滂	宕开一平唐滂	pʰɔŋ¹³	pʰɔŋ¹³	pʰɔŋ¹³	pʰɔŋ²⁵	pʰɔŋ¹³			pʰɔŋ²²³
泊(梁山~)	宕开一入铎滂	pʰak³	pʰak²	pʰak³	pʰak²	pʰak²	pʰak²	pʰɔk⁵	pʰak³
旁	宕开一平唐並	pʰɔŋ¹³	pʰɔŋ¹³	pʰɔŋ¹³	pʰɔŋ²⁵	pʰɔŋ¹³	pʰɔŋ¹³	pʰɔŋ¹³	pʰɔŋ²²³
螃	宕开一平唐並	pʰɔŋ¹³	pʰɔŋ¹³	pʰɔŋ¹³	pʰɔŋ²⁵	pʰɔŋ¹³	pʰɔŋ¹³	pʰɔŋ¹³	pʰɔŋ²²³

单字	地点	廉江长山	廉江石角	廉江河唇	廉江雅塘	遂溪河头	雷州客路塘塞	雷州客路大家	徐闻下桥
傍~晚 ~菜	宕开一去宕並	$p^hoŋ^{13}$ $poŋ^{31}$	$p^hoŋ^{13}$ $poŋ^{21}$	$p^hoŋ^{13}$ $poŋ^{31}$	$p^hoŋ^{25}$ $poŋ^{21}$	$p^hɔŋ^{13}$ $poŋ^{21}$	$p^hɔŋ^{13}$ $poŋ^{21}$	$poŋ^{21}$	$poŋ^{31}$
薄~被	宕开一入铎並	$p^hɔk^5$	p^hok^5	p^hok^5	$p^hɔk^5$	$p^hɔk^5$	$p^hɔk^5$	$p^hɔk^5$	$p^hɔk^5$
泊停~	宕开一入铎並	p^hak^3	p^hak^2	p^hak^3	p^hak^2	p^hak^2		p^hak^2	p^hak^3
忙	宕开一平唐明	$moŋ^{13}$	$moŋ^{13}$	$mɔŋ^{13}$	$mɔŋ^{25}$	$mɔŋ^{13}$	$mɔŋ^{13}$	$mɔŋ^{13}$	$mɔŋ^{223}$
芒~种	宕开一平唐明	$moŋ^{13}$	$moŋ^{13}$	$mɔŋ^{13}$	$mɔŋ^{25}$	$mɔŋ^{13}$	$mɔŋ^{13}$	$miɔŋ^{13}$	$mɔŋ^{223}$
茫	宕开一平唐明	$moŋ^{13}$	$moŋ^{13}$	$mɔŋ^{13}$	$mɔŋ^{25}$	$mɔŋ^{13}$	$mɔŋ^{13}$	$mɔŋ^{13}$	$mɔŋ^{223}$
莽	宕开一上荡明	$maŋ^{31}$	$maŋ^{21}$	$maŋ^{31}$	$mɔŋ^{21}$			$mɔŋ^{21}$	$mɔŋ^{45}$
蟒	宕开一上荡明	$maŋ^{31}$	$maŋ^{21}$	$maŋ^{31}$	$mɔŋ^{21}$	$mɔŋ^{21}$	$maŋ^{21}$	$mɔŋ^{21}$	$mɔŋ^{45}$
莫	宕开一入铎明	$mɔk^3$	mok^5	mok^5	$mɔk^5$	$mɔk^5$	$mɔk^5$	$mɔk^2$	$mɔk^5$
膜	宕开一入铎明	$mɔk^3$	mok^2	mok^3	$mɔk^2$	$mɔk^2$	$mɔk^5$	$mɔk^2$	$mɔk^5$
幕	宕开一入铎明	$mɔk^3$	mok^2	mok^3	$mɔk^2$	$mɔk^2$	mu^{33}	mu^{332}	mu^{52}
寞	宕开一入铎明	$mɔk^3$	mok^2	mok^3	$mɔk^2$	$mɔk^2$		$mɔk^2$	$mɔk^5$
摸	宕开一入铎明	mo^{55} $mia^{33}△$	mo^{45} sa^{45} (掌)	mo^{45} $mia^{45}△$	mo^{45} $ɬa^{45}$ (掌)	$mɔ^{55}$	$mɔ^{55}$	mo^{55} $mia^{55}△$	mo^{45}
当~时	宕开一平唐端	$toŋ^{55}$	$toŋ^{45}$	$toŋ^{45}$	$toŋ^{45}$	$tɔŋ^{55}$	$tɔŋ^{55}$	$tɔŋ^{55}$	$tɔŋ^{45}$
裆	宕开一平唐端	$noŋ^{33}△$	$noŋ^{33}△$	$noŋ^{33}△$	$noŋ^{33}△$	$nɔŋ^{55}$	$tɔŋ^{33}$ $nɔŋ^{33}△$	$nɔŋ^{332}$	$nɔŋ^{52}△$
党	宕开一上荡端	$toŋ^{31}$	$toŋ^{21}$	$toŋ^{31}$	$toŋ^{21}$	$tɔŋ^{21}$	$tɔŋ^{21}$	$tɔŋ^{21}$	$tɔŋ^{31}$

单字	地点	廉江长山	廉江石角	廉江河唇	廉江雅塘	遂溪河头	雷州客路塘塞	雷州客路大家	徐闻下桥
挡	宕开一上荡端	tɔŋ31	tɔŋ21	tɔŋ31	tɔŋ21	tʰɔŋ21	tɔŋ21	tɔŋ21	tɔŋ31
当~铺	宕开一去宕端	tɔŋ33	tɔŋ33	tɔŋ33	tɔŋ33	tɔŋ33	tɔŋ33	tɔŋ332	tɔŋ52
档	宕开一去宕端	tɔŋ33	tɔŋ21	tɔŋ31	tɔŋ21	tɔŋ21	tɔŋ21	tɔŋ21	tɔŋ31
汤	宕开一平唐透	tʰɔŋ55	tʰɔŋ45	tʰɔŋ45	tʰɔŋ45	tʰɔŋ55	tʰɔŋ55	tʰɔŋ55	tʰɔŋ45
躺	宕开一上荡透	tʰɔŋ31	tʰɔŋ21	tʰɔŋ31	tʰɔŋ21	tʰɔŋ21	tʰɔŋ21		tʰɔŋ31
烫	宕开一去宕透		tʰɔŋ45	tʰɔŋ45	tʰɔŋ45	tʰɔŋ55	tʰɔŋ55	luk5 (燥)	tʰɔŋ45
趟	宕开一去宕透		tʰɔŋ33	tʰɔŋ33	tʰɔŋ33	tʰɔŋ33			
托	宕开一入铎透	tʰɔk3	tʰɔk2	tʰɔk3	tʰɔk2	tʰɔk2	tʰɔk2	tʰɔk2	tʰɔk3
堂	宕开一平唐定	tʰɔŋ13	tʰɔŋ13	tʰɔŋ13	tʰɔŋ25	tʰɔŋ13	tʰɔŋ13	tʰɔŋ13	tʰɔŋ223
棠	宕开一平唐定	tʰɔŋ13	tʰɔŋ13	tʰɔŋ13	tʰɔŋ25	tʰɔŋ13	tʰɔŋ13	tʰɔŋ13	
螳	宕开一平唐定	tʰɔŋ13	tʰɔŋ13	tʰɔŋ13	tʰɔŋ25	tʰɔŋ13	tʰɔŋ13	tʰɔŋ13	tʰɔŋ223
唐	宕开一平唐定	tʰɔŋ13	tʰɔŋ13	tʰɔŋ13	tʰɔŋ25	tʰɔŋ13	tʰɔŋ13	tʰɔŋ13	tʰɔŋ223
糖	宕开一平唐定	tʰɔŋ13	tʰɔŋ13	tʰɔŋ13	tʰɔŋ25	tʰɔŋ13	tʰɔŋ13	tʰɔŋ13	tʰɔŋ223
塘	宕开一平唐定	tʰɔŋ13	tʰɔŋ13	tʰɔŋ13	tʰɔŋ25	tʰɔŋ13	tʰɔŋ13	tʰɔŋ13	tʰɔŋ223
荡扫~ / ~口	宕开一上荡定	tʰɔŋ31 / lɔŋ55△	tʰɔŋ21 / lɔŋ45△	tʰɔŋ31 / lɔŋ45△	tʰɔŋ21 / lɔŋ45△	tʰɔŋ33 / lɔŋ55△	tʰɔŋ33 / lɔŋ55△	tʰɔŋ332 / lɔŋ55△	tʰɔŋ45 / lɔŋ45△
铎	宕开一入铎定	tʰɔk3	tʰɔk2	tʰɔk3					

单字	地点	廉江长山	廉江石角	廉江河唇	廉江雅塘	遂溪河头	雷州客路塘塞	雷州客路大家	徐闻下桥
度思~	宕开一入铎定	tʰok⁵	tʰok⁵	tʰok⁵		tʰu³³	tʰu³³	tʰu³³²	
囊	宕开一平唐泥	nɔŋ¹³	nɔŋ¹³	nɔŋ¹³	nɔŋ²⁵	nɔŋ¹³	nɔŋ¹³	nɔŋ¹³	nɔŋ²²³
诺	宕开一入铎泥	nɔk³	nɔk²	nɔk³	nɔk²		lɔk⁵	nɔk²	nɔk⁵
郎	宕开一平唐来	lɔŋ¹³	lɔŋ¹³	lɔŋ¹³	lɔŋ²⁵	lɔŋ¹³	lɔŋ¹³	lɔŋ¹³	lɔŋ²²³
廊	宕开一平唐来	lɔŋ¹³	lɔŋ¹³	lɔŋ¹³	lɔŋ²⁵	lɔŋ¹³	lɔŋ¹³	nɔŋ¹³	lɔŋ²²³
狼	宕开一平唐来	lɔŋ¹³	lɔŋ¹³	lɔŋ¹³	lɔŋ²⁵	lɔŋ¹³	lɔŋ¹³	lɔŋ¹³	lɔŋ²²³
螂	宕开一平唐来	lɔŋ¹³	lɔŋ¹³	lɔŋ¹³	lɔŋ²⁵	lɔŋ¹³	lɔŋ¹³	lɔŋ¹³	lɔŋ²²³
朗	宕开一上荡来	lɔŋ³¹	lɔŋ²¹	lɔŋ³¹	lɔŋ²¹	lɔŋ²¹	lɔŋ²¹		lɔŋ³¹
浪	宕开一去宕来	lɔŋ³³	lɔŋ³³	lɔŋ³³	lɔŋ³³	lɔŋ³³	lɔŋ³³	lɔŋ³³²	lɔŋ³¹
落	宕开一入铎来	lɔk⁵	lɔk⁵	lɔk⁵	lɔk⁵	lɔk⁵	lɔk⁵	lɔk⁵	lɔk⁵
烙	宕开一入铎来	lɔk³	lɔk²	lɔk³	lɔk²	lɔk⁵			
骆	宕开一入铎来	lɔk³	lɔk²	lɔk³	lɔk²	lɔk⁵	lɔk⁵	lɔk²	lɔk⁵
洛	宕开一入铎来	lɔk³	lɔk²	lɔk³	lɔk²	lɔk⁵	lɔk⁵	lɔk²	lɔk⁵
络	宕开一入铎来	lɔk³	lɔk²	lɔk³	lɔk²	lɔk⁵	lɔk⁵	lɔk²	lɔk⁵
乐~趣	宕开一入铎来	lɔk³	lɔk⁵	lɔk⁵	lɔk⁵	lɔk⁵	lɔk⁵	lɔk²	lɔk⁵
赃	宕开一平唐精	tsɔŋ⁵⁵	tsɔŋ⁴⁵	tsɔŋ⁴⁵	tsɔŋ⁴⁵	tsɔŋ⁵⁵	tsɔŋ⁵⁵	tsɔŋ⁵⁵	tsɔŋ⁵²

单字	地点	廉江长山	廉江石角	廉江河唇	廉江雅塘	遂溪河头	雷州客路塘塞	雷州客路大家	徐闻下桥
脏肮~	宕开一平唐精	tsɔŋ⁵⁵	tsoŋ⁴⁵	tsoŋ⁴⁵	tsɔŋ³³	tsɔŋ³³	tsɔŋ⁵⁵	tsɔŋ⁵⁵	tsɔŋ⁵²
葬	宕开一去宕精	tsoŋ³³	tsoŋ³³	tsoŋ³³	tsɔŋ³³	tsɔŋ³³	tsɔŋ³³	tsɔŋ³³²	tsɔŋ⁵²
作	宕开一入铎精	tsɔk³	tsok²	tsok³	tsɔk²	tsɔk²	tsɔk²	tsɔ³³²	tsɔk³
仓	宕开一平唐清	tsʰɔŋ⁵⁵	tsʰoŋ⁴⁵	tsʰoŋ⁴⁵	tsʰɔŋ⁴⁵	tsʰɔŋ⁵⁵	tsʰɔŋ⁵⁵	tsʰɔŋ⁵⁵	tsʰɔŋ⁴⁵
苍	宕开一平唐清	tsʰɔŋ⁵⁵	tsʰoŋ⁴⁵	tsʰoŋ⁴⁵	tsʰɔŋ⁴⁵	tsʰɔŋ⁵⁵	tsʰɔŋ⁵⁵	tsʰɔŋ⁵⁵	tsʰɔŋ⁴⁵
错	宕开一入铎清	tsʰɔ³³	tsʰo³³	tsʰo³³	tsʰɔ³³	tsʰɔ³³	tsʰɔ³³	tsʰɔ³³²	tsʰɔ⁵²
藏隐~	宕开一平唐从	tsʰɔŋ¹³	tsʰoŋ¹³	tsʰoŋ¹³	tsʰɔŋ²⁵	tsʰɔŋ¹³	tsʰɔŋ¹³	piaŋ³³²△	tsʰɔŋ²²³
藏西~	宕开一去宕从	tsʰɔŋ¹³	tsʰoŋ¹³	tsʰoŋ¹³	tsʰɔŋ²⁵	tsʰɔŋ³³	tsʰɔŋ³³	tsɔŋ³³²	tsʰɔŋ²²³
脏内~	宕开一去宕从	tsʰɔŋ³¹	tsʰoŋ²¹	tsʰoŋ³¹	tsʰɔŋ²¹	tsɔŋ³³	tsʰɔŋ³³	tsɔŋ³³²	tsʰɔŋ³¹
凿	宕开一入铎从	tsʰɔk⁵	tsʰok⁵	tsʰɔk³	tsʰɔk⁵	tsʰɔk⁵	tsʰɔk⁵	tsʰɔk⁵	tsʰɔk⁵
昨	宕开一入铎从	tsʰɔk³	tsʰok²	tsʰɔk³	tsʰɔk²		tsɔk²	tsʰɔk⁵	tsʰɔk⁵
桑	宕开一平唐心	soŋ⁵⁵	soŋ⁴⁵	soŋ⁴⁵	ɬɔŋ⁴⁵	ɬɔŋ⁵⁵	ɬɔŋ⁵⁵	soŋ⁵⁵	soŋ⁴⁵
丧婚~	宕开一平唐心	soŋ⁵⁵	soŋ³³	soŋ⁴⁵	ɬɔŋ⁴⁵	ɬɔŋ⁵⁵	ɬɔŋ⁵⁵	soŋ⁵⁵	soŋ⁴⁵
嗓	宕开一上荡心	soŋ⁵⁵	soŋ⁴⁵	soŋ⁴⁵	ɬɔŋ⁴⁵	ɬɔŋ⁵⁵	ɬɔŋ⁵⁵	soŋ⁵⁵	soŋ³¹
搡	宕开一上荡心	vuŋ³¹△	suŋ²¹	suŋ³¹	ɬuŋ²¹	vuŋ²¹△		ŋ̍²¹△	soŋ³¹
丧~失	宕开一去宕心	soŋ³³	soŋ³³	soŋ³³	ɬɔŋ³³	ɬɔŋ⁵⁵	ɬɔŋ³³	soŋ³³²	soŋ⁵²

单字	地点	廉江长山	廉江石角	廉江河唇	廉江雅塘	遂溪河头	雷州客路塘塞	雷州客路大家	徐闻下桥
索	宕开一入铎心	sɔk³	sɔk²	sɔk³	ɬɔk²	ɬɔk²	ɬɔk²	sɔk²	sɔk³
冈	宕开一平唐见	kɔŋ⁵⁵	kɔŋ⁴⁵	kɔŋ⁴⁵	kɔŋ⁴⁵	kɔŋ⁵⁵	kɔŋ⁵⁵	kɔŋ⁵⁵	kɔŋ⁴⁵
岗	宕开一平唐见	kɔŋ⁵⁵	kɔŋ⁴⁵	kɔŋ⁴⁵	kɔŋ⁴⁵	kɔŋ⁵⁵	kɔŋ⁵⁵	kɔŋ⁵⁵	kɔŋ⁴⁵
刚	宕开一平唐见	kɔŋ⁵⁵	kɔŋ⁴⁵	kɔŋ⁴⁵	kɔŋ⁴⁵	kɔŋ⁵⁵	kɔŋ⁵⁵	kɔŋ⁵⁵	kɔŋ⁴⁵
纲	宕开一平唐见	kɔŋ⁵⁵	kɔŋ⁴⁵	kɔŋ⁴⁵	kɔŋ⁴⁵	kɔŋ⁵⁵	kɔŋ⁵⁵	kɔŋ⁵⁵	kɔŋ⁴⁵
钢	宕开一平唐见	kɔŋ³³	kɔŋ³³	kɔŋ³³	kɔŋ³³	kɔŋ³³	kɔŋ³³	kɔŋ³³²	kɔŋ⁵²
缸	宕开一平唐见	kɔŋ⁵⁵	kɔŋ⁴⁵	kɔŋ⁴⁵	kɔŋ⁴⁵	kɔŋ⁵⁵	kɔŋ⁵⁵	kɔŋ⁵⁵	kɔŋ⁴⁵
杠	宕开一去宕见	kɔŋ³³	kɔŋ³³	kɔŋ³³	kɔŋ³³	kɔŋ³³	kɔŋ³³	kɔŋ⁵⁵	kɔŋ⁵²
各	宕开一入铎见	kɔk³	kɔk²	kɔk³	kɔk²	kɔk²	kɔk²	kɔk²	kɔk³
阁	宕开一入铎见	kɔk³	kɔk²	kɔk³	kɔk²	kɔk²	kɔk²	kɔk²	kɔk³
搁	宕开一入铎见	kɔk³	kɔk²	kɔk³	kɔk²	kɔk²	kɔk²	kɔk²	kɔk³
康	宕开一平唐溪	kʰɔŋ⁵⁵	kʰɔŋ⁴⁵	kʰɔŋ⁴⁵	kʰɔŋ⁴⁵	kʰɔŋ⁵⁵	hɔŋ⁵⁵	hɔŋ⁵⁵	kʰɔŋ⁴⁵
糠	宕开一平唐溪	hɔŋ⁵⁵	hɔŋ⁴⁵	hɔŋ⁴⁵	hɔŋ⁴⁵	hɔŋ⁵⁵	hɔŋ⁵⁵	hɔŋ⁵⁵	hɔŋ⁴⁵
慷	宕开一上荡溪	kʰɔŋ⁵⁵	kʰɔŋ⁴⁵	kʰɔŋ⁴⁵	kʰɔŋ⁴⁵	kʰɔŋ⁵⁵	hɔŋ⁵⁵	hɔŋ⁵⁵	kʰɔŋ⁴⁵
抗	宕开一去宕溪	kʰɔŋ³³	kʰɔŋ³³	kʰɔŋ³³	kʰɔŋ³³	kʰɔŋ³³	kʰɔŋ³³	kʰɔŋ³³²	kʰɔŋ⁵²
圹	宕开一去宕溪	piaŋ³³△	piaŋ³³△	piaŋ³³△	piaŋ³³△			piaŋ³³²△	piaŋ⁵²△

单字	地点	廉江长山	廉江石角	廉江河唇	廉江雅塘	遂溪河头	雷州客路塘塞	雷州客路大家	徐闻下桥
昂	宕开一平唐疑	ŋɔŋ^{55}	ŋɔŋ^{45}	ŋɔŋ^{45}	ŋɔŋ^{45}	ŋɔŋ^{55}		ŋɔŋ^{55}	ŋɔŋ^{45}
鄂	宕开一入铎疑	ŋɔk^{3}	ŋɔk^{2}	ŋɔk^{3}	ŋɔk^{5}	ŋɔk^{2}	ŋɔk^{5}	ŋɔk^{2}	ŋɔk^{5}
鳄	宕开一入铎疑	ŋɔk^{3}	ŋɔk^{2}	ŋɔk^{3}	ŋɔk^{5}	ŋɔk^{2}	ŋɔk^{5}	ŋɔk^{2}	ŋɔk^{5}
行银~	宕开一平唐匣	hɔŋ^{13}	hɔŋ^{13}	hɔŋ^{13}	hɔŋ^{25}	hɔŋ^{13}	hɔŋ^{13}	hɔŋ^{13}	hɔŋ^{223}
航	宕开一平唐匣	kʰɔŋ^{33}	kʰɔŋ^{33}	kʰɔŋ^{33}	kʰɔŋ^{33}	kʰɔŋ^{13}	kʰɔŋ^{13}	hɔŋ^{13}	hɔŋ^{223}
杭	宕开一平唐匣	kʰɔŋ^{33}	kʰɔŋ^{33}	kʰɔŋ^{33}	kʰɔŋ^{33}	kʰɔŋ^{13}	kʰɔŋ^{13}	hɔŋ^{13}	hɔŋ^{223}
鹤	宕开一入铎匣	hɔk^{5}	hok^{5}	hok^{5}	hɔk^{5}	hɔk^{5}	hɔk^{5}	hɔk^{5}	hɔk^{5}
肮	宕开一平唐影		kʰɔŋ^{33}	kʰɔŋ^{33}	kʰɔŋ^{33}				
恶善~	宕开一入铎影	ɔk^{3}	ɔk^{2}	ɔk^{3}	ɔk^{2}	ɔk^{2}	ɔk^{2}	ɔk^{2}	ɔk^{3}
娘	宕开三平阳泥	ȵiɔŋ^{13}	ȵiɔŋ^{13}	ȵiɔŋ^{13}	ȵiɔŋ^{25}	ȵiɔŋ^{13}	ȵiɔŋ^{13}	ȵiɔŋ^{13}	ȵiɔŋ^{223}
酿	宕开三去漾泥	ȵiɔŋ^{31}	ȵiɔŋ^{21}	ȵiɔŋ^{31}	ȵiɔŋ^{21}	ȵiɔŋ^{13}	ȵiɔŋ^{13}		ȵiɔŋ^{31}
良	宕开三平阳来	liɔŋ^{13}	liɔŋ^{13}	liɔŋ^{13}	liɔŋ^{25}	liɔŋ^{13}	liɔŋ^{13}	liɔŋ^{13}	liɔŋ^{223}
凉	宕开三平阳来	liɔŋ^{13}	liɔŋ^{13}	liɔŋ^{13}	liɔŋ^{25}	liɔŋ^{13}	liɔŋ^{13}	liɔŋ^{13}	liɔŋ^{223}
量衡~	宕开三平阳来	liɔŋ^{13}	liɔŋ^{13}	liɔŋ^{13}	liɔŋ^{25}	liɔŋ^{13}	liɔŋ^{13}	liɔŋ^{13}	liɔŋ^{223}
粮	宕开三平阳来	liɔŋ^{13}	liɔŋ^{13}	liɔŋ^{13}	liɔŋ^{25}	liɔŋ^{13}	liɔŋ^{13}	liɔŋ^{13}	liɔŋ^{223}
梁	宕开三平阳来	liɔŋ^{13}	liɔŋ^{13}	liɔŋ^{13}	liɔŋ^{25}	liɔŋ^{13}	liɔŋ^{13}	liɔŋ^{13}	liɔŋ^{223}

单字 ＼ 地点		廉江长山	廉江石角	廉江河唇	廉江雅塘	遂溪河头	雷州客路塘塞	雷州客路大家	徐闻下桥
梁	宕开三平阳来	liɔŋ^{13}	liɔŋ^{13}	liɔŋ^{13}	liɔŋ^{25}	liɔŋ^{13}	liɔŋ^{13}	liɔŋ^{13}	liɔŋ^{223}
两 ~个 几~	宕开三上养来	liɔŋ^{31} liɔŋ^{55}	liɔŋ^{21} liɔŋ^{45}	liɔŋ^{31} liɔŋ^{45}	liɔŋ^{21} liɔŋ^{45}	liɔŋ^{21} liɔŋ^{55}	liɔŋ^{21} liɔŋ^{55}	liɔŋ^{21} liɔŋ^{55}	liɔŋ^{31} liɔŋ^{45}
亮	宕开三去漾来	liɔŋ^{33}	liɔŋ^{33}	liɔŋ^{33}	liɔŋ^{33}	liɔŋ^{33}	liɔŋ^{33}	liɔŋ^{332}	liɔŋ^{31}
谅	宕开三去漾来	liɔŋ^{33}	liɔŋ^{33}	liɔŋ^{33}	liɔŋ^{33}	liɔŋ^{33}	liɔŋ^{33}	liɔŋ^{332}	liɔŋ^{31}
辆	宕开三去漾来	liɔŋ^{13}	liɔŋ^{21}	liɔŋ^{31}	liɔŋ^{45}	liɔŋ^{13}	liɔŋ^{21}	liɔŋ^{21}	liɔŋ^{31}
量 数~	宕开三去漾来	liɔŋ^{33}	liɔŋ^{33}	liɔŋ^{33}	liɔŋ^{33}	liɔŋ^{33}	liɔŋ^{33}	liɔŋ^{332}	liɔŋ^{31}
略	宕开三入药来	liɔk^{5}	liɔk^{5}	liɔk^{5}	liɔk^{5}	liɔk^{5}	liɔk^{5}	liɔk^{5}	liɔk^{5}
掠	宕开三入药来	liɔk^{5}	liɔk^{5}	liɔk^{5}	liɔk^{5}				liɔk^{5}
将 ~来	宕开三平阳精	tsiɔŋ^{55}	tsiɔŋ^{45}	tsiɔŋ^{45}	tsiɔŋ^{45}	tsiɔŋ^{55}	tsiɔŋ^{55}	tsɔŋ^{55}	tsiɔŋ^{45}
浆	宕开三平阳精	tsiɔŋ^{55}	tsiɔŋ^{45}	tsiɔŋ^{45}	tsiɔŋ^{45}	tsiɔŋ^{55}	tsiɔŋ^{33}	tsiɔŋ^{332}	tsiɔŋ^{45}
蒋	宕开三上养精	tsiɔŋ^{31}	tsiɔŋ^{21}	tsiɔŋ^{31}	tsiɔŋ^{21}	tsɔŋ^{21}	tsiɔŋ^{21}	tsɔŋ^{21}	tsiɔŋ^{31}
奖	宕开三上养精	tsiɔŋ^{31}	tsiɔŋ^{21}	tsiɔŋ^{31}	tsiɔŋ^{21}	tsiɔŋ^{21}	tsiɔŋ^{21}	tsɔŋ^{21}	tsiɔŋ^{31}
桨	宕开三上养精	tsiɔŋ^{31}	tsiɔŋ^{21}	tsiɔŋ^{31}	tsiɔŋ^{21}	tsiɔŋ^{21}	tsiɔŋ^{33}	tsiɔŋ^{332}	tsiɔŋ^{31}
酱	宕开三去漾精	tsiɔŋ^{33}	tsiɔŋ^{33}	tsiɔŋ^{33}	tsiɔŋ^{33}	tsiɔŋ^{33}	tsiɔŋ^{33}	tsiɔŋ^{332}	tsiɔŋ^{52}
将 大~	宕开三去漾精	tsiɔŋ^{33}	tsiɔŋ^{33}	tsiɔŋ^{33}	tsiɔŋ^{33}	tsiɔŋ^{33}	tsiɔŋ^{33}	tsiɔŋ^{332}	tsiɔŋ^{52}
爵	宕开三入药精	tsiɔk^{3}	tsiɔk^{2}	tsiɔk^{3}	tsiɔk^{2}	tsʰiɔk^{2}	tsʰiɔk^{2}	tsʰiɔk^{2}	tsiɔk^{3}

单字	地点	廉江长山	廉江石角	廉江河唇	廉江雅塘	遂溪河头	雷州客路塘塞	雷州客路大家	徐闻下桥
雀	宕开三入药精	tsiɔk³	tsiok²	tsiok³	tsiɔk²	tsʰiɔk²	tsʰiɔk²	tsʰiɔk²	tsiɔk³
枪	宕开三平阳清	tsʰiɔŋ⁵⁵	tsʰioŋ⁴⁵	tsʰiɔŋ⁴⁵	tsʰiɔŋ⁴⁵	tsʰiɔŋ⁵⁵	tsʰiɔŋ⁵⁵	tsʰiɔŋ⁵⁵	tsʰiɔŋ⁴⁵
抢	宕开三上养清	tsʰiɔŋ³¹	tsʰioŋ²¹	tsʰiɔŋ³¹	tsʰiɔŋ²¹	tsʰiɔŋ²¹	tsʰiɔŋ²¹	tsʰiɔŋ²¹	tsʰiɔŋ³¹
鹊	宕开三入药清	siak³	siak²	siak³	ɬiak²	tsʰiɔk²	ɬiak²	tsʰiɔk²	siak³
墙	宕开三平阳从	tsʰiɔŋ¹³	tsʰiɔŋ¹³	tsʰiɔŋ¹³	tsʰiɔŋ²⁵	tsʰiɔŋ¹³	tsʰiɔŋ¹³	tsʰiɔŋ¹³	tsʰiɔŋ²²³
匠	宕开三去漾从	siɔŋ³³	siɔŋ³³	siɔŋ³³	ɬiɔŋ³³	tsiɔŋ³³	ɬiɔŋ³³	siɔŋ³³²	tsiɔŋ³¹
嚼	宕开三入药从	tsiɔk³	tsiok²	tsiok³	ȵiai³³△	tsʰiɔk²	ȵiai³³△	ŋai³³²△	tsiɔk³
相互~	宕开三平阳心	siɔŋ⁵⁵	siɔŋ⁴⁵	siɔŋ⁴⁵	ɬiɔŋ⁴⁵	ɬiɔŋ⁵⁵	ɬiɔŋ⁵⁵	siɔŋ⁵⁵	siɔŋ⁴⁵
箱	宕开三平阳心	siɔŋ⁵⁵	siɔŋ⁴⁵	siɔŋ⁴⁵	ɬiɔŋ⁴⁵	ɬiɔŋ⁵⁵	ɬiɔŋ⁵⁵	siɔŋ⁵⁵	siɔŋ⁴⁵
厢	宕开三平阳心	siɔŋ⁵⁵	siɔŋ⁴⁵	siɔŋ⁴⁵	ɬiɔŋ⁴⁵	ɬiɔŋ⁵⁵	ɬiɔŋ⁵⁵	siɔŋ⁵⁵	siɔŋ⁴⁵
湘	宕开三平阳心	siɔŋ⁵⁵	siɔŋ⁴⁵	siɔŋ⁴⁵	ɬiɔŋ⁴⁵	ɬiɔŋ⁵⁵	ɬiɔŋ⁵⁵	siɔŋ⁵⁵	siɔŋ⁴⁵
襄	宕开三平阳心	siɔŋ⁵⁵	siɔŋ⁴⁵	siɔŋ⁴⁵	ɬiɔŋ⁴⁵		ɬiɔŋ⁵⁵	siɔŋ⁵⁵	siɔŋ⁴⁵
镶	宕开三平阳心	siɔŋ⁵⁵	siɔŋ⁴⁵	siɔŋ⁴⁵	ɬiɔŋ⁴⁵	ɬiɔŋ⁵⁵	ɬiɔŋ⁵⁵	siɔŋ⁵⁵	siɔŋ⁴⁵
想	宕开三上养心	siɔŋ³¹	siɔŋ²¹	siɔŋ³¹	ɬiɔŋ²¹	ɬiɔŋ²¹	ɬiɔŋ²¹	siɔŋ²¹	siɔŋ³¹
相~貌	宕开三去漾心	siɔŋ³³	siɔŋ³³	siɔŋ³³	ɬiɔŋ³³	ɬiɔŋ³³	ɬiɔŋ³³	siɔŋ³³²	siɔŋ⁵²
削~皮	宕开三入药心	siɔk³	siok²	siok³	ɬiɔk²	ɬiɔk²	ɬiɔk²	siɔk²	siɔk³

单字＼地点		廉江长山	廉江石角	廉江河唇	廉江雅塘	遂溪河头	雷州客路塘塞	雷州客路大家	徐闻下桥
详	宕开三平阳邪	tsʰiɔŋ¹³	tsʰiɔŋ¹³	tsʰiɔŋ¹³	tsʰiɔŋ²⁵	tsʰɔŋ¹³	tsʰɔŋ¹³	tsʰiɔŋ¹³	tsʰiɔŋ²²³
祥	宕开三平阳邪	tsʰiɔŋ¹³	tsʰiɔŋ¹³	tsʰiɔŋ¹³	tsʰiɔŋ²⁵	tsʰɔŋ¹³	tsʰɔŋ¹³	tsʰiɔŋ¹³	tsʰiɔŋ²²³
象 气~印~	宕开三上养邪	siɔŋ³³	siɔŋ³³	siɔŋ³³	ɬiɔŋ³³	ɬiɔŋ³³	tsiɔŋ³³ / ɬiɔŋ³³	siɔŋ³³²	tsiɔŋ³¹
像 好~头~	宕开三上养邪	siɔŋ³³	siɔŋ³³	siɔŋ³³	ɬiɔŋ³³	ɬiɔŋ³³	ɬiɔŋ³³	siɔŋ³³²	tsʰiɔŋ⁵² / siɔŋ⁵²
橡	宕开三上养邪	siɔŋ³³	siɔŋ³³	siɔŋ³³	ɬiɔŋ³³	ɬiɔŋ³³	tsiɔŋ³³	siɔŋ³³²	tsiɔŋ³¹
张	宕开三平阳知	tʃɔŋ⁵⁵	tʃɔŋ⁴⁵	tʃɔŋ⁴⁵	tsɔŋ⁴⁵	tsɔŋ⁵⁵	tsɔŋ⁵⁵	tsɔŋ⁵⁵	tsɔŋ⁴⁵
长 生~	宕开三上养知	tʃɔŋ³¹	tʃɔŋ²¹	tʃɔŋ³¹	tsɔŋ²¹	tsɔŋ²¹	tsɔŋ²¹	tsɔŋ²¹	tsɔŋ³¹
涨	宕开三上养知	tʃɔŋ³³	tʃɔŋ³³	tʃɔŋ³³	tsɔŋ³³	tsɔŋ³³	tsɔŋ²¹	tsɔŋ³³²	tsɔŋ⁵²
帐	宕开三去漾知	tʃɔŋ³³	tʃɔŋ³³	tʃɔŋ³³	tsɔŋ³³	tsɔŋ³³	tsɔŋ³³	tsɔŋ³³²	tsɔŋ⁵²
账	宕开三去漾知	tʃɔŋ³³	tʃɔŋ³³	tʃɔŋ³³	tsɔŋ³³	tsɔŋ³³	tsɔŋ³³	tsɔŋ³³²	tsɔŋ⁵²
胀	宕开三去漾知	tʃɔŋ³³	tʃɔŋ³³	tʃɔŋ³³	tsɔŋ³³	tsɔŋ³³	tsɔŋ³³	tsɔŋ³³²	tsɔŋ⁵²
着 ~衫	宕开三入药知	tʃɔk³	tʃɔk²	tʃɔk³	tsɔk²	tsɔk²	tsɔk²	tsɔk²	tsɔk³
畅	宕开三去漾彻	tʃʰɔŋ³¹	tʃʰɔŋ²¹	tʃʰɔŋ³³	tsʰɔŋ²¹	tsʰɔŋ³³		tsʰɔŋ³³²	tsʰɔŋ⁵²
长 ~期	宕开三平阳澄	tʃʰɔŋ¹³	tʃʰɔŋ¹³	tʃʰɔŋ¹³	tsʰɔŋ²⁵	tsʰɔŋ¹³	tsʰɔŋ¹³	tsʰɔŋ¹³	tsʰɔŋ²²³
肠	宕开三平阳澄	tʃʰɔŋ¹³	tʃʰɔŋ¹³	tʃʰɔŋ¹³	tsʰɔŋ²⁵	tsʰɔŋ¹³	tsʰɔŋ¹³	tsʰɔŋ¹³	tsʰɔŋ²²³
场	宕开三平阳澄	tʃʰɔŋ¹³	tʃʰɔŋ¹³	tʃʰɔŋ¹³	tsʰɔŋ²⁵	tsʰɔŋ¹³	tsʰɔŋ²¹	tsʰɔŋ¹³	tsʰɔŋ²²³

单字 \ 地点		廉江长山	廉江石角	廉江河唇	廉江雅塘	遂溪河头	雷州客路塘塞	雷州客路大家	徐闻下桥
丈~夫姑~	宕开三上养澄	tʃʰɔŋ³³ tʃʰɔŋ⁵⁵	tʃʰɔŋ³³ tʃʰɔŋ⁴⁵	tʃʰɔŋ³³ tʃʰɔŋ⁴⁵	tsʰɔŋ³³ tsʰɔŋ⁴⁵	tsʰɔŋ³³ tsʰɔŋ⁵⁵	tsɔŋ³³ tsʰɔŋ³³	tsɔŋ³³² tsʰɔŋ³³²	tsʰɔŋ³¹
仗	宕开三上养澄	tʃɔŋ³³	tʃɔŋ³³	tʃɔŋ³³	tsɔŋ³³	tsɔŋ³³	tsiɔŋ³³	tsʰɔŋ³³²	tsɔŋ⁵²
杖	宕开三上养澄	tʃʰɔŋ³³	tʃʰɔŋ³³	tʃʰɔŋ³³	tsʰɔŋ³³	tsiɔŋ³³	tsiɔŋ³³	tsʰɔŋ³³²	tsʰɔŋ³¹
着~火	宕开三入药澄	tʃʰɔk⁵	tʃʰok⁵	tʃʰok⁵	tsʰɔk⁵	tsʰɔk⁵	tsʰɔk⁵	tsʰɔk⁵	tsʰɔk⁵
庄	宕开三平阳庄	tsɔŋ⁵⁵	tsɔŋ⁴⁵	tsɔŋ⁴⁵	tsɔŋ⁴⁵	tsɔŋ⁵⁵	tsɔŋ⁵⁵	tsɔŋ⁵⁵	tsɔŋ⁴⁵
装	宕开三平阳庄	tsɔŋ⁵⁵	tsɔŋ⁴⁵	tsɔŋ⁴⁵	tsɔŋ⁴⁵	tsɔŋ⁵⁵	tsɔŋ⁵⁵	tsɔŋ⁵⁵	tsɔŋ⁴⁵
妆	宕开三平阳庄	tsɔŋ⁵⁵	tsɔŋ⁴⁵	tsɔŋ⁴⁵	tsɔŋ⁴⁵	tsɔŋ⁵⁵	tsɔŋ⁵⁵	tsɔŋ⁵⁵	tsɔŋ⁴⁵
壮	宕开三去漾庄	tsɔŋ³³	tsɔŋ³³	tsɔŋ³³	tsɔŋ³³	tsɔŋ³³	tsɔŋ³³	tsɔŋ³³²	tsɔŋ⁵²
疮痔~生~	宕开三平阳初	tsʰɔŋ⁵⁵	tsʰɔŋ⁴⁵	tsʰɔŋ⁴⁵	tsʰɔŋ⁴⁵	tsʰɔŋ⁵⁵ tsʰɔi¹³△	tsʰɔi¹³△	tsʰɔi¹³△	tsʰɔŋ⁴⁵
闯	宕开三上养初	tʃʰɔŋ³¹	tʃʰɔŋ²¹	tsʰɔŋ³¹	tsʰɔŋ²¹	tsʰɔŋ²¹	tsʰɔŋ²¹	tsʰuŋ²¹	tsʰɔŋ³¹
创	宕开三去漾初	tʃʰɔŋ³¹	tʃʰɔŋ²¹	tsʰɔŋ³¹	tsʰɔŋ²¹	tsʰɔŋ²¹	tsʰɔŋ³³	tsʰɔŋ³³²	tsʰɔŋ⁵²
床	宕开三平阳崇	tsʰɔŋ¹³	tsʰɔŋ¹³	tsʰɔŋ¹³	tsʰɔŋ²⁵	tsʰɔŋ¹³	tsʰɔŋ¹³	tsʰɔŋ¹³	tsʰɔŋ²²³
状	宕开三去漾崇	tsʰɔŋ³³	tsʰɔŋ³³	tsʰɔŋ³³	tsʰɔŋ³³	tsʰɔŋ³³	tsʰɔŋ³³	tsʰɔŋ³³²	tsʰɔŋ³¹
霜	宕开三平阳生	sɔŋ⁵⁵	sɔŋ⁴⁵	sɔŋ⁴⁵	ɬɔŋ⁴⁵	ɬɔŋ⁵⁵	ɬɔŋ⁵⁵	sɔŋ⁵⁵	sɔŋ⁴⁵
孀	宕开三平阳生	sɔŋ⁵⁵	sɔŋ⁴⁵	sɔŋ⁴⁵		ɬɔŋ⁵⁵			
爽	宕开三上养生	sɔŋ³¹	sɔŋ²¹	sɔŋ³¹	ɬɔŋ²¹	ɬɔŋ²¹	ɬɔŋ²¹		sɔŋ³¹

单字 ＼ 地点		廉江长山	廉江石角	廉江河唇	廉江雅塘	遂溪河头	雷州客路塘塞	雷州客路大家	徐闻下桥
章	宕开三平阳章	tʃɔŋ⁵⁵	tʃɔŋ⁴⁵	tʃɔŋ⁴⁵	tsɔŋ⁴⁵	tsɔŋ⁵⁵	tsɔŋ⁵⁵	tsɔŋ⁵⁵	tsɔŋ⁴⁵
樟	宕开三平阳章	tʃɔŋ⁵⁵	tʃɔŋ⁴⁵	tʃɔŋ⁴⁵	tsɔŋ⁴⁵	tsɔŋ⁵⁵	tsɔŋ⁵⁵	tsɔŋ⁵⁵	tsɔŋ⁴⁵
掌	宕开三上养章	tʃɔŋ³¹	tʃɔŋ²¹	tʃɔŋ³¹	tsɔŋ²¹	tsɔŋ²¹	tsɔŋ²¹	tsɔŋ²¹	tsɔŋ³¹
障	宕开三去漾章	tʃɔŋ³³	tʃɔŋ³³	tʃɔŋ³³	tsɔŋ³³	tsɔŋ³³	tsɔŋ³³	tsɔŋ³³²	tsɔŋ⁵²
瘴	宕开三去漾章	tʃɔŋ³³	tʃɔŋ³³	tʃɔŋ³³	tsɔŋ³³	tsɔŋ³³	tsɔŋ³³	tsɔŋ³³²	tsɔŋ⁴⁵
嶂	宕开三去漾章	tʃɔŋ³³	tʃɔŋ³³	tʃɔŋ³³	tsɔŋ³³		tsɔŋ³³	tsɔŋ³³²	tsɔŋ⁵²
酌	宕开三入药章	tʃɔk³	tʃɔk²	tsiɔk³	tsiɔk²	tsɔk²	tsiɔk²	tsiɔk²	tsiɔk³
昌	宕开三平阳昌	tʃʰɔŋ⁵⁵	tʃʰɔŋ⁴⁵	tsʰɔŋ⁴⁵	tsʰɔŋ⁴⁵	tsʰɔŋ⁵⁵	tsʰɔŋ⁵⁵	tsʰɔŋ⁵⁵	tsʰɔŋ⁴⁵
菖	宕开三平阳昌	tʃʰɔŋ⁵⁵	tʃʰɔŋ⁴⁵	tsʰɔŋ⁴⁵	tsʰɔŋ⁴⁵		tsʰɔŋ⁵⁵	tsʰɔŋ⁵⁵	tsʰɔŋ⁴⁵
厂	宕开三上养昌	tʃʰɔŋ³¹	tʃʰɔŋ²¹	tʃʰɔŋ³¹	tsʰɔŋ²¹	tsʰɔŋ²¹	tsʰɔŋ²¹	tsʰɔŋ²¹	tsʰɔŋ³¹
唱	宕开三去漾昌	tʃʰɔŋ³³	tʃʰɔŋ³³	tʃʰɔŋ³³	tsʰɔŋ³³	tsʰɔŋ³³	tsʰɔŋ³³	tsʰiɔŋ³³²	tsʰɔŋ⁵²
倡	宕开三去漾昌	tsʰɔŋ⁵⁵	tʃʰɔŋ⁴⁵	tsʰɔŋ⁴⁵	tsʰɔŋ⁴⁵	tsʰɔŋ³³	tsʰɔŋ⁵⁵	tsʰiɔŋ³³²	tsʰɔŋ⁴⁵
绰	宕开三入药昌	tsʰɔk³	tsʰɔk²	tsʰɔk³	tsʰɔk²	tsʰiɔk²		tsɔk²	tsʰɔk³
商 经~ ~量	宕开三平阳书	ʃɔŋ⁵⁵ ʃiɔŋ⁵⁵	ʃɔŋ⁴⁵	ʃɔŋ⁴⁵	sɔŋ⁴⁵	sɔŋ⁵⁵ ɬiɔŋ⁵⁵	ɬɔŋ⁵⁵	siɔŋ⁵⁵	sɔŋ⁴⁵
伤	宕开三平阳书	ʃɔŋ⁵⁵	ʃɔŋ⁴⁵	ʃɔŋ⁴⁵	sɔŋ⁴⁵	sɔŋ⁵⁵	sɔŋ⁵⁵	sɔŋ⁵⁵	sɔŋ⁴⁵
赏	宕开三上养书	ʃɔŋ³¹	ʃɔŋ²¹	ʃɔŋ³¹	sɔŋ²¹	sɔŋ²¹	sɔŋ²¹	siɔŋ²¹	sɔŋ³¹

单字 / 地点		廉江长山	廉江石角	廉江河唇	廉江雅塘	遂溪河头	雷州客路塘塞	雷州客路大家	徐闻下桥
饷	宕开三上养书	hiɔŋ31	ʃɔŋ21	ʃɔŋ31	hiɔŋ21	hiɔŋ21	hiɔŋ21	hiɔŋ21	sɔŋ31
常	宕开三平阳禅	ʃɔŋ13	ʃɔŋ13	ʃɔŋ13	sɔŋ25	sɔŋ13	sɔŋ13	sɔŋ13	sɔŋ223
尝	宕开三平阳禅	ʃɔŋ13	ʃɔŋ13	ʃɔŋ13	sɔŋ25	sɔŋ13		sɔŋ13	sɔŋ223
偿	宕开三平阳禅	ʃɔŋ31	ʃɔŋ21	ʃɔŋ31	sɔŋ21	sɔŋ21	sɔŋ13	sɔŋ13	sɔŋ223
上~山 安~	宕开三上养禅	ʃɔŋ55	ʃɔŋ45 ʃɔŋ33	ʃɔŋ45 ʃɔŋ33	sɔŋ45	sɔŋ55	sɔŋ55	sɔŋ55 sɔŋ332	sɔŋ45 sɔŋ31
尚	宕开三去漾禅	ʃɔŋ33	ʃɔŋ33	ʃɔŋ33	sɔŋ33	sɔŋ33	sɔŋ33	sɔŋ332	sɔŋ31
上~背 桌~	宕开三去漾禅	ʃɔŋ33	ʃɔŋ33	ʃɔŋ33	sɔŋ33	sɔŋ33	sɔŋ33	sɔŋ332 sɔŋ55	sɔŋ31
勺	宕开三入药禅	ʃɔk5	ʃɔk5	ʃɔk5	sɔk5	sɔk5	sɔk5	sɔk5	sɔk5
芍	宕开三入药禅	tʃɔk3	tʃɔk2	tsiɔk3	tsiɔk2	tshiɔk2	tsiɔk2	tsiɔk2	sɔk3
瓤	宕开三平唐日	nɔŋ55	nɔŋ45	nɔŋ45	nɔŋ45	nɔŋ13	ȵɔŋ13	nɔŋ13	nɔŋ223
壤	宕开三上养日	ȵiɔŋ31	ȵiɔŋ21	ȵiɔŋ31	ȵiɔŋ21	ȵiɔŋ33	ȵiɔŋ21	ȵiɔŋ332	ȵiɔŋ31
让	宕开三去漾日	ȵiɔŋ33	ȵiɔŋ33	ȵiɔŋ33	ȵiɔŋ33	ȵiɔŋ33	ȵiɔŋ33	ȵiɔŋ332	ȵiɔŋ31
若	宕开三入药日	iɔk5	iɔk5	iɔk5	iɔk5	iɔk2	iɔk2	iuk2	nɔk5
弱	宕开三入药日	ȵiɔk5	ȵiɔk5	ȵiɔk5	ȵiɔk5	ȵiɔk2	ȵiɔk2	ȵiuk5	ȵiɔk5
疆	宕开三平阳见	kiɔŋ55	kiɔŋ45	kiɔŋ45	kiɔŋ45	kiɔŋ55	kiɔŋ55	kiuŋ55	kiɔŋ45
僵	宕开三平阳见	kiɔŋ55	kiɔŋ45	kiɔŋ45	kiɔŋ45	kiɔŋ55	kiɔŋ55		kiɔŋ45

单字 \ 地点		廉江长山	廉江石角	廉江河唇	廉江雅塘	遂溪河头	雷州客路塘塞	雷州客路大家	徐闻下桥
姜	宕开三平阳见	kioŋ⁵⁵	kioŋ⁴⁵	kioŋ⁴⁵	kioŋ⁴⁵	kioŋ⁵⁵	kioŋ⁵⁵	kioŋ⁵⁵	kioŋ⁴⁵
缰	宕开三平阳见	kioŋ⁵⁵	kioŋ⁴⁵	kioŋ⁴⁵	kʰioŋ⁴⁵	kioŋ⁵⁵		kiuŋ⁵⁵	kioŋ⁴⁵
脚	宕开三入药见	kiɔk³	kiɔk²	kiɔk³	kiɔk²	kiɔk²	kiɔk²	kiɔk²	kiɔk³
强~大	宕开三平唐群	kʰioŋ¹³	kʰioŋ¹³	kʰioŋ¹³	kʰioŋ²⁵	kʰioŋ¹³	kʰioŋ¹³	kʰioŋ¹³	kʰioŋ²²³
强勉~	宕开三上养群	kʰioŋ³¹	kʰioŋ²¹	kʰioŋ³¹	kʰioŋ²¹	kʰioŋ²¹	kʰioŋ²¹	kʰioŋ²¹	kʰioŋ³¹
却	宕开三入药溪	kʰiɔk³	kʰiɔk²	kʰiɔk³	kʰiɔk²	kʰiɔk²	kʰiɔk²	kʰiɔk²	kʰiɔk³
仰敬~ ~头	宕开三上养疑	ȵioŋ³¹ ŋɔŋ³¹	ȵioŋ²¹ ŋɔŋ²¹	ȵioŋ³¹ ŋɔŋ³¹	ŋɔŋ²¹	ȵioŋ²¹	ŋɔŋ²¹	ȵioŋ²¹	ŋɔŋ³¹
虐	宕开三入药疑	ȵiɔk³	ȵiɔk²	ȵiɔk³	ȵiɔk⁵	ȵiɔk⁵	ȵiɔk⁵	niɔk⁵	ȵiɔk⁵
疟	宕开三入药疑	ȵiɔk³	ȵiɔk²	ȵiɔk³	ȵiɔk⁵	ȵiɔk⁵		ȵiɔk⁵	ȵiɔk⁵
香	宕开三平阳晓	hioŋ⁵⁵	ʃoŋ⁴⁵	hioŋ⁴⁵	hioŋ⁴⁵	hioŋ⁵⁵	hioŋ⁵⁵	hioŋ⁵⁵	hioŋ⁴⁵
乡	宕开三平阳晓	hioŋ⁵⁵	ʃoŋ⁴⁵	hioŋ⁴⁵	hioŋ⁴⁵	hioŋ⁵⁵	hioŋ⁵⁵	hioŋ⁵⁵	hioŋ⁴⁵
享	宕开三上养晓	hioŋ³¹	ʃoŋ²¹	ʃoŋ³¹	hioŋ²¹	hioŋ²¹	hioŋ²¹	hioŋ²¹	hioŋ³¹
响	宕开三上养晓	hioŋ³¹	ʃoŋ²¹	ʃoŋ³¹	hioŋ²¹	hioŋ²¹	hioŋ²¹	hioŋ²¹	hioŋ³¹
向	宕开三去漾晓	hioŋ³³	ʃoŋ³³	hioŋ³³	hioŋ³³	hioŋ³³	hioŋ³³	hioŋ³³²	hioŋ⁵²
央	宕开三平阳影	ioŋ⁵⁵	ioŋ⁴⁵	ioŋ⁴⁵	ioŋ⁴⁵	ioŋ⁵⁵	ioŋ⁵⁵	ioŋ⁵⁵	ioŋ⁴⁵
秧	宕开三平阳影	ioŋ⁵⁵	ioŋ⁴⁵	ioŋ⁴⁵	ioŋ⁴⁵	ioŋ⁵⁵	ioŋ⁵⁵	ioŋ⁵⁵	ioŋ⁴⁵

单字	地点	廉江长山	廉江石角	廉江河唇	廉江雅塘	遂溪河头	雷州客路塘塞	雷州客路大家	徐闻下桥
殃	宕开三平阳影	iɔŋ⁵⁵	ioŋ⁴⁵	ioŋ⁴⁵	iɔŋ⁴⁵	iɔŋ⁵⁵	iɔŋ⁵⁵	iɔŋ⁵⁵	iɔŋ⁴⁵
约	宕开三入药影	iɔk³	iok²	iok³	iɔk²	iɔk²	iɔk²	iɔk²	iɔk³
羊	宕开三平阳以	iɔŋ¹³	ioŋ¹³	ioŋ¹³	iɔŋ²⁵	iɔŋ¹³	iɔŋ¹³	iɔŋ¹³	iɔŋ²²³
洋	宕开三平阳以	iɔŋ¹³	ioŋ¹³	ioŋ¹³	iɔŋ²⁵	iɔŋ¹³	iɔŋ¹³	iɔŋ¹³	iɔŋ²²³
杨	宕开三平阳以	iɔŋ¹³	ioŋ¹³	ioŋ¹³	iɔŋ²⁵	iɔŋ¹³	iɔŋ¹³	iɔŋ¹³	iɔŋ²²³
阳	宕开三平阳以	iɔŋ¹³	ioŋ¹³	ioŋ¹³	iɔŋ²⁵	iɔŋ¹³	iɔŋ¹³	iɔŋ¹³	iɔŋ²²³
扬	宕开三平阳以	iɔŋ¹³	ioŋ¹³	ioŋ¹³	iɔŋ²⁵	iɔŋ¹³	iɔŋ¹³	iɔŋ¹³	iɔŋ²²³
疡	宕开三平阳以	iɔŋ¹³	ioŋ¹³	ioŋ¹³	iɔŋ²⁵	iɔŋ¹³	iɔŋ¹³	iɔŋ¹³	iɔŋ²²³
养~猪 培~	宕开三上养以	iɔŋ⁵⁵	ioŋ⁴⁵	ioŋ⁴⁵ ioŋ³¹	iɔŋ⁴⁵	iɔŋ⁵⁵	iɔŋ⁵⁵	iɔŋ⁵⁵ iɔŋ²¹	iɔŋ⁴⁵
痒	宕开三上养以	iɔŋ⁵⁵	ioŋ⁴⁵	ioŋ⁴⁵	iɔŋ⁴⁵	iɔŋ⁵⁵	iɔŋ⁵⁵	iɔŋ⁵⁵	iɔŋ⁴⁵
样~	宕开三去漾以	iɔŋ³³	ioŋ³³	ioŋ³³	iɔŋ³³	iɔŋ³³	iɔŋ³³	iɔŋ³³²	iɔŋ³¹
药	宕开三入药以	iɔk⁵	iok⁵	iok⁵	iɔk⁵	iɔk⁵	iɔk⁵	iɔk⁵	iɔk⁵
跃	宕开三入药以	iɔk³	iok²	iok³	tsiɔk²	iɔk²	iɔk²	iuk²	iɔk³
光	宕合一平唐见	kuɔŋ⁵⁵	kuoŋ⁴⁵	kuoŋ⁴⁵	kuɔŋ⁴⁵	kɔŋ⁵⁵	kɔŋ⁵⁵	kɔŋ⁵⁵	kɔŋ⁴⁵
广	宕合一上荡见	kuɔŋ³¹	kuoŋ²¹	kuoŋ³¹	kuɔŋ²¹	kɔŋ²¹	kɔŋ²¹	kɔŋ²¹	kɔŋ³¹
桄	宕合一去宕见	kuaŋ⁵⁵	kuaŋ⁴⁵	kuaŋ⁴⁵	kuaŋ⁴⁵	kuaŋ⁵⁵	kʰuaŋ³³	kuaŋ⁵⁵	kɔŋ⁵²

单字 \ 地点		廉江长山	廉江石角	廉江河唇	廉江雅塘	遂溪河头	雷州客路塘塞	雷州客路大家	徐闻下桥
郭	宕合一入铎见	kɔk³	kok²	kok³	kɔk²	kɔk²	kɔk²	kɔk²	kɔk³
旷	宕合一去宕溪	kʰɔŋ³³	kʰoŋ³³	kʰoŋ³³	kʰɔŋ³³	kʰɔŋ³³	kʰɔŋ³³		kʰɔŋ⁵²
廓	宕合一入铎溪	kɔk³	kok²	kok³	kɔk²	kɔk²	kɔk²	kɔk²	kɔk³
扩	宕合一入铎溪	kʰɔŋ³³	kʰoŋ³³	kʰoŋ³³	kʰɔŋ³³	kʰɔŋ³³	kʰɔŋ³³	kʰɔŋ³³²	kʰɔŋ⁵²
荒	宕合一平唐晓	fɔŋ⁵⁵	foŋ⁴⁵	foŋ⁴⁵	fɔŋ⁴⁵	fɔŋ⁵⁵	fɔŋ⁵⁵	fɔŋ⁵⁵ fueŋ⁵⁵	fɔŋ⁴⁵
慌	宕合一平唐晓	fɔŋ⁵⁵	foŋ⁴⁵	foŋ⁴⁵	fɔŋ⁴⁵	fɔŋ⁵⁵	fɔŋ⁵⁵	fɔŋ⁵⁵ fueŋ⁵⁵	fɔŋ⁴⁵
谎	宕合一上荡晓	fɔŋ⁵⁵	foŋ⁴⁵	foŋ⁴⁵	fɔŋ⁴⁵	fɔŋ⁵⁵		huaŋ²¹	fɔŋ⁴⁵
霍	宕合一入铎晓	kʰɔk³	kʰok²	kʰok³	kʰɔk²	kʰɔk²	kʰɔk²	kʰɔk²	kʰɔk³
藿	宕合一入铎晓	kʰɔk³	kʰok²	kʰok³	kʰɔk²	kʰɔk²	kʰɔk²	kʰɔk²	kʰɔk³
黄	宕合一平唐匣	vɔŋ¹³	voŋ¹³	voŋ¹³	vɔŋ²⁵	vɔŋ¹³	vɔŋ¹³	vɔŋ¹³	vɔŋ²²³
簧	宕合一平唐匣	vɔŋ¹³	voŋ¹³	voŋ¹³	vɔŋ²⁵	vɔŋ¹³	vɔŋ¹³	vɔŋ¹³	vɔŋ²²³
皇	宕合一平唐匣	vɔŋ¹³	voŋ¹³	voŋ¹³	vɔŋ²⁵	vɔŋ¹³	vɔŋ¹³	vɔŋ¹³	vɔŋ²²³
蝗	宕合一平唐匣	vɔŋ¹³	voŋ¹³	voŋ¹³	vɔŋ²⁵	vɔŋ¹³	vɔŋ¹³	vɔŋ¹³	vɔŋ²²³
凰	宕合一平唐匣	vɔŋ¹³	voŋ¹³	voŋ¹³	vɔŋ²⁵	vɔŋ¹³	vɔŋ¹³	vɔŋ¹³	vɔŋ²²³
晃	宕合一上荡匣	fɔŋ³¹	foŋ²¹	foŋ³¹	fɔŋ²¹	vaŋ³³			vɔŋ⁵²
镤	宕合一入铎匣	vɔk⁵	vok⁵	vok⁵	vɔk⁵	vɔk⁵	vɔk⁵	vɔk⁵	vɔk⁵

单字	地点	廉江长山	廉江石角	廉江河唇	廉江雅塘	遂溪河头	雷州客路塘塞	雷州客路大家	徐闻下桥
汪	宕合一平唐影	vɔŋ⁵⁵	vɔŋ⁴⁵	vɔŋ⁴⁵	vɔŋ⁴⁵	vɔŋ⁵⁵	vɔŋ⁵⁵	vɔŋ⁵⁵	vɔŋ⁴⁵
方	宕合三平阳非	fɔŋ⁵⁵	fɔŋ⁴⁵	fɔŋ⁴⁵	fɔŋ⁴⁵	fɔŋ⁵⁵	fɔŋ⁵⁵	fɔŋ⁵⁵	fɔŋ⁴⁵
肪	宕合三平阳非	fɔŋ⁵⁵	fɔŋ⁴⁵	fɔŋ⁴⁵	fɔŋ⁴⁵	fɔŋ⁵⁵	fɔŋ²¹	fɔŋ²¹	fɔŋ²²³
仿	宕合三上养非	fɔŋ³¹	fɔŋ²¹	fɔŋ³¹	fɔŋ²¹	fɔŋ²¹	fɔŋ²¹	fɔŋ²¹	fɔŋ³¹
放	宕合三去漾非	fɔŋ³³	fɔŋ³³	fɔŋ³³	fɔŋ³³	fɔŋ³³	fɔŋ³³	fɔŋ³³²	fɔŋ⁵²
芳	宕合三平阳敷	fɔŋ⁵⁵	fɔŋ⁴⁵	fɔŋ⁴⁵	fɔŋ⁴⁵	fɔŋ⁵⁵	fɔŋ⁵⁵	fɔŋ⁵⁵	fɔŋ⁴⁵
妨	宕合三平阳敷	fɔŋ¹³	fɔŋ¹³	fɔŋ¹³	fɔŋ²⁵	fɔŋ¹³	fɔŋ¹³	fɔŋ¹³	fɔŋ²²³
纺	宕合三上养敷	fɔŋ³¹	fɔŋ²¹	fɔŋ³¹	fɔŋ²¹	fɔŋ²¹	fɔŋ²¹	fɔŋ²¹	fɔŋ³¹
仿	宕合三上养敷	fɔŋ³¹	fɔŋ²¹	fɔŋ³¹	fɔŋ²¹	fɔŋ²¹	fɔŋ²¹	fɔŋ²¹	fɔŋ³¹
彷	宕合三上养敷	fɔŋ³¹	fɔŋ²¹	fɔŋ³¹	fɔŋ²¹	fɔŋ²¹			fɔŋ³¹
访	宕合三去漾敷	fɔŋ³¹	fɔŋ²¹	fɔŋ³¹	fɔŋ²¹	fɔŋ²¹	fɔŋ²¹	fɔŋ²¹	fɔŋ³¹
房	宕合三平阳奉	fɔŋ¹³	fɔŋ¹³	fɔŋ¹³	fɔŋ²⁵	fɔŋ¹³	fɔŋ¹³	fɔŋ¹³	fɔŋ²²³
防	宕合三平阳奉	fɔŋ¹³	fɔŋ¹³	fɔŋ¹³	fɔŋ²⁵	fɔŋ¹³	fɔŋ¹³	fɔŋ¹³	fɔŋ²²³
亡	宕合三平阳微	mɔŋ¹³	mɔŋ¹³	mɔŋ¹³	mɔŋ²⁵	mɔŋ¹³	mɔŋ¹³	mɔŋ¹³	mɔŋ²²³
芒 ~果 ~花草	宕合三平阳微	mɔŋ⁵⁵ mɔŋ¹³	mɔŋ⁴⁵ mɔŋ¹³	mɔŋ⁴⁵ mɔŋ¹³	mɔŋ⁴⁵ mɔŋ²⁵	mɔŋ⁵⁵	mɔŋ⁵⁵	mɔŋ⁵⁵ miɔŋ¹³	mɔŋ⁴⁵
网	宕合三上养微	mɔŋ³¹	mɔŋ²¹	mɔŋ³¹	mɔŋ²¹	miɔŋ²¹	mɔŋ²¹	miɔŋ²¹	mɔŋ³¹

单字 \ 地点		廉江长山	廉江石角	廉江河唇	廉江雅塘	遂溪河头	雷州客路塘塞	雷州客路大家	徐闻下桥
忘	宕合三去漾微	mɔŋ^{13}	mɔŋ^{13}	mɔŋ^{13}	mɔŋ^{25}	mɔŋ^{13}	mɔŋ^{13}	vɔŋ^{13}	mɔŋ^{223}
妄	宕合三去漾微	mɔŋ^{31}	mɔŋ^{21}	mɔŋ^{31}	mɔŋ^{21}	mɔŋ^{21}	mɔŋ^{33}		mɔŋ^{31}
望	宕合三去漾微	mɔŋ^{33}	mɔŋ^{33}	mɔŋ^{33}	mɔŋ^{33}	mɔŋ^{33}	mɔŋ^{33}	mɔŋ^{332}	mɔŋ^{31}
缚	宕合三入药奉	fɔk^{5}	fok^{5}	fok^{5}	fɔk^{5}	fɔk^{5}	fɔk^{5}	fɔk^{5}	fɔk^{3}
钁	宕合三入药见	kiɔk^{3}	pɔŋ^{45}△	pɔŋ^{45}△	kiɔk^{2}	pɔŋ^{55}△	pɔŋ^{55}△	pɔŋ^{55}△	p^{h}ɔŋ^{45}△
匡	宕合三平阳溪	k^{h}iɔŋ^{55}	k^{h}iɔŋ^{45}		k^{h}ɔŋ^{45}	k^{h}ɔŋ^{55}			k^{h}iɔŋ^{45}
筐	宕合三平阳溪	k^{h}iɔŋ^{55}	k^{h}ɔŋ^{45}		k^{h}iɔŋ^{45}	k^{h}iaŋ^{55}	k^{h}iaŋ^{55}	k^{h}iaŋ^{55}	k^{h}iɔŋ^{45}
眶	宕合三平阳溪	k^{h}iɔŋ^{55}	k^{h}iɔŋ^{45}	k^{h}iɔŋ^{45}	k^{h}iɔŋ^{45}	k^{h}ɔŋ^{55}	k^{h}uaŋ^{55}	k^{h}uaŋ^{55}	k^{h}iɔŋ^{45}
狂	宕合三平阳群	k^{h}ɔŋ^{13}	k^{h}ɔŋ^{13}	k^{h}ɔŋ^{13}	k^{h}ɔŋ^{25}	k^{h}ɔŋ^{13}	k^{h}ɔŋ^{13}	k^{h}ɔŋ^{13}	k^{h}ɔŋ^{223}
况	宕合三去漾晓	k^{h}ɔŋ^{33}	k^{h}ɔŋ^{33}	k^{h}ɔŋ^{33}	k^{h}ɔŋ^{33}	k^{h}ɔŋ^{33}	k^{h}ɔŋ^{33}	k^{h}ɔŋ^{332}	k^{h}ɔŋ^{52}
枉	宕合三上养影	vɔŋ^{31}	vɔŋ^{21}	vɔŋ^{31}	vɔŋ^{21}	vɔŋ^{21}	vɔŋ^{21}	vɔŋ^{21}	vɔŋ^{31}
王	宕合三平阳云	vɔŋ^{13}	vɔŋ^{13}	vɔŋ^{13}	vɔŋ^{25}	vɔŋ^{13}	vɔŋ^{13}	vɔŋ^{13}	vɔŋ^{223}
往	宕合三上养云	vɔŋ^{55}	vɔŋ^{45}	vɔŋ^{31}	vɔŋ^{45}	vɔŋ^{55}	vɔŋ^{21}	vɔŋ^{21}	vɔŋ^{45}
旺	宕合三去漾云	vɔŋ^{33}	vɔŋ^{33}	vɔŋ^{33}	vɔŋ^{33}	vɔŋ^{33}	vɔŋ^{33}	vɔŋ^{332}	vɔŋ^{31}
邦	江开二平江帮	pɔŋ^{55}	pɔŋ^{45}	pɔŋ^{45}	pɔŋ^{45}	pɔŋ^{55}	pɔŋ^{55}	paŋ^{55}	pɔŋ^{45}
绑	江开二上讲帮	pɔŋ^{31}	pɔŋ^{21}	pɔŋ^{31}	pɔŋ^{21}	pɔŋ^{21}	pɔŋ^{21}	fɔk^{5}（缚）	pɔŋ^{31}

单字 / 地点		廉江长山	廉江石角	廉江河唇	廉江雅塘	遂溪河头	雷州客路塘塞	雷州客路大家	徐闻下桥
剥	江开二入觉帮	pɔk^3	pok^2	pok^3	pɔk^2	pɔk^2	pɔk^2	pɔk^2	pɔk^3
驳	江开二入觉帮	pɔk^3	pok^2	pok^3	pɔk^2	pɔk^2	pɔk^2	pɔk^2	pɔk^3
胖	江开二去绛滂	pʰan^{31}	pʰan^{33}	pʰan^{33}	pʰan^{33}	paŋ^{33}	pʰui^{13}（肥）	pʰui^{13}（肥）	pʰan^{52}
朴	江开二入觉滂	pʰuk^3	pʰuk^2	pʰuk^3	pʰuk^2	pʰɔk^2	pʰɔk^2	pʰuk^2	pʰɔk^3
庞	江开二平江並	pʰaŋ^{13}	pʰoŋ^{13}	pʰoŋ^{13}	pʰɔŋ^{25}	pʰɔŋ^{13}	pʰɔŋ^{13}	pʰɔŋ^{13}	pʰɔŋ^{223}
棒	江开二上讲並	fuŋ^{31}	puŋ^{21}	puŋ^{31}	puŋ^{21}	puŋ^{33}	pɔŋ^{33}	kueŋ^{332}（榾）	puŋ^{31}
蚌	江开二上讲並	pʰoŋ^{31}	fuŋ^{21}	pʰoŋ^{33}					
雹	江开二入觉並	pʰɔk^5	pok^5	pok^5	pʰɔk^5	pʰɔk^5	pʰɔk^5	pʰɔk^5	pok^5
桩	江开二平江知	tsɔŋ^{55}	tsoŋ^{45}	tsoŋ^{45}	tsɔŋ^{45}	tsɔŋ^{55}	tsɔŋ^{55}	tsɔŋ^{55}	tsɔŋ^{45}
桌	江开二入觉知	tsʰɔk^3	tsʰok^2	tsʰok^3	tsʰɔk^2	tsʰɔk^2		tʰɔi^{13}（柏）	tsʰɔk^3
卓	江开二入觉知	tsʰɔk^3	tsʰok^2	tsʰok^3	tsʰɔk^2	tsʰɔk^2		tsɔk^2	tsʰɔk^3
啄~木鸟 鸡~米	江开二入觉知	tiɔk^3 tiɔŋ^{55}△	tiok^2 tioŋ^{45}△	tiok^3 tioŋ^{45}△	tiɔk^5 tiɔŋ^{45}△	tiɔk^2 tiɔŋ^{55}△	tsʰɔk^5（萧） tiɔŋ^{55}△	tuk^2 tiɔŋ^{55}△	tʰuk^5 tiɔŋ^{45}△
撞	江开二去绛澄	tsʰɔŋ^{33}	tsʰoŋ^{33}	tsʰoŋ^{33}	tsʰɔŋ^{33}	tsʰɔŋ^{33}	tsʰɔŋ^{33}	tsʰɔŋ^{332}	tsʰɔŋ^{31}
浊	江开二入觉澄	tsʰuk^5	tsʰuk^5	tsʰuk^5	tsʰuk^5	tsʰuk^2	tsʰɔk^2	tsʰɔk^2	tsuk^3
捉	江开二入觉庄	tsɔk^3	tsok^2	tsok^3	tsɔk^2	tsɔk^2	tsɔk^2	tsɔk^2	tsɔk^3
窗	江开二平江初	tsʰuŋ^{55}	tsʰuŋ^{45}	tsʰuŋ^{45}	tsʰuŋ^{45}	tsʰɔŋ^{55}	tsʰɔŋ^{55}	tsʰɔŋ^{55}	tsʰɔŋ^{45}

单字	地点	廉江长山	廉江石角	廉江河唇	廉江雅塘	遂溪河头	雷州客路塘塞	雷州客路大家	徐闻下桥
镯	江开二入觉崇	tsʰɔk³	tsʰok²	tsʰok³	tsʰɔk²	tsʰɔk²	tsʰɔk²	tsʰɔk²	ak³△
双	江开二平江生	suŋ⁵⁵	suŋ⁴⁵	suŋ⁴⁵	ɬuŋ⁴⁵	ɬuŋ⁵⁵	ɬoŋ⁵⁵	soŋ⁵⁵	suŋ⁴⁵
朔	江开二入觉生	sɔk³	sok²	sok³	ɬɔk²	sɔk²	ɬɔk²	suak²	suat³
江	江开二平江见	kɔŋ⁵⁵	kɔŋ⁴⁵	kɔŋ⁴⁵	kɔŋ⁴⁵	kɔŋ⁵⁵	kɔŋ⁵⁵	kɔŋ⁵⁵	kɔŋ⁴⁵
扛	江开二平江见	kɔŋ⁵⁵	kɔŋ⁴⁵	kɔŋ⁴⁵	kɔŋ⁴⁵	kɔŋ⁵⁵	kɔŋ⁵⁵	kɔŋ⁵⁵	
讲	江开二上讲见	kɔŋ³¹	kɔŋ²¹	kɔŋ³¹	kɔŋ²¹	kɔŋ²¹	kɔŋ²¹	kɔŋ²¹	kɔŋ³¹
港	江开二上讲见	kɔŋ³¹	kɔŋ²¹	kɔŋ³¹	kɔŋ²¹	kɔŋ²¹	kɔŋ²¹	kɔŋ²¹	kɔŋ³¹
降下~	江开二去绛见	kɔŋ³³	kɔŋ³³	kɔŋ³³	kɔŋ³³	kɔŋ³³	kɔŋ³³	kɔŋ³³²	kɔŋ⁵²
虹	江开二去绛见	fuŋ¹³	fuŋ¹³	fuŋ¹³	fuŋ²⁵	fuŋ¹³	fuŋ¹³	fueŋ¹³	fuŋ²²³
觉~得	江开二入觉见	kʰiɔk³	kʰiok²	kʰiok³	kʰiɔk²	kʰiɔk²	kʰiɔk²	kʰiɔk²	kɔk³
角	江开二入觉见	kɔk³	kok²	kok³	kɔk²	kɔk²	kɔk²	kɔk²	kɔk³
饺	江开二入觉见	kau³¹	kau²¹	kau³¹	kau²¹	kau⁵⁵	kau²¹	kau⁵⁵	kau²²³
腔	江开二平江溪	kʰiɔŋ⁵⁵	kʰioŋ⁴⁵	kʰioŋ⁴⁵	kʰɔŋ⁴⁵	kʰɔŋ⁵⁵		kʰiɔŋ⁵⁵	huŋ⁴⁵
确	江开二入觉溪	kʰɔk³	kʰok²	kʰok³	kʰɔk²	kʰɔk²	kʰɔk²	kʰɔk²	kʰɔk³
壳	江开二入觉溪	hɔk³	hok²	hok³	hɔk²	hɔk²	hɔk²	hɔk²	kʰɔk³
岳姓	江开二入觉疑	ŋɔk⁵	ŋok⁵	ŋok⁵	ŋɔk⁵	ŋɔk⁵	ŋɔk⁵	ŋɔk²	ŋɔk⁵

单字 \ 地点		廉江长山	廉江石角	廉江河唇	廉江雅塘	遂溪河头	雷州客路塘塞	雷州客路大家	徐闻下桥
乐音~	江开二入觉疑	ŋɔk5	ŋok5	ŋok5	ŋɔk5	iɔk2	ŋɔk5	iuk2	ŋɔk5
降投~	江开二平江匣	kɔŋ33	kɔŋ33	kɔŋ33	kɔŋ33	kɔŋ33	kɔŋ33	kɔŋ332	kɔŋ52
项	江开二上讲匣	hɔŋ33	hoŋ33	hoŋ33	hɔŋ33	hɔŋ33	hɔŋ33	hɔŋ332	hɔŋ31
巷	江开二去绛匣	hɔŋ33	hoŋ33	hoŋ33	hɔŋ33	hɔŋ33	hɔŋ33	hɔŋ332	hɔŋ31
学	江开二入觉匣	hɔk5	hok5	hok5	hɔk5	hɔk5	hɔk5	hɔk5	hɔk5
握	江开二入觉影	vuk3 ak3	ak2	vuk3	vuk2	ɔk2	ak2	vuk5	ak3
崩	曾开一平登帮	pen55	pen45	pen45	pen45	paŋ55	paŋ55	paŋ55	pən45
北	曾开一入德帮	pet3	pet2	pet3	pet2	pak2	pak2	pak2	pət3
朋	曾开一平登並	pʰen13	pʰen13	pʰen13	pʰen25	pʰaŋ13	pʰaŋ13	pʰaŋ13	pʰən223
墨	曾开一入德明	met5	met5	met5	met5	mak5	mak5	mak5	mət5
默	曾开一入德明	met5	met5	met5	met5	miet5	mak5	mak5	mət5
登	曾开一平登端	ten55	ten45	ten45	ten45	taŋ55	taŋ55	taŋ55	tən45
灯	曾开一平登端	ten55	ten45	ten45	ten45	taŋ55	taŋ55	taŋ55	tən45
等	曾开一上等端	ten31	ten21	ten31	ten21	taŋ21	taŋ21	taŋ21	tən31
凳	曾开一去嶝端	ten33	ten33	ten33	ten33	taŋ33	taŋ33	taŋ332	tən52
得	曾开一入德端	tet3	tet2	tet3	tet2	tak2	tak2	tak2	tət3

单字 \ 地点		廉江长山	廉江石角	廉江河唇	廉江雅塘	遂溪河头	雷州客路塘塞	雷州客路大家	徐闻下桥
德	曾开一入德端	tet^3	tet^2	tet^3	tet^2	tak^2	tak^2	tak^2	tət^3
腾	曾开一平登定	tʰen^{13}	tʰen^{13}	tʰen^{13}	tʰen^{25}	tʰaŋ^{13}	tʰaŋ^{13}	tʰaŋ^{13}	tʰən^{223}
誊	曾开一平登定	tʰen^{13}		tʰen^{13}		tʰaŋ^{13}			
藤	曾开一平登定	tʰen^{13}	tʰen^{13}	tʰen^{13}	tʰen^{25}	tʰaŋ^{13}	tʰaŋ^{13}	tʰaŋ^{13}	tʰən^{223}
邓	曾开一去嶝定	tʰen^{33}	tʰen^{33}	tʰen^{33}	tʰen^{33}	tʰaŋ^{33}	tʰaŋ^{33}	taŋ^{332}	tʰən^{31}
澄水浑,~一~	曾开一去嶝定	kʰen^{13}△	kʰen^{13}△	kʰen^{13}△	kʰen^{25}△	tsʰiŋ^{13}	kʰaŋ^{13}△		tən^{45}
特	曾开一入德定	tʰit^5	tʰit^5	tʰit^5	tʰit^5	tʰet^5	tʰek^5	tʰek^5	tʰit^5
能	曾开一平登泥	nen^{13}	nen^{13}	nen^{13}	nen^{25}	naŋ^{13}	naŋ^{13}	naŋ^{13}	nən^{223}
肋	曾开一入德来	pe^{55}△	let^5 pe^{45}△	let^3 pe^{45}△	pe^{45}△	let^5	hiap^5△	lek^2	liek^3
勒	曾开一入德来	let^5	let^5	let^5	let^5			lek^2	lət^5
曾姓	曾开一平登精	tsen^{55}	tsen^{45}	tsen^{45}	tsen^{45}	tsaŋ^{55}	tsaŋ^{55}	tsaŋ^{55}	tsən^{45}
增	曾开一平登精	tsen^{55}	tsen^{45}	tsen^{45}	tsen^{45}	tsaŋ^{55}	tsaŋ^{55}	tsaŋ^{55}	tsən^{45}
憎	曾开一平登精	tsen^{55}	tsen^{45}	tsen^{45}	tsen^{45}	tsaŋ^{55}			tsən^{45}
则	曾开一入德精	tset^3	tset^2	tset^3	tset^2	tsak^2	tsak^2	tsek^2	tsət^3
曾~经	曾开一平登从	tsʰen^{13}	tsʰen^{13}	tsʰen^{13}	tsʰen^{25}	tsʰaŋ^{13}	tsʰaŋ^{13}	tsʰɔŋ^{13}	tsʰən^{223}
层	曾开一平登从	tsʰen^{13}	tsʰen^{13}	tsʰen^{13}	tsʰen^{25}	tsʰaŋ^{13}	tsʰaŋ^{13}	tsʰaŋ^{13}	tsʰən^{223}

单字	地点	廉江长山	廉江石角	廉江河唇	廉江雅塘	遂溪河头	雷州客路塘塞	雷州客路大家	徐闻下桥
赠	曾开一去嶝从	tsʰen³³	tsʰen³³	tsʰen³³	tsʰen³³	tsaŋ⁵⁵	tsaŋ³³	tsaŋ³³²	tsʰən³¹
贼	曾开一入德从	tsʰet⁵	tsʰet⁵	tsʰet⁵	tsʰet⁵	tsʰak⁵	tsʰak⁵	tsʰak⁵	tsʰət⁵
僧唐~ ~人	曾开一平登心	tsen⁵⁵	tsen⁴⁵	sen⁴⁵	tsen⁴⁵	tsaŋ⁵⁵	tsaŋ⁵⁵	tsʰɔŋ³³² tsɔŋ³³²	tsən⁴⁵
塞	曾开一入德心	tsʰet³	tsʰet²	tsʰet³	tsʰet²	łak²	tsʰak²	sak²	tsʰət³
肯	曾开一上等溪	hen³¹	hen²¹	hen³¹	hen²¹	haŋ²¹		haŋ²¹	kʰən³¹
刻时~ ~字	曾开一入德溪	kʰet³	kʰet²	kʰet³	kʰet²	kʰak²	kʰak²	kʰek² kʰak²	kʰət³
克	曾开一入德溪	kʰet³	kʰet²	kʰet³	kʰet²	kʰak²	kʰak²	kʰek²	kʰət³
黑	曾开一入德晓	het³	het²	het³	het²	vu⁵⁵(乌)	vu⁵⁵(乌)	vu⁵⁵(乌)	hət³
恒	曾开一平登匣	hen¹³	hen¹³	hen¹³	hen²⁵	haŋ¹³	haŋ¹³	hɔŋ¹³	haŋ²²³
冰	曾开三平蒸帮	pen⁵⁵	pen⁴⁵	pen⁴⁵	pen⁴⁵	piŋ⁵⁵	piŋ⁵⁵	piŋ⁵⁵	pən⁴⁵
凭文~ ~墙	曾开三平蒸並	pʰen¹³ pʰen³³	pʰen¹³ pʰen³³	pʰen¹³	pʰen²⁵ pʰen³³	pʰaŋ¹³ pʰaŋ³³	pʰiŋ¹³	pʰiŋ¹³ pʰeŋ³³²	pʰən²²³ pʰən³¹
陵	曾开三平蒸来	lin¹³	lin¹³	lin¹³	lin²⁵	liŋ¹³	liŋ¹³	liŋ¹³	lin²²³
凌	曾开三平蒸来	lin¹³	lin¹³	lin¹³	lin²⁵	liŋ¹³	liŋ¹³	liŋ¹³	lin²²³
菱	曾开三平蒸来	lin¹³	lin¹³	lin¹³	lin²⁵	liŋ¹³	liŋ¹³	liŋ¹³	lin²²³
力	曾开三入职来	lit⁵	lit⁵	lit⁵	lit⁵	lik⁵	lik⁵	lik⁵	lit⁵
即	曾开三入职精	tsit³	tsit²	tsit³	tsit²	tsik²	tsik²	tsik²	tsit³

单字	地点	廉江长山	廉江石角	廉江河唇	廉江雅塘	遂溪河头	雷州客路塘塞	雷州客路大家	徐闻下桥
鲫	曾开三入职精	tsit³	tsit²	tsit³	tsit²	tsiet²	tsik²	tsik²	tsit³
息休~ 子~	曾开三入职心	sit³ set³	sit² set²	sit³ set³	ɬit² ɬet²	ɬik² ɬak²	ɬik²	sik²	sit³ sət³
熄	曾开三入职心	sit³	sit²	sit³	ɬit²	ɬik²	ɬik²	sik²	sit³
媳	曾开三入职心	sit³	sit²	sit³	ɬit²	ɬik²	ɬik²	sik²	sit³
征	曾开三平蒸知	tsin⁵⁵	tʃin⁴⁵	tsin⁴⁵	tsin⁴⁵	tsiŋ⁵⁵	tsiŋ⁵⁵	tsiŋ⁵⁵	tsin⁴⁵
澄~海	曾开三平蒸澄	tʃʰin¹³	tʃʰin¹³	tsʰin¹³	tsʰin²⁵	tsʰiŋ¹³			tsʰin²²³
惩	曾开三平蒸澄	tsin⁵⁵	tʃin⁴⁵	tsin⁴⁵	tsin⁴⁵	tsiŋ⁵⁵		tsiŋ⁵⁵	tsin⁴⁵
橙	曾开三平蒸澄	tʃʰaŋ¹³	tʃʰaŋ¹³	tsʰaŋ¹³	tsʰaŋ²⁵	tsʰaŋ¹³	tsʰaŋ¹³	tsʰaŋ¹³	tsʰaŋ²²³
瞪	曾开三去证澄	ten⁵⁵	ten⁴⁵	ten⁴⁵	ten⁴⁵	taŋ⁵⁵	taŋ⁵⁵	kim⁵⁵△	tən⁴⁵
直	曾开三入职澄	tʃʰit⁵	tʃʰit⁵	tsʰit⁵	tsʰit⁵	tsʰik⁵	tsʰik⁵	tsʰik⁵	tsʰit⁵
值	曾开三入职澄	tʃʰit⁵	tʃʰit⁵	tsʰit⁵	tsʰit⁵	tsik²	tsʰik⁵	tsʰik⁵	tsʰit⁵
侧	曾开三入职庄	tset³	tset²	tset³	tset²	tsʰet²	tsʰek²	tsʰek²	tsət³
测	曾开三入职初	tsʰet³	tsʰet²	tsʰet³	tsʰet²	tsʰet²	tsʰek²	tsʰek²	tsʰak⁵
色	曾开三入职生	set³	set²	set³	ɬet²	ɬak²	ɬak²	sak²	sət³
蒸	曾开三平蒸章	tʃin⁵⁵	tʃin⁴⁵	tsin⁴⁵	tsin⁴⁵	tsiŋ⁵⁵	tsiŋ⁵⁵	tsiŋ⁵⁵	tsin⁴⁵
拯	曾开三上拯章	tʃin³¹	tʃin²¹	tsin³¹	tsin²¹				tsin³¹

单字	地点	廉江长山	廉江石角	廉江河唇	廉江雅塘	遂溪河头	雷州客路塘塞	雷州客路大家	徐闻下桥
证	曾开三 去证章	tʃin³³	tʃin³³	tsin³³	tsin³³	tsin³³	tsiŋ³³	tsiŋ³³²	tsin⁵²
症	曾开三 去证章	tʃin³³	tʃin³³	tsin³³	tsin³³	tsin³³	tsiŋ³³	tsiŋ³³²	tsin⁵²
织	曾开三 入职章	tʃit³	tʃit²	tsit³	tsit²	tsik²	tsik²	tsik²	tsit³
职	曾开三 入职章	tʃit³	tʃit²	tsit³	tsit²	tsik²	tsik²	tsik²	tsit³
称~呼	曾开三 平蒸昌	tʃʰin⁵⁵	tʃʰin⁴⁵	tsʰin⁴⁵	tsʰin⁴⁵	tsʰiŋ⁵⁵	tsʰiŋ⁵⁵	tsʰiŋ⁵⁵	tsʰin⁴⁵
称相~	曾开三 去证昌	tʃʰin⁵⁵	tʃʰin⁴⁵	tsʰin⁴⁵	tsʰin⁴⁵	tsʰiŋ³³	tsʰiŋ⁵⁵	tsʰiŋ⁵⁵	tsʰin⁴⁵
秤	曾开三 去证昌	tʃʰin³³	tʃʰin³³	tsʰin³³	tsʰin³³	tsʰiŋ³³	tsʰiŋ³³	tsʰiŋ³³²	tsʰin⁵²
乘	曾开三 平蒸船	ʃin¹³	ʃin¹³	ʃin¹³	sin²⁵	siŋ¹³	siŋ¹³	siŋ¹³	sin²²³
绳	曾开三 平蒸船	ʃun¹³	sun¹³	sun¹³	sin²⁵	siŋ¹³	ɬɔk²(索)	sɔk²(索)	sin²²³
塍	曾开三 平蒸船	ʃun¹³	ʃun¹³	ʃun¹³	sun²⁵	sun¹³	sun¹³	sueŋ¹³	
剩	曾开三 去证船	ʃin³³	ʃin³³	ʃin³³	sin³³	siŋ³³	siŋ³³	siŋ³³²	sin³¹
食	曾开三 入职船	ʃit⁵	ʃit⁵	ʃit⁵	sit⁵	sik⁵	sik⁵	sik⁵	sit⁵
蚀	曾开三 入职船	ʃit⁵	ʃit⁵	ʃit⁵	sit⁵	sik⁵	sik²	sik⁵	
升	曾开三 平蒸书	ʃin⁵⁵	ʃin⁴⁵	ʃin⁴⁵	sin⁴⁵	siŋ⁵⁵	siŋ⁵⁵	siŋ⁵⁵	sin⁴⁵
胜~败	曾开三 去证书	ʃin³³	ʃin³³	ʃin³³	sin³³	siŋ³³	siŋ³³	siŋ³³²	sin⁵²
识	曾开三 入职书	ʃit³	ʃit²	ʃit³	sit²	sik²	sik²	sik²	sit³

单字	地点	廉江长山	廉江石角	廉江河唇	廉江雅塘	遂溪河头	雷州客路塘塞	雷州客路大家	徐闻下桥
式	曾开三入职书	ʃit³	ʃit²	ʃit³	sit²	sik²			sit³
饰	曾开三入职书	sit³	sit²	sit³	ɬit²	sik²	sik²	sik²	sit³
承	曾开三平蒸禅	ʃin¹³	ʃin¹³	ʃin¹³	sin²⁵	siŋ¹³	siŋ¹³	siŋ¹³	sin²²³
丞	曾开三平蒸禅	ʃin¹³	ʃin¹³	ʃin¹³	sin²⁵	siŋ¹³	siŋ¹³		sin²²³
殖	曾开三入职禅	tsʰit⁵	tʃʰit⁵	tsʰit⁵	tsʰit⁵	tsik²	tsik²	tsik²	tsʰit⁵
植	曾开三入职禅	tsʰit⁵	tʃʰit⁵	tsʰit⁵	tsʰit⁵	tsik²	tsik²	tsik²	tsʰit⁵
仍	曾开三平蒸日	in¹³	in¹³	in¹³	in²⁵	ȵiŋ¹³	ȵiŋ¹³	ȵiŋ¹³	ȵin²²³
极	曾开三入职群	kʰit⁵	kʰit⁵	kʰit⁵	kʰit⁵	kik²	kik²	kik²	kʰit⁵
凝~聚 ~固	曾开三平蒸疑	ŋen¹³ kʰen¹³△	ŋen¹³ kʰen¹³△	ŋen¹³ kʰen¹³△	ŋen²¹ kʰen²⁵△	ȵi¹³ kʰaŋ¹³△	ȵi¹³	ȵiŋ¹³ kʰaŋ¹³△	ȵi²²³ kʰɔn²²³△
兴~旺	曾开三平蒸晓	hin⁵⁵	hin⁴⁵	ʃin⁴⁵	hin⁴⁵	hiŋ⁵⁵	hiŋ⁵⁵	hiŋ⁵⁵	hin⁴⁵
兴高~	曾开三去证晓	hin³³	hin³³	hin³³	hin³³	hiŋ³³	hiŋ³³	hiŋ³³²	hin⁴⁵
应~当	曾开三平蒸影	in⁵⁵	in⁴⁵	in⁴⁵	in⁴⁵	iŋ⁵⁵	iŋ⁵⁵	iŋ⁵⁵	in⁴⁵
应~用	曾开三去证影	in³³	in³³	in³³	in³³	iŋ³³	iŋ³³	iŋ³³²	in⁵²
鹰	曾开三平蒸影	in⁵⁵	in⁴⁵	in⁴⁵	in⁴⁵	iŋ⁵⁵	iŋ⁵⁵	iŋ⁵⁵	in⁴⁵
忆	曾开三入职影	it⁵	it⁵	it⁵	it⁵	ik²	ik²	i³³²	it⁵
亿	曾开三入职影	it⁵	it⁵	it⁵	it⁵	ik²	ik²	i³³²	it⁵

单字 \ 地点		廉江长山	廉江石角	廉江河唇	廉江雅塘	遂溪河头	雷州客路塘塞	雷州客路大家	徐闻下桥
抑	曾开三入职影	it³	it⁵	it³	it⁵			ik²	ȵit⁵
蝇	曾开三平蒸以	in¹³	in¹³	in¹³	in²⁵	iŋ¹³	iŋ¹³	iŋ¹³	in²²³
孕	曾开三去证以	iui³¹	in¹³	in³¹	in²⁵				in³¹
翼	曾开三入职以	it⁵	it⁵	it⁵	it⁵	ik⁵	ik⁵	ik⁵	it⁵
国	曾合一入德见	kuɔk³	kuok²	kuok³	kuɔk²	kɔk²	kɔk²	kɔk²	kɔk³
弘	曾合一平登匣	fuŋ¹³	fuŋ¹³	fuŋ¹³		fuŋ¹³		fueŋ¹³	fən²²³
或	曾合一入德匣	fet⁵	fet⁵	fet⁵	fet⁵	fak⁵	vak⁵	vak⁵	fət⁵
惑	曾合一入德匣	fet⁵	fet⁵ vak⁵	fet⁵ vak⁵	fet⁵		vak⁵	vak⁵	fət⁵
域	曾合三入职云	vak³	it⁵	it⁵	vat⁵	vak²			it⁵
百	梗开二入陌帮	pak³	pak²	pak³	pak²	pak²	pak²	pak²	pak³
柏	梗开二入陌帮	pak³	pak²	pak³	pʰak²	pʰak²	pʰak²	pak²	pak³
伯	梗开二入陌帮	pak³	pak²	pak³	pak²	pak²	pak²	pak²	pak³
迫	梗开二入陌帮	pit³ (逼)	pʰak²	pʰak³	pit² (逼)	pʰak²		pʰek²	pʰak³
烹	梗开二平庚滂		pʰaŋ⁴⁵	pʰaŋ⁴⁵					
拍	梗开二入陌滂	pʰak³	pʰak²	pʰak³	pʰak²	pʰak²	pʰak²	pʰak²	pʰak³
珀	梗开二入陌滂	pʰak³	pʰak²	pʰak³	pʰak²	pʰak²	pʰak²	pʰak²	pʰak³

单字	地点	廉江长山	廉江石角	廉江河唇	廉江雅塘	遂溪河头	雷州客路塘塞	雷州客路大家	徐闻下桥
魄	梗开二入陌滂	pʰak³	pʰak²	pʰak³	pʰak²	pʰak²	pʰak²	pʰak²	pʰak³
彭	梗开二平庚並	pʰaŋ¹³	pʰaŋ¹³	pʰaŋ¹³	pʰaŋ²⁵	pʰaŋ¹³	pʰaŋ¹³	pʰaŋ¹³	pʰaŋ²²³
膨	梗开二平庚並	pʰaŋ¹³	pʰaŋ¹³	pʰaŋ¹³	pʰaŋ²⁵	pʰaŋ¹³	pʰaŋ¹³	pʰaŋ¹³	pʰaŋ²²³
白	梗开二入陌並	pʰak⁵	pʰak⁵	pʰak⁵	pʰak⁵	pʰak⁵	pʰak⁵	pʰak⁵	pʰak⁵
盲	梗开二平庚明	maŋ¹³	maŋ¹³	maŋ¹³	maŋ²⁵	maŋ¹³	muŋ¹³	maŋ¹³	maŋ²²³
虻	梗开二平庚明	maŋ⁵⁵	maŋ⁴⁵	maŋ⁴⁵	maŋ⁴⁵	mɔŋ⁵⁵	maŋ⁵⁵	maŋ⁵⁵	mɔŋ⁴⁵
猛	梗开二上梗明	maŋ⁵⁵	maŋ⁴⁵	maŋ⁴⁵	maŋ⁴⁵	maŋ⁵⁵	maŋ²¹	maŋ²¹	maŋ⁴⁵
孟	梗开二去映明	men³¹	men²¹	men³¹	men²¹	men³³	mɔŋ³³	maŋ⁵⁵	mən³¹
掶大力打	梗开二入陌明	pʰan⁵⁵△	pʰan⁴⁵△		pʰan⁴⁵△	pʰaŋ⁵⁵△		paŋ³³²△	pʰak³(拍)
陌	梗开二入陌明	pak³	pak²	pak³	pak²				mɔk⁵
打	梗开二上梗端	ta³¹	ta²¹	ta³¹	ta²¹	ta²¹	ta²¹	ta²¹	ta³¹
冷	梗开二上梗来	laŋ⁵⁵	laŋ⁴⁵	laŋ⁴⁵	laŋ⁴⁵	laŋ⁵⁵	laŋ⁵⁵	laŋ⁵⁵	laŋ⁴⁵
撑支~ ~船	梗开二平庚彻	tsʰaŋ⁵⁵ tsʰaŋ³³	tsʰaŋ⁴⁵ tsʰaŋ³³	tsʰaŋ⁴⁵ tsʰaŋ³³	tsʰaŋ⁴⁵ tsʰaŋ³³	tsʰaŋ⁵⁵	tsʰaŋ³³	tsʰaŋ⁵⁵	tsʰaŋ⁵²
拆	梗开二入陌彻	tsʰak³	tsʰak²	tsʰak³	tsʰak²	tsʰak²	tsʰak²	tsʰak²	tsʰak³
坼爆~	梗开二入陌彻	tsʰak³	tsʰak²	tsʰak³	tsʰak²	tsʰak²	tsʰak²	tsʰak²	tsʰak³
泽	梗开二入陌澄	tsʰak⁵	tsʰak⁵	tsʰak⁵	tsʰak⁵	tsak²	tsak²	tsek²	tsʰak⁵

单字 ＼ 地点		廉江长山	廉江石角	廉江河唇	廉江雅塘	遂溪河头	雷州客路塘塞	雷州客路大家	徐闻下桥
择	梗开二入陌澄	tsʰak⁵ tʰɔk⁵△	tsʰak⁵ tʰok²△	tsʰak⁵ tʰok⁵△	tsʰak⁵ tʰɔk⁵△	tsak² tʰɔk⁵△	tsak²	tsek² tʰɔk⁵△	tsʰak⁵
宅	梗开二入陌澄	tsʰak⁵	tsʰak⁵	tsʰak⁵	tsʰak⁵	tsak²	vok²(屋)		tsʰak⁵
窄	梗开二入陌庄	tsak³	tsak²	tsa³³	tsak²	tsak²	tsak²	kʰiap⁵(狭)	tsak³
生	梗开二平庚生	saŋ⁵⁵	saŋ⁴⁵	saŋ⁴⁵	łaŋ⁴⁵	łaŋ⁵⁵	łaŋ⁵⁵	saŋ⁵⁵	saŋ⁴⁵
牲	梗开二平庚生	sen⁵⁵	sen⁴⁵	sen⁴⁵	łaŋ⁴⁵	łaŋ⁵⁵	łaŋ⁵⁵	saŋ⁵⁵	saŋ⁴⁵
甥	梗开二平庚生	saŋ⁵⁵	saŋ⁴⁵	saŋ⁴⁵	łaŋ⁴⁵	łaŋ⁵⁵	łaŋ⁵⁵	saŋ⁵⁵	saŋ⁴⁵
省~长节~	梗开二上梗生	sen³¹ kʰiaŋ⁵⁵△	sen²¹ kʰiaŋ³³△	sen³¹ kʰiaŋ³³△	łen²¹	łaŋ²¹	łaŋ²¹	saŋ²¹	sən³¹
更~换五~	梗开二平庚见	kaŋ⁵⁵	kaŋ⁴⁵	kaŋ⁴⁵	kaŋ⁴⁵	kaŋ⁵⁵	kaŋ⁵⁵	kaŋ⁵⁵	kaŋ⁴⁵
庚	梗开二平庚见	kaŋ⁵⁵	kaŋ⁴⁵	kaŋ⁴⁵	kaŋ⁴⁵	kaŋ⁵⁵	kaŋ⁵⁵	kaŋ⁵⁵	kaŋ⁴⁵
羹	梗开二平庚见	kaŋ⁵⁵	kaŋ⁴⁵	kaŋ⁴⁵	kaŋ⁴⁵	kaŋ⁵⁵	kaŋ⁵⁵	kaŋ⁵⁵	kaŋ⁴⁵
哽	梗开二上梗见	kʰaŋ³¹	kʰaŋ²¹	kʰaŋ³¹	kʰaŋ²¹	kʰaŋ²¹	kʰaŋ²¹	kʰaŋ²¹	kʰaŋ³¹
梗~塞菜~	梗开二上梗见	kaŋ³³ kuaŋ³¹	kaŋ²¹ kuaŋ²¹	kaŋ³¹ kuaŋ³¹	kaŋ²¹ kuaŋ²¹	kʰaŋ²¹ kuaŋ²¹	kaŋ²¹ kɔŋ²¹	kaŋ²¹ kɔŋ²¹	kaŋ³¹
更~加	梗开二去映见	kaŋ³³	kaŋ²¹	kaŋ³¹	kaŋ³³	kaŋ³³	kaŋ³³	kaŋ³³²	kaŋ⁵²
格	梗开二入陌见	kak³	kak²	kak³	kak²	kak²	kak²	kak²	kak³
坑	梗开二平庚溪		haŋ⁴⁵	haŋ⁴⁵	haŋ⁴⁵	haŋ⁵⁵	haŋ⁵⁵		haŋ⁴⁵
客	梗开二入陌溪	hak³	hak²	hak³	hak²	hak²	hak²	hak²	kʰak³

单字 / 地点		廉江长山	廉江石角	廉江河唇	廉江雅塘	遂溪河头	雷州客路塘塞	雷州客路大家	徐闻下桥
硬	梗开二去映疑	ŋaŋ³³	ŋaŋ³³	ŋaŋ³³	ŋaŋ³³	ŋaŋ³³	ŋaŋ³³	ŋaŋ³³²	ŋaŋ³¹
额	梗开二入陌疑	n̠iak³	n̠iak²	n̠iak³	ŋak²	ŋak⁵	ŋak⁵	ŋak²	ŋak⁵
亨	梗开二平庚晓	hen⁵⁵	haŋ⁴⁵	haŋ⁴⁵	hen⁴⁵	haŋ⁵⁵	haŋ⁵⁵		haŋ⁴⁵
赫	梗开二入陌晓	het³		het³		hak²	hak²	hek²	
吓~一跳	梗开二入陌晓	hak³	hak²	hak³	hak²	hak²	hak²	hak²	hak³
行~为	梗开二平庚匣	haŋ¹³	haŋ¹³	haŋ¹³	haŋ²⁵	haŋ¹³	haŋ¹³	haŋ¹³	haŋ²²³
衡	梗开二平庚匣	hen¹³	hen¹³	hen¹³	hen²⁵	haŋ¹³	haŋ¹³	hoŋ¹³	haŋ²²³
杏	梗开二上梗匣	hen¹³	hen¹³	hen¹³	hen²⁵			him³³²	
行品~	梗开二去映匣	haŋ¹³	haŋ¹³	haŋ¹³	haŋ²⁵	haŋ¹³	haŋ¹³	hoŋ¹³	haŋ²²³
浜	梗开二平耕帮	pin⁵⁵	pin⁴⁵	paŋ⁴⁵	pin⁴⁵		paŋ⁵⁵	paŋ⁵⁵	pin⁴⁵
擘掰开 费劲/不费劲	梗开二入麦帮	mak³△ / met³△	mak²△	mak³△	mak²△	mak²△	mak²△	mak²△	mət³△
棚	梗开二平耕并	pʰaŋ¹³	pʰaŋ¹³	pʰaŋ¹³	pʰaŋ²⁵	pʰaŋ¹³	pʰaŋ¹³	pʰaŋ¹³	pʰaŋ²²³
萌	梗开二平耕明	men¹³	men¹³	men¹³	min²⁵	maŋ¹³	miŋ¹³	maŋ¹³	min²²³
氓	梗开二平耕明	mɔŋ¹³	mɔŋ¹³	mɔŋ¹³	mɔŋ²⁵	mɔŋ¹³	mɔŋ¹³	maŋ¹³	mɔŋ²²³
麦	梗开二入麦明	mak⁵	mak⁵	mak⁵	mak⁵	mak⁵	mak⁵	mak⁵	mak⁵
脉	梗开二入麦明	mak³	mak²	mak³	mak²	mak²	mak²	mak²	mak³

单字	地点	廉江长山	廉江石角	廉江河唇	廉江雅塘	遂溪河头	雷州客路塘塞	雷州客路大家	徐闻下桥
摘	梗开二入麦知	tsak³	tsak²	tsak³	tsak²	tsak²	tsak²	nak²△	tsak³
橙~子	梗开二平耕澄	tʃʰaŋ¹³	tʃʰaŋ¹³	tʃʰaŋ¹³	tsʰaŋ²⁵	tsʰaŋ¹³	tsʰaŋ¹³	tsʰaŋ¹³	tsʰaŋ²²³
争	梗开二平耕庄	tsaŋ⁵⁵	tsaŋ⁴⁵	tsaŋ⁴⁵	tsaŋ⁴⁵	tsaŋ⁵⁵	tsaŋ⁵⁵	tsaŋ⁵⁵	tsaŋ⁴⁵
筝	梗开二平耕庄	tsaŋ⁵⁵	tsaŋ⁴⁵	tsaŋ⁴⁵	tsaŋ⁴⁵	tsaŋ⁵⁵		tsaŋ⁵⁵	tsaŋ⁴⁵
睁	梗开二平耕庄	tsen⁵⁵	tsaŋ⁴⁵	tsaŋ⁴⁵	tsaŋ⁴⁵	tsaŋ⁵⁵	tsaŋ⁵⁵	tsaŋ⁵⁵	tsʰaŋ⁵²△
责	梗开二入麦庄	tsak³	tsak²	tsak³	tsak²	tsak²	tsak²	tsak²	tsak³
策	梗开二入麦初	tsʰak³	tsʰak²	tsʰak³	tsʰak²	tsʰak²	tsʰak²	tsʰak²	tsʰak³
册	梗开二入麦初	tʃʰak³	tʃʰak²	tʃʰak³	tsʰak²	tsʰak²	tsʰak²	tsʰak²	tsʰak³
耕	梗开二平耕见	kaŋ⁵⁵	kaŋ⁴⁵	kaŋ⁴⁵	kaŋ⁴⁵	kaŋ⁵⁵	kaŋ⁵⁵	kaŋ⁵⁵	kaŋ⁴⁵
耿	梗开二上耿见	kuen³¹	kuen²¹	kuen³¹	kuen²¹	kaŋ²¹	kaŋ²¹	kaŋ²¹	kən³¹
革	梗开二入麦见	kak³	kak²	kap³	kap²	kak²	kak²	kak²	kak³
隔	梗开二入麦见	kak³	kak²	kak³	kak²	kak²	kak²	kak²	kak³
茎	梗开二平耕匣	kuaŋ³¹(梗)	kuaŋ²¹(梗)	kuaŋ³¹(梗)		kiŋ⁵⁵	kiŋ⁵⁵	kiŋ⁵⁵	kin⁵²
幸	梗开二上耿匣	hen³³	hen³³	hen³³	hen³³	hiŋ³³	hiŋ³³	hiŋ³³²	hən³¹
核果~ 指睾丸	梗开二入麦匣	fut⁵	fut⁵	fut⁵	fut⁵	fut⁵	fuk⁵	fuk⁵	hat⁵ vut⁵
莺	梗开二平耕影	aŋ⁵⁵	aŋ⁴⁵	aŋ⁴⁵	aŋ⁴⁵	iŋ⁵⁵	iŋ⁵⁵	iŋ⁵⁵	aŋ⁴⁵

单字 ＼ 地点		廉江长山	廉江石角	廉江河唇	廉江雅塘	遂溪河头	雷州客路塘塞	雷州客路大家	徐闻下桥
鹦	梗开二平耕影	in^{55}	in^{45}	in^{45}	in^{45}	$i\eta^{55}$	$i\eta^{55}$	$i\eta^{55}$	in^{45}
樱	梗开二平耕影	in^{55}	in^{45}	in^{45}	in^{45}	$i\eta^{55}$	$i\eta^{55}$	$i\eta^{55}$	in^{45}
扼	梗开二入麦影	ak^{3}	ak^{2}	ak^{3}	ak^{2}	ak^{2}	ak^{2}	ak^{2}	ak^{3}
轭	梗开二入麦影	ak^{3}	ak^{2}	ak^{3}	ak^{2}	ak^{2}	ak^{2}	ak^{2}	ak^{3}
兵	梗开三平庚帮	pin^{55}	pin^{45}	pin^{45}	pin^{45}	$pi\eta^{55}$	$pi\eta^{55}$	$pi\eta^{55}$	pin^{45}
丙	梗开三上梗帮	$pia\eta^{31}$	$pia\eta^{21}$	$pia\eta^{31}$	$pia\eta^{21}$	$pia\eta^{21}$	$pia\eta^{21}$	$pi\eta^{21}$	$pia\eta^{31}$
秉	梗开三上梗帮	pin^{31}	pin^{21}	pin^{31}	pin^{21}	$pi\eta^{21}$	$pi\eta^{21}$	$pi\eta^{21}$	$pia\eta^{31}$
柄	梗开三去映帮	$pia\eta^{33}$	$pia\eta^{33}$	$pia\eta^{33}$	$pia\eta^{33}$	$pia\eta^{33}$	$pia\eta^{33}$	$pia\eta^{332}$	$pia\eta^{52}$
碧	梗开三入陌帮	$piak^{3}$	$piak^{2}$	$piak^{3}$	$piak^{2}$	pik^{2}	pik^{2}	pik^{2}	
平	梗开三平庚并	$p^{h}in^{13}$ $p^{h}ia\eta^{13}$	$p^{h}in^{13}$ $p^{h}ia\eta^{13}$	$p^{h}in^{13}$ $p^{h}ia\eta^{13}$	$p^{h}in^{25}$ $p^{h}ia\eta^{25}$	$p^{h}i\eta^{13}$ $p^{h}ia\eta^{13}$	$p^{h}i\eta^{13}$ $p^{h}ia\eta^{13}$	$p^{h}i\eta^{13}$ $p^{h}ia\eta^{13}$	$p^{h}in^{223}$ $p^{h}ia\eta^{223}$
坪	梗开三平庚并	$p^{h}ia\eta^{13}$	$t^{h}a\eta^{13}{}_{\triangle}$	$t^{h}a\eta^{13}{}_{\triangle}$	$p^{h}ia\eta^{25}$	$p^{h}ia\eta^{13}$	$p^{h}i\eta^{13}$	$p^{h}ia\eta^{13}$	$p^{h}ia\eta^{223}$
评	梗开三平庚并	$p^{h}in^{13}$	$p^{h}in^{13}$	$p^{h}in^{13}$	$p^{h}in^{25}$	$p^{h}i\eta^{13}$	$p^{h}i\eta^{13}$	$p^{h}i\eta^{13}$	$p^{h}in^{223}$
病	梗开三去映并	$p^{h}ia\eta^{33}$	$p^{h}ia\eta^{33}$	$p^{h}ia\eta^{33}$	$p^{h}ia\eta^{33}$	$p^{h}ia\eta^{33}$	$p^{h}ia\eta^{33}$	$p^{h}ia\eta^{332}$	$p^{h}ia\eta^{31}$
鸣	梗开三平庚明	min^{13}	min^{13}	min^{13}	min^{25}	$mi\eta^{13}$	$mi\eta^{13}$	$mi\eta^{13}$	min^{223}
明	梗开三平庚明	min^{13}	min^{13}	min^{13}	min^{25}	$mi\eta^{13}$	$mi\eta^{13}$	$mi\eta^{13}$	min^{223} $mia\eta^{223}$
盟	梗开三平庚明	men^{13}	men^{13}	men^{13}		$ma\eta^{13}$		$mi\eta^{13}$	$m\ni n^{223}$

单字	地点	廉江长山	廉江石角	廉江河唇	廉江雅塘	遂溪河头	雷州客路塘塞	雷州客路大家	徐闻下桥
皿	梗开三 上梗明			men^{31}					mən^{31}
命~令 ~条~	梗开三 去映明	min^{33} miaŋ^{55}	min^{33} miaŋ^{45}	min^{33} miaŋ^{33}	min^{33} miaŋ^{33}	min^{33} miaŋ^{33}	min^{33} miaŋ^{33}	min^{332} miaŋ^{332}	min^{31} miaŋ^{31}
京	梗开三 平庚见	kin^{55}	kin^{45}	kin^{45}	kin^{45}	kiŋ^{55}	kiŋ^{55}	kiŋ^{55}	kin^{45}
荆~州 ~芥	梗开三 平庚见	kin^{55}	kʰin^{45} kin^{45}	kin^{45}	kin^{45}	kiŋ^{55}		kʰiŋ^{13}	kin^{45}
惊	梗开三 平庚见	kian^{55}	kiaŋ^{45}	kiaŋ^{45}	kiaŋ^{45}	kiaŋ^{55}	kiaŋ^{55}	kiaŋ^{55}	kiaŋ^{45}
境	梗开三 上梗见	kin^{31}	kin^{21}	kin^{31}	kin^{21}	kiŋ^{21}	kiŋ^{21}	kiŋ^{21}	kin^{31}
景	梗开三 上梗见	kin^{31}	kin^{21}	kin^{31}	kin^{21}	kiŋ^{21}	kiŋ^{21}	kiŋ^{21}	kin^{31}
警	梗开三 上梗见	kin^{31}	kin^{21}	kin^{31}	kin^{21}	kiŋ^{21}	kiŋ^{21}	kiŋ^{21}	kin^{31}
敬	梗开三 去映见	kin^{33}	kin^{33}	kin^{33}	kin^{33}	kiŋ^{33}	kiŋ^{33}	kiŋ^{332}	kin^{52}
竟	梗开三 去映见	kin^{31}	kin^{21}	kin^{31}	kin^{21}	kiŋ^{21}	kiŋ^{33}	kiŋ^{21}	kin^{31}
镜	梗开三 去映见	kiaŋ^{33}	kiaŋ^{33}	kiaŋ^{33}	kiaŋ^{33}	kiaŋ^{33}	kiaŋ^{33}	kiaŋ^{332}	kiaŋ^{52}
戟	梗开三 入陌见	kit^{3}	kit^{2}	kit^{3}	kit^{2}	kik^{2}	kik^{2}	kik^{2}	kit^{3}
卿	梗开三 平庚溪	kʰin^{55}	kʰin^{45}	kʰin^{45}	kʰin^{45}	kʰiŋ^{55}	kʰiŋ^{55}	kʰiŋ^{55}	kʰin^{45}
庆	梗开三 去映溪	kʰin^{33}	kʰin^{33}	kʰin^{33}	kʰin^{33}	kʰiŋ^{33}	hiŋ^{33}	kʰiŋ^{332}	kʰin^{52}
擎	梗开三 平庚群	kʰiam^{13} kʰiaŋ^{13}	kʰiaŋ^{13}	kʰiam^{13}	kʰiaŋ^{25}	kʰiŋ^{13}	kʰiam^{13}	kʰiŋ^{13}	
鲸	梗开三 平庚群	kʰiaŋ^{13}	kin^{45}	kin^{45} kʰiaŋ^{13}	kʰin^{25}	kiŋ^{55}	kiŋ^{55}	kiŋ^{55}	kiaŋ^{45}

单字 \ 地点		廉江长山	廉江石角	廉江河唇	廉江雅塘	遂溪河头	雷州客路塘塞	雷州客路大家	徐闻下桥
竞	梗开三去映群	kʰin³³	kin²¹	kʰin³³	kin²¹	kiŋ³³	kiŋ²¹	kiŋ³³²	kin³¹
剧	梗开三入陌群	ket³	ket²	ket³	ket²	kʰiak²	kʰiak²	ki³³²	kʰiak⁵
屐	梗开三入陌群	kʰiak⁵	kʰiak⁵	kʰiak⁵	kʰiak⁵	kʰiak⁵	kʰiak⁵	kʰiak⁵	kʰiak⁵
迎	梗开三平庚疑	ɲiaŋ¹³	ɲiaŋ¹³	ɲiaŋ¹³	ɲiaŋ²⁵	ɲiŋ²¹	ɲiŋ¹³	ɲiŋ¹³	ɲin¹³ ɲiaŋ²²³
逆	梗开三入陌疑	ɲiak⁵	ɲiak⁵	ɲiak⁵	ŋak⁵	ŋak⁵	ŋak⁵	ŋak⁵	ŋak⁵
英	梗开三平庚影	in⁵⁵	in⁴⁵	in⁴⁵	in⁴⁵	iŋ⁵⁵	iŋ⁵⁵	iŋ⁵⁵	in⁴⁵
影	梗开三上梗影	iaŋ³¹	iaŋ²¹	iaŋ³¹	iaŋ²¹	iŋ²¹	iaŋ²¹	iŋ²¹	iaŋ³¹
映	梗开三去映影	iaŋ³¹	iaŋ²¹	iaŋ³¹	iaŋ²¹	iaŋ³³	iaŋ²¹	iŋ²¹	iaŋ³¹
饼	梗开三上静帮	piaŋ³¹	piaŋ²¹	piaŋ³¹	piaŋ²¹	piaŋ²¹	piaŋ²¹	piaŋ²¹	piaŋ³¹
并合~	梗开三去劲帮	pin³³	pin³³	pin³³	pin³³	pin³³	pʰiŋ³³	pʰiŋ³³²	pin⁵²
璧	梗开三入昔帮	piak³	piak²	piak³	piak²	piak²	piak²	piak² pik²	piak³
聘	梗开三去劲滂	pʰin³¹	pʰin²¹	pʰin³¹	pʰin³³	pʰiŋ³³	pʰiŋ³³	pʰiŋ³³²	pʰin⁵²
僻	梗开三入昔滂	pʰit³	pʰit²	pʰit³	pʰit²	pʰik²	pʰik²	pʰik²	pʰit³
辟	梗开三入昔并	pʰit³	pʰit²	pʰit³	pʰit²	pʰik²	pʰik²	pʰik²	pʰit³
名	梗开三平清明	miaŋ¹³	miaŋ¹³	miaŋ¹³	miaŋ²⁵	miaŋ¹³	miaŋ¹³	miaŋ¹³	miaŋ²²³
领	梗开三上静来	liaŋ⁵⁵	liaŋ⁴⁵	liaŋ³¹	liaŋ⁴⁵	liaŋ⁵⁵	liaŋ⁵⁵	liaŋ⁵⁵	liaŋ⁴⁵

单字	地点	廉江长山	廉江石角	廉江河唇	廉江雅塘	遂溪河头	雷州客路塘塞	雷州客路大家	徐闻下桥
岭	梗开三上静来	liaŋ⁵⁵	liaŋ⁴⁵	liaŋ⁴⁵	liaŋ⁴⁵	liaŋ⁵⁵	liaŋ⁵⁵	liaŋ⁵⁵	liaŋ⁴⁵
令	梗开三去劲来	lin³³	lin³³	lin³³	lin³³	liŋ³³	liŋ³³	liŋ³³²	lin³¹
精	梗开三平清精	tsin⁵⁵	tsin⁴⁵	tsin⁴⁵	tsin⁴⁵	tsiŋ⁵⁵	tsiŋ⁵⁵	tsiŋ⁵⁵	tsin⁴⁵
晶	梗开三平清精	tsin⁵⁵	tsin⁴⁵	tsin⁴⁵	tsin⁴⁵	tsiŋ⁵⁵	tsiŋ⁵⁵	tsiŋ⁵⁵	tsin⁴⁵
晴	梗开三平清精	tsiaŋ⁵⁵	tsin⁴⁵	tsin⁴⁵	tsiaŋ⁴⁵	tsiŋ⁵⁵	tsiŋ⁵⁵	tsiŋ⁵⁵	tsin⁴⁵
井	梗开三上静精	tsiaŋ³¹	tsiaŋ²¹	tsiaŋ³¹	tsiaŋ²¹	tsiaŋ²¹	tsiaŋ²¹	tsiaŋ²¹	tsiaŋ³¹
积	梗开三入昔精	tsit³	tsit²	tsit³	tsit²	tsik²	tsik²	tsik²	tsit³
迹痕~ 油~	梗开三入昔精	tsiak³	tsiak²	tsiak³	tsiak²	tsik² tsiak²	tsik²	tsik²	tsiak³
脊	梗开三入昔精	tsiak³	tsiak²	tsiak³	tsiak²	tsiak²	tsiak²	tsiak²	tsiak³
清	梗开三平清清	tsʰin⁵⁵	tsʰin⁴⁵	tsʰin⁴⁵	tsʰin⁴⁵	tsʰin⁵⁵	tsʰiŋ⁵⁵ tsʰiaŋ⁵⁵	tsʰiŋ⁵⁵	tsʰin⁴⁵ tsʰiaŋ⁴⁵
请	梗开三上静清	tsʰiaŋ³¹	tsʰiaŋ²¹	tsʰiaŋ³¹	tsʰiaŋ²¹	tsʰiaŋ²¹	tsʰiaŋ²¹	tsʰiaŋ²¹	tsʰiaŋ³¹
情	梗开三平清从	tsʰin¹³	tsʰin¹³	tsʰin¹³	tsʰin²⁵	tsʰin¹³	tsʰiŋ¹³	tsʰiŋ¹³	tsʰin²²³
晴	梗开三平清从	tsʰiaŋ¹³	tsʰiaŋ¹³	tsʰiaŋ¹³	tsʰiaŋ²⁵	tsʰiŋ¹³	tsʰiŋ⁵⁵	tsʰiaŋ¹³	tsʰiaŋ²²³
静	梗开三上静从	tsʰin³¹	tsʰin²¹	tsʰin³¹	tsʰin²¹	tsʰin³³	tsʰiŋ³³	tsʰiŋ³³²	tsʰin³¹
靖	梗开三上静从	tsin³¹	tsin²¹	tsin³¹	tsin²¹		tsin³³	tsʰiŋ³³²	tsʰin³¹
净	梗开三去劲从	tsʰiaŋ³³	tsʰiaŋ³³	tsʰiaŋ³³	tsʰiaŋ³³	tsʰiaŋ³³	tsʰiaŋ³³	tsʰiaŋ³³²	tsʰiaŋ³¹

单字 \ 地点		廉江长山	廉江石角	廉江河唇	廉江雅塘	遂溪河头	雷州客路塘塞	雷州客路大家	徐闻下桥
籍	梗开三入昔从	tsʰit⁵	tsʰip⁵	tsʰip⁵			tsik²	tsik²	sit⁵
藉	梗开三入昔从	tsʰit⁵	tsʰip⁵	tsʰip⁵			tsik²	tsik²	
省反~	梗开三上静心	sen³¹	sen²¹	sen³¹	ɬen²¹	ɬaŋ²¹	ɬaŋ²¹	saŋ²¹	sən³¹
性	梗开三去劲心	sin³³	sin³³	sin³³	ɬin³³	ɬiŋ³³	ɬiaŋ³³	siŋ³³²	siaŋ⁵²
姓	梗开三去劲心	siaŋ³³	siaŋ³³	siaŋ³³	ɬiaŋ³³	ɬiaŋ³³	ɬiaŋ³³	siaŋ³³²	siaŋ⁵²
惜珍~ 疼爱	梗开三入昔心	sit³ siak³	sit²	sit³	ɬit²	ɬik²	sik²	sik² siak²	sit³
昔	梗开三入昔心	sit³	sit²	sit³	ɬit²	ɬik²		sik²	sit³
席主~ 草~	梗开三入昔邪	tsʰit⁵ tsʰiak⁵	tsʰiak⁵	tsʰiak⁵	tsʰiak⁵	ɬia³³ tsʰiak⁵	tsʰiak⁵	sa³³² tsʰiak⁵	sit⁵ tsʰiak³
夕	梗开三入昔邪	sit³	sit²	sit³	ɬit²	tsik²	sik²	tsik²	tsit³
贞	梗开三平清知	tsin⁵⁵	tʃin⁴⁵	tsin⁴⁵	tsin⁴⁵	tsiŋ⁵⁵	tsiŋ⁵⁵	tsiŋ⁵⁵	tsin⁴⁵
侦	梗开三平清彻	tsin⁵⁵	tʃin⁴⁵	tsin⁴⁵	tsin⁴⁵	tsiŋ⁵⁵	tsiŋ⁵⁵	tsiŋ⁵⁵	tsin⁴⁵
逞得~ ~恶	梗开三上静彻	tʃʰin³¹	tʃʰin²¹ tsʰin⁴⁵	tsʰin³¹	tsʰin²⁵	tsʰiŋ¹³	tsʰiŋ¹³	tsʰin²¹	tsʰin²²³
呈	梗开三平清澄	tʃʰin³¹	tʃʰin²¹	tsʰin³¹	tsʰin²⁵	tsʰiŋ¹³	tsʰiŋ¹³	tsʰiŋ¹³	tsʰin²²³
程	梗开三平清澄	tʃʰin¹³	tʃʰin¹³	tsʰin¹³	tsʰin²⁵	tsʰiŋ¹³	tsʰiŋ¹³	tsʰiŋ¹³	tsʰin²²³
郑	梗开三去劲澄	tʃʰaŋ³³	tʃʰaŋ³³	tʃʰaŋ³³	tsʰaŋ³³	tsʰaŋ³³	tsʰiŋ³³	tsʰaŋ³³²	tsʰaŋ³¹
正~月	梗开三平清章	tʃaŋ⁵⁵	tʃaŋ⁴⁵	tsaŋ⁴⁵	tsaŋ⁴⁵	tsaŋ⁵⁵	tsaŋ⁵⁵	tsaŋ⁵⁵	tsaŋ⁴⁵

单字	地点	廉江长山	廉江石角	廉江河唇	廉江雅塘	遂溪河头	雷州客路塘塞	雷州客路大家	徐闻下桥
征	梗开三平清章	tʃin⁵⁵	tʃin⁴⁵	tsin⁴⁵	tsin⁴⁵	tsiŋ⁵⁵	tsiŋ⁵⁵	tsiŋ⁵⁵	tsin⁴⁵
整	梗开三上静章	tʃin³¹	tʃin²¹	tsin³¹	tsin²¹	tsiŋ²¹	tsiŋ²¹	tsiŋ²¹	tsin³¹
正立~/~米	梗开三去劲章	tsin³³/tʃaŋ³¹	tʃin³³/tʃaŋ³³	tsin³³/tʃaŋ³³	tsin³³/tsaŋ³³	tsiŋ³³	tsiŋ³³	tsiŋ³³²	tsin⁵²
政	梗开三去劲章	tsin³³	tʃin³³	tsin³³	tsin³³	tsiŋ³³	tsiŋ³³	tsiŋ³³²	tsin⁵²
只量词	梗开三入昔章	tʃak³	tʃak²	tʃak³	tsak²	tsak²	tsak²	tsak²	tsat³
炙	梗开三入昔章	tʃak³	tʃak²	tʃak³	tsak²	tsiak²		tsak²	tsit³
赤	梗开三入昔昌	tʃʰak³	tʃʰak²	tʃʰak³	tsʰak²	tsʰak²	tsʰiak²	tsʰak²	tsʰiak³
斥	梗开三入昔昌	tsʰit³	tsʰit²	tsʰit³	tsʰit²	tsʰik²		tsʰik²	tsʰak³
尺	梗开三入昔昌	tʃʰak³	tʃʰak²	tʃʰak³	tsʰak²	tsʰak²	tsʰak²	tsʰak²	tsʰak³
射	梗开三入昔船	ʃa³³	ʃa³³	ʃa³³	sa³³	sa³³	sa³³	sa³³²	sa³¹
声	梗开三平清书	ʃaŋ⁵⁵	ʃaŋ⁴⁵	ʃaŋ⁴⁵	saŋ⁴⁵	saŋ⁵⁵	saŋ⁵⁵	saŋ⁵⁵	saŋ⁴⁵
圣	梗开三去劲书	ʃin³³	ʃin³³	ʃin³³	sin³³	sin³³	sin³³	sin³³²	sin⁵²
适	梗开三入昔书	sit³	ʃit²	ʃit³	ɬit²	sik²	sik²	sik²	sit³
释	梗开三入昔书	sit³	sit²	sit³	ɬit²	sik²	sik²	sik²	sit³
成	梗开三平清禅	ʃaŋ¹³/tʃʰaŋ¹³	ʃaŋ¹³/tʃʰaŋ¹³	ʃaŋ¹³/tʃʰaŋ¹³	saŋ²⁵/tsʰaŋ²⁵	saŋ¹³	saŋ¹³	saŋ¹³	saŋ²²³
城	梗开三平清禅	ʃaŋ¹³	ʃaŋ¹³	ʃaŋ¹³	saŋ²⁵	saŋ¹³	saŋ¹³	saŋ¹³	saŋ²²³

单字	地点	廉江长山	廉江石角	廉江河唇	廉江雅塘	遂溪河头	雷州客路塘塞	雷州客路大家	徐闻下桥
诚	梗开三平清禅	tsʰin¹³	tʃʰin¹³	tsʰin¹³	tsʰin²⁵	saŋ¹³	saŋ¹³	tsʰiŋ¹³	saŋ²²³
盛兴~	梗开三去劲禅	ʃin³³	ʃin³³	ʃin³³	sin³³	sin³³	sin³³	siŋ³³²	sin³¹
石	梗开三入昔禅	ʃak⁵	ʃak⁵	ʃak⁵	sak⁵	sak⁵	sak⁵	sak⁵	sak⁵
颈	梗开三上静见	kiaŋ³¹	kiaŋ²¹	kiaŋ³¹	kiaŋ²¹	kiaŋ²¹	kiaŋ²¹	kiaŋ²¹	kiaŋ³¹
轻	梗开三平清溪	kʰiaŋ⁵⁵	kʰiaŋ⁴⁵	kʰiaŋ⁴⁵	kʰiaŋ⁴⁵	kʰiaŋ⁵⁵	kʰiaŋ⁵⁵	kʰiaŋ⁵⁵	kʰiaŋ⁴⁵
婴	梗开三平清影	in⁵⁵	in⁴⁵	in⁴⁵	in⁴⁵	iŋ⁵⁵	iŋ⁵⁵	iŋ⁵⁵	in⁴⁵
缨	梗开三平清影	in⁵⁵	in⁴⁵	in⁴⁵	in⁴⁵	iŋ⁵⁵	iŋ⁵⁵	iŋ⁵⁵	in⁴⁵
益	梗开三入昔影	it³	it²	it³	it²	ik²	ik²	ik²	it³
盈	梗开三平清以	in¹³	in¹³	in¹³	in²⁵	iŋ¹³	iŋ¹³	iŋ¹³	in²²³
赢	梗开三平清以	iaŋ¹³	iaŋ¹³	iaŋ¹³	iaŋ²⁵	iaŋ¹³	iaŋ¹³	iaŋ¹³	iaŋ²²³
亦	梗开三入昔以		it⁵	it⁵	it²	ik²	ik²	ik²	it⁵
译	梗开三入昔以	it⁵	it⁵	it⁵	it⁵		ik²	ik²	it⁵
易交~容~	梗开三入昔以	it⁵	it⁵ i³³	it⁵	it⁵	ik⁵	i³³	i³³²	it⁵
液	梗开三入昔以	it⁵	it⁵	it⁵	it⁵	ik⁵	ie³³	ie³³²	it⁵
腋	梗开三入昔以	it⁵	it⁵ kʰiap⁵(狭)	it⁵ kʰiap⁵(狭)	kʰiap⁵(狭)	kʰiap⁵(狭)	kʰiap⁵(狭)	kʰiap⁵(狭)	it⁵
壁	梗开四入锡帮	piak³	piak²	piak³	piak²	pik²	piak²	piak²	piak³

单字	地点	廉江长山	廉江石角	廉江河唇	廉江雅塘	遂溪河头	雷州客路塘塞	雷州客路大家	徐闻下桥
拼~音	梗开四平青滂	p^{h}in^{33}	p^{h}in^{33}	p^{h}in^{33}	p^{h}in^{33}	p^{h}iŋ^{33}	p^{h}iŋ^{33}	p^{h}iŋ^{332}	p^{h}in^{52}
劈	梗开四入锡滂	p^{h}iak^3	p^{h}iak^2	p^{h}iak^3	p^{h}iak^2	p^{h}iak^2		p^{h}ik^2	p^{h}iak^3
霹	梗开四入锡滂	p^{h}it^3	p^{h}it^2	p^{h}it^3	p^{h}it^2	p^{h}ik^2	p^{h}ik^2	p^{h}ik^2	p^{h}it^3
瓶	梗开四平青並	p^{h}in^{13}	p^{h}in^{13}	p^{h}in^{13}	p^{h}in^{25}	p^{h}iaŋ^{13}	p^{h}iaŋ^{13}	p^{h}iaŋ^{13}	p^{h}in^{223}
屏	梗开四平青並	p^{h}in^{13}	p^{h}in^{13}	p^{h}in^{13}	p^{h}in^{25}	p^{h}iŋ^{13}	p^{h}iŋ^{13}	p^{h}iŋ^{13}	p^{h}in^{223}
萍指蓱 ~水相逢	梗开四平青並	p^{h}iau^{13}(蓱) p^{h}in^{13}	p^{h}iau^{13}(蓱) p^{h}in^{13}	p^{h}in^{13}	p^{h}iau^{25}(蓱) p^{h}in^{25}	p^{h}iau^{13}(蓱) p^{h}iŋ^{13}	p^{h}iŋ^{13}	p^{h}iau^{13}(蓱) p^{h}iŋ^{13}	p^{h}in^{223}
并~且	梗开四上迥並	pin^{33}	pin^{33}	pin^{33}	pin^{33}	pin^{33}	p^{h}in^{33}	pin^{332}	p^{h}in^{52}
铭	梗开四平青明	miaŋ^{13}	miaŋ^{13}	miaŋ^{13}	miaŋ^{25}	miŋ^{13}	miaŋ^{13}	miaŋ^{13}	miaŋ^{223}
觅	梗开四入锡明	met^3	met^2	met^3	met^5				mət^5
丁	梗开四平青端	ten^{55}	ten^{45}	ten^{45}	ten^{45}	taŋ^{55}	taŋ^{55}	taŋ^{55}	tən^{45}
钉名词	梗开四平青端	ten^{55}	ten^{45}	ten^{45}	ten^{45}	taŋ^{55}	taŋ^{55}	taŋ^{55}	tən^{45}
顶山~ 头~	梗开四上迥端	tin^{31} taŋ^{31}	tin^{21} ten^{21}	tin^{31} ten^{31}	tin^{21} taŋ^{21}	tin^{21} taŋ^{21}	tin^{21} tiaŋ^{21}	tin^{21}	tin^{31} tiaŋ^{31}
鼎	梗开四上迥端	ten^{31}	ten^{21}	ten^{31}	ten^{21}	tiŋ^{21}	tiŋ^{21}	tiŋ^{21}	tin^{31}
钉动词	梗开四去径端	ten^{55}	ten^{45}	ten^{45}	ten^{45}	taŋ^{55}	taŋ^{55}	taŋ^{55}	tən^{45}
订	梗开四去径端	ten^{33}	ten^{33}	ten^{33}	ten^{33}	t^{h}iŋ^{33}	t^{h}iŋ^{33}	t^{h}iŋ^{332}	tən^{52}
的	梗开四入锡端	tit^3	tit^2	tit^3	tit^2	tik^2	tik^2	tik^2	tit^5

单字	地点	廉江长山	廉江石角	廉江河唇	廉江雅塘	遂溪河头	雷州客路塘塞	雷州客路大家	徐闻下桥
滴	梗开四入锡端	tit^3	tit^2	tit^3	tit^2	tik^2	tik^2	tik^2	tit^5
嫡	梗开四入锡端	tit^3	tit^2	tit^3	tit^2		tik^2	tik^2	tit^3
听~话	梗开四平青透	t^hian^{55}	t^hen^{45}	t^hen^{45}	t^hen^{45}	t^hian^{55}	t^hian^{55}	t^hian^{55}	$t^hən^{45}$
厅	梗开四平青透	t^hen^{55} t^hian^{55}	t^hen^{45}	t^hen^{45}	t^hen^{45} t^hian^{45}	t^hian^{55}	t^hian^{55}	t^hian^{55}	$t^hən^{45}$
听~说 ~任	梗开四去径透	t^hen^{55} ten^{21}	t^hen^{45} ten^{21}	t^hen^{45}	t^hian^{45} ten^{21}	tan^{21}	t^hian^{55}	t^hian^{55}	$t^hən^{45}$
踢	梗开四入锡透	t^het^3	t^het^2	t^het^3	t^het^2	t^hak^2	t^hak^2	t^hak^2	t^hiak^3
剔	梗开四入锡透	t^het^3	t^hit^2	t^hit^3		t^hak^2		t^hiak^2	t^hiak^3
亭	梗开四平青定	t^hin^{13}	t^hin^{13}	t^hin^{13}	t^hin^{25}	$t^hiŋ^{13}$	$t^hiŋ^{13}$	$t^hiŋ^{13}$	t^hin^{223}
停	梗开四平青定	t^hin^{13} t^him^{13}	t^hin^{13}	t^him^{13}	t^hin^{25}	$t^hiŋ^{13}$	$t^hiŋ^{13}$	$t^hiŋ^{13}$	t^hin^{223}
廷	梗开四平青定	t^hin^{13}	t^hin^{13}	t^hin^{13}	t^hin^{25}	$t^hiŋ^{13}$	$t^hiŋ^{13}$	$t^hiŋ^{13}$	t^hin^{223}
庭	梗开四平青定	t^hin^{13}	t^hin^{13}	t^hin^{13}	t^hin^{25}	$t^hiŋ^{13}$	$t^hiŋ^{13}$	$t^hiŋ^{13}$	t^hin^{223}
蜓	梗开四平青定	t^hin^{13}	t^hin^{13}	t^hin^{13}	t^hin^{25}	$t^hiŋ^{13}$	$t^hiŋ^{13}$	$t^hiŋ^{13}$	t^hin^{223}
艇舰~ ~仔	梗开四上迥定	t^hin^{31} t^hian^{31}	t^hin^{21} t^han^{21}	t^hin^{13}	t^hin^{21}	t^hian^{21}	t^hian^{21}	t^hian^{21}	t^hian^{52}
挺~好 ~胸	梗开四上迥定	t^hin^{31} en^{31}△	t^hin^{21} en^{21}△	t^hin^{31} en^{31}△	t^hin^{21} en^{21}△	$t^hiŋ^{21}$	$t^hiŋ^{21}$	$t^hiŋ^{21}$	t^hin^{223} $ən^{31}$△
定	梗开四去径定	t^hin^{33}	t^hin^{33}	t^hin^{33}	t^hin^{33}	$t^hiŋ^{33}$	$t^hiŋ^{33}$	$t^hiŋ^{332}$	t^hin^{31}
笛	梗开四入锡定	t^het^5	t^het^5	t^het^5	t^het^5	t^hak^5	t^hak^5	t^hak^5	$t^hət^5$

单字 ＼ 地点		廉江长山	廉江石角	廉江河唇	廉江雅塘	遂溪河头	雷州客路塘塞	雷州客路大家	徐闻下桥
敌	梗开四入锡定	t^hit^5	t^hit^5	t^hit^5	t^hit^5	t^hik^5	t^hik^5	t^hik^5	t^hit^5
狄	梗开四入锡定	t^hit^5	t^hit^5	t^hit^5	t^hit^5	tik^5	tik^2	tik^2	t^hit^5
籴	梗开四入锡定	t^het^5	t^het^5	t^het^5	t^het^5	t^hak^5	t^hak^5	t^hak^5	$t^hət^5$
宁	梗开四平青泥	nen^{13}	nen^{13}	nen^{13}	nen^{25}	$ȵiŋ^{13}$	$ȵiŋ^{13}$	$ȵiŋ^{13}$	$nən^{223}$
溺	梗开四入锡泥	net^5	net^5	$ȵit^5$	$niɔk^5$	$ȵiɔk^5$	$niɔk^5$		$niɔk^5$
灵	梗开四平青来	lin^{13}	lin^{13}	lin^{13}	lin^{25}	$liŋ^{13}$	$liŋ^{13}$	$liŋ^{13}$	lin^{223}
零	梗开四平青来	len^{13}	len^{13}	len^{13}	len^{25}	$leŋ^{13}$	$leŋ^{13}$	$liŋ^{13}$	$liaŋ^{223}$
铃	梗开四平青来	$laŋ^{13}$	$laŋ^{13}$	$laŋ^{13}$	$laŋ^{25}$	$leŋ^{13}$	$leŋ^{13}$	$liŋ^{13}$	$laŋ^{223}$
伶	梗开四平青来	len^{13}	lin^{13}	lin^{13}	len^{25}	$leŋ^{13}$	$liŋ^{13}$	$liŋ^{13}$	lin^{223}
拎	梗开四平青来	$tia^{55}△$	$tia^{45}△$	$tia^{45}△$	$tia^{45}△$				
翎	梗开四平青来		lin^{13}	lin^{13}	lin^{25}		$liaŋ^{55}$		lin^{45}
另	梗开四去径来	len^{33}	len^{33}	len^{33}	len^{33}	$liŋ^{33}$	$liŋ^{33}$	$liŋ^{332}$	$lən^{31}$
历~史 日~	梗开四入锡来	lit^5	lit^5	lit^5	lit^5	li^{33} le^{33}	li^{33} le^{33}	li^{332} le^{332}	lit^5
绩	梗开四入锡精	$tsiak^3$	$tsiak^2$	$tsiak^3$	$tsiak^2$	$tsik^2$	$tsik^2$	$tsik^2$	$tsiak^3$
青	梗开四平青清	$ts^hiaŋ^{55}$	$ts^hiaŋ^{45}$	$ts^hiaŋ^{45}$	$ts^hiaŋ^{45}$	$ts^hiaŋ^{55}$	$ts^hiaŋ^{55}$	$ts^hiaŋ^{55}$	$ts^hiaŋ^{45}$
蜻	梗开四平青清	$ts^hiaŋ^{55}$	$ts^hiaŋ^{45}$	$ts^hiaŋ^{45}$	$ts^hiaŋ^{45}$	$ts^hiŋ^{55}$	$ts^hiŋ^{55}$	$ts^hiŋ^{55}$	$ts^hiaŋ^{45}$

单字 \ 地点		廉江长山	廉江石角	廉江河唇	廉江雅塘	遂溪河头	雷州客路塘塞	雷州客路大家	徐闻下桥
戚	梗开四入锡清	tsʰit³	tsʰit²	tsʰit³	tsʰit²	tsʰik²	tsʰik²	tsʰik²	tsʰit³
寂	梗开四入锡从	tsʰit³	tsʰit²	tsʰit³	tsʰit²	tsʰik⁵			
星 火~ / ~宿	梗开四平青心	sen⁵⁵	sen⁴⁵	sen⁴⁵	ɬen⁴⁵	ɬiŋ⁵⁵ ɬaŋ⁵⁵	ɬiŋ⁵⁵ ɬaŋ⁵⁵	saŋ⁵⁵	sən⁴⁵
腥 ~味 / 臭~	梗开四平青心	siaŋ⁵⁵ siaŋ³³	sen⁴⁵	sen⁴⁵	ɬiaŋ⁴⁵ ɬiaŋ³³	ɬiaŋ⁵⁵ ɬiaŋ³³	ɬiaŋ⁵⁵	siaŋ⁵⁵	sən⁴⁵
猩	梗开四平青心	sen⁵⁵	sen⁴⁵	sen⁴⁵	ɬen⁴⁵	ɬiŋ⁵⁵	ɬiŋ⁵⁵	siŋ⁵⁵	sən⁴⁵
醒	梗开四上迥心	siaŋ³¹	siaŋ²¹	siaŋ³¹	ɬiaŋ²¹	ɬiaŋ²¹	ɬiaŋ²¹	siaŋ²¹	siaŋ³¹
锡	梗开四入锡心	siak³	siak²	siak³	ɬiak²	ɬiak²	ɬiak²	siak²	siak³
析	梗开四入锡心	sit³	sit²	sit³	ɬit²	ɬik²	ɬik²	sik²	sit³
经	梗开四平青见	kin⁵⁵	kin⁴⁵	kin⁴⁵	kin⁴⁵	kiŋ⁵⁵	kiŋ⁵⁵	kiŋ⁵⁵	kin⁴⁵
径	梗开四去径见	kaŋ³³	kaŋ³³	kaŋ³³	kaŋ³³	kiŋ³³	kiŋ⁵⁵	kiŋ⁵⁵	kin⁵²
经	梗开四去径见	kin⁵⁵	kin⁴⁵	kin⁴⁵	kin⁴⁵	kiŋ⁵⁵	kiŋ⁵⁵	kiŋ⁵⁵	kin⁴⁵
击	梗开四入锡见	kit³	kit²	kit³	kit²	kik²	kik²	kik²	kit³
激	梗开四入锡见	kit³	kit²	kit³	kit²	kik²	kik²	kik²	kit³
形	梗开四平青匣	hin¹³	ʃin¹³	ʃin¹³	hin²⁵	hin¹³	hiŋ¹³	hiŋ¹³	sin²²³
型	梗开四平青匣	hin¹³	ʃin¹³	ʃin¹³	hin²⁵	hin¹³	hiŋ¹³	hiŋ¹³	sin²²³
刑	梗开四平青匣	hin¹³	ʃin¹³	ʃin¹³	hin²⁵	hin¹³	hiŋ¹³	hiŋ¹³	sin²²³

单字 \\ 地点		廉江长山	廉江石角	廉江河唇	廉江雅塘	遂溪河头	雷州客路塘塞	雷州客路大家	徐闻下桥
矿	梗合二上梗见	kʰɔŋ^{33}	kʰoŋ^{33}	kʰoŋ^{33}	kʰɔŋ^{33}	kʰɔŋ^{33}	kʰɔŋ^{33}	kʰɔŋ^{332}	kʰɔŋ^{52}
横~直	梗合二平庚匣	vaŋ^{13}	vaŋ^{13}	vaŋ^{13}	vaŋ^{25}	vaŋ^{13}	vaŋ^{13}	vaŋ^{13}	vaŋ^{223}
轰	梗合二平耕晓	vaŋ^{55}	vaŋ^{45}	vaŋ^{45}	vaŋ^{45}	vaŋ^{55}	hoŋ^{55}	vaŋ^{55} huŋ^{55}	kʰaŋ^{45}
宏	梗合二平耕匣	fuŋ^{13}	fuŋ^{13}	fuŋ^{13}	fuŋ^{25}	fuŋ^{13}	foŋ^{13}	hoŋ^{13}	huŋ^{223}
获收~ ~奖	梗合二入麦匣	vɔk^{3} fet^{5}	fet^{5}	vɔk^{3} fet^{5}	vɔk^{5}	vɔk^{2}	vak^{5}	vak^{2}	vɔk^{5}
划计~	梗合二入麦匣	vak^{5}	vak^{5}	vak^{5}	vak^{5}	vak^{5}	vak^{5}	fa^{332}	vak^{5}
兄	梗合三平庚晓	hiuŋ^{55}	ʃuŋ^{45}	suŋ^{45}	hiuŋ^{45}	hiuŋ^{55}	hioŋ^{55}	hioŋ^{55}	suŋ^{45}
荣	梗合三平庚云	iuŋ^{13}	iuŋ^{13}	iuŋ^{13}	iuŋ^{25}	iuŋ^{13}	ioŋ^{13}	iuŋ^{13}	iuŋ^{223}
永	梗合三上梗云	iun^{31}	iun^{21}	iun^{31}	iun^{21}	iuŋ^{21}	ioŋ^{21}	ioŋ^{21}	yn^{31}
泳	梗合三去映云	iun^{31}	iun^{21}	iun^{31}	iun^{21}	iuŋ^{21}	ioŋ^{21}	ioŋ^{21}	yn^{31}
咏	梗合三去映云	iun^{31}	iun^{21}	iun^{31}	iun^{21}		ioŋ^{21}	ioŋ^{21}	yn^{31}
倾	梗合三平清溪	kʰen^{55}	kʰen^{45}	kʰen^{45}	kʰen^{45}	kʰiŋ^{55}	kʰiŋ^{55}	kʰiŋ^{55}	kʰin^{45}
顷	梗合三上静溪	kʰen^{31}	kʰen^{21} kʰen^{45}	kʰen^{31}	kʰen^{21}		kʰiŋ^{21}	kʰiŋ^{21}	kʰin^{45}
琼	梗合三平清群	kʰin^{13}	kʰin^{13}	kʰin^{13}	kʰin^{25}	kʰiŋ^{13}	kʰiŋ^{13}	kʰiŋ^{13}	kʰin^{223}
营国~ ~长	梗合三平清以	iaŋ^{13}	iaŋ^{13}	iaŋ^{13}	iaŋ^{25}	iŋ^{13} iaŋ^{13}	iaŋ^{13}	iŋ^{13} iaŋ^{13}	iaŋ^{223}
颖	梗合三上静以	in^{31}	iun^{21}	in^{31}	in^{21}	iuŋ^{21}	iŋ^{21}	iuŋ^{21}	in^{31}

单字	地点	廉江长山	廉江石角	廉江河唇	廉江雅塘	遂溪河头	雷州客路塘塞	雷州客路大家	徐闻下桥
疫	梗合三入昔以	it⁵	it⁵	it⁵	it⁵	vik⁵	ik²	vik²	it⁵
役	梗合三入昔以	it⁵	it⁵	it⁵	it⁵	vik⁵	vik⁵	vik²	it⁵
萤	梗合四平青匣	iam¹³△	iam¹³△	iaŋ¹³	iaŋ²⁵	iŋ¹³	iŋ¹³	iŋ¹³	iaŋ²²³
卜占~萝~	通合一入屋帮	puk³ pʰet⁵	puk²	puk³ puk⁵	puk⁵ pʰet⁵	pɔk² pʰak⁵	pɔk² pʰak⁵	pɔk²	pʰɔk³ pʰət⁵
扑	通合一入屋滂	pʰuk³	pʰuk⁵	pʰuk³	pʰuk²	pʰɔk²	pʰɔk²	pʰuk²	pʰɔk³
仆~倒	通合一入屋滂	pʰuk⁵	pʰuk⁵	pʰuk³	pʰuk⁵	pʰɔk²	pʰɔk²	pʰuk²	pʰɔk³
篷	通合一平东并	pʰuŋ¹³	pʰuŋ¹³	pʰuŋ¹³	pʰuŋ²⁵	fuŋ¹³	pʰoŋ¹³	pʰueŋ¹³	fuŋ²²³
蓬	通合一平东并	pʰuŋ¹³	pʰuŋ¹³	pʰuŋ¹³	pʰuŋ²⁵	fuŋ¹³	foŋ¹³	pʰueŋ¹³	fuŋ²²³
仆奴~	通合一入屋并	pʰuk³	pʰuk⁵	pʰuk³	pʰɔk²	pʰɔk²		pʰuk²	pʰɔk³
曝	通合一入屋并	pʰau³³	pʰau³³	pʰau³³	pʰau³³	pʰau³³	pau³³	pau³³²	pɔ³¹
瀑	通合一入屋并	pʰau³³	pʰau³³	pʰau³³	pʰau³³	pau³³	pau³³	pau³³²	pɔ³¹
蒙	通合一平东明	muŋ¹³	muŋ¹³	muŋ¹³	muŋ²⁵	muŋ¹³	moŋ¹³	mueŋ¹³	muŋ²²³
懵	通合一上董明	muŋ³¹	muŋ²¹	muŋ³¹	muŋ²¹	muŋ²¹	moŋ²¹	mueŋ²¹	muŋ³¹
木	通合一入屋明	muk³	muk²	muk³	muk²	muk²	mok²	muk²	muk³
东	通合一平东端	tuŋ⁵⁵	tuŋ⁴⁵	tuŋ⁴⁵	tuŋ⁴⁵	tuŋ⁵⁵	toŋ⁵⁵	tueŋ⁵⁵	tuŋ⁴⁵
董	通合一上董端	tuŋ³¹	tuŋ²¹	tuŋ³¹	tuŋ²¹	tuŋ²¹	toŋ²¹	tueŋ²¹	tuŋ³¹

单字＼地点		廉江长山	廉江石角	廉江河唇	廉江雅塘	遂溪河头	雷州客路塘塞	雷州客路大家	徐闻下桥
懂	通合一上董端	tuŋ³¹	tuŋ²¹	tuŋ³¹	tuŋ²¹	tuŋ²¹	toŋ²¹	tueŋ²¹	tuŋ³¹
冻	通合一去送端	tuŋ³³	tuŋ³³	tuŋ³³	tuŋ³³	tuŋ³³	toŋ³³	toŋ³³²	tuŋ⁵²
栋~梁 两~楼	通合一去送端	tuŋ³³ tʰuŋ³³	tuŋ³³	tuŋ³³	tuŋ³³ tʰuŋ³³	tuŋ²¹ tʰuŋ³³	toŋ³³	tueŋ³³²	tuŋ⁵²
通	通合一平东透	tʰuŋ⁵⁵	tʰuŋ⁴⁵	tʰuŋ⁴⁵	tʰuŋ⁴⁵	tʰuŋ⁵⁵	tʰoŋ⁵⁵	tʰueŋ⁵⁵	tʰuŋ⁴⁵
桶	通合一上董透	tʰuŋ³¹	tʰuŋ²¹	tʰuŋ³¹	tʰuŋ²¹	tʰuŋ²¹	tʰoŋ²¹	tʰueŋ²¹	tʰuŋ³¹
捅	通合一上董透	tʰuŋ³³	tʰuŋ²¹	tʰuŋ³¹	tʰuŋ³³	tʰuŋ²¹	tʰoŋ²¹	tʰueŋ²¹	tuk³△
痛	通合一去送透	tʰuŋ³³	tʰuŋ³³	tʰuŋ³³	tʰuŋ³³	tʰuŋ³³	tʰoŋ³³	tʰueŋ³³²	tʰuŋ⁵²
秃	通合一入屋透	tuk³	tuk²	tuk³	tuk²	tʰɔk²	tʰuk⁵	tʰuk²	tʰuat³
同	通合一平东定	tʰuŋ¹³	tʰuŋ¹³	tʰuŋ¹³	tʰuŋ²⁵	tʰuŋ¹³	tʰoŋ¹³	tʰueŋ¹³	tʰuŋ²²³
铜	通合一平东定	tʰuŋ¹³	tʰuŋ¹³	tʰuŋ¹³	tʰuŋ²⁵	tʰuŋ¹³	tʰoŋ¹³	tʰueŋ¹³	tʰuŋ²²³
桐	通合一平东定	tʰuŋ¹³	tʰuŋ¹³	tʰuŋ¹³	tʰuŋ²⁵	tʰuŋ¹³	tʰoŋ¹³	tʰueŋ¹³	tʰuŋ²²³
筒	通合一平东定	tʰuŋ¹³	tʰuŋ¹³	tʰuŋ¹³	tʰuŋ²⁵	tʰuŋ¹³	tʰoŋ¹³	tʰoŋ¹³ tʰueŋ¹³	tʰuŋ²²³
童	通合一平东定	tʰuŋ¹³	tʰuŋ¹³	tʰuŋ¹³	tʰuŋ²⁵	tʰuŋ¹³	tʰoŋ¹³	tʰueŋ¹³	tʰuŋ²²³
瞳	通合一平东定	tʰuŋ¹³	tʰuŋ¹³	tʰuŋ¹³		tʰuŋ¹³	tʰoŋ¹³	tʰueŋ¹³	tʰuŋ²²³
动	通合一上董定	tʰuŋ³¹ nuk⁵△	tʰuŋ²¹ nuk⁵△	tʰuŋ³¹	tʰuŋ²¹ tʰuŋ⁴⁵	tʰuŋ³³ tʰuŋ⁵⁵	tʰoŋ³³ tʰoŋ⁵⁵	toŋ³³² tʰueŋ⁵⁵	tʰuŋ³¹ ɲiuk⁵△
洞	通合一去送定	tʰuŋ³³	tʰuŋ³³	tʰuŋ³³	tʰuŋ³³	tuŋ²¹	tʰoŋ³³	tʰueŋ³³²	tʰuŋ³¹

单字	地点	廉江长山	廉江石角	廉江河唇	廉江雅塘	遂溪河头	雷州客路塘塞	雷州客路大家	徐闻下桥
独	通合一入屋定	tʰuk⁵	tʰuk⁵	tʰuk⁵	tʰuk⁵	tʰuk⁵	tʰok⁵	tʰuk⁵	tʰuk⁵
读	通合一入屋定	tʰuk⁵	tʰuk⁵	tʰuk⁵	tʰuk⁵	tʰɔk⁵	tʰok⁵	tʰuk⁵	tʰuk⁵
笼 鸟~ ~罩	通合一平东来	luŋ¹³ luŋ³¹	luŋ¹³ luŋ²¹	luŋ¹³ luŋ³¹	luŋ²⁵	luŋ¹³	loŋ¹³	lueŋ¹³	luŋ²²³
聋	通合一平东来	luŋ⁵⁵	luŋ⁴⁵	luŋ⁴⁵	luŋ⁴⁵	luŋ⁵⁵	loŋ⁵⁵	lueŋ⁵⁵	luŋ⁴⁵
拢	通合一上董来	luŋ³¹	luŋ²¹	luŋ³¹	luŋ²⁵	luŋ²¹	loŋ²¹	lueŋ²¹	luŋ²²³
弄	通合一去送来	luŋ³³	luŋ²¹	luŋ³¹	luŋ³³	luŋ³³	noŋ³³		luŋ³¹
鹿	通合一入屋来	luk⁵	luk⁵	luk⁵	luk⁵	luk⁵	lok⁵	luk⁵	luk⁵
棕	通合一平东精	tsuŋ⁵⁵	tsuŋ⁴⁵	tsuŋ⁴⁵	tsuŋ⁴⁵	tsuŋ⁵⁵	tsoŋ⁵⁵	tsuŋ⁵⁵	tsuŋ⁴⁵
鬃	通合一平东精	tsuŋ⁵⁵	tsuŋ⁴⁵	tsuŋ⁴⁵	tsuŋ⁴⁵	tsuŋ⁵⁵	tsoŋ⁵⁵	tsuŋ⁵⁵	tsuŋ⁴⁵
总	通合一上董精	tsuŋ³¹	tsuŋ²¹	tsuŋ³¹	tsuŋ²¹	tsuŋ²¹	tsoŋ²¹	tsueŋ²¹	tsuŋ³¹
粽	通合一去送精	tsuŋ³³	tsuŋ³³	tsuŋ³³	tsuŋ³³	tsuŋ³³	tsoŋ³³	tsuŋ³³²	tsuŋ⁵²
聪	通合一平东清	tsʰuŋ⁵⁵	tsʰuŋ⁴⁵	tsʰuŋ⁴⁵	tsʰuŋ⁴⁵	tsʰuŋ⁵⁵	tsʰoŋ⁵⁵	tsʰueŋ⁵⁵	tsʰuŋ⁴⁵
葱	通合一平东清	tsʰuŋ⁵⁵	tsʰuŋ⁴⁵	tsʰuŋ⁴⁵	tsʰuŋ⁴⁵	tsʰuŋ⁵⁵	tsʰoŋ⁵⁵	tsʰueŋ⁵⁵	tsʰuŋ⁴⁵
囱	通合一平东清	tsʰuŋ⁵⁵	tsʰuŋ⁴⁵	tsʰuŋ⁴⁵	tsʰuŋ⁴⁵	tsʰuŋ⁵⁵	tsʰoŋ⁵⁵	tsʰueŋ⁵⁵	tʰuŋ⁴⁵△
丛	通合一平东从	tsʰuŋ¹³	tsʰuŋ¹³	tsʰuŋ¹³	tsʰuŋ²⁵	tsʰuŋ¹³	tsʰoŋ¹³	tsʰueŋ¹³	tsʰuŋ²²³
族	通合一入屋从	tsʰuk⁵	tsʰuk⁵	tsʰuk⁵	tsʰuk⁵	tsʰuk⁵	tsʰok⁵	tsʰuk⁵	tsʰuk⁵

单字	地点	廉江长山	廉江石角	廉江河唇	廉江雅塘	遂溪河头	雷州客路塘塞	雷州客路大家	徐闻下桥
送	通合一去送心	suŋ³³	suŋ³³	suŋ³³	ɬuŋ³³	ɬuŋ³³	ɬoŋ³³	sueŋ³³²	suŋ⁵²
速	通合一入屋心	tsʰuk³	tsʰuk²	tsʰuk³	tsʰuk²	ɬuk²	ɬok²	suk²	tsʰuk⁵
公	通合一平东见	kuŋ⁵⁵	kuŋ⁴⁵	kuŋ⁴⁵	kuŋ⁴⁵	kuŋ⁵⁵	koŋ⁵⁵	kueŋ⁵⁵	kuŋ⁴⁵
蚣	通合一平东见	kuŋ⁵⁵	kuŋ⁴⁵	kuŋ⁴⁵	kuŋ⁴⁵	kuŋ⁵⁵	koŋ⁵⁵	kueŋ⁵⁵	kuŋ⁴⁵
工	通合一平东见	kuŋ⁵⁵	kuŋ⁴⁵	kuŋ⁴⁵	kuŋ⁴⁵	kuŋ⁵⁵	koŋ⁵⁵	kueŋ⁵⁵	kuŋ⁴⁵
功	通合一平东见	kuŋ⁵⁵	kuŋ⁴⁵	kuŋ⁴⁵	kuŋ⁴⁵	kuŋ⁵⁵	koŋ⁵⁵	kueŋ⁵⁵	kuŋ⁴⁵
攻	通合一平东见	kuŋ⁵⁵	kuŋ⁴⁵	kuŋ⁴⁵	kuŋ⁴⁵	kuŋ⁵⁵	koŋ⁵⁵	kueŋ⁵⁵	kuŋ⁴⁵
贡	通合一去送见	kuŋ³³	kuŋ³³	kuŋ³³	kuŋ³³	kuŋ³³	koŋ³³	kueŋ³³²	kuŋ⁵²
谷	通合一入屋见	kuk³	kuk²	kuk³	kuk²	kuk²	kok²	kuk²	kuk³
空天~	通合一平东溪	kʰuŋ⁵⁵	kʰuŋ⁴⁵	kʰuŋ⁴⁵	kʰuŋ⁴⁵	kʰuŋ⁵⁵	kʰoŋ⁵⁵	kʰueŋ⁵⁵	kʰuŋ⁴⁵
空~缺	通合一去送溪	kʰuŋ⁵⁵	kʰuŋ⁴⁵	kʰuŋ⁴⁵	kʰuŋ⁴⁵	kʰuŋ³³	kʰoŋ⁵⁵	kʰueŋ⁵⁵	kʰuŋ⁴⁵
孔	通合一上董溪	kʰuŋ³¹	kʰuŋ²¹	kʰuŋ³¹	kʰuŋ²¹	kʰuŋ²¹	kʰoŋ²¹	kʰuŋ²¹	kʰuŋ³¹
控	通合一去送溪	kʰuŋ³³	kʰuŋ⁴⁵	kʰuŋ³³	kʰuŋ³³	kʰuŋ³³	kʰoŋ³³	kʰoŋ³³²	kʰuŋ⁵²
哭	通合一入屋溪	kiau³³₍叫₎	kiau³³₍叫₎	kiau³³₍叫₎	kiau³³₍叫₎	kiau³³₍叫₎	kiau³³₍叫₎	kiau³³²₍叫₎	kiau⁵²₍叫₎
烘	通合一平东晓	hoŋ³³	hoŋ⁴⁵	hoŋ⁴⁵	hoŋ³³	hoŋ³³	hoŋ³³	hoŋ³³²	kʰoŋ⁵²
哄	通合一上董晓	hɔ⁵⁵△	huŋ²¹ tʰem²¹△	tʰem³¹△	hɔ⁴⁵△			hoŋ⁵⁵	huŋ³¹

单字 \ 地点		廉江长山	廉江石角	廉江河唇	廉江雅塘	遂溪河头	雷州客路塘塞	雷州客路大家	徐闻下桥
红	通合一平东匣	fuŋ^{13}	fuŋ^{13}	fuŋ^{13}	fuŋ^{25}	fuŋ^{13}	foŋ^{13}	fueŋ^{13}	fuŋ^{223} huŋ^{223}
洪	通合一平东匣	fuŋ^{13}	fuŋ^{13}	fuŋ^{13}	fuŋ^{25}	fuŋ^{13}	foŋ^{13}	fueŋ^{13}	huŋ^{223}
鸿	通合一平东匣	fuŋ^{13}	fuŋ^{13}	fuŋ^{13}	fuŋ^{25}	fuŋ^{13}	foŋ^{13}	fueŋ^{13}	huŋ^{223}
汞	通合一上董匣	kuŋ^{33}	kuŋ^{33}	kuŋ^{33}		kuŋ^{55}			kuŋ^{45}
斛	通合一入屋匣	fuk^{5}	fuk^{5}	fuk^{3}		fuk^{2}			
翁	通合一平东影	iuŋ^{55}	iuŋ^{45}	iuŋ^{45}	iuŋ^{45}	iuŋ^{55}	ioŋ^{55}	ioŋ^{55} voŋ^{55}	iuŋ^{45}
瓮	通合一去送影	aŋ^{55}	aŋ^{45}	vuŋ^{33}	aŋ^{45}	aŋ^{55}		aŋ^{55}	aŋ^{45}
屋	通合一入屋影	vuk^{3}	vuk^{2}	vuk^{3}	vuk^{2}	vuk^{2}	vok^{2}	vuk^{2}	əuk^{3}
冬	通合一平冬端	tuŋ^{55}	tuŋ^{45}	tuŋ^{45}	tuŋ^{45}	tuŋ^{55}	toŋ^{55}	tueŋ^{55}	tuŋ^{45}
督	通合一入沃端	tuk^{3}	tuk^{2}	tuk^{3}	tuk^{2}	tuk^{2}	tok^{2}	tuk^{2}	tuk^{3}
统	通合一去宋透	tʰuŋ^{31}	tʰuŋ^{21}	tʰuŋ^{31}	tʰuŋ^{21}	tʰuŋ^{21}	tʰoŋ^{21}	tʰueŋ^{21}	tʰuŋ^{31}
毒	通合一入沃定	tʰuk^{5}	tʰuk^{5}	tʰuk^{5}	tʰuk^{5}	tʰuk^{5}	tʰok^{5}	tʰuk^{5}	tʰuk^{5}
农	通合一平冬泥	nuŋ^{13}	nuŋ^{13}	nuŋ^{13}	nuŋ^{25}	nuŋ^{13}	noŋ^{13}	nueŋ^{13}	nuŋ^{223}
脓	通合一平冬泥	nuŋ^{13}	nuŋ^{13}	nuŋ^{13}	nuŋ^{25}	nuŋ^{13}	noŋ^{13}	nueŋ^{13}	nuŋ^{223}
宗	通合一平冬精	tsuŋ^{55}	tsuŋ^{45}	tsuŋ^{45}	tsuŋ^{45}	tsuŋ^{55}	tsoŋ^{55}	tsoŋ^{55}	tsuŋ^{45}
综	通合一去宋精	tsuŋ^{55}	tsuŋ^{45}	tsuŋ^{45}	tsuŋ^{45}	tsuŋ^{55}	tsoŋ^{55}	tsoŋ^{55}	tsuŋ^{45}

单字 ＼ 地点		廉江长山	廉江石角	廉江河唇	廉江雅塘	遂溪河头	雷州客路塘塞	雷州客路大家	徐闻下桥
松轻~	通合一平冬心	suŋ⁵⁵	suŋ⁴⁵	suŋ⁴⁵	ɬuŋ⁴⁵	ɬuŋ⁵⁵	ɬoŋ⁵⁵	sueŋ⁵⁵	suŋ⁴⁵
宋	通合一去宋心	suŋ³³	suŋ³³	suŋ³³	ɬuŋ³³	ɬuŋ³³	ɬoŋ³³	sueŋ³³²	suŋ⁵²
沃	通合一入沃影	iuk³	iok²	iuk³	iuk²	iuk⁵			iuk⁵
风	通合三平东非	fuŋ⁵⁵	fuŋ⁴⁵	fuŋ⁴⁵	fuŋ⁴⁵	fuŋ⁵⁵	foŋ⁵⁵	fueŋ⁵⁵	fuŋ⁴⁵
枫	通合三平东非	fuŋ⁵⁵	fuŋ⁴⁵	fuŋ⁴⁵	fuŋ⁴⁵	fuŋ⁵⁵	foŋ⁵⁵	fueŋ⁵⁵	fuŋ⁴⁵
疯	通合三平东非	fuŋ⁵⁵	fuŋ⁴⁵	fuŋ⁴⁵	fuŋ⁴⁵	fuŋ⁵⁵	foŋ⁵⁵	fueŋ⁵⁵	fuŋ⁴⁵
讽	通合三去送非	fuŋ³¹	fuŋ²¹	fuŋ³¹	fuŋ²¹	fuŋ³³	foŋ²¹	fueŋ⁵⁵	fuŋ³¹
福	通合三入屋非	fuk³	fuk²	fuk³	fuk²	fuk²	fok²	fuk²	fuk³
幅	通合三入屋非	fuk³	fuk²	fuk³	fuk²	fuk²	fok²	fuk²	fuk³
蝠	通合三入屋非	fuk³	fuk²	fuk³	fuk²	fuk²	fok²	fuk²	fuk³
辐	通合三入屋非	fuk³	fuk²	fuk³	fuk²	fuk²	fok²	fuk²	fuk³
复重~	通合三入屋非	fuk³	fuk²	fuk³	fuk²	fuk²	fok²	fuk²	fuk³
腹	通合三入屋非	fuk³	fuk⁵	fuk³	fuk²	fuk²	fok²	fuk²	fuk³
丰	通合三平东敷	fuŋ⁵⁵	fuŋ⁴⁵	fuŋ⁴⁵	fuŋ⁴⁵	fuŋ⁵⁵	foŋ⁵⁵	fueŋ⁵⁵	fuŋ⁴⁵
覆~盖 倒扣	通合三入屋敷	fuk³ kʰep³△	fuk² kʰep²△	fuk³ kʰep³△	fuk²	fuk² pʰuk²	fok² pʰok²	fuk²	fuk³ pʰuk³
冯	通合三平东奉	fuŋ¹³	fuŋ¹³	fuŋ¹³	fuŋ²⁵	pʰaŋ¹³	foŋ¹³	fɔŋ¹³	fuŋ²²³

单字	地点	廉江长山	廉江石角	廉江河唇	廉江雅塘	遂溪河头	雷州客路塘塞	雷州客路大家	徐闻下桥
凤	通合三去送奉	fuŋ³³	fuŋ³³	fuŋ³³	fuŋ³³	fuŋ³³	foŋ³³	fuŋ³³²	fuŋ³¹
服	通合三入屋奉	fuk⁵	fuk⁵	fuk⁵	fuk⁵	fuk²	fok²	fuk⁵	fuk⁵
伏	通合三入屋奉	fuk⁵ pʰuk⁵	fuk⁵ pʰuk⁵	fuk⁵ pʰuk⁵	fuk⁵ pʰuk⁵	fuk² pʰuk⁵	fok² pʰok⁵	fuk² pʰuk⁵	fuk³ pʰuk⁵
袯	通合三入烛奉	fuk⁵	fuk⁵	fuk⁵	fuk⁵	fuk⁵	fok⁵	fuk⁵	fuk⁵
复恢~	通合三入屋奉	fuk³	fuk²	fuk³	fuk²	fuk⁵	fok²	fuk²	fuk³
梦	通合三去送明	muŋ³³	muŋ³³	muŋ³³	muŋ³³	muŋ³³	moŋ³³	mueŋ⁵⁵	muŋ³¹
目~的节~	通合三入屋明	muk³ muk⁵	muk² muk⁵	muk³	muk²	muk²	mok²	muk²	muk³
穆	通合三入屋明	muk³	muk²	muk⁵	muk⁵	muk²	mok²	muk²	muk³
牧	通合三入屋明	muk⁵	muk⁵	muk⁵	muk⁵	muk²	mok²	muk²	muk⁵
隆	通合三平东来	luŋ¹³	luŋ¹³	luŋ¹³	luŋ²⁵	luŋ¹³	loŋ¹³	lueŋ¹³	luŋ²²³
六	通合三入屋来	luk³	luk²	luk³	luk²	luk²	lok²	luk²	luk³
陆	通合三入屋来	luk⁵	luk⁵	luk⁵	luk²	luk²	lok⁵	luk²	luk⁵
嵩	通合三平东心	suŋ⁵⁵	suŋ⁴⁵	suŋ⁴⁵	ɬuŋ⁴⁵		ɬoŋ⁵⁵		
肃	通合三入屋心	suk³	suk²	suk³	ɬuk²	ɬuk²	ɬok²	suk²	suk³
宿~舍	通合三入屋心	suk³	suk²	suk³	ɬuk²	ɬuk²	ɬok²	suk²	suk³
中~央 ~间	通合三平东知	tʃuŋ⁵⁵ tuŋ⁵⁵	tʃuŋ⁴⁵ tuŋ⁴⁵	tʃuŋ⁴⁵ tuŋ⁴⁵	tsuŋ⁴⁵ tuŋ⁴⁵	tsuŋ⁵⁵ tuŋ⁵⁵	tsoŋ⁵⁵	tsueŋ⁵⁵ tueŋ⁵⁵	tsuŋ⁴⁵ tuŋ⁴⁵

单字	地点	廉江长山	廉江石角	廉江河唇	廉江雅塘	遂溪河头	雷州客路塘塞	雷州客路大家	徐闻下桥
忠	通合三平东知	tʃuŋ⁵⁵	tʃuŋ⁴⁵	tʃuŋ⁴⁵	tsuŋ⁴⁵	tsuŋ⁵⁵	tsoŋ⁵⁵	tsueŋ⁵⁵	tsuŋ⁴⁵
中 ₍射~₎	通合三去送知	tʃuŋ³³	tʃuŋ³³	tʃuŋ³³	tsuŋ³³	tsuŋ³³	tsoŋ³³	tsueŋ³³²	tsuŋ⁵²
竹	通合三入屋知	tʃuk³	tʃuk²	tʃuk³	tsuk²	tsuk²	tsok²	tsuk²	tsuk³
筑	通合三入屋知	tʃuk³	tsʰuk²	tsʰuk³	tsʰuk²	tsʰuk²	tsʰok²	tsʰuk²	tsʰuk³
畜 ₍~生₎	通合三入屋彻	tsʰuk³	tsʰuk²	tʃʰuk³	tsʰuk²	tsʰuk²	tsʰok²	tsʰuk²	tsʰuk³
虫	通合三平东澄	tʃʰuŋ¹³	tʃʰuŋ¹³	tʃʰuŋ¹³	tsʰuŋ²⁵	tsʰuŋ¹³	tsʰoŋ¹³	tsʰueŋ¹³	tsʰuŋ²²³
仲	通合三去送澄	tʃʰuŋ³¹	tʃuŋ²¹	tʃʰuŋ³¹	tsʰuŋ²¹	tsuŋ³³	tsoŋ³³	tsuŋ⁵⁵	tsʰuŋ³¹
逐	通合三入屋澄	tsʰuk⁵	tsʰuk⁵	tsʰuk⁵	tsʰuk⁵	tsʰuk²	tsʰok²	tsʰuk²	tsʰuk⁵
轴	通合三入屋澄	tsʰuk⁵	tsʰuk⁵	tsʰuk⁵	tsʰuk⁵	tsʰuk⁵	tsʰok⁵	tsʰuk⁵	tsʰuk⁵
崇	通合三平东崇	tsʰuŋ¹³	ʃuŋ¹³	tʃʰuŋ¹³	tsʰuŋ²⁵	tsʰuŋ¹³	ɬoŋ³³	tsʰueŋ¹³	suŋ²²³
缩	通合三入屋生	suk³	suk²	suk³	ɬuk²	ɬuk²	ɬok²	suk²	suk³
终	通合三平东章	tʃuŋ⁵⁵	tʃuŋ⁴⁵	tʃuŋ⁴⁵	tsuŋ⁴⁵	tsuŋ⁵⁵	tsoŋ⁵⁵	tsueŋ⁵⁵	tsuŋ⁴⁵
众	通合三去送章	tʃuŋ³³	tʃuŋ³³	tʃuŋ³³	tsuŋ³³	tsuŋ³³	tsoŋ³³	tsueŋ³³²	tsuŋ⁵²
祝	通合三入屋章	tʃuk³	tʃuk²	tʃuk³	tsuk²	tsuk²	tsok²	tsuk²	tsuk³
粥	通合三入屋章	tʃuk³	tʃuk²	tʃuk³	tsuk²	tsuk²	tsok²	tsuk²	tsuk³
充	通合三平东昌	tsʰuŋ⁵⁵	tʃʰuŋ⁴⁵	tʃʰuŋ⁴⁵	tsʰuŋ⁴⁵	tsʰuŋ⁵⁵	tsʰoŋ⁵⁵	tsʰueŋ⁵⁵	tsʰuŋ⁴⁵

单字 ＼ 地点		廉江长山	廉江石角	廉江河唇	廉江雅塘	遂溪河头	雷州客路塘塞	雷州客路大家	徐闻下桥
铳	通合三去送昌			tʃʰuŋ³³					tsʰun⁵²
叔	通合三入屋书	ʃuk³	ʃuk²	ʃuk³	suk²	suk²	sok²	suk²	suk³
熟	通合三入屋禅	ʃuk⁵	ʃuk⁵	ʃuk⁵	suk⁵	suk⁵	sok⁵	suk⁵	suk⁵
淑	通合三入屋禅	ʃuk³	ʃuk²	suk³	suk²	suk⁵	sok²	suk²	suk³
戎	通合三平东日	iuŋ¹³	iuŋ¹³	iuŋ¹³		iuŋ¹³	ioŋ¹³		iuŋ²²³
绒	通合三平东日	iuŋ¹³	iuŋ¹³	iuŋ¹³	iuŋ²⁵	iuŋ¹³	ioŋ¹³	iuŋ¹³	iuŋ²²³
肉	通合三入屋日	ȵiuk³	ȵiuk²	ȵiuk³	ȵiuk²	ȵiuk²	ȵiok²	ȵiuk²	ȵiuk³
弓~箭 天~（彩虹）	通合三平东见	kiuŋ⁵⁵	kuŋ⁴⁵	kiuŋ⁴⁵	kuŋ⁴⁵	kuŋ⁵⁵ kiuŋ⁵⁵	koŋ⁵⁵ kioŋ⁵⁵	kuŋ⁵⁵ kiuŋ⁵⁵	kuŋ⁴⁵
躬	通合三平东见	kuŋ⁵⁵	kuŋ⁴⁵	kuŋ⁴⁵	kuŋ⁴⁵	kuŋ⁵⁵	koŋ⁵⁵	kuŋ⁵⁵	kuŋ⁴⁵
宫	通合三平东见	kuŋ⁵⁵	kuŋ⁴⁵	kuŋ⁴⁵	kuŋ⁴⁵	kuŋ⁵⁵	koŋ⁵⁵	kuŋ⁵⁵	kuŋ⁴⁵
菊	通合三入屋见	kʰuk³	kʰuk²	kʰuk³	kʰuk²	kʰuk⁵	kʰok²	kʰiuk²	kuk³
曲酒~	通合三入屋溪	kʰiuk³	kʰiuk²	kʰiuk³	kʰuk²	kʰiuk²	kʰiok²	kʰiuk²	kʰuk³
穷	通合三平东群	kʰiuŋ¹³	kʰiuŋ¹³	kʰiuŋ¹³	kʰiuŋ²⁵	kʰiuŋ¹³	kʰioŋ¹³	kʰiuŋ¹³ kʰioŋ¹³	kʰuŋ²²³
畜~牧	通合三入屋晓	tsʰuk³	tsʰuk²	tsʰuk³	tsʰuk²	tsʰuk²	tsʰok²	tsʰuk²	tsʰuk⁵
蓄	通合三入屋晓	tsʰuk³	tsʰuk²	tsʰuk³	tsʰuk²	tsʰuk²	tsʰok²	tsʰuk²	tsʰuk⁵
郁	通合三入屋影	iuk³	iuk²	iuk³	iuk²	vuk²	vuk²		iuk⁵

单字 ＼ 地点	廉江长山	廉江石角	廉江河唇	廉江雅塘	遂溪河头	雷州客路塘塞	雷州客路大家	徐闻下桥
熊　通合三平东云	iuŋ¹³	iuŋ¹³	iuŋ¹³	iuŋ²⁵	iuŋ¹³	hioŋ¹³	hioŋ¹³	iuŋ²²³
雄　通合三平东云	hiuŋ¹³	ʃuŋ¹³	ʃuŋ¹³	hiuŋ²⁵	hiuŋ¹³	hioŋ¹³	hioŋ¹³	suŋ²²³
融　通合三平东以	iuŋ¹³	iuŋ¹³	iuŋ¹³	iuŋ²⁵	iuŋ¹³	ioŋ¹³	ioŋ¹³	iuŋ²²³
育　通合三入屋以	iuk³	iuk²	iuk³	iuk²	iuk²	iok²	iuk²	iuk⁵
封　通合三平钟非	fuŋ⁵⁵	fuŋ⁴⁵	fuŋ⁴⁵	fuŋ⁴⁵	fuŋ⁵⁵	foŋ⁵⁵	fueŋ⁵⁵	fuŋ⁴⁵
峰　通合三平钟敷	fuŋ⁵⁵	fuŋ⁴⁵	fuŋ⁴⁵	fuŋ⁴⁵	fuŋ⁵⁵	foŋ⁵⁵	fɔŋ⁵⁵	fuŋ⁴⁵
蜂　通合三平钟敷	fuŋ⁵⁵	fuŋ⁴⁵	fuŋ⁴⁵	fuŋ⁴⁵	fuŋ⁵⁵	foŋ⁵⁵	fɔŋ⁵⁵	fuŋ⁴⁵
锋　通合三平钟敷	fuŋ⁵⁵	fuŋ⁴⁵	fuŋ⁴⁵	fuŋ⁴⁵	fuŋ⁵⁵	foŋ⁵⁵	fɔŋ⁵⁵	fuŋ⁴⁵
捧　通合三上肿敷	puŋ³¹	puŋ²¹	puŋ³¹	puŋ²¹	fuŋ²¹	poŋ²¹		fuŋ³¹
逢相~　通合三平钟奉	fuŋ¹³	fuŋ¹³	fuŋ¹³	fuŋ²⁵	fuŋ¹³	foŋ¹³	fueŋ¹³	fuŋ²²³
缝裁~　通合三平钟奉	fuŋ¹³	fuŋ¹³	fuŋ¹³	fuŋ²⁵	fuŋ¹³	foŋ¹³	fueŋ¹³	fuŋ²²³
奉　通合三上肿奉	fuŋ³¹	fuŋ³³	fuŋ³³	fuŋ³³	fuŋ³³	foŋ³³	fueŋ³³²	fuŋ⁵²
俸　通合三去用奉	fuŋ³¹	fuŋ²¹	fuŋ³¹	fuŋ³³	fuŋ³³	foŋ³³	fueŋ³³²	fuŋ³¹
缝一条~　通合三去用奉	la³³△	la³³△	fuŋ¹³		la³³△	foŋ¹³	lak²△	lak³△
浓　通合三平钟泥	ȵiuŋ¹³	ȵiuŋ¹³	ȵiuŋ¹³	ȵiuŋ²⁵	nuŋ¹³ / neu¹³△	noŋ¹³	nueŋ¹³ / neu¹³△	nuŋ²²³ / nəu²²³△
龙　通合三平钟来	luŋ¹³	luŋ¹³	luŋ¹³	luŋ²⁵	luŋ¹³	loŋ¹³	lueŋ¹³	luŋ²²³

单字	地点	廉江长山	廉江石角	廉江河唇	廉江雅塘	遂溪河头	雷州客路塘塞	雷州客路大家	徐闻下桥
垄	通合三上肿来	luŋ³¹	luŋ²¹	luŋ³¹	luŋ²¹	luŋ²¹	loŋ²¹	lueŋ²¹	luŋ³¹
绿	通合三入烛来	łuk⁵	luk⁵	luk⁵	luk⁵	luk²	lok⁵	luk⁵	luk⁵
录	通合三入烛来	luk⁵	luk⁵	luk⁵	luk⁵	luk²	lok⁵	luk⁵	luk⁵
踪	通合三平钟精	tsuŋ⁵⁵	tsuŋ⁴⁵	tsuŋ⁴⁵	tsuŋ⁴⁵	tsuŋ⁵⁵	tsoŋ⁵⁵	tsueŋ⁵⁵	tsuŋ⁴⁵
纵~容	通合三去用精	tsuŋ³¹	tsuŋ⁴⁵	tsuŋ⁴⁵	tsuŋ⁴⁵	tsuŋ⁵⁵	tsoŋ³³	tsuŋ³³²	tsuŋ⁵²
足	通合三入烛精	tsuk³	tsuk²	tsuk³	tsuk²	tsuk²	tsok²	tsuk²	tsuk³
从~容	通合三平钟清	tsʰuŋ¹³	tsʰuŋ¹³	tsʰuŋ¹³	tsʰuŋ²⁵	tsʰuŋ¹³	tsʰoŋ¹³	tsʰueŋ¹³	tsʰuŋ²²³
促	通合三入烛清	tsʰuk³	tsʰuk²	tsʰuk³	tsʰuk²	tsʰuk²	tsʰok²	tsʰuk²	tsʰuk³
从跟~	通合三平钟从	tsʰuŋ¹³	tsʰuŋ¹³	tsʰuŋ¹³	tsʰuŋ²⁵	tsʰuŋ¹³	tsʰoŋ¹³	tsʰueŋ¹³	tsʰuŋ²²³
怂	通合三上肿心		suŋ²¹	tsuŋ³¹△	tsuŋ²¹△		tsoŋ³³△		suŋ⁵²
粟	通合三入烛心	suk³	suk²	suk³	łuk²	łuk²	łok²	suk²	suk³
松~树	通合三平钟邪	tsʰuŋ¹³	tsʰuŋ¹³	tsʰuŋ¹³	tsʰuŋ²⁵	tsʰuŋ¹³	tsʰoŋ¹³	tsʰueŋ¹³	tsʰuŋ²²³
诵	通合三去用邪	tʃʰuŋ³³	tʃʰuŋ²¹	tʃʰuŋ³¹	łuŋ²¹	łuŋ³³	łoŋ³³		suŋ⁵²
颂	通合三去用邪	tʃʰuŋ³³	tʃʰuŋ²¹	tʃʰuŋ³¹	łuŋ²¹	łuŋ³³	łoŋ³³	soŋ³³²	suŋ⁵²
讼	通合三去用邪		tʃʰuŋ²¹	tʃʰuŋ³¹	tsʰuŋ²¹	tsuŋ³³	łoŋ³³		suŋ⁵²
俗	通合三入烛邪	suk⁵	suk⁵	suk⁵	łuk⁵	łuk²	łok²	suk⁵	suk⁵

单字	地点	廉江长山	廉江石角	廉江河唇	廉江雅塘	遂溪河头	雷州客路塘塞	雷州客路大家	徐闻下桥
续	通合三入烛邪	tsʰuk⁵	tsʰuk⁵	tsʰuk⁵	tsʰuk⁵	ɬuk²	ɬok²	suk⁵	tsʰuk⁵
宠	通合三上肿彻	tʃʰuŋ³¹	tʃʰuŋ²¹	tʃʰuŋ³¹			tsʰɔŋ²¹	tsʰɔŋ²¹ tsʰueŋ²¹	tsʰuŋ³¹
重~复	通合三平钟澄	tsʰuŋ¹³	tsʰuŋ¹³	tsʰuŋ¹³	tsʰuŋ²⁵	tsʰuŋ¹³	tsʰɔŋ¹³	tsʰueŋ¹³	tsʰuŋ²²³
重~量 轻~	通合三上肿澄	tʃʰuŋ⁵⁵	tʃʰuŋ²¹ tʃʰuŋ⁴⁵	tʃʰuŋ³¹ tʃʰuŋ⁴⁵	tsʰuŋ⁴⁵	tsʰuŋ⁵⁵	tsʰɔŋ⁵⁵	tsʰueŋ⁵⁵	tsʰuŋ⁴⁵
钟	通合三平钟章	tʃuŋ⁵⁵	tʃuŋ⁴⁵	ʃuŋ⁴⁵	tsuŋ⁴⁵	tsuŋ⁵⁵	tsoŋ⁵⁵	tsueŋ⁵⁵	tsuŋ⁴⁵
盅	通合三平钟章	tʃuŋ⁵⁵	tʃuŋ⁴⁵	ʃuŋ⁴⁵	tsuŋ⁴⁵	tsuŋ⁵⁵	tsoŋ⁵⁵	tsueŋ⁵⁵	tsuŋ⁴⁵
种~类	通合三上肿章	tʃuŋ³¹	tʃuŋ²¹	ʃuŋ³³	tsuŋ²¹	tsuŋ³³	tsoŋ³³	tsueŋ³³²	tsuŋ³¹
种~田	通合三去用章	tʃuŋ³³	tʃuŋ³³	ʃuŋ³¹	tsuŋ³³	tsuŋ²¹	tsoŋ³³	tsueŋ²¹	tsuŋ⁵²
肿	通合三上肿章	tʃuŋ³¹	tʃuŋ²¹	ʃuŋ³¹	tsuŋ²¹	tsuŋ²¹	tsoŋ²¹	tsueŋ²¹	tsuŋ³¹
烛	通合三入烛章	tʃuk³	tʃuk²	ʃuk³	tsuk²	tsuk²	tsok²	tsuk²	tsuk³
嘱	通合三入烛章	tʃuk³	tʃuk²	ʃuk³	tsuk²	tsuk²	tsok²	tsuk²	tsuk³
冲	通合三平钟昌	tʃʰuŋ⁵⁵	tʃʰuŋ⁴⁵	tʃʰuŋ⁴⁵	tsʰuŋ⁴⁵	tsʰuŋ⁵⁵	tsʰɔŋ⁵⁵	tsʰueŋ⁵⁵	tsʰuŋ⁴⁵
触	通合三入烛昌	tsʰuk³	tsʰuk²	tsʰuk³	tsʰuk²	tsʰuk²	tsʰok²	tsʰuk²	tsʰuk³
赎	通合三入烛船	ʃuk⁵	ʃuk⁵	ʃuk⁵	suk⁵	ɬuk²	sok⁵	suk⁵	suk⁵
舂	通合三平钟书	tʃuŋ⁵⁵	tʰak⁵△	ʃuŋ⁴⁵		tsuŋ⁵⁵	tsoŋ⁵⁵	tʰak⁵△	tsuŋ⁴⁵
束	通合三入烛书	tsʰuk³	tsʰuk²	tsʰuk³	tsʰuk²	tsʰuk²	ɬok²	suk²	tsʰuk³

单字	地点	廉江长山	廉江石角	廉江河唇	廉江雅塘	遂溪河头	雷州客路塘塞	雷州客路大家	徐闻下桥
蜀	通合三入烛禅	tʃuk³	tʃuk²	tʃuk³	tsuk²	tsuk²	tsok²	tsuk²	tsuk³
属	通合三入烛禅	ʃuk⁵	ʃuk⁵	ʃuk⁵	suk⁵	ɬuk²	sok²	suk⁵	suk⁵
茸	通合三平钟日	iuŋ¹³	iuŋ¹³	iuŋ¹³	iuŋ²⁵	iuŋ¹³	ioŋ¹³	iuŋ¹³	iuŋ²²³
辱	通合三入烛日	iuk⁵	iuk⁵	iuk⁵	iuk⁵	iuk²	iok²	iuk²	iuk⁵
褥	通合三入烛日	iuk⁵	iuk⁵	iuk⁵	iuk⁵	iuk²	iok²	iuk²	iuk⁵
恭	通合三平钟见	kuŋ⁵⁵	kuŋ⁴⁵	kuŋ⁴⁵	kuŋ⁴⁵	kuŋ⁵⁵	koŋ⁵⁵	kueŋ⁵⁵	kuŋ⁴⁵
供提~	通合三平钟见	kuŋ⁵⁵ kuŋ³³	kuŋ⁴⁵ kuŋ³³	kuŋ³³	kuŋ⁴⁵	kuŋ³³	koŋ³³	kueŋ³³²	kuŋ⁵²
拱	通合三上肿见	kuŋ³¹	kuŋ²¹	kuŋ³¹	kuŋ²¹	kuŋ²¹	kʰoŋ²¹	kuŋ²¹	kʰuŋ³¹
巩	通合三上肿见	kuŋ³¹	kuŋ²¹	kuŋ³¹	kuŋ²¹	kʰuŋ²¹	kʰoŋ²¹	kʰuŋ²¹	kuŋ³¹
供~养	通合三去用见	kuŋ⁵⁵	kuŋ⁴⁵	kuŋ⁴⁵	kuŋ⁴⁵	kʰuŋ³³	kʰoŋ³³	kueŋ³³²	kuŋ⁵²
恐	通合三上肿溪	kʰuŋ³¹	kʰuŋ²¹	kʰuŋ³¹	kʰuŋ²¹	kʰuŋ²¹	kʰoŋ²¹	kʰɔŋ²¹	kʰuŋ³¹
曲弯~	通合三入烛溪	kʰiuk³	kʰiok²	kʰiuk³	kʰuk²	kʰiuk²	kʰiok²	kʰiuk²	kʰuk³
共	通合三去用群	kʰuŋ³³	kʰuŋ³³	kʰuŋ³³	kʰuŋ³³	kʰuŋ³³	kʰoŋ³³	kʰueŋ³³²	kʰuŋ³¹
局	通合三入烛群	kʰiuk⁵	kʰiuk⁵	kʰiuk⁵	kʰuk⁵	kʰuk²	kʰok⁵	kʰuk⁵	kʰuk⁵
玉	通合三入烛疑	ȵiuk⁵	ȵiuk⁵	ȵiuk⁵	ȵiuk⁵	iuk²	ȵiok²	iuk²	ȵiuk⁵
狱	通合三入烛疑	ȵiuk⁵	ȵiuk⁵	ȵiuk⁵	ȵiuk⁵	ȵiuk⁵	ȵiok²	iuk²	ȵiuk⁵

单字	地点	廉江长山	廉江石角	廉江河唇	廉江雅塘	遂溪河头	雷州客路塘塞	雷州客路大家	徐闻下桥
胸	通合三平钟晓	hiuŋ⁵⁵	ʃuŋ⁴⁵	siuŋ⁴⁵	hiuŋ⁴⁵	hiuŋ⁵⁵	hioŋ⁵⁵	hiɔŋ⁵⁵	suŋ⁴⁵
凶吉~ ~恶	通合三平钟晓	hiuŋ⁵⁵	ʃuŋ⁴⁵	siuŋ⁴⁵	hiuŋ⁴⁵	fuŋ⁵⁵	hoŋ⁵⁵	hiɔŋ⁵⁵	suŋ⁴⁵ huŋ⁴⁵
雍	通合三平钟影	iuŋ⁵⁵	iuŋ⁴⁵	iuŋ⁴⁵	iuŋ⁴⁵	iuŋ⁵⁵	ioŋ⁵⁵	iɔŋ⁵⁵	iuŋ⁴⁵
拥	通合三上肿影	iuŋ³¹	iuŋ²¹	iuŋ³¹	iuŋ²¹	iuŋ²¹	ioŋ²¹	iɔŋ²¹	iuŋ⁵²
容	通合三平钟以	iuŋ¹³	iuŋ¹³	iuŋ¹³	iuŋ²⁵	iuŋ¹³	ioŋ¹³	iuŋ¹³	iuŋ²²³
蓉	通合三平钟以	iuŋ¹³	iuŋ¹³	iuŋ¹³	iuŋ²⁵	iuŋ¹³	ioŋ¹³	iuŋ¹³	iuŋ²²³
镕	通合三平钟以	iuŋ¹³	iuŋ¹³	iuŋ¹³	iuŋ²⁵	iuŋ¹³	ioŋ¹³	iuŋ¹³	iuŋ²²³
庸	通合三平钟以	iuŋ¹³	iuŋ¹³	iuŋ⁴⁵	iuŋ²⁵	iuŋ¹³	ioŋ⁵⁵	iɔŋ¹³	iuŋ²²³
勇	通合三上肿以	iuŋ³¹	iuŋ²¹	iuŋ³¹	iuŋ²¹	iuŋ²¹	ioŋ²¹	iuŋ²¹	iuŋ⁴⁵
涌	通合三上肿以	iuŋ³¹	iuŋ²¹	iuŋ³¹	iuŋ²¹	iuŋ²¹	ioŋ²¹	iuŋ²¹	iuŋ⁵²
用	通合三去用以	iuŋ³³	iuŋ³³	iuŋ³³	iuŋ³³	iuŋ³³	ioŋ³³	iuŋ³³²	iuŋ³¹
欲	通合三入烛以	iuk⁵	iuk⁵	iuk⁵	iuk⁵	iuk²	iok²	iuk²	iuk⁵
浴	通合三入烛以	iuk⁵	iuk⁵	iuk⁵	iuk⁵	iuk²	iok²	iuk²	iuk⁵
屙	果开一平歌影	ɔ⁵⁵	o⁴⁵	o⁴⁵	ɔ⁴⁵	ɔ⁵⁵	ɔ⁵⁵	ɔ⁵⁵	ɔ⁴⁵
播	果合一去过帮	pɔ³³	pɔ³³	pɔ³³	pɔ³³	pʰɔ⁵⁵	pʰak²△	pʰak²△	pɔ⁵²
嘛	假开二平麻明	ma¹³	ma¹³	ma¹³	ma²⁵	ma¹³	ma¹³	ma¹³	ma²²³

单字	地点	廉江长山	廉江石角	廉江河唇	廉江雅塘	遂溪河头	雷州客路塘塞	雷州客路大家	徐闻下桥
攞 继隙 手指~	假开二 去祃晓	la³³△	la³³△	la³³△	la³³△	la³³△	la³³△	lak⁵△	liek⁵△
唔	遇合一 平模疑	mɔ¹³ (有)	m̩¹³	ŋ̍¹³	ŋ̍²⁵	m̩³³	mɔ¹³ (有)	mɔ¹³ (有)	ŋ̍²²³
墅	遇合三 上语禅	ʃu³¹	ʃu²¹		su²¹		su³³		sy³¹
颏 脖子前面	蟹开一 平咍见	kɔi⁵⁵	koi⁴⁵	koi⁴⁵	kɔi⁴⁵			ke⁵⁵	kuai⁴⁵
瘆 疲乏	蟹开一 去泰见	keu³³△ kʰiɔi³³△	kʰioi³³△	kʰioi³³△	kʰiɔi³³△		kʰɔi³³		kʰei³¹△
莉	蟹开四 平齐来	li³³	li³³	li³³	li³³	li³³	li³³	li³³²	li³¹
髀	蟹开四 上荠并	pi³¹	pi²¹	pi³¹	pi²¹	pi²¹	pi³³	pi³³²	pi³¹
脢	蟹合一 平灰明	mɔi¹³	moi¹³	moi¹³	mɔi²⁵	mɔi¹³	mɔi¹³	mɔi¹³	muai²²³
浼 体垢	蟹合一 上贿明	man³³△	man³³△	man³³△	man³³△			maŋ³³²△	man³¹△
沸	止合三 去未非	fut³	fut⁵	fut⁵	fut⁵	fat⁵			fut³
猬	止合三 去未云	vui³¹	vui²¹	vui³¹	vui²¹	vui³³	vui³³	vui³³²	vui³¹
玫 圣~	效开二 去效见	kau³³	kau³³	kau³³	kau³³	kau³³	kau³³	kau³³²	kʰau⁵²
犇 奔跑	效开三 平宵帮	piau⁵⁵	piau⁴⁵	piau⁴⁵	piau⁴⁵	piau⁵⁵	piau⁵⁵	piau⁵⁵	piau⁴⁵
寮 茅~	效开四 平萧来	liau¹³	liau¹³	liau¹³	liau²⁵	liau¹³	liau¹³	liau¹³	liau²²³
嫽 玩耍	效开四 去啸来	liau³³	liau³³	liau³³	liau³³	liau³³	liau³³	liau³³²	liau³¹
撬	效开四 平萧溪	kʰiau³³	kʰiau³³	kʰiau³³	kʰiau³³	kʰiau³³	kʰiau³³	kʰiau³³²	kʰiau³¹

单字	地点	廉江长山	廉江石角	廉江河唇	廉江雅塘	遂溪河头	雷州客路塘塞	雷州客路大家	徐闻下桥
褛	流开一平侯来	lau⁵⁵	lau⁴⁵	lau⁴⁵	leu⁴⁵	lau⁵⁵	leu⁵⁵	lau⁵⁵	ləu⁴⁵
窦鸟~ 鼻~炎	流开一去候定	teu³³	teu³³	teu³³ tʰeu³³	teu³³	teu³³	teu³³ tʰeu³³	teu⁵⁵ tʰeu³³²	təu⁵² tʰəu³¹
腩	咸开一上感泥	nam⁵⁵	nam⁴⁵	nam⁴⁵	nam⁴⁵	nam⁵⁵	nam²¹	nam²¹	nam⁵²
擸一~碗	咸开一入盍来	lap³	lap²	lap³	lap²	lap²	tʰiap⁵△	tʰiap⁵△	lap³
啱	咸开二平衔疑	ŋam⁵⁵	ŋam⁴⁵	ŋam⁴⁵	ŋam⁴⁵	ŋam⁵⁵	ŋam⁵⁵	ŋam⁵⁵	ŋam⁴⁵
攕	咸开三平盐精	tsiam³³	tsiam⁴⁵	tsiam⁴⁵	tsiam⁴⁵	tsʰiam⁵⁵	tsiam⁵⁵	tsʰiam⁵⁵	tsiam⁴⁵
脸	深开三上寝日	nem¹³	nem¹³	nem¹³	nem²⁵	nem¹³	nem¹³	nem¹³	nəm²²³
煞	山开二入黠生	sat³	sat²	sat³	ɬat²	ɬak²	ɬak²		sat³
癫	山开四平先端	tian⁵⁵	tian⁴⁵	tian⁴⁵	tian⁴⁵	tian⁵⁵	tieŋ⁵⁵	tieŋ⁵⁵	tian⁴⁵
键	山开四去霰见	kian³¹	kian²¹	kian³¹		kian³³	kieŋ³³	kieŋ³³²	kian⁵²
枧	山开四去霰见	kan³¹	kan²¹	kan³¹	kan²¹	kian²¹	kieŋ²¹	kieŋ²¹	kan³¹
畚	臻合一上混帮	pun³³	pun³³	pun³³	pun³³	pun³³	pun³³	pueŋ³³²	pun⁵²
炖	臻合一上混定	tun⁵⁵	tun⁴⁵	tun⁴⁵	tun³³	tun³³	tun³³	tueŋ³³²	tun⁵²
询	臻合三平谆心	sun¹³	sun¹³	sun¹³	ɬun²⁵	ɬun¹³	sun¹³	sueŋ¹³	sun²²³
圳	臻合三去稕章	tʃun³³	tʃun³³	tʃun³³	tsun³³		tsun³³	tsoŋ³³²	tsun⁵²
吩	臻合三平文非	fun⁵⁵	fun⁴⁵	fun⁴⁵	fun⁴⁵	fun⁵⁵	fun⁵⁵	fueŋ⁵⁵	fun⁴⁵

单字	地点	廉江长山	廉江石角	廉江河唇	廉江雅塘	遂溪河头	雷州客路塘塞	雷州客路大家	徐闻下桥
桁	宕开一平唐匣	haŋ¹³	haŋ¹³	haŋ¹³	haŋ²⁵	haŋ¹³	haŋ¹³	haŋ¹³	haŋ²²³
惶	宕合一平唐匣	voŋ¹³	voŋ¹³	voŋ¹³	voŋ²⁵	vɔŋ¹³		voŋ¹³	vɔŋ²²³ .
簕	曾开一入德来	let³	let²	let³	let²	lak²	lak²	nak²	lət³
踭	梗开二平耕庄	tsaŋ⁵⁵	tsaŋ⁴⁵	tsaŋ⁴⁵	tsaŋ⁴⁵	tsaŋ⁵⁵	tsaŋ⁵⁵	tsaŋ⁵⁵	tsaŋ⁴⁵
罂	梗开二平耕影		aŋ⁴⁵	aŋ⁴⁵	aŋ⁴⁵				
腈~肉	梗开三平清精								tsiaŋ⁴⁵ ₍粗₎
擗	梗开三入昔並	pʰiet³ fit³△	fit²△	fet³△	pʰiet²	pʰiak²	pʰiak²	pʰiak²	mak⁵△
坜坑~	梗开四入锡来	lak⁵	lak⁵	lak⁵	lak⁵			lak²	lak³
沥	梗开四入锡来	lak³	lak²	lak³	lak²				lak³
蒮	梗合三平清影	iaŋ⁵⁵	iaŋ⁴⁵	iaŋ⁴⁵	iaŋ⁴⁵	iaŋ⁵⁵	iaŋ⁵⁵		iaŋ⁴⁵
崠	通合一去送端	tuŋ³³	tuŋ³³	tuŋ³³	tuŋ³³	tuŋ³³			tuŋ⁵²
涿淋雨	通合一入屋端	tʰɔ¹³△	tʰɔ¹³△	tʰɔ¹³△	tʰɔ²⁵△	tʰɔ¹³△			tuk⁵
摝搅拌	通合一入屋来	luk³	luk²	luk³	luk²		lok²	luk²	luk³
焗	通合三入烛群	kʰuk⁵	kʰuk⁵	kʰuk⁵	kʰuk⁵	kʰuk²	kʰok⁵	kʰuk⁵	kʰuk⁵

参考文献

一 著作

陈晓锦：《广西玉林市客家方言调查研究》，中国社会科学出版社 2004 年版。

邓晓华、罗美珍：《客家方言》，福建教育出版社 1995 年版。

丁声树、李荣：《古今字音对照手册》，中华书局 1981 年版。

甘于恩：《汉语南方方言探论》，中国出版集团世界图书出版公司 2014 年版。

黄雪贞：《中国语言地图集（客家话）》，香港朗文出版社 1987 年版。

李如龙等：《粤西客家方言调查报告》，暨南大学出版社 1999 年版。

李新魁：《广东的方言》，广东人民出版社 1994 年版。

蓝小玲：《闽西客家方言》，厦门大学出版社 2009 年版。

林伦伦：《粤西闽语雷州话研究》，中华书局 2006 年版。

刘叔新：《东江中上游土语群研究——粤语惠河系探考》，中国社会出版社 2007 年版。

罗香林：《客家研究导论》，希山书屋 1933 年版。

万波：《赣语声母的历史层次研究》，商务印书馆 2009 年版。

王福堂：《汉语方言语音的演变和层次》，语文出版社 1999 年版。

温昌衍：《客家方言》，华南理工大学出版社 2006 年版。

吴芳：《粤东闽语前后鼻音韵尾类型研究》，暨南大学出版社 2013 年版。

项梦冰、曹晖：《汉语方言地理学——入门与实践》，中国文史出版社 2005 年版。

谢留文：《客家方言语音研究》，中国社会科学出版社 2003 年版。

薛才德：《语言接触与语言比较》，学林出版社 2007 年版。

张光宇：《闽客方言史稿》，台北南天书局 1996 年版。

张屏生：《台湾客家之区域语言调查：高屏地区客家话多样化现象研究》，台北：客家委员会，2011 年。

张振兴、蔡叶青编：《雷州方言词典》，江苏教育出版社 1998 年版。

庄初升：《粤北土话音韵研究》，中国社会科学出版社 2004 年版。

二　地图集、市志、方志

曹志耘：《汉语方言地图集·语音卷》，商务印书馆 2008 年版。

李荣等主编：《中国语言地图集》，香港朗文出版（远东）有限公司 1987 年版。

雷州市地方志编纂委员会：《海康县志》，中华书局 2005 年版。

廉江县地方志编纂委员会：《廉江县志》，广东人民出版社 1995 年版。

遂溪县志编纂委员会：《遂溪县志》，中华书局 2003 年版。

徐闻县志编纂委员会：《徐闻县志》，广东人民出版社 2008 年版。

湛江市地方志编纂委员会：《湛江市志》，广东人民出版社 2013 年版。

中国社会科学院，澳大利亚人文科学院：《中国语言地图集》，香港朗文（远东）出版有限公司 1987 年版。

三　论文

邓晓华：《闽西客话韵母的音韵特点及其演变》，《语言研究》1988 年第 1 期。

甘于恩、邵慧君：《试论客家方言对粤语语音的影响》，《暨南学报》2000 年第 5 期。

甘于恩：《粤语多源论》，《学术研究》2008 年第 8 期。

甘于恩、简倩敏：《广东方言的分布》，《学术研究》2010 年第 9 期。

黄雪贞：《客家话的分布与内部异同》，《方言》1987 年第 2 期。

黄雪贞：《客家方言声调的特点》，《方言》1988 年第 4 期。

黄雪贞：《客家方言声调的特点绪论》，《方言》1989 年第 2 期。

黄雪贞：《客家方言古入声字的分化条件》，《方言》1997 年第 4 期。

李荣：《汉语方言的分区》，《方言》1989 年第 4 期。

李如龙：《闽西七县客家方言语音的异同》，《客家方言研究》，暨南大学出版社 1998 年版。

练春招：《客家的迁移与客家方言的分布》，《福建师大学报》1993 年第 1 期。

练春招：《粤西廉江石角方言音系》，《方言》2002 年第 3 期。

练春招、张双庆：《客家方言古去声字的演变考察》，广东社会科学学术年会论文，

2007 年。

林宝卿:《闽西客话区语音的共同点和内部差异》,《语言研究》1991 年第 2 期。

吕茗芬:《屏东地区闽客双方言接触现象——以保力、武洛及大埔为例》,高雄师范大学台湾语言及教学研究所 2007 年硕士学位论文。

吕嵩雁:《闽西客语音韵研究》,台湾师范大学国文研究所博士论文,1999 年。

罗杰瑞:《何谓客家话》,《语言学论丛》,2000 年。

罗美珍:《论族群互动中的语言接触》,《语言研究》2000 年第 3 期。

饶秉才:《客家方言的分布和主要特点》,《暨南学报》1989 年第 3 期。

桑宇红:《知章庄组声母在现代南方方言的读音类型》,《河北师范大学学报》(哲学社会科学版) 2008 年第 3 期。

万波、庄初升:《客家方言中古知庄章精组声母的今读类型及历史层次》,第九届国际客家方言研讨会,2010 年。

温昌衍:《梅州客家方言调查研究概况》,《嘉应学院学报》2010 年第 7 期。

吴安其:《语言接触对语言演变的影响》,《民族语文》1998 年第 1 期。

伍巍、詹伯慧:《广东省的汉语方言》,《方言》2008 年第 2 期。

项梦冰:《客家话古非组字的今读》,《语言学论丛》2003 年第 28 期。

项梦冰:《客家话、赣语古浊上字的今读》,《民俗典籍文字研究》,商务印书馆 2009 年版。

项梦冰:《客家话古日母字的今读》,《广西师范学院学报》2006 年第 1 期。

谢留文:《客家方言古入声次浊声母字的分化》,《中国语文》1995 年第 1 期。

谢留文:《客家方言"鱼虞"之别和"支"与"脂之"之别》,《中国语文》2003 年第 6 期。

谢留文,黄雪贞:《客家方言的分区》,《方言》2007 年第 3 期。

熊正辉:《广东方言的分区》,《方言》1987 年第 3 期。

颜森:《客家话的三个标准》,《江西师范大学学报》2002 年第 3 期。

严修鸿:《客家话匣母读同群母的历史层次》,《汕头大学学报》(人文社会科学版) 2004 年第 1 期。

严修鸿、余颂辉:《客家话覃谈有别的存古层次》,《语言科学》2013 年第 3 期。

阳蓉、庄初升:《南雄市平田中古精知庄章组声母的今读类型及历史层次》,《第十届客家方言国际学术研讨会论文集》,成都,2012 年。

詹伯慧、甘于恩:《雷州方言与雷州文化》,《学术研究》2002 年第 9 期。

张贵美:《桃园县观音乡白玉村闽式客家话之研究》,台湾中央大学客家研究硕士

　　在职专班 2000 年硕士学位论文。

张振兴：《福建省龙岩市境内闽南话与客家话的分界》，《方言》1984 年第 3 期。

张振兴：《广东省雷州半岛的方言分布》，《方言》1986 年第 3 期。

庄初升：《粤北客家方言的分布和形成》，《韶关大学学报》1999 年第 1 期。

庄初升：《粤北客家方言语音概貌》，《韶关学院学报》2005 年第 5 期。

庄初升：《广东省客家方言的界定、划分及相关问题》，《东方语言学》（第 4 辑），
　　上海教育出版社 2008 年版。

庄初升：《保留阳上调的龙川县大塘村客家方言》，《语言科学》2012 年第 1 期。

后　记

　　当我完成了最后一次校对，心里有些微的欣喜，但更多的是忐忑不安。忐忑的是：这本小书在面对读者的时候，它的青涩能否经得起专业目光的打量，能否在浩浩书海中有自己的一席之地。在这样的忐忑和担忧中，我不由得回想起自己的田野调查之路。

　　我是方言研究队伍中的新兵。从我踏上这条路起，几个关键的节点对我来说非常重要：2007 年 4 月，我以陕西师范大学文学院邢向东教授的访问学者的身份聆听了他精彩的授课，并与他的几个硕士生进行了陕西韩城话的调查，从语音到词汇到语法，我第一次真实地了解了田野调查的过程，窥见到了传说中的晋语的冰山一角；2008 至 2009 年，我在印度尼西亚任教期间，尝试着了解了苏门答腊岛华人的闽南话和粤语，激发了我读方言学博士的热情；2011 年 10 月，我的博士导师甘于恩先生带领我和师妹们对广东阳西粤语进行了语音调查。恩师绝佳的语感和对多种方言特点的深度把握，于纵横捭阖间，让我们深刻理解了他许多重要的观点，真切地感受到了粤语地方变体的多样性；2012 年元月，我开始了磕磕绊绊的第一次独立调查，用斐风录音软件记录了第一份客家话音档，揭开了我对雷州半岛客家方言调查的序幕；2012 年 7 月，参与了北京大学项梦冰老师带领的署期方言调查队对雷州半岛北部廉江市石岭镇客家话的调查，北大师生严谨的治学态度和严肃的专业精神让我肃然起敬；2014 年 8 月，我跟随中山大学庄初升教授及其博士生调查了东莞樟木头镇的客家话，从语音到词汇再到语法，庄老师严谨、细腻、灵活的调查风格和开阔的视野、广博的知识与深刻的思想，到位、及时的讲解和点化，让我受益匪浅，同时对方言调查这项工作充满了敬畏。

　　除开这些重要的时刻，三年来，我带领我的学生把雷州半岛从北到南跑了数不清的来回，仅雷州客路镇就去了七八次。作为一个北方人，一个从小只会说普通话的人，我无比羡慕有自己方言母语的人。虽然我在二十年前到广东后很快学会了听说粤语，这给我日后下到各乡镇从事客家方言的调查带来了很多沟通上的便利，也使我较快地基本听懂了本地客话，但这毕竟不是自己的母语，所以我在调查过程中就格外地谨慎和小心，事后对材料也反复进行核对。我最先开始的是对雷州半岛北部客家主要聚居区廉江市下属各镇的普查和调查，这个过程中我一直带着多年前我的一个学生——从小在客家方言环境中长大、母语即为当地客话、早已为人师的钟翠苹（现在她成了我的客家话老师），后来去雷州、遂溪、徐闻等地调查，我也总会带一个自小讲客家话的学生，丘金芳、徐平莉、陈娉婷、梁嘉莹都是我的小老师，都陪伴我度过了田野调查的许多苦乐时光。我永远都会清晰地记得，我们在雷州调查时，每天晚上都是十二点过后才睡，早上不到七点就要起床去十几公里外的乡下把发音人接到旅店，晚上再送回去。一来一回都要穿过茫茫无际的甘蔗林，晚上的穿越格外让我们紧张、害怕，尤其是返程没有发音人的陪伴时，我开车行驶在颠簸不平、窄小逼仄、没有灯光只有空寂的无边黑暗中，紧张得不敢发出一点声息。那时脑子里完全没有诗人郭小川笔下的"青纱帐、甘蔗林"的诗意，只有发音人讲过的在这片林子里发生过的一幕幕恐怖事件，所以虽有乡下洁净天空中的满天星光，却难以驱散我们心中的紧张和惶恐。在车子终于上了大路时，我们才会不约而同地长吁一口气，为自己安全地逃离了甘蔗林的"围剿"而庆幸。就是这样的一个地方，因其处于闽语雷州话的包围之中，客家人虽顽强地"不忘祖宗言"，但弱势的客家话终究不可避免地受到强势雷州话的冲击，发生了明显的变异。特别是当这种变异还未全部完成，客家话和闽语纠结在一起，你中有我我中有你的时候，让不懂雷州话的我又陷入了痛苦的旋涡，调查过程非常艰难。我无数次翻阅林伦伦先生那本《粤西闽语雷州话研究》和张振兴先生的《雷州方言词典》，一点一点去厘清发音人语音中混杂的不同层次。就在这样的迷惑和突破中，我和我的学生在那条乡间小路上来回跑了几十次，终于忐忑着交出了目前这份答卷。

伴随着调查的苦乐酸甜，凝结在心中的、更多的是谢意。感谢邢向东教授在我本科阶段给予的启蒙，感谢他接纳我做访问学者，他那间民俗研究办公室成了我的专用书房，满满的藏书打开了我的眼界；感谢我的博士导师甘于恩教授总在关键时刻给我指点迷津，让我有拨云见日之感；感谢师母邵慧君教授给我的全面调查雷州半岛客家方言的建议，让我明确了今后的研究方向；感谢庄初升教授慷慨地、毫无保留地为我和所有听他课的人提供的观点及材料上的便利，感谢他宽容、大度地把我当成他自己的学生一样引领和对待，耐心细致地为我解惑给我启发；感谢伍巍教授无数次的关心和鼓励；感谢曾建生师兄对我各点音系的整理提出的宝贵意见，无数次为我排忧解难；感谢我年事已高的父母仍然不辞劳苦为我照顾年幼的儿子，让他在我常常外出调查不在家的情况下还能吃上可口的饭菜；

感谢我的丈夫、儿子对我的理解和支持，让我在苦痛、迷茫时仍能看到希望；感谢亦生亦友的钟翠苹，不但陪伴我度过了许多艰难时光，还为寻找发音人提供了数不清的援助；感谢金芳，跟我一起奔波、劳碌，为我整理材料，不厌其烦地绘制和修改地图；感谢平莉、骋婷、嘉莹的陪伴和帮助……感谢廉江李世东先生，遂溪县卢旺先生、王月美女士，雷州市蔡绵进先生、陈鸿先生，徐闻县林芝友先生以及他们的同事，为我调查时提供了数不清的便利和帮助，让我这个异乡人少了许多投石问路、摸着石头过河的麻烦！感谢我朴实而敬业的发音人，面对我多少次的调查和询问，你们总是不厌其烦，耐心细致。你们虽不懂学术，始终也不太明白为何我们要做这样的调查，但你们对我们表现出的敬重和配合，让我深受感动。你们送给我的那些散发着泥土气息的花生、蕃薯、糯米，就像你们的心一样本色、真诚，一直甘甜着我的心……感谢湛江师范学院人文学院和汉语言文字学重点学科提供出版机会和资助，让雷州半岛客家方言的面貌可以向世人展示，让我的调查材料能有请学术前辈批评指正的良机。

　　每日田野之声的奔波，各位同仁莫不如此，不再赘言。最后要说的是：限于水平，这本书一定还有不少这样那样的问题和缺憾，真诚地请各位读者、各位前辈批评指正！另外，限于篇幅等原因，此书仅提供了一些基础材料，未及进行进一步的相关研究，我会在博士论文的写作中，在描写、勾勒雷州半岛客家方言面貌的基础上进行相关问题的探讨。

　　雷州半岛方言资源丰富，蕴涵着许多宝藏，值得我们进一步挖掘；闽、粤、客等多种方言接触的鲜活事例，也期待更多学人们的关注；一些濒危方言，需要我们抓紧时间记录和研究。路正长，我会带着数不清的谢意和动力，努力前行！

2014 年 10 月 31 日于暨南大学真如苑